SOCIÉTÉ POUR L'ÉTUDE DES LANGUES ROMANES

PUBLICATIONS SPÉCIALES

LE
LIVRE DE L'ÉPERVIER

CARTULAIRE DE LA COMMUNE DE MILLAU (AVEYRON)

SUIVI D'AUTRES DOCUMENTS RELATIFS AU ROUERGUE

Publiés avec une Introduction, un Glossaire
et une Table des noms propres

Par L. CONSTANS

DOCTEUR ÈS LETTRES, PROFESSEUR AGRÉGÉ A PARIS.

MONTPELLIER

AU BUREAU DES PUBLICATIONS
DE LA SOCIÉTÉ
POUR L'ÉTUDE DES LANGUES ROMANES

PARIS

MAISONNEUVE ET Cⁱᵉ
LIBRAIRES-ÉDITEURS
25, QUAI VOLTAIRE, 25

M DCCC LXXXII

PUBLICATIONS SPÉCIALES

DE LA SOCIÉTÉ POUR L'ÉTUDE DES LANGUES ROMANES

ONZIÈME PUBLICATION

LE
LIVRE DE L'ÉPERVIER

CARTULAIRE DE LA COMMUNE DE MILLAU (AVEYRON)

SUIVI D'AUTRES DOCUMENTS RELATIFS AU ROUERGUE

Publiés avec une Introduction, un Glossaire
et une Table des noms propres

Par L. CONSTANS

DOCTEUR ÈS LETTRES, PROFESSEUR AGRÉGÉ A PARIS.

MONTPELLIER
AU BUREAU DES PUBLICATIONS
DE LA SOCIÉTÉ POUR L'ÉTUDE DES LANGUES ROMANES

1882

LE LIVRE DE L'ÉPERVIER.

Montpellier. — Imprimerie Grollier et Fils, boulevard du Peyrou, 9.

LE
LIVRE DE L'ÉPERVIER

CARTULAIRE DE LA COMMUNE DE MILLAU (AVEYRON)

SUIVI

DU TARIF DE L'ÉLECTION DU HAUT ROUERGUE EN 1666

ET D'AUTRES DOCUMENTS

Publiés avec une Introduction, un Glossaire
et une Table des noms propres

Par L. CONSTANS

DOCTEUR ÈS LETTRES, PROFESSEUR AGRÉGÉ A PARIS.

PARIS

MAISONNEUVE ET Cie, ÉDITEURS, QUAI VOLTAIRE, 25.

—

1882

PUBLICATIONS

DE LA

SOCIÉTÉ POUR L'ÉTUDE DES LANGUES ROMANES

Montpellier. Imprimerie Grollier et fils, boulevard du Peyrou, 9.

INTRODUCTION.

Le *Livre* ou *Registre de l'Épervier* a été utilisé en partie, au point de vue historique, par M. le baron de Gaujal, dans son estimable et important ouvrage intitulé *Études historiques sur le Rouergue* (Paris, P. Dupont, 1859). Mais une préparation insuffisante d'une part, de l'autre l'état peu avancé des études sur le moyen âge à l'époque où il écrivait, ont empêché l'auteur de tirer de ce précieux recueil tout le parti que sa profonde connaissance de l'histoire locale et sa pénétration devaient lui permettre d'en tirer, et lui ont fait commettre de nombreuses fautes de lecture et de traduction. Il n'a d'ailleurs jamais cité le texte même, ce qui fait que, au point de vue linguistique, auquel je me place surtout aujourd'hui, la présente publication est tout à fait inédite.

I.

Le *Livre de l'Epervier*, coté AA 11, dans l'*Inventaire* qu'a fait M. Affre des archives de la commune de Millau (Aveyron) en 1852 (AA 7 *bis* au dos du volume, AA 11 sur le plat), est un registre in-4° cartonné et revêtu de basane fauve d'un seul côté, le dos raccommodé avec du parchemin ; il est composé de deux parties. La première, écrite en 1668, contient 134 feuillets de gros papier vergé foliotés par le scribe lui-même, mais avec une erreur de 10 feuillets qui le fait passer du folio 89 au folio 80, de sorte que le 134ᵉ feuillet dessins en tête du *Livre de l'Épervier*. Le portrait de Philippe VI devait naturellement illustrer un registre dont la plus grande partie se rapportait au règne de ce prince et reproduisait des chartes rédigées en son nom. Quant à l'épervier qui a donné son nom au livre, il existait dans le registre original, puisqu'il en est fait mention dans le *vidimus* (voyez plus loin), et il a dû être reproduit exactement dans la copie de 1668, ainsi que les armes et le portrait du roi. Mais pourquoi cet ornement et ce titre bizarre donné à un livre qui peut être considéré comme le livre d'or de la ville de Millau et le Cartulaire de la commune? Un double passage de la Transaction qui occupe la plus grande partie du registre va nous l'apprendre (l. 2364 sqq.) : « **Item,** *nous voulons que le noble et très haut seigneur et roi de tous les oiseaux de chasse, c'est-à-dire Monseigneur l'Épervier, comme roi et noble qu'il est, et en considération de la grande et très sainte noblesse et seigneurie qui est en lui, soit et doive être quitte des dits péages;* » et au paragraphe suivant (l. 2375 sqq.) : «... *Et si par hasard ou autrement il arrive que, lorsque ces oiseaux et d'autres passeront ou voudront passer sur le dit pont vieux, le susdit noble et très haut seigneur et roi Monseigneur l'Épervier y soit, pourvu qu'il entre et passe le premier sur le pont, et qu'on lui fasse l'honneur qui lui appartient, nous voulons et ordonnons que tous les autres soient et doivent être quittes de tous les susdits péages. Et si par cas il en passait sur le susdit pont vieux et que le susdit roi y fût, et qu'on ne lui fît pas l'honneur ci-dessus mentionné de le mettre premier, mais seulement au milieu ou dernier ou autrement, dans ce cas nous voulons et ordonnons que, si le susdit roi s'y trouve, à cause de la grande et très grande noblesse qui est en lui et attendu que les autres ne sont pas de si grande noblesse que lui, ils ne puissent et ne doivent payer pour chacun que douze deniers tournois*[1]. Ainsi l'épervier passait le pont vieux de

---

1. C'est-à-dire la moitié, les oiseaux chasseurs payant deux sou tournois, lorsqu'ils n'étaient pas accompagnés de l'épervier (l. 2369 sqq.)

Millau en franchise et faisait profiter tous les oiseaux chasseurs de cette franchise, soit entièrement, soit par moitié, suivant qu'ils passaient derrière lui pour lui faire honneur, ou simplement avec lui. Ce privilége devait se retrouver ailleurs, puisque le *Dictionnaire de Trévoux*, sans indiquer ses autorités, nous apprend que « un *épervier* rend toute une cagée d'oiseaux francs de péage. » Ce qui est remarquable ici, ce n'est donc pas tant l'exemption du péage que les titres honorifiques dont les rédacteurs se plaisent à gratifier celui qu'ils appellent le roi des oiseaux. Cette déférence exagérée semble indiquer que la chasse à l'oiseau avait eu et avait encore au XIVe siècle, en Rouergue et en particulier à Millau, une importance spéciale : nous ne connaissons du reste aucun titre antérieur à la Transaction de 1339, et se rapportant à cette province, de nature à éclairer nos doutes sur cette question. Mais revenons à la description de notre Cartulaire.

En face du portrait de Philippe de Valois et sur un feuillet non paginé (r° et v°), on lit le *vidimus* suivant, que nous n'avons pas cru, pour cette raison, devoir comprendre dans le texte même et que nous reproduisons ici tel quel, en ajoutant seulement la ponctuation et les accents, et changeant l'*u* en *v*, quand c'est nécessaire.

« PIERRE DE BONALD, escuyer, docteur ez droitz, conseiller du Roy nostre sire, baillif et juge de Millau, Roquefort et ressortz et despandans, à tous ceux qui ces presentes verront, Salut. Savoir faisons, certiffions et attestons que, ce jour d'hui au bas escrit, a esté par nous veu, leu et originellement tenu un livre en petit volume couvert de basane rouge, tiré des archifs de la maison consulaire dudit Millau, vulgairement appellé le livre de l'Esparvier, où est registré (sic) la transaction passée entre le Roy Philippe de Valoys, le viscomte de Creisseil et le grand prieur de St Gilles, commandeur de la commanderie de S[te] Eulalie, pour raison du péage qui se lève sur le pont vieux du dit Millau, et plusieurs autres priviléges (v°) et statutz de la ditte ville, commançant par l'évangile de Saint Jean, et à la réquisition du sieur Jean Caylus, bourgeois du dit Millau, et sur l'exhib[it]ion faite du dit ·

livre par les sieurs consuls modernes du dit Millau, incéré de mot à mot de la main du dit Caylus, comme s'ensuit[1] :

Puis vient, du fº 1 rº au fº 134, le *Livre de l'Épervier,* tel que nous le reproduisons : chaque feuillet en est paraphé au rº de cette manière : *De B.* Immédiatement après, au milieu du vº du fº 134, vient la fin du procès-verbal ou attestation de visa, que nous reproduisons également ici :

Et ainsi a esté procédé au dit transcrit de la main propre du dit Caylus en cent vingt quatre feuilles papier, et icellui par nous vidimé. En foy de quoy à ces dittes présantes de nous, des ditz consuls modernes et greffier consulaire signé a esté, (vº) mis le scel et armes de la ditte ville, ayant les ditz sieurs consuls remis le dit livre des ditz statutz d'où le susdit vidimé a été tiré dans les dittes archives de la ditte maison consulaire.

Fait dans la salle basse de la ditte maison consulaire du dit Millau, le dernier jour du mois de décembre mil six cens soixante huit.

Apres paraffe fait en chaque page par noble Honoré de Bonald, président en l'eslection, premier consul, en nostre presance et de ses ditz collegues.

Signé : De Bonald, *baillif et juge royal.*
De Bonald, *consul.*   De Joly, *consul.*
Descuret, *consul.*

Du mandement des ditz sieurs baillif, juge et consuls.
Signé : Fabre, *greffier des ditz sieurs consuls.*

Qu'on nous permette ici une petite digression :

Il résulte de ce *vidimus* et des signatures y apposées qu'il y avait à Millau, en 1668, deux *De Bonald,* qui étaient certainement frères, ou tout au moins cousins germains ou oncle et neveu : l'un *Pierre,* qui était bailli et juge de Millau, Roquefort et ressort, a rédigé le *vidimus* et l'a signé le premier ; l'autre, *Honoré,* qui était premier consul et président de l'élection de Millau, a parafé chaque feuillet du *vidimus*

---

1. Au bas de la page, on lit (écriture moderne) : *Voir la fin du procès-verbal,* fº 124 (ou plutôt 134, voy. ci-dessus, p. I).

et l'a signé ensuite. Sa signature, placée au-dessous de la première, est d'une écriture très ferme et se distingue nettement de celle de Pierre de Bonald, qui est hésitante et presque griffonnée. C'est donc par inadvertance, et à la suite d'un examen insuffisant, que M. de Gaujal a écrit (*Études histor. sur le Rouergue*, IV, 311) : « Étienne (de Bonald) n'eut qu'une fille ; Raimond continua à Millau sa famille, qui y a occupé jusqu'en 1752, et, par conséquent, durant deux siècles, la place de Juge-Bailli. *Honoré de Bonald, Bailli, Maire et Président de l'Élection, qui cumulait ainsi les pouvoirs judiciaire et administratif, auxquels il joignait le contrôle financier,* fut reconnu noble, et maintenu dans sa noblesse le 28 de janvier 1698. »

La seconde partie de notre registre, qui suit immédiatement la première, mais n'a rien à voir avec le *Livre de l'Épervier*, contient le *Tarif de l'Élection du Haut Rouergue ou Millau* en 1666, et, de la même main, une *Liste des rois de France depuis Pharamond* (avec la durée du règne et la date de la mort), laquelle est pleine d'omissions et de dates erronées. Nous n'avons pas cru devoir la rectifier : il n'y aurait eu, en effet, à cela aucun mérite et le caractère de ce passage en eût été altéré. Elle se terminait primitivement par ces mots : « *Louis 14ᵉ, Dieudonné, regnant a present* », ce qui montre que cette seconde partie a été transcrite avant 1715, probablement dans le dernier tiers du XVIIᵉ siècle, en tous cas après 1668, date de la première partie du registre. L'écriture, moins régulière et moins belle que celle du *Livre de l'Épervier*, a quelque chose d'hésitant, qui semble indiquer la main d'un vieillard ; on ne peut en aucune façon l'attribuer à Caylus. La liste a pieusement été tenue au courant par trois personnes différentes, jusqu'en 1836, date de la mort de Charles X. Depuis, le registre officiel de la commune de Millau a été abandonné, et les onze derniers feuillets sont restés en blanc, attendant en vain qu'un historiographe dévoué daignât y inscrire les dates de nos révolutions successives. Ajoutons cependant, pour que cette description soit complète, que l'on trouve au r° de l'avant-dernier feuillet, d'une écriture du XVIII° siècle, ce rudiment d'index :

La pierre foiral et le droit de la bassine............ 83

    (c'est-à-dire f° 83 r°.)

Le juge doibt cognoistre des contestations sur les droits

    du péage 44

    (l'article commence au bas du v° du f° 44).

De même, au v° du dernier feuillet, on lit, d'une écriture plus récente (1re moitié du XIX° siècle), peut-être de la main de M. de Gaujal :

Exemption du droit de péage en faveur de l'épervier.   f° 60

Droit sur la poudre à tirer .... f° 61

Le commun de paix........................... f° 77 v°

Formule du Serment des consuls.............. f° 95 v°

Onze feuillets sont restés en blanc (sauf ces deux indications), à la suite de la *Liste des rois de France*.

II.

Quelques mots maintenant sur la façon dont la présente publication a été faite :

Nous aurions voulu faire précéder le texte d'une étude historique détaillée ; malheureusement, le temps nous manque pour ce travail de longue haleine, et nous devons nous contenter, pour ne pas retarder encore l'apparition d'un travail longtemps attendu, de donner ici une table raisonnée de ce que nous appellerions volontiers le *Cartulaire de Millau* : elle permettra de se retrouver facilement dans un ensemble de pièces qui, dans le manuscrit, affecte une forme particulièrement confuse. En effet, non seulement le copiste de 1668 supprime l'apostrophe, ne l'employant que dans un cas particulier, pour signaler la prononciation chuintante de *nh*, qu'il écrit *n'h* ; non-seulement il n'use que très rarement des signes de ponctuation, qu'il place, on peut le dire, à peu près au hasard et souvent d'une façon absurde, se restreignant d'ailleurs à la virgule et au point et virgule ; mais encore il ne va jamais à la ligne, si ce n'est à la fin des pièces que nous avons désignées par les numéros I, II, III, etc., de sorte que la pièce III, qui renferme dans notre édition 2748 lignes, représente dans le manuscrit un tout compacte, sans la moindre éclaircie. Nous avons dû, surtout pour cette pièce, établir des divisions et des subdivisions, et, autant que possible, des distinctions entre le latin, le provençal et le français, par l'emploi alternatif des caractères romains et italiques. D'un côté, le numérotage des lignes, de l'autre, celui des articles de la *Transaction*, permettront de s'y retrouver facilement. Pour les pièces IV, V, VI et VII, nous avons également numéroté les paragraphes et les lignes ; nous n'avons pas fait de même pour la *Liste des Paroisses*, et pour le *Tarif de l'Élection*, pensant que la distinction des différents bailliages pour la première, et des quartiers pour le second, permettrait de retrouver facilement dans le texte chaque mot mentionné à la *Table analytique des noms propres*.

Cette *Table*, qui présente une somme de recherches considérable, comprend les noms de personne et les noms de lieu. Nous n'avons pas cru devoir les distribuer dans deux listes différentes, parce que certains noms de familles renferment l'indication d'un lieu d'origine qui pouvait parfois être identifié, ce que nous nous sommes efforcé de faire, toutes les fois que cela nous a été possible. Mais nous avons distingué les noms de personne par un astérisque, imprimant d'ailleurs en petites capitales les noms latins, en italique les autres. L'étude attentive du *Tarif de l'Élection*, écrit en français avec mélange de langue vulgaire pour les noms de lieu, rapproché de la *Liste des Paroisses*, écrite en latin, également avec mélange de langue vulgaire pour les noms de lieu, nous a un peu facilité le travail d'identification entre le nom ancien et le nom moderne officiel (ou vulgaire); malheureusement, ce *Tarif* ne contient que les paroisses de l'Élection de Millau, de sorte que, pour celles des deux autres élections du Rouergue, celle de Rodez et celle de Villefranche, cette ressource nous a manqué. Pour l'ensemble des trois élections, voici les sources que nous avons consultées :

1° *La carte de l'État-major*, qui, pour le dire en passant, ne se préoccupe pas assez des lieux ruinés, et offre de plus quelques erreurs et quelques lacunes.

2° *La carte de Cassini*.

3° *La carte de la Généralité de Montauban*, chez Jaillot, sans date (entre 1740 et 1780).

4° *La carte de la partie méridionale du Gouvernement général de Guyenne et Gascogne*, dressée par De Fer, 1711.

5° *Le Dictionnaire des lieux habités du département de l'Aveyron*, par M. Dardé, Rodez, 1868.—Ce recueil considérable et en général soigné, tout en mentionnant le moindre lieu *habité*, n'eût-il qu'*un* habitant, commet quelquefois des oublis regrettables. Nous nous contenterons d'en signaler deux assez importants : *Ceyrac*, village de 404 h., chef-lieu d'une paroisse qui renferme 652 h., dans la commune de Gabriac, canton d'Espalion, et *Sansac*, 44 h., commune d'Agen, canton de Pont-de-Salars.

6° *L'Ordo divini officii diœcesis Ruthenensis et Vabrensis*, Rodez, 1882.

7° *L'Annuaire administratif et commercial du département de l'Aveyron*. Rodez, de Broca, 1882.

8° *Le Dictionnaire des Postes* de 1876, et le *Relevé des lieux habités* fait par l'administration des Postes en 1847, qui se trouve en manuscrit à la Bibliothèque nationale.

9° Diverses cartes modernes postérieures à Cassini.

10° Des renseignements particuliers (et la connaissance personnelle d'un certain nombre de cantons du département).

Ces différentes sources se prêtent un mutuel appui, mais souvent aussi elles amènent de nouvelles difficultés, par la nécessité qui s'impose de les faire concorder. L'identification des lieux portant le même nom est en particulier délicate. Pour y arriver, nous avons dû tenir compte, non pas seulement du bailliage où la paroisse se trouvait comprise, mais encore de la position incontestable des paroisses qui étaient placées à côté dans les listes. Cela était surtout indispensable, quand deux localités de même nom se trouvaient désignées dans le Cartulaire comme appartenant au même bailliage ; par exemple, dans le bailliage de Peyrusse, *Parochia de Levinhaco* se trouvant encadré entre *P. de Sonnaco* et *P. de Verneto*, nous en avons conclu qu'il s'agissait de *Livinhac-le-Bas*, commune de Sᵗ-Julien-d'Empare, canton d'Asprières, et en même temps *Vernetum* était identifié avec *Vernet-le-Haut*, commune des Albres ; quant à *Sonnacum (Sonnac)*, il n'offrait pas de difficulté. Un peu plus loin (même bailliage), nous voyons la paroisse de *Levinhac* placée entre celles de *La Roque-Bouillac* et de *Flagnac*, nous en concluons qu'il s'agit de *Livinhac-le-Haut*, commune du canton de Decazeville. Nous avons procédé de même pour l'identification des communes de la sénéchaussée du Rouergue qui envoyèrent des sergents au roi pour les guerres de Picardie et de Gascogne en 1341. Pour le *Tarif de l'Election*, la division par quartiers nous a rendu moins de services qu'on ne s'y serait attendu, à cause de l'étendue excessive de ces divisions et des brusques changements de région que l'on rencontre parfois dans ces listes. Nous n'avons pas besoin d'ajouter que nous avons tenu le plus grand compte du nombre des feux indiqué ; mais ici il y avait un écueil à éviter. Le Cartulaire fournit le nombre des feux, non pas de la localité qui donne son nom à la paroisse, mais du territoire paroissial : c'est incontestable, puisqu'il donne le total des feux pour la plupart des bailliages ; ces totaux sont le plus souvent inexacts, mais cela n'enlève rien à la valeur du

raisonnement. Quand il y avait à choisir entre plusieurs
localités de même nom, nous nous sommes bien gardés de
préférer pour l'identification celle qui avait la population la
plus importante ou se rapprochant le plus de celle du Cartulaire ; nous avons surtout recherché par tous les moyens
d'information à notre disposition et par une enquête personnelle laquelle de ces localités du même nom et de la
même région avait eu ou avait encore une église, cette
église fût-elle isolée, car tel est le cas, encore aujourd'hui,
pour un grand nombre de paroisses de la contrée que nous
étudions. Dans les parties où la population d'une même paroisse est distribuée entre un grand nombre de hameaux
assez espacés, le chef-lieu de la paroisse est le plus souvent
au centre et parfois dans un hameau sans importance ; parfois même l'église et le presbytère sont isolés de toute habi-
tation, et dans ce cas, il s'agit presque toujours d'une église
existant déjà au moyen-âge, fondation pieuse, but de pèle-
rinage, etc., et qui est restée chef-lieu de paroisse *par tradition*, toutes les religions, et surtout le catholicisme, ayant
toujours attaché à la tradition une grande importance. Nous
avons donc lieu d'espérer qu'il y aura très peu de points
contestés dans l'identification que nous avons essayée des
anciennes paroisses du Rouergue. Sur un petit nombre de
points seulement, nous avons dû nous abstenir, soit que
nous n'ayons pas pu découvrir la véritable forme d'un nom
de lieu défiguré par le copiste, soit parce que nous n'avions
pas le loisir de rechercher dans les archives du département, les traces des localités disparues ou qui avaient
changé de nom [1]. Quand le choix restait douteux, soit à

1. Ceci a pu arriver pour quelques paroisses qui portaient le nom
du patron ou de la patronne de l'Eglise accompagné d'un nom de lieu
déterminatif, en supposant que le nom de lieu seul ait persisté, et que
le scribe du Cartulaire ait négligé précisément ce nom déterminant,
qu'il considérait sans doute comme accessoire. Dans ce cas, l'identifi-

cause du très grand nombre de localités de même nom,
soit pour toute autre motif, nous l'avons soigneusement
indiqué.

On remarquera que nous avons donné, pour chaque localité, la commune et le canton ; l'arrondissement était inutile, puisque nous l'indiquons une fois pour toutes à chaque
chef-lieu de canton. Nous avons noté de plus la population,
qui fournira les éléments d'une comparaison intéressante
avec le nombre des feux au XIVe siècle, et, pour l'Élection
de Millau, avec le tarif ayant servi de base à l'impôt à partir de 1666. Cette population est celle de la paroisse actuelle,
d'après les documents officiels. Il faut de plus tenir compte
de la partie de la population appartenant au culte réformé,
surtout à Millau, à Nant, à St-Jean-du-Bruel, à Decazeville, à
Rodez et St-Affrique. Nous ne pouvions choisir le chiffre de
la population de la commune, qui n'offrait aucun moyen de
comparaison, puisqu'il y a généralement plusieurs paroisses dans chaque commune, et qu'une même paroisse a souvent son territoire distribué entre plusieurs communes. Pour
les localités qui ne sont plus chefs-lieux de paroisse, nous
avons emprunté la population au dictionnaire de M. Dardé,
qui offre un caractère officiel, et au dictionnaire des Postes, pour celles qui sont étrangères au département. Je n'ai
pas besoin d'ajouter que, lorsque le département n'est pas
indiqué, il s'agit de l'Aveyron, qui renferme à peu près tout
l'ancien Rouergue, sauf le canton de St-Antonin, qui en fut
distrait en 1808, lors de la formation du département de
Tarn-et-Garonne, et quelques paroisses sur les frontières.
Pour faciliter les recherches, nous avons noté chaque localité à son rang alphabétique, sauf le cas de ressemblance
étroite entre les différentes formes d'un même nom, et nous

cation est presque impossible : il faudrait pouvoir s'assurer du vocable
actuel de chaque église, et aussi du vocable ancien, dans le cas où il
aurait été changé, ce qui est arrivé plus d'une fois.

avons mentionné à nouveau les noms vulgaires ou français à l'article portant en tête le nom latin correspondant, ce qui constitue l'identification ; de même, nous avons subordonné le nom français au nom vulgaire, lorsque le nom latin manque. Dans un petit nombre de cas, où le nom moderne était notablement altéré, nous l'avons placé à son rang, pour faciliter les recherches, bien qu'il ne figurât pas sous cette forme dans le Cartulaire.

En ce qui concerne la transcription des pièces que nous publions, nous nous sommes posé une règle que nous avons tâché de suivre le plus rigoureusement possible : c'est de ne faire que les corrections nécessaires à l'intelligence du texte, désirant surtout en faciliter la lecture. Je sais bien qu'en pareille matière on risque d'aller au-delà ou de rester en-deçà, suivant la catégorie de lecteurs à qui l'on s'adresse. Pour satisfaire les philologues, j'ai pris soin de mettre en note toutes les formes que je croyais devoir rejeter ; ils auront de ce chef véritablement le manuscrit sous les yeux et pourront ainsi étudier sûrement la langue, qui représente très exactement, sauf pour une pièce (Voy. § III), l'idiome encore aujourd'hui parlé dans la plus grande partie du Rouergue[1]. Pour faciliter la lecture du texte aux curieux d'histoire locale, j'ai dû ne pas montrer un scrupule exagéré pour les fautes évidentes du scribe. En somme, je crois que si quelqu'un a à se plaindre, ce sera plutôt cette seconde catégorie de lecteurs : ils trouveront l'annotation insuffisante et certaines parties du texte pas assez expurgé au point de vue orthographique. Un court *Glos-*

---

1. Pour les caractères qui distinguent le *rouergat,* voyez notre *Essai sur l'histoire du sous-dialecte du Rouergue* (Paris, Maisonneuve, 1880). Nous n'avons pas cru devoir joindre à notre publication une étude sur la langue, notre but étant surtout de fournir des documents aux savants, et la plupart des remarques que nous aurions eu occasion de faire, se trouvant déjà consignées dans l'ouvrage que nous venons de signaler.

saire rend compte des mots les plus difficiles et enregistre la plupart des formes qui ne se rencontrent pas dans Raynouard ou Rochegude. Nous y avons distingué par des caractères différents les mots latins des mots français ou provençaux, comme dans la *Table des noms propres*. Dans les pièces écrites en latin, nous n'avons pas fait de corrections orthographiques proprement dites, excepté dans les cas où une mauvaise orthographe pouvait faire tomber dans une erreur de sens, comme lorsque le scribe écrit *positis* au lieu de *possitis* (III, 541). Mais il nous a semblé nécessaire d'amener, autant que possible, le texte à la correction moyenne d'un bon texte latin du moyen âge. Nous n'ignorons pas dans quel degré de barbarie était tombé ce qu'on est convenu d'appeler le bas latin; mais, outre qu'au XIVᵉ siècle la corruption était généralement moindre qu'aux temps mérovingiens ou carlovingiens, dans les pièces rédigées par les notaires royaux et dans les chancelleries, il ne faut pas oublier que nous avons affaire à un *vidimus* d'un *Cartulaire*, c'est-à-dire à un texte de troisième main, et qu'il convient par conséquent d'en éliminer tout d'abord les fautes qui s'expliquent *paléographiquement*, puisque, comme nous l'avons dit plus haut, il est avéré que le dernier copiste ne savait pas le latin. Cela fait, il reste un petit nombre de fautes que l'on pourrait hésiter à maintenir ou à corriger : nous espérons que l'on ne nous saura pas mauvais gré d'avoir corrigé celles qui obscurcissaient le plus le sens. Ce n'est pas que, ces diverses corrections faites, notre latin soit aussi limpide que l'eau de roche ; mais cependant, tel qu'il est, il peut se lire, sauf dans quelques passages désespérés, que nous abandonnons à la sagacité des critiques de profession. Une circonstance particulièrement heureuse nous permet d'affirmer que notre texte offre toutes les garanties possibles d'exactitude, c'est que, grâce à la bienveillance de la municipalité, nous avons pu avoir chez nous le manuscrit pendant tout le temps qu'a duré l'impression, ce qui explique en particulier les améliorations apportées au texte de la partie des *Coutumes* que nous avons déjà publiée dans notre Étude sur le Rouergat. Ajoutons en terminant que nous avons imprimé en égyptiennes les mots qui, dans le Cartulaire, se rencontrent dans le courant du texte écrits en plus gros caractères, dans le but d'attirer l'attention ; il en est de même des titres, sauf dans un petit nombre de cas, où nous avons usé de grandes capitales, lorsque le titre figurait en tête d'une des grandes divisions par nous adoptées. Dans le cas où il n'y avait pas de titre résumé en deux ou trois mots, nous en avons substitué un, que nous avons mis entre crochets, pour marquer qu'il n'appartient pas au manuscrit. Dans la *Table des noms propres* et dans le *Glossaire,* les chiffres arabes non précédés d'un chiffre romain renvoient à la pièce III (*Transaction*) : l'importance de cette pièce nous a permis de supprimer cette indication, qui se serait renouvelée par trop souvent; il suffit d'en prévenir le lecteur une fois pour toutes.

TABLE ANALYTIQUE DES MATIÈRES.

Livre de l'Épervier.

Nous divisons le *Livre de l'Epervier* en onze parties principales, que nous distinguons par des titres sous les chiffres romains I, II, etc., jusqu'à XI. Avant la première pièce (*f°* *1 à 3 r°*), se trouve un court *Évangéliaire*, qui comprend : 1° le début de l'Evangile selon Saint Jean, « *In principio erat Verbum* », que l'on rencontre en tête d'un assez grand nombre de manuscrits du moyen-âge ; 2° le début du chap. II de Saint Mathieu, qui concerne l'adoration des Mages ; 3° la présentation de Jésus au temple, d'après Saint Luc, II, 21-32, 4° les promesses célestes de Jésus aux apôtres (Saint Mathieu, XIX, 27-29) ; 5° et 6° deux courts fragments de Saint Luc (XI, 27, 28 et II, 21), le premier mentionnant le mot adressé par une femme du peuple à Jésus, « *beatus venter qui te portavit* », etc., et la réponse de celui-ci, l'autre constatant que le nom de *Jésus* fut donné à l'enfant divin le jour de la Circoncision. Nous avouons ne pas bien comprendre la raison du choix des 5 derniers passages ; on peut cependant reconnaître que, sauf le 4°, ils sont assez heureusement choisis pour faire suite au premier, et qu'ils s'occupent exclusivement de la première enfance de Jésus et de la gloire qui s'attache à son nom et à sa personne. Ils sont d'ailleurs tous pris, même le 4°, parmi les passages lus à la messe à différentes époques de l'année.

I. *Littera regia confirmationis privilegii sigilli authentici curiæ regiæ ville Amiliavi* (*f°ˢ 3 v° à 5 v°*).

Lettre par laquelle le roi Louis X confirme le privilége du sceau authentique de la Cour royale de Millau. Elle est datée de Paris, 25 février 1314, ce qui fait quelque difficulté (Voir notre note à ce passage). Le roi, à la requête du sénéchal du Rouergue et des consuls de Millau, autorise le juge garde du sceau à emprisonner les débiteurs et à saisir leurs biens, jusqu'à ce qu'ils aient satisfait leurs créanciers. Cette pièce, comme la plupart de celles qui sont écrites en latin (et plus encore peut-être), a été altérée par le premier et surtout par le second copiste, qui assurément ne comprenait pas le latin et était peu au courant de la valeur des abréviations usitées au XIVe siècle; de là, malgré nos corrections, quelque incertitude dans plusieurs passages.

II. *Per lo cestairal* (*f*^{os} *5 v° et 6 r°*).

Ordonnance (en latin) de Pierre de Ferrières, sénéchal du Rouergue, adressée au juge de Millau, à la requête des consuls, et défendant d'acheter ou de vendre du blé en dehors de la pierre-foiral.

III. *Instrumentum confirmationis pedatgii, etc.* (*f*^{os} *6 v° à 70 v°*).

Cette pièce, écrite en pur rouergat de Millau, sauf en ce qui concerne les documents cités, est la plus importante et la plus intéressante en même temps du Cartulaire, non-seulement par l'énumération détaillée qu'elle donne des droits de péage perçus au XIVe siècle au pont vieux de Millau, mais encore par les pièces beaucoup plus anciennes que les rédacteurs de la Transaction, les notaires royaux *Durand Laurent, Raimond Delmas, Bernard Maurel* et *Hugues Caroulh*, ont intercalées comme preuves à l'appui. Nous allons l'analyser aussi sommairement que possible :

Après un appel à la concorde (écrit en latin comme la conclusion) on déclare que la présente transaction est conclue entre Philippe (VI), roi de France, et Géraud (d'Armagnac), vicomte de Fesensaguet, du Bruel et de Creissels, baron de Roquefeuil, pour simplifier et régler d'un commun accord les péages à percevoir sur le pont vieux de Millau. Avant cette époque, le vicomte de Creissels percevait des droits, non-seulement à ce pont, qui était situé à 2 kilomètres de son château en amont, mais aussi sur le plateau de l'Arzac (aujourd'hui *le Larzac*), au château *des Infructs*, et les chevaliers de St-Jean-de-Jérusalem, établis à Ste-Eulalie, à la Cavalerie et à la Couvertoirade, maîtres de la plus grande partie du plateau, pressuraient à leur tour les marchands. La transaction du 3 juillet 1339, solennellement conclue dans la grande salle peinte de la maison commune de Millau, en présence de nombreux témoins, nobles, évêques, prêtres, bourgeois, légistes, etc., réunit ces péages au pont vieux de Millau et règle minutieusement la part qui revient au vicomte de Creissels, et celle, toujours supérieure, qui est réservée au roi. Elle confirme et précise, pour éviter les discussions et désordres qui avaient eu lieu jusque là, la convention du 2 septembre 1272, conclue entre le roi de France Philippe-le-Hardi et Henri d'Armagnac, comte de Rodez et vicomte de Creissels, petit-fils de Géraud.

Avant d'arriver aux articles même de la Transaction, le

document passe en revue les titres que les contractants ont produits et en cite une grande partie ; nous allons les indiquer rapidement. Tout d'abord, mention est faite d'un accord intervenu entre les chevaliers de St-Jean-de-Jérusalem et Géraud d'Armagnac, le vicomte actuel de Creissels, représenté par son père, Gaston d'Armagnac, vicomte de Fezenzaguet et du Bruel, par lequel l'Ordre cède au vicomte de Creissels le château des *Pins* et le moulin des *Égouts*, dans la sénéchaussée de Toulouse, en échange de la *Bastide-de-Pradines* et autres terres voisines de la commanderie de Ste-Eulalie-du-Larzac, et moyennant une rente annuelle de 133 livres tournois, à prélever sur la part afférente au vicomte dans le péage du pont vieux de Millau. Ensuite commence la série des pièces insérées tout au long dans la Transaction :

1° Bérenger Cauvel, sergent du roi, saisit (19 sept. 1332), au nom du commissaire des finances, entre les mains du receveur Pierre Portal, les sommes perçues par lui depuis huit ans pour le compte des chevaliers de St-Jean et du vicomte de Creissels. À l'appui de sa déclaration de saisie, il produit devant le notaire royal, Jean Maître, un *vidimus* de l'official du Rouergue pour les deux pièces suivantes :

A. — Lettres-patentes du roi Philippe VI (en français) données à Paris le 24 février 1327 (*lis.* 1329 ?), par lesquelles il ordonne de rabattre les sommes perçues au pont vieux de Millau de la somme de 500 livres que doit payer le vicomte de Creissels au roi, pour droit de mutation dans l'échange mentionné plus haut entre le vicomte et les chevaliers de St-Jean.

B. — Ordre du roi (en français) à Bérenger Cauvel, de saisir les sommes perçues pendant les huit années précédentes, et aux receveurs, de rendre leurs comptes, sous peine de cent livres d'amende (Paris, le mardi après la Ste-Croix de septembre 1332).

C. — Bérenger Cauvel établit le sergent du roi Hugues Albaret comme garnisaire au pont vieux de Millau, et le charge de recevoir les droits de péage (20 septembre 1332).

D. — Le lundi, veille de la St-Michel (28 septembre 1332), le même Bérenger Cauvel ordonne à Pierre Portal, receveur du péage pour le vicomte de Creissels et l'ordre de St-Jean de-Jérusalem, de rendre ses comptes à partir de son entrée en fonctions.

E. — Deux jours après, il fixe le dernier délai au mardi suivant. — Ces trois dernières pièces sont en latin, comme aussi la déclaration de saisie, également rédigée par le notaire Jean Maître.

2° Sicard de Blancastor, au nom de Raymond de Sucieux, ancien commandeur de Nébian, donne reçu à Etienne et Bernard Thomas, marchands à Millau, receveurs du péage, de la somme de 44 livres 6 sous 8 deniers tournois, qui complètent les 133 livres dues annuellement à l'ordre de S¹-Jean-de-Jérusalem sur la part du vicomte de Creissels (pièce en latin, datée de Millau, 14 juin 1337).

3° Donation faite, en décembre 1158, par Raymond Bérenger, comte de Barcelone et roi d'Aragon, à l'ordre du Temple, de la ville de Ste-Eulalie et de la terre du Larzac (pièce en latin datée de Girone).

4° Sancho, comte de Provence, cède aux Templiers, représentés par Guillaume de la Garrigue, commandeur de Ste-Eulalie, les droits de péage qu'il avait perçus jusque là à Ste-Eulalie et sur le Larzac (Millau, 5 août 1184)[1].

5° Philippe-le-Bel donne l'ordre au sénéchal du Rouergue de mettre en possession des biens des Templiers situés dans son ressort, Léonard Tibert, procureur général de l'ordre de S¹-Jean-de-Jérusalem (Paris, 28 mars 1312, pièce en latin).

6° Contrat de mariage de Catherine, fille naturelle de Henri II, comte de Rodez et d'Armagnac et vicomte de Creissels, par lequel celui-ci donne à Raimond, bourgeois de Millau, son futur époux, dix mille sous de Melgueil, et deux cents sous tournois de rente, à prendre sur le péage que levait le vicomte de Creissels sur le Larzac et au château des Infrutz. De plus, quatre manteaux richement garnis de fourrures, soie, velours, etc., quatre justeaucorps, deux robes, deux chaperons, quatre cents sous payables comptant, et cinq mille payables d'année en année, à raison de cent sous chaque mercredi des cendres[2]. Court préambule

---

1. Toute pièce pour laquelle nous ne donnons pas d'indication contraire est écrite en langue vulgaire. Celle-ci d'ailleurs, à cause de son antiquité, offre pour la langue un certain nombre de traits archaïques. (Voyez notre *Essai sur l'histoire du sous-dialecte du Rouergue*.)

2. Cette charte, écrite en langue vulgaire, offre quelques traits qui s'écartent de la langue des rédacteurs du cartulaire, qui est le rouergat pur. L'article y est presque toujours *li*, aussi bien au féminin qu'au masculin, pour *lo* (les exceptions doivent être attribuées au scribe); le pluriel est généralement *los* pour le masculin et *las* pour le féminin (cependant une fois *lis cals*, masc. plur., *li calz*, fém. plur., *li testimonii*, masc. plur.). On trouve un *n* adventice à la fin des mots *de* et *que*, devenus *den*, *quen* (forme constante), et aussi à l'intérieur d'un assez grand nombre de mots, comme *lengentima, renceben, pensatge, nontablamen, anssaber, hapanrenra* (= *aparera*), *pangadors*, etc., nasalisation qui se retrouve dans l'Armagnac et la région pyrénéenne. Pour les mots isolés, voyez le *Glossaire*.

en latin sur l'institution divine du mariage, où l'on ajoute qu'il est conforme à la coutume et de toute nécessité que les femmes apportent une dot à leurs maris, pour les aider à supporter les frais du ménage (Rodez, 21 juillet 1282).

7° Guilhaume Hera cède à Bernard du Cros, marchand de Millau, la ferme du péage du pont vieux, moyennant la somme de 4010 sous tournois, payables le tiers à la Toussaint, le tiers à la Purification et le tiers à l'Ascension (Millau, 21 juillet 1301). Il l'avait lui-même achetée de Raimond de Millau et du comte de Rodez, Henri II, également vicomte de Creissels.

8° Géraud et Pierre des Montagnes, habitants de Figeac, créanciers de Géraud d'Armagnac, vicomte de Creissels, avaient fait saisir sa part du péage du pont vieux. Pierre de Millau, fils et héritier de Raimond de Millau, demande mainlevée à Raimond Salinier, juge de la châtellenie de Mont-Dome (aujourd'hui *Domme*, Dordogne), pour les dix livres tournois de rente perpétuelle qu'il avait le droit de prélever sur cette part du péage (Millau, 19 novembre 1334).

Mention est faite ensuite de la stipulation contenue dans les baux à ferme du paiement obligatoire de cette somme à Raimond de Millau, et d'un acte de confirmation de 1302 ; enfin de la transaction conclue entre le comte de Toulouse et la ville de Millau, le 10 juin 1250, au sujet du péage, transaction dont on ne donne que le tarif (§ 9). Les pièces désignées dans les paragraphes 6, 7 et 8 sont citées en vue d'établir les droits de Pierre de Millau, fils de Raimond de Millau, de son vivant légiste et bourgeois de Millau, à prélever annuellement deux cents sous tournois, valant dix livres, sur le revenu du péage du pont vieux.

9° Tarif du péage du pont vieux de Millau. — Il renferme trente articles très courts et qui pourraient fournir matière à une comparaison intéressante avec les chiffres du tarif adopté près d'un siècle plus tard, en 1339, lesquels sont notablement plus élevés et atteignent un plus grand nombre d'objets. Mais déjà en 1250, les Juifs et les Sarrazins paient 5 sous tournois ; tandis qu'un cheval ne paie que 22 deniers. En 1339, le tarif n'offre pas d'augmentation sur cet article, mais le prix est double pour les femmes enceintes.

10° Deux longues pièces en latin, dans l'une desquelles s'en trouvent insérées plusieurs autres, et qui établissent l'obligation de payer le péage pour ceux qui vont du Caylar (Hérault) à St-Rome-de-Tarn, par l'Hôpital-Guibert (aujourd'hui l'Hospitalet) et St-Rome-de-Cernon, bien qu'ils ne traversent pas le pont vieux (Millau, 8 et 14 juillet 1322, *lis.* 1332).

Trois commerçants de St-Rome-de-Tarn, Bernard Alme-ras, Pierre Biras (Braas *ou* Broas) et Dieudonné Fabre [1], qui transportaient du sel du Caylar à St-Rome-de-Tarn, sont arrêtés par les sergents royaux de Millau et se voient confis-quer leurs animaux et leur marchandise, sous prétexte qu'ils devaient payer le péage du pont vieux. Ils protestent, en leur nom et au nom de leurs concitoyens, devant le juge de Millau et Roquecezière, Pierre de La Roque, qui, infor-mations prises, et s'en rapportant aux lettres du roi et aux ordonnances de Pierre de Ferrières, sénéchal du Rouergue, les déboute de leur demande en nullité de saisie :

A. — Lettre (en latin) du roi Philippe VI au sénéchal de Rouergue et aux officiers de justice, dans laquelle, se réfé-rant aux ordonnances de l'ancien sénéchal, Pierre de Fer-rières, et à la prière des consuls de Millau et du vicomte de Creissels, il prescrit d'arrêter et de punir ceux qui se détour-nent de leur chemin pour frauder les droits de péage (Paris, 25 octobre 1331).

B. — *Vidimus* (en latin), certifié par le sénéchal du Rouer-gue, Régnaud de Jarmole, pour une lettre (en latin) du roi Philippe V, conçue à peu près dans les mêmes termes (Paris, 14 mars 1319).

C. — *Vidimus* (en français) de Gilles Haquin, garde de la prévôté de Paris, pour les deux ordonnances, ci-dessus mentionnées, de Pierre de Ferrières (Paris, 1320, le samedi après l'Ascension) :

a. — Première ordonnance (en latin), datée de Millau, 1314 (le mois et le jour manquent).

b. — Deuxième ordonnance (en latin), datée de Saint-Affrique, 1317, le vendredi avant la Saint-Vincent (qui tombe le 10 avril).

Le sénéchal Régnaud de Jarmole, après avoir cité la lettre de Philippe V et les ordonnances de Pierre de Ferrières, donne ordre à ses subordonnés de s'y conformer (Millau, 9 novembre 1331).

Ici se placent (*f° 37 r°*) les 74 articles de la Transaction, qui commencent uniformément par ces mots : « *Item, vol-hem, transhigem et amigablamen accordam entre noz dos desobres*

---

1. Raimond Séguin est mentionné, au lieu de ce dernier, dans la réponse du juge.

*digz, en nom que desobres ez dig, an solempna et vallabla esti-
pullacio aissi entrevenen* (ou *intervenen*) », correspondant à
ceux-ci, qu'on lit dans la conclusion de la Transaction : « *Et
fuit etiam actum, transhactum et in pactum deductum et solem-
niter ordinatum inter dictas partes, nominibus quibus supra,
solempni et valida stipullatione hic interveniente inter dictas
partes.* » Nous allons en donner une analyse sommaire :

1. On ne lèvera plus de droits de péage qu'au pont vieux,
et l'on y construira un comptoir et au dessus une chambre
pour le receveur. — 2. On ne sera tenu de payer les droits
qu'au comptoir susdit; c'est pourquoi le receveur devra
rester à demeure dans sa chambre du pont. — 3. C'est au
roi, et non au vicomte de Creissels, qu'appartient le choix
du receveur. — 4. L'exercice commencera à la Saint-Jean
de chaque année. Le receveur devra tenir un registre, bien
relié en cuir rouge ou autre cuir convenable, dont chaque
feuillet sera visé par le notaire royal de Millau et par le juge
ou son remplaçant. Il devra être honnête et sans reproche,
et sera sous la responsabilité du juge. — 5. Il jurera d'exercer
loyalement sa charge et de tenir régulièrement le registre,
avec tous les détails nécessaires, sans fraude ni concession
en faveur de qui que ce soit. — 6. Tous les quatorze jours,
il rendra ses comptes au vicomte et lui paiera la part qui lui
reviendra. Il sera convenablement rétribué de ses soins, et
en cas de désaccord sur ce point, le juge de Millau et les consuls décideront. — 7. La transaction faite avec le comte de
Toulouse (voir ci-dessus, p. 63) est annulée. — 8. Les limites
du péage s'étendent du port du Rosier au port de Broquiès,
ainsi qu'il a été convenu, d'une part avec le prieur du Rosier,
messire Brémond de Mandagorre, agissant au nom de l'abbé
d'Aniane, de l'autre avec messire Jean d'Arpajou, vicomte
de Lautrec, seigneur de Clermont-de-Plancage, de Castelnau-de-Lévézou, etc., agissant au nom du seigneur de Broquiès, messire Paul de Broquiès. — 9. Les fraudeurs à qui
leurs bêtes de somme et marchandises auront été confisquées
pourront les recouvrer, moyennant une caution équivalente;
ils paieront 60 livres tournois d'amende, au profit du roi et
du vicomte, à moins que le juge ne leur fasse grâce d'une
partie, selon la gravité du cas. — 10. Le juge actuel de Millau, Pierre de La Roque, et après lui ses successeurs, sont
chargés de juger tous les différends se rapportant au péage.
—11. Sont dispensés des droits de péage les animaux et marchandises des contractants, et de plus ceux des nobles, des
gens d'église, des étudiants. Les gens au service des exemptés paieront, à moins qu'ils ne produisent une attestation
de leurs maîtres constatant qu'ils ne font pas le commerce.

— 12. Le vicomte sera tenu de payer annuellement, sur sa part, 133 livres tournois au procureur de messire Guillaume de Reillanie, prieur de St-Gilles, à cause de l'échange dont il a été parlé plus haut. La ratification de cette convention devra être faite avant quatre ans. Il sera bonifié aux hommes dépendant de l'ordre de St-Jean-de-Jérusalem un denier de Melgueil par charge d'épicerie et mercerie, et un demi-denier pour toute autre charge. Le vicomte paiera encore à Pierre de Millau une rente de dix livres tournois, et celui-ci renonce à toute réclamation pour ce qui reste à payer de la dot de sa mère Catherine. — 13-16. Tarif général pour les marchandises non spécifiées plus loin : les marchands des pays de Limoges, Figeac, Cahors, du Périgord et alentours , paieront 18 deniers tournois par charge ordinaire et moitié moins par charge d'âne ou d'ânesse ; ceux du pays de Libourne, 12 deniers ; ceux du pays de France (ou de Montferrant[1]), 9 deniers; et ceux du Rouergue, du Gévaudan, de l'Auvergne ou de Montferrant, 2 sous.

Les articles 17 à 54 fixent les droits à payer pour les articles suivants : poivre, savon, riz, figues, peaux de mouton en laine (bonification d'un denier sur treize pour les habitants de Millau), bœufs, vaches et veaux d'un an, fer et chaudrons, peaux de mouton pelées ou tondues, toiles, paquets de marchandises diverses, porc salé, blé et légumes secs destinés à être vendus de suite, Juifs et Sarrazins et leurs femmes (si elles sont enceintes, elles paient double), toiles venant du pays de Libourne, toiles venant de France ou d'Auvergne, mulets, poulains et chevaux de charge, chevaux de vitesse, ânes et ânesses (ceux de la race d'Estaing paient 13 deniers au lieu de 4, et leur charge paie également plus que celle des autres), laine lavée ou teinte, fromages, saindoux et suifs ; poisson de mer ou autre (une partie de l'impôt est payée en nature, détails curieux), étain et autres métaux, mercerie assortie comprenant de la quincaillerie, porcs ou truies, sel (s'il vient du côté de Nant ou d'Alzon, 2 deniers au lieu de 3), huile d'olive ou autre, harnais et sonnettes, mercerie et quincaillerie portée par un marchand ambulant ou étalagiste, blé et légumes secs ne devant pas être vendus immédiatement, poêles venant de Normandie ou d'ailleurs, bêtes de somme revenant à vide des foires de Champagne ou de France (on jurera qu'elles ne sont pas destinées à être vendues), furets, chiens de luxe et chiens de chasse. L'article 51 stipule que les habitants de Millau paieront une

1. Il doit y avoir ici une erreur. car Montferrant est porté un peu plus loin comme payant 2 sous.

maille tous les samedis pour droit de pesage ; ils seront, en revanche, dispensés de tous droits sur les marchandises leur appartenant qu'ils feront passer au pont vieux, mais ils paieront pour celles qu'ils transporteraient pour autrui.

55-56. L'épervier est quitte de tout droit de péage et en exempte les autres oiseaux de chasse, s'il passe le pont à leur tête ; il les exempte de la moitié, s'il passe au milieu d'eux ou derrière eux.

57. Marchandises exemptées du droit de péage. Les principales sont : les instruments de musique, les armes, les pierres, la laine en suint, le vin et l'hypocras, les étoffes de soie ou de velours, les vêtements, le bois, le gibier, les animaux de ménagerie, les hommes ou femmes sauvages et autres exhibitions de foire, les fruits, etc. Il y a là une foule de détails intéressants pour l'histoire du commerce et l'histoire des mœurs.

58-72. Ces articles stipulent quelle sera la part du roi et celle du vicomte pour chaque catégorie de marchandises. Le roi perçoit toujours plus que le vicomte, sauf pour le sel venant du côté d'Alzon ou de Nant, les épices, excepté le poivre, les métaux, la mercerie, les poêles et quelques autres marchandises non spécifiées. Sa part est souvent portée aux deux tiers ; pour le poisson il prend sept deniers sur huit. Les cinq sous payés par les Juifs ou les Sarrasins lui reviennent entièrement, parce que le vicomte n'a sur le pont vieux d'autres droits de propriété que ceux que veut bien lui abandonner le roi dans la présente transaction.

73. Les consuls, les membres des deux conseils de Millau et le juge de cette ville, de concert avec les officiers de justice du vicomte et ceux du roi, pourront modifier, augmenter ou diminuer les droits du péage.

74. Défense aux notaires de donner des copies de la présente transaction, à moins d'absolue nécessité, et dans ce cas l'autorisation des consuls est nécessaire. — La pièce se termine par les formules ordinaires en latin et l'énumération des nombreux notaires qui ont signé les deux exemplaires identiques destinés aux deux parties contractantes.

IV. *Leudaire* (*f*ᵒˢ *70 v° à 87 r°*).

Le jour même où fut conclue la transaction dont nous venons de parler (3 juillet 1339), et aussitôt après, l'assemblée demanda au roi de confirmer les impôts établis à Millau sous les noms de l'*Issida* (la sortie) ou de l'*Ayrolle*, de *Leida dels mazelz* (tarif des boucheries), du *Commun de Paix* et de la *Pierre foiral*, ce qu'il fit incontinent. Ces différentes pièces sont données dans le registre, non pas complétement, mais en substance, et se réduisent aux articles qui constituent le tarif lui-même.

A. — L'*Issida* ou *péage de l'Airolla* était un impôt établi sur les animaux et les marchandises, à l'entrée, si elles étaient vendues dans la ville venant du dehors, ou à la sortie *(essida, issida)*, si elles étaient achetées dans la ville pour être transportées au dehors. L'Ayrolle était une place de la ville, située à la porte de ce nom, et où se percevait cet impôt.

B. — Le *Tarif des boucheries* indique minutieusement les droits en nature et en argent que le roi percevait sur les animaux de boucherie. Trois autres personnes sont mentionnées comme prélevant une partie de cet impôt. On y a joint l'impôt payé par les boulangères et par ceux qui apportaient, pour le vendre, du bois à brûler en fagots.

C. — Le *Commun de Paix* était une taxe établie, tout d'abord en Rouergue, entre 1159 et 1167, par Hugues II, comte de Rodez, et son frère, évêque de cette ville, également appelé Hugues, pour subvenir à l'entretien d'une garde destinée à veiller à la sûreté des routes. Elle fut confirmée, à la demande de l'évêque, par une bulle du pape Alexandre III, en 1170 (Voy. De Gaujal, *Etude hist. sur le Rouergue*, II, 72, et Ducange, s. v. *commune*). Elle servait aussi à indemniser ceux qui avaient éprouvé des pertes par le fait des brigands. Du Rouergue, cet impôt se répandit dans d'autres provinces. C'était un impôt sur le capital (il était dû par ceux qui possédaient plus de 60 livres), et aussi sur les domestiques, les bestiaux et les bêtes de somme. On devait le payer au plus tard huit jours après la Toussaint, sous peine d'une amende de 60 sous. Etaient exempts de cette taxe : les gens d'église, les nobles, les officiers royaux, les gradués en droit canonique ou civil, les étudiants et les clercs tonsurés. Il faut noter ici un trait de mœurs intéressant : les clercs tonsurés étaient exemptés, qu'ils eussent été mariés ou non ; mais s'ils avaient été mariés deux fois avant d'entrer dans les ordres, ils ne jouissaient pas de l'exemption, sans doute parce que ceux qui étaient dans ce cas ne pouvaient arriver à la prêtrise (Voy. Duc., s. v. *bigami*). — Les veaux de lait, les agneaux et les chevreaux n'étaient pas imposables.

D. — La *Pierre-foiral* ou *droit de mesurage*.

Cet impôt, qui n'était payé que par les étrangers, était

d'une bassine[1] rase par setier de froment, seigle, orge, etc., et d'une bassine presque comble par setier d'avoine.

E. — Les *Pavages* ou les *Barres.*

Les étrangers seuls payaient cet impôt, qui portait sur les bestiaux et bêtes de somme ou charrettes chargées, soit à l'entrée, soit à la sortie, et qui semble avoir été destiné à l'entretien des portes et des rues de la ville.

F. — La *Leude de Raimond de Millau.*

Raimond de Millau, dont il a été question plusieurs fois dans la Transaction, avait acheté en 1275 à Pierre Jourdan, chevalier, moyennant la somme de 75 livres de Melgueil, les droits que celui-ci prélevait à Millau sur certaines marchandises mises en vente par des étrangers, lesquelles sont spécifiées en neuf articles. Nous ne saisissons pas bien clairement comment se justifiait la perception de ces droits, la plupart payés en nature ; il semble cependant qu'il s'agisse ici d'une espèce de *droit de place.*

V. *Les ordonnances de la ville de Millau et des consuls de la maison commune (f°s 87 v° à 100 r°).*

Ces ordonnances furent lues, le 24 août 1339, par Raimond de Gozon, dans l'église paroissiale de Notre-Dame de l'Espinasse, et les consuls, ainsi que les membres du conseil secret et du conseil de la clochette, jurèrent solennellement de les observer et de les faire observer. Elles ne comprennent pas moins de 34 articles et traitent des attributions des deux conseils, de l'obligation où sont les conseillers, à moins d'empêchement reconnu valable, d'accepter les missions que les conseils peuvent leur confier au dehors, du costume des consuls, des privilèges des conseillers, des catégories d'éligibles (les hommes de loi, les notaires, les fonctionnaires et subordonnés de tout ordre sont exclus), de l'union que doivent garder entre eux les conseillers, etc.

VI. *Les Coutumes de la ville de Millau (f°s 100 v° à 105 v°).*

Ces Coutumes sont évidemment d'une époque antérieure à la date de la confection du Cartulaire et à celle des pièces qui précèdent. Nous les placerions volontiers dans la première moitié du XIIIe siècle. Elles donnent des détails intéressants, en particulier en ce qui concerne la réparation des dommages, les saisies, les cautions, etc. Elles se terminent par un article indiquant la procédure à suivre, quand une personne se plaint d'avoir été imposée d'une façon exagérée.

---

1. Voyez le *Glossaire.*

VII. *Serment des consuls (f°s 105 v° à 108 r°).*

Ils promettent de maintenir intacts les libertés et privilèges du consulat et de la commune, de défendre les intérêts de la ville, de veiller sur l'eau du ruisseau de Vézoubies, sur les établissements hospitaliers et sur les deux ponts, et de vérifier les comptes des hospices, du sacristain et de l'ouvrier de l'église Notre-Dame, etc.

VIII. *De Pondere bladorum (f°s 108 r° à 109 r°).*

Ordonnance du roi Philippe V (en latin), datée de Beaugency, avril 1321, par laquelle il autorise les consuls de Millau à établir un poids public pour le blé et la farine, et à prélever un denier par setier de blé ou par quintal de farine, en compensation d'une faveur qu'ils ont faite aux Frères Prêcheurs (Voy. plus loin, Appendice, A, 1).

IX. *Paroisses du Rouergue (f°s 109 v° à 129 v°).*

Elles sont distribuées par bailliages et accompagnées de l'indication du nombre des feux. Les fautes des copistes sont nombreuses, surtout pour les régions éloignées de Millau, par exemple dans les bailliages de La Guiole, de Villeneuve et de Najac, et les sommes de feux qu'ils donnent pour la plupart des bailliages sont inexactes.

X. *Liste par communauté des sergents fournis par le Rouergue au roi Philippe VI, en 1341, pour les guerres de Picardie et de Gascogne contre les Anglais (f°s 130 r° à 132 v°).*

Cette liste peut servir, mais seulement d'une manière approximative, à comparer l'importance des diverses localités : à population égale, celles où il y avait un château-fort, sont généralement portées comme ayant fourni un plus grand nombre d'hommes d'armes (Cf. le Tableau des paroisses).

XI. *Instructions sur la façon dont on doit donner à ferme les revenus du domaine royal (f°s 133 r° à 134 r°).*

PREMIER APPENDICE.

A. — Nous publions sous ce titre la partie du registre qui est indépendante du *Livre de l'Epervier* primitif.

1. *Tarif de l'élection du Haut-Rouergue ou Millau, divisée en 1234 feux, 8 belluques 3/4, le feu en cent belluques (f°s 135 r° à 141 v°).*

Ce tarif, arrêté le 28 août 1666, à Vincennes, sur l'avis du sieur Pellot, maître des requêtes, intendant-commissaire du roi en Guyenne, et signifié le 6 septembre suivant, a dû être transcrit sur le registre peu après le 31 décembre 1668, date du *vidimus* du *Livre de l'Epervier*, car il est également paraphé à chaque page par Honoré de Bonald, président de l'élection et premier consul. La division du feu en cent *bellugues* (c'est-à-dire *étincelles*), et la comparaison, pour chaque localité, avec le chiffre des feux des paroisses donnés au ch. IX du *Livre de l'Epervier*, montre qu'il s'agit ici, non du nombre des maisons, mais d'une base artificielle reposant sur la valeur des propriétés bâties ou non bâties. C'est ce que n'a pas compris Dom Carpentier (Addit. au Gloss. de Duc. s. v. *belues*), qui traduit *bellue* par habitant, dans une charte de vente de la Justice de *Vertrieu*, en Dauphiné (1596), où on lit ces mots : « *Dans lesquels confins sont* 55 *bellues ou habitans, qui peuvent augmenter ou diminuer, qui valent, au fur de .xv. livres tournois pour chaque* bellue, 825 [1].

II. *Liste des rois de France depuis Pharamond (f*os *142 r*o *à 143 v*o*).*

Cette liste, pleine d'erreurs de date et où l'on peut signaler plusieurs omissions, a été continuée jusqu'à Louis-Philippe (Voy. l'Introduction).

DEUXIÈME APPENDICE.

Cette dernière partie de notre publication, qui nous a paru la compléter utilement, comprend :

A. — Le *Livre des Privilèges du Consulat de Millau.*

C'est un mince registre in-4° avec une reliure moderne, contenant 4 feuillets de parchemin écrits probablement au XIVe siècle, et autant qui sont restés en blanc, la transcription ayant été brusquement abandonnée à la huitième pièce, qui manque des formules finales. Voici le détail de ces pièces, qui ne suivent point l'ordre chronologique ; elles sont en latin, sauf la quatrième, qui est presque entièrement en langue vulgaire :

I. Philippe, fils de Philippe III, qui devait régner en France à partir de 1285 sous le nom de Philippe IV, mais qui n'é-

---

1. On a imprimé à tort : *qui valent au fur de .xv. livres tournois, pour chaque bellue 825.*

tait encore que roi de Navarre et comte de Champagne et de Brie, écrit du camp de Perpignan, le mardi après l'Ascension, vers 1284 (la date manque), aux consuls de Millau pour les remercier d'avoir bien voulu céder, pour lui être agréable, aux Frères Prêcheurs, une maison voisine de leur couvent. C'est sans doute à cette concession que fait allusion la pièce VIII du *Livre de l'Epervier*.

II. Le 3 octobre 1278, Guillaume Ferrières, gardien du couvent des Frères Mineurs de Millau, fait défense à P. de Capelle et B. de Jaol, de l'ordre des Frères Prêcheurs, de construire leur couvent à une distance du couvent des Frères Mineurs moindre que celle qu'avait fixée le pape Clément [IV]. Cf. la pièce VI, qui devrait être à la suite de celle-ci.

III. Le jeudi après la Saint-François (laquelle tombe le 4 octobre) 1286, Bernard de Morlières, de l'ordre des Frères Mineurs, demande au sénéchal du Rouergue, Pierre Bouche (*alias* P. Bouchetti), de faire exécuter l'ordonnance royale de St-Germain-en-Laye (sans date), qui défend aux Frères Prêcheurs de construire un couvent à Millau. Le sénéchal répond qu'il est lié par une ordonnance royale postérieure et contraire (1284, le dimanche après la Sainte-Luce, qui est le 13 décembre).

IV. Les consuls achètent à Bernard Feltrier plusieurs maisons, jardins et cours, pour y bâtir le premier hôtel-de-ville (24 octobre 1278). Jusque-là, leurs délibérations avaient eu lieu dans l'église St-Martin, qui existe encore, et qui, après avoir longtemps servi de chapelle aux Pénitents blancs, a été, il y a quelques années, érigée en succursale. Cet hôtel-de-ville, voisin de l'église en question, n'est pas l'édifice massif, orné d'un beau beffroi, qu'on a abandonné il y a quelques années, et qui ne date que de la Renaissance.

V. Le samedi avant la fête de Sts Simon et Jude de l'an 1280, Raymond Ada, de Ste-Eulalie-du-Larzac, comparaît devant le juge de Millau, Bertrand Galtier, pour son père accusé par les consuls de Millau d'avoir fait paître son troupeau sur des terrains communaux ; il est obligé de donner caution.

VI. Le 3 octobre 1278, les consuls de Millau signifient aux Frères Prêcheurs la défense d'habiter au dedans de la ville, conformément à la requête des Frères Mineurs (voy. pièce II). Cette querelle dura pendant de longues années, les Frères Prêcheurs prétendant être indemnisés pour les constructions qu'ils avaient faites. Ils finirent par obtenir gain de cause, par l'intervention du roi, dans le domaine duquel se trouvait alors Millau, et dont ils s'attirèrent les bonnes grâces en dédiant leur couvent et leur église à Saint-Louis.

VII. Le roi Philippe-le-Bel exempte les habitants de Millau du *Commun de paix* prélevé sur les personnes, les biens, les fours, les moulins et les bestiaux [1].

VIII. Approbation (par le même) de l'ordonnance de Guy de Boy, chanoine de Reims, et de Gilles Camelin, chanoine de Meaux, sur le *Commun de paix* dont il est parlé à la pièce précédente. Cet impôt ayant été établi, comme nous l'avons vu, par l'évêque de Rodez, il y avait sans doute nécessité de faire intervenir dans la question l'autorité ecclésiastique ; les chanoines en question représentaient probablement l'évêque.

B. — Lettre du roi Charles VIII (en français) au sénéchal du Rouergue, le sire du Chasluz, et à son notaire et secrétaire, pour ordonner et lever en Rouergue un impôt extraordinaire de 45480 livres tournois, destinées à subvenir à l'entretien de l'armée permanente que le roi maintenait dans la Marche de Bretagne pour réprimer les incursions des Anglais (Les Moutilz-lez-Tours, 3 octobre 1490). Nous donnons à la suite la note des frais occasionnés par la levée de cet impôt.

---

1. La date manque, mais de Gaujal (*Etudes hist. sur le Rouergue,* II, 140) la fixe à 1297, d'après des documents compris dans les manuscrits de Colbert, à la Bibliothèque nationale.

Ludovicus dei gratia francie et navarre Roe
Universis Justicie Singulis Justiciarum & officiorum
nostre totius legum nostri bel rurum locatenentem

PHILIPES DE VALOIS ROY DE FRANCE 1356
philipes de
valois Roy de
Regne 22 ans & mourut
l'an 1350
FERNIQUE . SC .

LE LIVRE DE L'ÉPERVIER

(*f°.j.*)   SEQUITUR EVANGELIUM.

INITIUM SANCTI EVANGELI[I] SECUNDUM JOHANNEM.
Gloria tibi, Domine.

In principio erat Verbum et Verbum erat apud Deum et Deus erat Verbum. Hoc erat in principio apud Deum ; omnia per ipsum facta sunt, et sine ipso factum est nihil quod factum est. In ipso vita erat, et vita erat lux hominum, et lux in tenebris lucet, et tenebre eam non comprehenderunt. Fuit homo missus a Deo, cui nomen erat Joannes : hic ven(er)it in testimonium, ut testimonium perhiberet [1] de lumine, ut omnes crederent [2] per illum. Non erat ille lux, sed ut testimonium perhiberet de lumine. Erat lux vera quæ illuminat omnem hominem venientem in hunc mundum. In mundo erat, et mundus [3] per ipsum factus est, et mundus eum non cognovit. In propria venit, et sui cum non receperunt. Quotquot autem receperunt [4] eum, dedit eis potestatem filios Dei fieri, hiis qui credunt in nomine ejus, qui non ex sanguinibus, neque ex voluntate *(v°)* carnis, neque ex voluntate

1. Ms. *prohiberet*, sans doute par une fausse interprétation du sigle du *p.*
2. Ms. *crederunt.*
3. Ms. *mundum.*
4. Ms. *ante recipiunt.*

2

viri, sed ex Deo nati sunt. Et Verbum caro factum est et habitavit [1] in nobis. Et vidimus gloriam [ejus, gloriam] quasi Unigeniti a patre plen(i)um gratiæ et veritatis [2].

Sequentia sancti evangeli[i] secundum Matheum.
Gloria tibi, Domine.

Cum natus esset (Dominus) Jesus (Christus) in Bethleem Jude, in diebus Erodis regis, ecce Magi ab Oriente venerunt Jherosolimam dicentes : « Ubi est, qui natus est, rex Judeorum? Vidimus stellam ejus in Oriente, et venimus adorare eum. » Audiens autem Herodes rex, turbatus est, et omnis Jherosolima cum illo. Et congregans omnes principes sacerdotum et scribas populi, [s]ci[s]citabatur ab eis ubi Christus nasceret[ur]. At illi dixerunt ei : « In Bethleem Jude. Sic enim scriptum est per prophetam : Et tu, Bethleem, terra Jude, nequa(n)quam [min]ima es in principibus Jude ; ex te enim exiet [3] dux, qui regat populum meum Israël. » Tunc Herodes, clam vocatis magis(ter), diligenter didi(s)cit ab eis tempus[4] stellæ que apparuit eis, et mittens illos in Bethleem, dixit : « Ite et interogate dilligenter de puero, et cum invenerittis, renunciate michi, ut [et] ego veniens adorem eum. » Qui cum audissent regem, abierunt. Et ecce stella(m) quam (*f°.ij.*) viderant in horiente antecedebat eos, usque dum veniens staret supra ubi erat puer. Videntes autem stellam, gavisi sunt gaudio magno valde. [Et] intrantes domum, invenerunt puerum cum Maria matre ejus, et pro-

1. Ms. *habitabitur.*
2. *Joann.*, I, 1-14.
3. Ms. *exis.*
4. Ms. *temporibus.*

cidentes [1] adoraverunt eum, et apertis [2] thesauris suis, obtulerunt ei munera[3] aurum, thus[4] et mirram. Et responso accepto in somni(i)s ne redirent ad Herodem, per aliam viam reversi sunt in regionem suam. [5]

Sequentia sancti evangeli[i] secundum Lucam.
Gloria tibi, Domine.

In illo tempore, postquam completi sunt dies purgationis Mariæ secundum legem Moysi[s], tulerunt Jesum in Jherusalem, ut sisterent[6] cum Domino, sicut scriptum est in lege Domini : « Quia omne masculinum adaperiens vulvam sanctum[7] Domino vocabitur, » et ut darent ei hostiam, secundum quot scriptum[8] est in lege Domini, par turturum aut duos pullos columbarum. Et exce homo erat in Hierusalem cui[9] nomen Simeon[10], et homo iste justus et timoratus, expectans consolationem Israel[11], et Spiritus sanctus erat in eo. Et responsum (*v*°) acceperat a Spiritu sancto non visurum se[12] mortem, nisi[13] prius videret Christum Domini[14]. Et venit

1. Ms. *percidentes*, par une mauvaise interprétation du sigle du *p*.
2. Ms. *apartis*.
3. Ms. *numera*.
4. Ms. *thesauris*.
5. *Matth.*, ii, 1-12.
6. Ms. *cisterunt*.
7. Ms. *sancto*.
8. Dans la Vulgate : *dictum est*.
9. Ms. *qui*.
10. Ms. *suus*.
11. Ms. *in simul*.
12. Ms. *ce*.
13. Ms. *juxti*.
14. Ms. *Dominum*.

in Spiritu(m) in templum. Et cum inducerent puerum Jesum
parentes ejus, ut [1] facerent secundum consuetudinem legis[2]
pro eo, et ipse accepit eum in ulnas[3] suas, et benedixit Deum
et dixit : « Nunc dimitis servum tuum, Domine, secundum
verbum tuum in pace, quia viderunt oculi mei salutare tuum,
quod parasti ante faciem omnium populorum, lumen ad re-
velationem gentium et gloriam plebis tuæ Israël[4]. »

SEQUENTIA SANCTI EVANGELII SECUNDUM MATHEUM.
Gloria tibi, Domine.

In illo tempore, dixit Sim(e)on Petrus ad Jesum : « Exce
nos[5] reli(n)quimus omnia [et secuti sumus te] : quid ergo erit[6]
nobis? » Jesus autem dixit illi : « Amen dico vobis quia vos,
qui seccuti estis me in regeneratione, cum sederit [7] filius
hominis in sede[8] majestati[s] suæ, sedebitis et vos super se-
des duodecim, judicantes duodecim tribus Israel ; et omnis
qui reli(n)querit dom(in)um [a]ut fratres vel sorores aut patrem aut matrem aut uxorem aut filios au[t] agros propter
nomen meum, centuplum accipiet et vitam eternam possi-
debit. »[9]

1. Ms. *et.*
2. Ms. *leges.*
3. Ms. *in tribunalis.*
4. *Luc.*, II, 21-32.
5. Ms. *qui.*
6. Ms. *erit ergo.*
7. Ms. *concederit.*
8. Ms. *cede.*
9. *Matth.*, XIX, 27-29.

(*f°.iij.*) Sequentia sancti evangelii secundum Lucam.
Gloria tibi, Domine.

In illo tempore, loquente Jesu ad turbas, extollens vocem quedam mulier de turba dixit illi : « Beatus venter qui te portavit et (t)ubera quæ succisti. » At[1] ille dixit : « Quinimo beati qui audiunt verbum Dei et custodiun[t] illud. »[2]

Sequentia sancti evangelii secundum Lucam.
Gloria tibi, Domine.

In illo tempore, postquam consummati sunt dies octo ut[3] circum[ci]deretur puer, vocatum est nomen ejus Jesus, quod vocatum est ab angelo priusquam in utero conciperetur.[4]

1. Ms. *ad*.
2. *Luc.*, xi, 27-28.
3. Ms. *et*.
4. *Luc.*, ii. 21.

**Iste liber est dominorum consulum et communitatis
Amilhavi ac domini nostri Franciæ regis, in quo ego
Durantus Laurencii, una cum aliis notariis sociis
meis in presenti libro specificatis et scriptis, omnes
et simul comunicando, in presenti libro registra-
vimus instrumenta ac etiam documenta eorundem
sequentia.**

I.

(v°) LITERA REGIA CONFIRMATIONIS PRIVILEGII SIGILLI AUTHENTICI CURIÆ REGIÆ VILLE AMILIAVI.

Ludovicus[1], Dei gratia (Francie et) Navare Rex, universis
et singulis justiciariis et officiariis nostris totius regni nostri,
vel eorum locatenentibus, Salutem. Procurator noster seneschalie Ruthenensis, et fideles nostri consules ville Amilhavi,
5 nobis quoddam extractum factum et transcriptum de libris
curie nostre ville Amilhavi predicte sigillatum sigillo [et] au-

1. En marge, on lit cette note de M. Affre, l'archiviste à qui l'on doit
l'inventaire de 1852 : *Louis X, dit le Hutin. Il faut observer, sur cet acte,
qu'il est du 25 février 1314, et que Philippe le Bel, père de Louis X, n'est
mort que le 29 novembre, même année. Louis le Hutin était roi de Navarre, du chef de sa mère.* — De Gaujal (*Études historiques sur le Rouergue*, II, 153), parlant de cet acte, lui assigne la date du 25 février 1315 ;
ailleurs, II, 103, sans doute par suite d'une faute d'impression, on lit
26 février 1315. Il était probablement guidé, dans cette violence faite
au texte, par le même scrupule que l'honorable archiviste de l'Aveyron.
Pour nous, il nous semble que les mots qu'on lit à la fin de l'acte :

Leçons du manuscrit corrigées. — *Ligne* 2, justiciarum et officiorum ; 3, locatenentum ; 4, ruthenensem ; 6, perdicte sigillatum sigillum
authoritatem.

thoritate dicte seneschalie et dicte curie Amilhavi in pendenti exibuerunt, continens privilegia, vires et cohortationes
☞ dicti nostri sigilli authentici dicte nostre ville Amiliavi, que
10 quidem sigilli predicti privilegia talia sunt in effectu, videlicet que contra omnes obligatos et suppositos dicti sigilli viribus et privilegiis fit executio(nem) per judicem custodem
seu executorem vel ipsorum alterum cum literis mandatoriis
per eosdem vel requisitoriis, prout (s)ibi subsunt(ur), requizi-
15 tum requirendum per captionem, venditionem et festinam
distractionem bonorum obligatorum et cujuslibet in solidum, si plures sunt, et garnisionis unam vel plurimam servitutem, et comissionem, si sic obligati et suppositi existant,
et modo et forma quibus obligati et suppositi existunt, per-
20 sonarumque obligatarum et suppositarum (*f°.iiij.*) captionem, arrestum et dettentionem apud villam et infra carcerem
nostram Amiliavi remittendarum, adducendarum, donec
satisfactum sit creditori vel creditoribus quibus obligationes
et suppositiones facte reperiuntur, exposito primitus clamo-
25 re, viribus dicti sigilli coram custode seu executore ejus-
☞ dem ; exibitis super hoc (in) sacris vel confessionibus aut
preceptis infra curiam nostram datis et grato recepto dicto

domino et genitore nostro carissimo utebamur, indiquent que Philippe-le-
Bel, encore vivant, mais empêché sans doute par la maladie ou toute
autre cause, avait délégué à son fils une partie de l'administration du
royaume, peut-être celle des provinces méridionales. Il faut, dans ce
cas, admettre que les mots *Francie et* ont été ajoutés par l'auteur du
cartulaire du XIVᵉ siècle, ou par le copiste du XVIIᵉ, et qu'ils n'étaient
point dans la charte originale. Louis était d'ailleurs roi de Navarre depuis 1305.

10, priviliegium ; 12, priviliegiorum ; 13, literas mandatoris ; 15, cap-
torem , *uvec un sigle au-dessus de la dernière syllabe;* 17, unum vel
plurimum servitutem et comissiorum ; 18 *et* 19, supposati ; 20, quæ
obligatus et suppositus ; 21, dettentoem, *avec un sigle sur* oem ; 22, nostras; 24, permitus ; 27, preceptum ; 27, gratum receptum..... sigillatum.

sigillo sigillato, licet simplex sigilli predicti obligantia et supposantia de se importat personarum captionem, bonorum dis
30 tractionem et exequtando garnisionis apositionem, prout suppra dictum est, apud Amiliavum et infra carcerem sub arresto
ducendarum, et sic tenendarum, donec de summa vel quantitate pro clamore exposito si(n)t satisfactum, ut est dictum, et sit exequtio contra sic obligatos et suppositos de tanta
35 summa vel quantitate quantum si(n)t per clamorem expositum, dumtaxat de quibus quidem clamoribus viginti denarios
pro libra seu partem duodecimam nobis noscitur pertinere.
Nec obligati viribus dicti sigilli et suppositi ab arresto relaxantur personali, nisi de creditorum expressa per cessum
voluntate, nec personarum dettentio, bonnorum exequtio
41 inpeditur, nec e converso, imo personis in et sub dicto arresto
existentibus, nihilominus exequtio fit in bonis et juribus (v^o)
ipsorum obligatorum, et alienat[or]um prius obligatorum,
propriis defic[i]entibus bonis obligatorum, et completis exe
45 c(s)utionibus distractiones per judicem nostrum Amiliavi et
dicti sigilli validantur, vocatis partibus via juris authentici,
interponendo pariter cum decreto in quibus juris solemnitas
hoc requirit et pars altera hoc fieri petierit ab eodem. Et
complentur exceptiones per similia intervalla, et modo et
50 forma quibus uzitatum est in villa nostra predicta, adversus
cujus executiones tres dumtaxat admituntur ex[c]eptiones :
solutionis instrumenti, confessionis seu precepti falsitatis, et pacti de non petendo prius vel eodem contextu,
cum allegantur dicte exceptiones vel ipsarum altera, pres
55 tito calomniæ juramento per partes utrasque eisdem ejus
effectu ibidem exposito in vulgari : que quidem exceptiones
simul et separatim expositæ et allegate poni et probari de-

28, obliganto et supposanto; 33, expositum; 34, exequento; 35,
exposita, *avec un sigle* (= rum?) *sur l'*a; 36, denarii; 38, supposati;
39, percessu; 40, dettentionem.... exequento; 41, et sudo arresto;
42, nihilominum exequto *(avec un sigle)* sit; 43, prius obligationem;
46, dictum; 52, solutiones.

bent infra quatuordecim dies utiles et juridicos a die allega-
tionis in authentica inmediate subsequendos et computandos;
60 alioquin ulterius minime audietur allegans vel opponens.
Imo executiones fieri, perfici et compleri debent viis predictis, oppositionibus vel allegationibus contrariis totaliter
pretermissis et ipsis penitus inauditis, prout hec in dicto
transcripto sub majori verborum prolixitate laxius et clarius
65 vidimus contineri. Ultraque hæc, sumus plene informati
dictos nostros offici[ari]os dicti sigilli dicti[s] privilegi[i]s et
executionibus hucusque usos fuisse tantis temporibus
(*f°.v. r°*) quod memoria in contrarium non habetur, et adhuc
utuntur eisdem. Et ob hoc supplicaverunt nobis dicti procu-
70 rator et consules, ut predictum sigillum et ejus privilegii
vires et consuetudines confirmare et aprobare et emologare
et, si necesse fuerit, de novo concedere dignaremur. Igitur
nos, visis, auditis et diligenter examinatis premissis, atten-
dentes eorum supplicationem fore rationi consonam et con-
75 firmatione(m) dignam, et quod ob hoc emolumenta nostra
dicti sigilli nimium augmentantur, et quod in utilitate[m]
publica[m] vertitur subjectorum, et ex hoc nationes nostræ
ditioni subjectæ citius jus assecuntur et via litigi[i] eisdem
tollitur, et per consequens a pluribus relevantur honneribus
80 expensarum, dictum sigillum ejusque privilegia, vires et
consuetudines ante dicta approbamus, emologamus, ratifi-
camus et confirmamus, et, si necesse fuerit, ad majorem
eorum firmitatem regali nostra potestate et ipsius potestatis
plenitudinem de novo concedimus et donamus ex nostra
☞[1] certa scientia, hac vera gracia speciali, mandantes omni-
86 bus nostris subjectis [et] offici[ari]is totius nostri regni ac
subjectarum nationum, ut dictorum judicum, custodum et

1. En marge : *Attribution de jurisdiction par tout le royaume* (écriture
un peu postérieure).

64, lacius; 72, digneremur; 77, nasciones; 78, sitius.

executorum dicti sigilli et cujuslibet eorumdem requisitis
requirendis obediant et intendant, et literis eorumdem et
90 missis et mittendis ac deputandis in posterum per eosdem
vel alterum eorundem, et in defectu ipsorum, si ipsos ino-
bedire contingere(n)t, (quod absit !) per servientes et alios
mittendos et depputandos predictos, [per] judicem custodem
seu executorem dicti sigilli vel ipsorum alterum excecutio-
95 nes fieri (v°) et compleri volumus pari modo, et concedimus
cum effectu , mandantes judici nostro Amiliavi predicto
ut inperio sigilli quontra rebelles et inobedientes penis
legitimis nobis applicandis taliter puniat, quod ceteri formi-
dent contraria attentare. Si quis autem contra hæc atten-
100 tare aliquid presumerit, indignationem nostram se noverit
incursurum. Quod ut firmum et stabile perpetuo perseveret,
presentes literas confirmationis et gratiæ sigilli nostri
duximus appensione muniri.

Actum et datum Parisii[s], sub sigillo conv[e]niente, do-
105 mino et genitore nostro carissimo utebamur, vigessima[1] quinta
die februari[i], anno Domini millesimo trecentesimo quarto
decimo.

108   *Facta est collatio cum originali.*

1. En marge : *25ᶜ feuri. 1314* (écriture un peu postérieure, déjà
signalée).

87, custodi et executori ; 96, nostri ; 98, formidant ; 101, quot....
perseveres.

II.

PER LO CESTAIRAL.

[1] **Petrus de Ferrariis, miles senescalie** Ruthenensis domini nostri Francorum regis, discreto viro judici
Amiliavi (h)aut ejus locum tenenti, Salutem. Ad supplicationem consulum de Amilhavo, conquerentium quod nonnulli,
5 blada ementes et vendentes in loco de Amillavo, blada ipsa
emunt et mensurant in eorum domibus et alibi absconse,
obmisso loco publico loci predicti ad illa facienda solito et
deputato, [cum] in dictum nostri regis jus in mensuratione
bladorum hujus modi habeatur et in utilitatem reipublicæ
10 prejuditium non modicum, vobis igitur, pottissime cum
publica (*f°.vj. r°*) utilitas private maxime in casu isto sit pre-
ferenda, mandamus et precipimus, quatenus premissa fieri
ulterius voce preconia inhibeatur (h)ac arrendatoribus regiis,
ne super dispensatione et licentia mensurationis bladorum
15 hujus modi alibi quam in dicto loco solito faciende aliqua-
liter se intromittant, neque etiam blada hujus modi alibi
nisi in loco predicto solito mensurari permitatur, taliter quod
ab virium deffectu querelam premissorum minime audia-
mus.

1. En marge : *L'original est entre les mains de M*[e] *Duchéne* (Note de
M. Affre).

Leçons du manuscrit corrigées. — Ligne 3, at ; 4, concurentium
5, et mentes ; 9, et utilitatis ; 13, arrendatoris eijs regiis.

20 Datum Villefranche, die septima mensis augusti, anno
Domini millesimo tricentesimo trigesimo quinto [1].

22 *Facta est collatio cum originali* [2].

-----

1. En marge : *7 août 1335* (Note de M. Affre). — M. Affre a pareillement transporté en marge les dates des autres chartes du cartulaire ; nous croyons inutile de relever ces indications.

2. Cette dernière phrase, *facta est,* etc., est placée dans le manuscrit entre les mots *augusti* et *anno*, et le scribe, qui s'est bientôt aperçu de son erreur, a ajouté après le mot *quinto,* ceux-ci : *cum originalio* (lis. *cum originali*), qui devaient en effet terminer la pièce.

III.

INSTRUMENTUM CONFIRMATIONIS pedatgii factæ inter illustrissimum principem dominum Philipum, Dei gratia regem Franciæ ex parte una, et dominum Gerardum, Dei gratia vicecomitem Fezensaci, Brulhesii et Creisselli, dominumque baronie de Rocafolio ex parte altera, cum instrumento inde subsecuto transactionis, compositionis (h)ac etiam divisionis super facto pedatgii pontis veteris Amilliavi.

(v°) In nomine Domini nostri Jesu Christi, Amen.

Anno Incarnationis Domini millesimo trecentissimo tricesimo nono, et die tercia mensis Julii, serenissimo et christianissimo principe domino nostro domino Philipo Dei gratia Francorum rege regnante. Nove-
5 *rint universi presentes pariter et futuri ut, cum altissimus, eternus, rex pacificus, Dominus noster Jesus Christus pacem predicav[er]it et inter appostolos et discipulos suos voluerit observari, et dictos appostolos ac suos discipulos, eos visitando et consolando, pacem eis predixit, dicendo : « Pax vobis, » et alibi etiam scribatur quod non nisi pacis*
10 *tempore bene colitur pacis a[u]ctor, et cum multe et magnæ discentiones scandala pariunt, et multis pravis actibus adhibitum prebeant et minis-trent, hac igitur consideratione moti et inducti, ut assueverunt :*

Entre lo sobres dig noble et tresque crestia princep e senhor mossenh Felip, rey de Fransa, per la sobres dicha
15 misericordia de Dieu nostre Senhor et Redemptor renhan, per sa part demandan, et lou poissan, noble et senhor pode-ros, moussen Geraud, per la gracia de Dieu vesconte de Fesensaguel, de Brolhes e de Creisseilh, *(f°.vij. r°)* et senhor de la baronia de Rocafeuilh d'autra part deffenden; et so a causa

Leçons du manuscrit corrigées. — Ligne 5, et; 19, roquefueilh.

20 de certains et a(u)lcuns pesatges, los quals antiquamen si
solian levar, penre e far pagar, tant sobres lo pon vieilh de
la vialha de Milhau per lo sobres dich nostre senhor lou rey,
quant sus en l'Arsac[1] et en hun castel vulgar(e)men appellat
delz Enfructs per lo sobres dich visconte, quant à La Cavalaria
25 per los de la relegio de Sanct Johan de Jerusalem, quant en
d'autras partz, don non ez memoria d'home del contrarii, de
que lo sobres dich visconte e princep prenia et avia acoustumat de penre el e los sieus e[n] d'alcunas merchandisas
mai que lo sobres dich visconte, en non del viscontat de
30 Creisseilh desobres dich, quant en d'autras mens ; et aussi-
☞ ben lou sobres dich visconte quant may qüant mens, et
los de sanct Jean hy prenon ben petita causa, la calha monta
ben petit tot l'an : los cals desobres dich eron tots ajustatz
dedins la mayo comuna de la sobres dicha vialha de Melhau,
35 et dedins la gran sala pencha, los cals ero en la presencia
delz nobles mossen Ramond de Goso, senhor de Gos(s)o,
Guilhem Pelegri, cavalias ; Esteve Negre, Jacme Portanovas,
Ramond Rebieyra, Peire del Sales, cosols de la sobres dicha
☞ vialha de Melhau, los cals son aras de presen, et son estatz
40 long temps ha, et seran en tout temps instructors, protectors et conservadors et deffensors del domayne del sobres
dich (v°) princep, quar aussi ben elz ho prometo et ho juro
en la asompcio del cossolat, quar aytal ez acostumat de far
segon que per elz ez estat dig ; *una*[2] an lo noble et poderos
45 senhor moussen Johan d'Armanhac, compte d'Armanhac,
de Rodes, et vesconte de Lomanha et de las altras vialhas,
loctenen general del sobres dich nostre senhor lo rey de

1. Aujourd'hui : *lou Larzac*, par agglutination de l'article. Cf. *lou
lendema = l'endema.*

2. Nous imprimons en italique les mots latins qui se rencontrent au
milieu d'un texte en langue vulgaire.

26 , dautres ; 37, Portenovas.

Fransa, et los Reverens Paires en Dieu mossen Guilhen d'Amman, per la gracia de Dieu archevesque d'Auch, mossen
50 Peire Aurelier, avesque de Lectora, mossen Bernat de Mandagorra, prio del priorat del Rosia *sive* de Entre Ayguas [1],
lo noble et discret home mossen Bringuia de Alagrat, prio
de Nostra Dama de Lespinassa de Melhau, mossen Pons de
Layrac, monge et sagresta del dig priorat de Melhau, et lo
55 noble et poderos senhor mossen Guilhen de Mayrous, cavalia
et fraire de la mayo et hospital de Sanct Jean de Jerusalem,
ultra lou fluvi mari, loctenen et procuraire general de la
mayo et baylia de Sanct'Eulazia de l'Arzac, de l'Hospital de
Sanct Johan de Jerusalem, per lou Reveren Payre en Dieus
60 moussen Guilhen de Relhania, prio de Sanct Jelii et de son
hostal *sive* cambra de Sanct'Eulazia de l'Arsac, de l'Hospital
de Sanct Jean de Jerusalem, et procuraire general ausibe de
tota la religio de Sanct Johan de Jerusalem, de las calas
sobres dichas procuras el ne fes et am la fe[2] (*lis.* cartas?) totas
65 grossadas, senhadas (*f°.viij. r°*) et sagelladas sobres l'an et
jour dins aquellas contengutz et expecifficatz ; et lo noble et
discret home maistre Peyre Relania, [ne]bot germa del sobres
dich moussen lo priou de Sanct Gelii ; et aussibe lo noble et
religios fraire mossen Gaucelin de Peira Mala, cavalia de la
70 sobres dicha religio et Hospital de sanct [Johan] de Jerusalem ; fraire Bernat Peyre, ausibe cavalia de la sobres dicha
relegio ; maistre Peyre Gavalda, Alessis Peires, tesauria delz

---

1. Le prieuré du Rosier ou d'Entraygues était situé au confluent
même du Tarn et de la Jonte, sur la rive gauche de cette dernière rivière. On en voit encore quelques ruines dans un pré, au pied du village de Peyreleau, chef-lieu de canton du département de l'Aveyron.
Le village du Rosier, qui fait partie du département de la Lozère, est
situé en face, de l'autre côté de la Jonte.

2. Ces quatre syllabes ne sont pas sûres, du moins la 1re et la 3e, elles
ne forment qu'un seul mot dans le manuscrit ; les deux du milieu ont
été intercalées en caractères plus petits.

58, eulazie ; 72, als *(avec un sigle au-dessus)*.

documens de la sobres dicha relegio de Sanct Johan ; lo noble et poissant senhor mossen Guilhen Rolhan , cavalia et
75 senescalc de Roergue per lo sobres dich nostre senhor lo rey ;
lo noble et poissant senhor mossen Peire de Plaude, cavalier et conselier del(z) sobres dich nostre senhor lou rey,
senescal de Tolosa et d'Albiges ; lo noble mossen Peire de
Cassaton, senescalc de Belcaire ; lo noble mossen Peire des
80 Chins , senescal de Rodes per lo sobres dig comte ; mossen
Peire de Cenaret, doctor et procuraire et defensor del sobres
dich vesconte ; mossen Peire Cremat, doctor et juge del sobres dich vescontat ; maistre Guilhen Columbii, notarii et
tesauria et recebedor del sobres dig(s) vescontat ; mossen
85 Giral de Monjusieu, doctor et juge mage de Roergue ; Guilhen Leonel Castela de Milhau ; Guilhamon de la Fon, tesauria de Villafranca ; maistre Guiral Cubriera, procuraire del
rey de Villafranca ; Astruc Rojo, baille de Millau ; mossen
Gui Rollan , doctor et juge de Viallalonga ; (v°) mossen
90 Peyre de la Roca, licentiat en leys et juge de la sobres dicha
viala de Milhau ; mestre Guilhen Raynal, juge de Sanct Afriqua. Totz los soubres dichs jutges et altres hufficiers son per
nostre senhor lou Rey et vesconte. Lo noble et poissant senhor mossen Johan d'Arpajo cavalia, vesconte de Lautruc et
95 senhor de Calmon, de Plantage, de Castelnou , de Levezou
et de tota la terra et baronia de Durenca et d'Arpajo ; los
nobles et poissans senhors mossens Ramond de Rocafueilh,
cavalia de l'Andorra, senhor de Salamiech, Guibert de Busens, del loc de sanct Genieis de Vertenan, Guilhem de Sanct
100 Paul, Gui Senhoret, Bernat de Levezou, Gui de Vialaret, Gui
de Aigu'esparsa , Guilhen de Labro, Claude de Peyragorc,
Jacme de Segur, Peire de Boissac, Bernat de Prevenquieras,
Guilhen Senoret de la Roca Sancta Margarida, et Daude de
la Torre de Savairac, totz cavalias ; lou noble Peire Ber-

79, deschins ; 83, colomdj ; 87 et 88, villefranca ; 91, sancta friqua ;
102, previnquieres.

105 trand de Taurin, Peire Ramon del Calador, Gui del Vouc,
Daude d'Albinac, Ramond de Beluche, Peire et Guilhen de
Cailus, Bertrand de Montmeja, Ramond de la Roca et Gui
de Capluc, totz donselz ; Bernat de Melhau, Jean Fournia,
Bertrand Benesech, Ramond Gavina, savi en drech, mossen

110 Guibert del Sales, licenciat en leys, Peire de Melhau, bour-
ges, Guilhen Azan, Bernat Johan, Brenguia del Rieu, Ramond
del Ranc, Azemar Ruffi, Guilhen Borsia, Guilhen Negre,
Peire de Cujus, Esteve (*f°.ix.r°*) Ratia, Bernat Sabatia, Ramond del Rieu, Bernad Johan, Huc Bounafous, Huc Azan,

115 Bernat Benesech, Johan Tiffi, Phelip de Monsalm, Steve
d'Olmieiras, Bernat Thomas, Johan d'Albena, Bernat Johan,
Steve Cappellia, Astruc Johan, Bernat Viquembe, maistre
Peire del Ranc, savi en drech, Huc Cavarot, Gregorii Ressa,
notariis reals, Ramond Celaur, maistre Steve Ratia, Johan

120 Adde, savis en drech, Daude Crozia, Guilhen Pila, Bernat
Cairet, Ramun Getaneu, Guilhen Bourzes, Bernat Mercia,
Guilhaumes Molenia, hoste, Steve et Ramun Mairueysses, et
Bertrand Thomas, tan conciliers del cosselh secret quant
de l'[e]squilla de la sobres dicha viala de Melhau, tant d'au-

125 tres, loscals desobres dichs aconpanhou lou sobres dig
☞ princep. Et so sus lou fag delz sobres dichs pesatges, los calz
se solian antiquamen levar, penre et far pagar tant sobres
lo dig pon quant alz Enfruchs, quant ben petit a la Cavaleria
per los de Sanct Johan, quant en d'autras parts, antiquamen

130 et antienamen coma desobres ez dich, en los calz desobres
digs pezatges si cometian et si fasian tant antiquamen quant
aras de presen, et fan encaras totz lous jours gran(d)s scandols, pilharias et murtres, talamen que non era home aladonc ny aras que ausessa (*v°*) anar ni tournar per lous camis

135 publics, coma so tragenias, merchans et autres, a causa delz
sobres digs scandols, los calz se fasian et cometian totz los

110, lays ; 114, Bonnefous ; 129, dautres ; 130 *et* 135, comme ; 132,
tous ; 136, ce fazian.

jours tant alaras quant incaras, et so a causa que lo dig visconte se fasia pagar al sobre dich castel dels Enfruts, la cala
causa el non ho devia pong far ny soustener : car aquo era
140 en un tres gran dampnage et interes del sobres dig nostre
senhor lou rey, et aussi ben de trasquedetot lou pays, et
contra Dieus, raso et justicia. Car lo(r)s predecessours del
soubre[s] dig princep et senhor, los cals eron, com an a nom,
la hun lo noble et tres aut senor mossen Phelip, rey de Fransa,
145 et l'autre mossen Hanric, comte de Rodes, d'Armanhac, et
vescomte de Creisseilh, los cals dos desobres digs avian
assumits los sobres digs pesatges sobres lou dig pon vieilh
de Melhau, de la cala sobres dicha unio ne fouc facha fe per
lous sobres digs cossols, et so comma instructors, protec-
150 tors, conservadors et deffensors del domayne desobres dich,
per unas lettras pattentas en pargami scrichas, sagelladas de
dos grans sagels, las calas lettras non ero rasas ni canseladas
ny en nenguna part d'aquelhas viciadas ni sospechosas, en
las calas si contenia tant soletamen la sobres dicha(s) unio(s)
155 dels sobres digs pesatges, las calas lettras foron fachas *sive*
empetradas l'an de Nostre Senhor, que hom conta, mial dos
cens septanta dos, et lo second jour del mes de septembre,
las calas foron fachas del voler, conjet et (*f°.x. r°*) (et) licentia
delz sobres digs et de totz lous senhors del pays, et elses
160 stigans, volens, requirens et tractans, et altramen, coma sy
conta en las sobres dichas lettras plus al long et a[l] ple
de tot en tout specificat et enscrit ; de la cala sobres
dicha unio desobres allegada a nos non costava ny aparia
que houcas jamais y aguessa agut alcun instrumen ,
165 seno tant soletamen las sobres dichas letras et non
altra causa denguna. Dont ausit per lou sobres dig princep et visconte las complenchas ben piatossas desobres
dichas, prepausadas et allegadas, las calas fasian et prepau-

savo [per] trastot lo pays, dont aqui tractavo totz los sobres
170 digs consols, comte, arsivesques, avesques, religioses, vesconte, cavalias, senescals, juges et autres senhors, tractans
et vesens las causas desobres dichas, et lo grand interest et
maxima damptnage de trasquedetot lou pays, dont ne se
podia plus soustener ny mantener en deguna forma ni ma-
175 niera, dont era en tres grant damnatge et prejudici del sobres dich nostre seignor lo rey et de son domaine et senhoria, et so a causa quant lo sobres dig vesconte trinquava
sive enfrangia la sobres dicha unio, la calha el allegava que
era estada facha en un tres grant interest et dampnage (*v°*)
180 del sobres dig vescontat, et belcop d'autras causas et de
rassos las calas el allegava ; mas per obesi et complaser al
sobres dig princep, comte et autres, et vesen que lou dig
pon vieilh es pres de la vialha de Milhau et del castel de
Creisseilh, en la calha viala ha de coustumi *(sic)*[1] bona et
185 breva justetia (*sic*) per lo sobres dig nostre senhor lou rey, et
a causa que d'aquesta hora en avan nengus non y aja ny aver
puesca alcun desturbi, et (sa) a causa que d'aquesta hora en
avan non se puesco comettre ny far lous scandols de pelha-
rias ni murtres desoubres digs a causa dels soubres digs
190 pesatges, los calz l(e)ur plassa de los y tournar asunir et confir-
mar la hunio desobres dicha, allegada et consignada sobres
lo dich pon, a causa delz sobres digs scandols, coma desobres ez dich ; dont lou sobres dich princep et vesconte, agut
la hun et l'autre lur bon cosselh an los sobres digs, et regar-
195 dadas, vistas et plus al ple palpadas totas las causas desobres dichas, et volens obtemperar alz bons volhers de l(e)urs
bons predecessours, los calz so desobres digs, a causa de la
sobres dicha union dont lous sobres dichs ne(n) son estatz

---

1. Quand nous employons ce signe, c'est simplement pour indiquer
que la forme est exactement transcrite du manuscrit, et non pour con-
tester sa légitimité.

169, tractans ; 175 *et* 179, grand ; 192, comme ; 197, los calz et desobres.... de lo.

contents, et so a causa de la granda et *maxima* conservatio de
200 tot nostre poble et autre, dont nos dos sobres digs hy volen
aras de mantenen hy prouyesi a causa de tot desobres dig,
allegat et determenat de tot en tot al lonc et am plus ample.

Et de trasquedetot permeyramen volhen, transigem et
amigablamen accordam, et de nostre bon proprii grat fam
205 entre nos sobres digs, en nom que [1] desobres ez dich, an
solempnia et valabla stipulacio (*f°.xj. r°*) ayssi entrevenen,
fam et aras de novel venen…(?) totz los sobres dichz pesatges,
demoran la premiara *(sic)* unio desobres dicha, allegada
et conseignada en sa bona (de) valhor et fermettat, la
210 calha non entendem la enfrangir ny trinquar, anz aras de
nouvel cofferman per vertut d'aqueste presen instrumen,
aras et en trasquedetot autre temps fermamen valhedor et
☞ jamais non revocable, **Volhen** que ara ni jamais los
sobres digs pesatges non si leven, ni levar ni rasounar dejo,
215 seno tant soletamen sobres lou dig pon vieil, et non en
autra part, en neguna forma ni maniera. Dont volen que per
la vertut d'aquesta presen confermatio de unio entre nos
desobres dichs facha, et la calha volhen que valha aras et
per ja entre nos dos desobres digs et per los nostres here-
220 tiers et successors, qualz que sian, que per aras ny per ja ni
en degun autre temps endevendour non se leve[n] ni levar
dejo ni puesco nenguns pesatges ni trahi(r)tz en alcunas
partz, se non tant soletamen sobres lou dich pon vieilh, los
quals pesatges volem que se levon, levar et far rasonar
225 dejo per lo sobres dich princep et vesconte, ho per nostres
en aquo depputtatz, en la forma et maniera coma daval se

---

1. Le Copiste (ou peut-être tout autre personne, mais anciennement)
a souligné trois lignes, du mot *ample* au mot *que*, sans doute pour indiquer qu'ici finissent les considérants; mais on a souligné les lignes
entières, sans tenir compte du sens.

199, et sa; 210, am *ou* ant; 220, ny pourria; 222, aulcunes; 223,
loscalx; 224, et far.

especifficara ny dira trastot al long et plus al ple, et non en
autra forma ni maniera. Dont ausidas, fachas, determenades,
declaradas et dichas las causas desobres trastot al lonc(g)
230 specifficadas, totz los sobres dichs messenhors pregans,
volens, tractans et requirens lo sobres dich nostre senhor
(v°) lou rey et vesconte que al elses plasseguessa de acordar,
transhegir, pacefficar et determenar las causas tocans et
decendens del[s] sobres digs pesatges, et sus lou fach de l(e)urs
235 domaynes ni senhorias, ni que aperte ny pren lo sobre dich
nostre senhor lo rey, ni ausi pauc lou dig vesconte, dont
amigablamen fouc tractat entr'els agudas pro de parolas,
las calas hy fouran dichas, mescladas, determinadas et en-
tricadas per lou sobres dig comte, cossols, arsivesques,
240 avesques, religioses, senescals, cavalias, jutges et altres; et
aussy ben vist a l'huelh lou drech del sobres dich nostre
senhor lou rey et del sobres dich vesconte en nom del vescontat desobres dich de Creisseilh, et vistas, regardadas et
palpadas las grandas charjas, las calha[s] ha lo sobres dich
245 vesconte sobres sa part del sobres dig pezatge a lui appar-
tenen, et so a causa delz fraires de la religio de Saint Jean
☞ de Jherusalem, et so per certanas permutacios *sive* escanges
lo temps passat fachas entre lo noble et poissan senhor
mossen Gaston d'Armanhac, vesconte de Fesensaguel et de
250 Brolhes, en nom de[l] sobres dich mossen Geraut d'Armanhac,
son filh et vesconte de Creisseilh, et coma percuraire sieu,
fachas en la religio de Saint Jean de Jheruzalem, del castel
delz Pis et delz molis dels Egotz et d'autras causas, los calz
et las calz son en Gasconha et en la senescalsia de Tholosa,
255 bailatz al sobres dich vesconte de Creisseilh per la sobres
dicha religion de Saint Jean; et lo dich *(f°.xij. r°)* vesconte,
en nom que desobres ez dich, baillet a la sobres dicha religio
de Sanct Jean, per las causas desobres dicha[s], la Bastida de
Pradinas et autras senhorias et causas, las calas son en la

260 senescalsia de Rouergue, et en recompensamen de so desobres dich per la mai valensa lur fouc tournat et assignat
la soma de cent trenta et tres lieuras tornesas moneda usual
corren, annualz, censualz et rendualz, las calas sobres dichas
cent trenta et tres lieuras lur fourou *(sic)* assignadas, per
265 aras et per trasquedetot temps endevendor, sus la part et
portio del sobres dich pezatge del dig vesconte, en nom que
desobres ez dig; de las calas sobres dichas permutatious
sive eschanges stan per instrumen ferm pres et ressauput
per me Jean Sabatia, notari real de la (s)cioutat de Toloza,
270 sus l'an de l'Encarnacio de Nostre Senhor Dieus Jesus Christ,
en que hom conta a mial tres cens et vingt, et lo premia
jour del mes de julhet ; de las calhas soubres dichas permutacios *sive* eschanges los sobres dichs de Sanct Jean ne feron
per ampla fe far un instrumen tot grossat et senhat, las calas
275 foro vistas a l'uelh, regardadas et palpadas trastot al long,
☞ et aussi be las confirmacios fachas a causa(s) de las sobres
dichas permutacios, tant per lou rey nostre senhor quant
per la dicha religio, las calas so passadas en cambras de
contes, tant a Paris per lo sobres dich vesconte en nom de
280 la(s) sobres dicha religion, quant a Rodes per los sobres digs
de Sanct Johan. Et ausi ben *(v°)* vist belcop d'autres documens, los cals eron estatz fachs apres a causa de las desobres
dichas permutacios *sive* escanges, tant de confermacios
quant d'autres documens sobres so dessus fachs et ensegutz ;
285 et aussi ben vist un autre instrumen, lo cal prengro lous
desobres digs de Sa[i]nt Jean, lo cal ez tout grossat et senhat,
non pon cancellat, viciat ni barrat, lo cal ez aisi escrit per
mai de fermettat et de valor trastot al lonc, et lo cal se ensec
en aquesta forma et maniera :

290 (1°) **Noverint** *universi presentes pariter et futuri quod, anno
Incarnationis Domini millesimo trecentessimo tricesimo secundo, et die*

273, foron; 274, fe per; 275, Loeilh; 278, la ditte; 278, passades.

decima nona mensis septembris, domino Philipo Dei gratia Francorum
rege regnante, constitus in mei notarii et testium subscriptorum pre-
sentia, Brengarius Calvelli serviens regius presentavit mihi dicto notario
295 *et per me legi fecit quod[d]am* vidimus *venerabilis viri domini officialis*
Ruthenensis, ut prima facie apparebat, in pendenti sigillatum, in quo
quidem vidimus *contineba[n]tur et erant inserte quedam litere regie,*
cum quibusdam literis ibidem annexati(i)s a dominis comissariis, sup[er]
facto financiarum in comitatu Ruthenensi(s) deputatis et mandatis, et
300 *eorum sigillis, ut prima facie apparebat et (f°.xiij.r°) dictus Brengarius*
asserebat, sigillatis in pendenti, quarum tenor inferius continetur;
vigore quarum literarum regiarum et dominorum comissariorum
auctoritate annexatarum, idem Brengarius serviens precepit et injun-
xit Petro Portalo habitatori Amilliavi ibidem presenti, qui levare dice-
305 *batur redditus et emolumentum vectigal[i]um pontis vetteris dicte ville*
Amilliavi, pertinentem ad dominum vicecomitem de Creissello et domum
Hospitalis Sancti Johannis Jherosolimi, sub pena indicta literis contenta,
ut sibi seu dictis dominis comissariis reddere[t] computum et legitimam
racionem reddittorum et emolumentorum dicti pontis levatorum, spec-
310 *tancium ad dictam domum Sancti Joannis Jherosolimi, a tempore octo*
annorum citra proxime preteritorum, vel saltim a tempore citra quo[d]
ipse Petrus dictos redditus percepit et levavit nomine dicte domus;
precepitque insupra et injunxit, ut suppra, eidem Petro quod de cetero
nihil tradat alicui de pecunia dicti ponti[s] percepta seu percipienda
315 *pertinente(m) ad dictum hospitale, nec de pecunia ex causa, ut dixit,*
pertinente(m) ad dictum dominum vicecomitem, nisi solum dictis domi-
nis comissariis vel ipsi Brengario, quousque aliud ab ipsi(i)s dominis
comissariis recep[er]it in mandatum, ponendo se idem Brengarius ac
etiam Bringarius Gorrit servientes regii in garnisione in parte tangente
320 *dictum Hospitale, quousque dictum computum reddiderit et alia(s)*
fecerit, prout in dictis literis demandatur, seu aliud a(d) dictis domi-
nis comissariis recep[er]it in mandatum, petens (v°) et requirens idem
Bringarius Cavelli sibi de premissis fieri publicum instrumentum, unum

295, dominum officiallum ruthenens.; 296, appellebat; 297, incerte;
299, deputatum cemanatis; 301, sigillatas; 303, ac virtute annexatarum.... injuncit; 304, Portala *(cf. f° 31, v°);* 304, Amilliavo; 305,
pontum vetterum; 309, pontum; 313, injuncit... quot; 316, dictus
dominis; 317, Brengarii; 319, servientem regium in garnisioni.

vel plura, per me notarium infra scriptum. Tenores vero dicti vidimus
325 *et literarum predictarum sequitur servatum :*

(A) « *Universis et singulis has nostras presentes literas inspecturis
nos officialis Ruthenensis facimus esse notum, quo[d] nos vidimus, tenui-
mus, legimus et diligenter inspeesimus quasdam patentes literas regio
sigillo cereo (regio) in pendenti sigill[at]as, seu ejusdem sigilli(um) regii*
330 *inscriptione, non viciatas, non cancellatas, veras et integras omnique
suspicione carentes, ut prima facie apparebat, quas transcribi et exemplari jussimus de verbo ad verbum per notarium infra scriptum,
scriptorem curie nostre juratum, quarum tenor talis est :*

Philipe, par la grace de Dieu roys de France...[1] salut.
335 Comme a la requeste de nostre amé et feal le viceconte de
Fese[n]saguel nous aions confirmé l'establissement faict pieça
ha, entre son prince d'une part et le mestre du Hospital de
Sanct Johan de Jherusalem et le commandeur de Villedieu
d'autre part, de la justice de *La Bastida de Pradinas* et de
340 certains autres lieux, et de cent *trenta*[2] et trois livres de rante
que li Parte(?) du dit viconte bailla, avec plusieurs autres choses
aissi sises en la *senescalia* de Rouergue, au metre et aux *fraires*
du dit Hospital, pour le chastel et la *chastellania (f°.xiiij. r°)*
de[s] Pins et touttes *sas* appartenences, assiz[es] en la *senescalia*
345 *de Tolosa,* que le *dig* mestre et *fraires* baillent au dict visconte,
[sa] comme ez lettres du dit eschange e[s]t plus plenement
contenu, et le dit visconte ou son procureur pour lui nous
ayt pour ce promis cinq cent *lieuras* tournois, a payer en notre

---

1. Il y a certainement ici une lacune d'une ou deux lignes, où il était
fait mention du destinataire de la lettre.

2. Nous soulignons, dans cette pièce et dans la suivante (B), les mots
de langue vulgaire, qui ont échappé au copiste du cartulaire original,
ou peut-être à l'auteur du *vidimus* mentionné plus haut. (Voir la Préface.)

326, inspecturas ; 331, apparebit ; 336, lesta, *plus un trait final abréviatif, et deux lettres, dont la première ressemble à un* B ; 337, ence-
son ; 342, ses es la ; 344, assez en.

tresauraria de Rouergue de Dieu la Pentecoste prochain

350 *venen,* par ainsin convenons que nous lui fairons de la dite
somme rembatre tout ce qui a esté levé par luy ou par nos
autras gens *de les*[1] choses baillées au dit Hospital par son dit
paire, les quelles ont esté *per* aucun temps en nostre main
mize, pour cause de ce que le dit eschange avoit esté fait

355 sans nostre *consentiment*, **Nous te** mandons que des dittes
levées tu faces avoir bon compte et loyal au dit visconte ou
a ses gens pour lui, et tant comme levé en a esté, rebattues
las messions raisonnables, li deduis et *raubs* de la somme
des dittes cinq [cent] livres, et leves le demorant le terme

360 avenu, si que tu rendes en ton prochain compte les dittes
cinq [cent] livres par interim, et *nostra* main mize au dit eschange pour ceste cause en fay oster.

Donné à Paris le vingt quatre jour de fevrier, l'an de grace
mil trois cens vingt et sept.

365   **In quarum** *literarum regiarum visionis et inspectationis fidem et*
testimonium, facta prius diligenti(a) (v°) collatione de presenti trans-
cripto cum predictis literis regiis per magistrum Stephanum Viviani,
per quem eas hic transcribi et exemplari jussimus, et Petrum Torneri,
notarios publicos et scriptores curie nostre juratos, sigillum curie offi-

370 *cialatus nostri hiis presentibus apponi jussimus in pendenti.*

Datum Ruthenis, decima die mensis julii, anno Domini millesimo
trecentesimo tricesimo secundo.

Viserunt sigillum .xij. d.[2] »

---

1. *De les.* Le scribe avait évidemment l'intention d'écrire *de las*, en
provençal, mais il s'est ravisé.

2. Cette abréviation doit-elle se résoudre en *dicti*, en suppléant *testes?*
C'est assez probable, quoique les noms des témoins aient disparu. La
charte qui suit a été mal lue sur l'original par le copiste du cartulaire
original ou par celui du *vidimus,* et les fautes abondent.

350, contenons ; 351, pour toy ; 357, ces gens ; 367, transcribo ; 371,
Ruthene (*l'e final surmonté d'un sigle*).

(B) De part les depputez sur les fina[n]ses en tout le conté
375 de Rodes, [a] Brenguier Calvel et a toutz noz autres *comisses.*
Nous vos mandons et commandons et a chacun de vos, que
vous vous meté(n)s en garnizon sur touttes les choses ez
lettres et nules(?) [1] qui a sestes sunt annexées, assizes en
le senescalie de Roergue, que tient et porte l'Hospital de Sanct
380 Johan de Jherusalem, et les amonestés de par le roy nostre
sire, et sur pene de cent livres *turneses,* que *el* vignent *per*
davan nous a certain jour, *per* randre compte des *fruchs* des
dits acquetz de *huech* années passées, et rient moins, lever le
dite mard.... mize, deffenden tout splet [2] que de *le* garnizon
385 ne vos portés jusques a tant que vous avrés *aveut* mandemen
de nous, et *totz los* rebelles compellés par la maniere dessus
ditte et *per* l'arrest de lur cors, si mestier est.

Donné le mardi *anpres* la Sainte Crois de septembre, l'an
mil trois cens trente *dos.*

390 *Acta fuerunt hec apud Amiliavum in hospicio caritatis Raimunde*
Guiralde quondam, presentibus ad hec testibus Hugone Malbosc clerico,
Ramundo Besso, Bernardo Aldeguerii de Amiliavo, et me Johanne
(f°.xv. r°) Magistri, notario regio infra scripto. »

(C) **Postque in** crastinum dictus Brengarius Calvelli
395 posuit Hugonem Albaret servientem regium in garnisionem

---

1. *Et* est représenté par un paraphe d'interprétation douteuse. Quant
à *nules,* les quatre premier jambages sont semblables et l'on peut tout
aussi bien lire *vules,* qui, du reste, n'a pas plus de sens (peut-être *bules?*).

2. Ce passage, depuis *lever,* est étrangement corrompu ; nous l'avons
transcrit très exactement. Le mot *mard* est suivi d'un signe abréviatif,
et le *d* est surmonté d'un sigle ; lisez : *marchandise? Splet* représente
sans doute *simplement.*

374, suj.; 374, touc le ; 375, Bremguel ; 377, sin touttes ; 378, elsestes
ou A sestes ; 384, et de ; 387, delui *ou* delin.

dicti pontis et eum levatorem emolumentorem predictorum
dicti ponti[s] constituit, vigore mandati et literarum superius
insertarum.

Actum Amiliavi, in hospicio Petri Verdier, testibus presen-
400 tibus dicto Petro Verdier, Ramundo de Amiliavo, Ramundo
Fornerii et me Joanne Magistri notario regio infrascripto.

(D) **Postque,** anno [et] regnante quibus superius, et die
lunæ in vigilia beati Michaellis archangeli, preffatus Brengarius Calvelli, vigore dictarum literarum dictorum dominorum
405 comissariorum, precepit Petro Portalo predicto ut redd[er]et
de presenti computum legale de levatis et receptis per eum
a dicto emolumento dicti pontis ad die[m] in dicto instrumento contenta[m] citra, et qui hinc ad diem in curia(m) pro-
xima(m) reddiderit computum dictis dominis comissariis ex
410 integro, a tempore quo levavit emolumentum dicti pontis
nomine dicti Hospitalis seu dictæ domus vicecomittis usque
ad diem et in predicto et supscripto instrumento contentam,
sub pena in ipso instrumento contenta.

Actum Amiliavi, in cariera publica, sive platea de l'Airolla,
415 testibus ad hec presentibus Hugone(m) Gailhardi serviente(m)
regio, Stephano Cruejas, Petro Bonafos, alias Cordounier,
(v°) et me Joanne Magistri notario regio infrascripto.

(E) **Postque,** anno et regnante quibus suppra, videlicet
die ultima mensis septembris, dictus Brengarius Calvelli pre-
420 rogavit munus de reddendo dictum computum dicto Petro
Portalo prefixum per eumdem Brengarium usque ad diem
martii proxime venientem, precipiendo eidem, sub pena predicta, ut hinc ad dictam diem martii vel saltim illa die
dictum computum reddiderit dominis comissariis memora-

405 *et* 421, portala; 407, pontum; 411, dictam domum; 422, perci-
piendo.

425 tis, et alia fecerit prout super eidem injunctum fuerit et preceptum ; et ibidem dictus Brengarius in et cum hoc vero et
publico instrumento·omnes alios servientes alias in dicta
garnisione positos amovit et amotos esse voluit, ipso vigore
dicti sui mandati in ipsa garnisione remanente.

430   Actum Amiliavi, in operatorio Joannis de Ulmeris, testibus
ad hec presentibus ipso Joanne de Ulmeriis, Deodato Gardat,
et me Joanne Magistri de Amiliavo publico authentica regia
nottario, qui premissis omnibus et singulis una cum dictis
testibus interf(f)ui, et requisitus ac rogatus de eisdem notam
435 et notas recepi, prout supperius continetur, et in hanc formam publicam posui, manu mea propria extraxi, scripsi et
grossavi, hicque me subsignavi in fidem premissorum.

Et aussi ben *vistas las bilhettas et quittansas dont n'i a una tota
grossada, las calas billetas et quittansas (f°.xvj. r°) aviam agudas los
440 sobres dichs de Sanct Jean delz fermiers darrieramen passatz del pesatge del sobres dig vesconte en nom del vescontat de Cresseilh, e so
per far pro ampla fe pleniara cossi la dessobres dicha relegio de
Sanct Jehan ez en pocession e saysiana a causas de las sobres dichas
permutacious sive eschanges de penre ou far penre, levar, exiger e far
445 pagar cascun an la somma desobres dicha de cent trenta tres lieuras
tornesas, las calhas son annuals, censualz et renduals cascun an, per
aras et en trasquedetot autre tens endevenedor, a la sobres dicha
relegio de Sanct Joan, la calha desobres dicha quittansa a facha la
sobres dicha religio alz fermiars (sic) darrieramen passatz, et aytabe
450 las bilhettas desobres dichas, las calhas l(e)ur fasian cant l(e)ur pa-
gavo la soubres dicha summa de cent trenta tres lieuras, la calha
desobres [dicha] quitansu es tota senhada et grossada, non ponh can-
cellada, viciada ny barrada, la calha desobres dicha quittansa ez
aisi enscrida per may de fermetat et de valhor trastot al long, et la
455 calha se ensec in aquesta forma et maniera :*

425, perceptum ; 428, garnisioni ; 432, regia ; 433, dictus ; 439, quit-
tances ; 445, cascun en ; 446, tz (= tornesas, *cf. f° 44 v°*, etc.) ; 450,
pagaria ; 454, le calha.

(2°) **In nomine** Domini, amen. Noverint universi et sin-
guli presentes pariter et futuri quod, anno ab Incarnatione
Domini milleximo trecentesimo tricesimo septimo, scilicet
die xiiij^a mensis junii, Domino Philipo Francorum rege(m)
460 illustrissimo regnante, ego Sicardus de Blancastore, domicellus, procurator et procuratorio nomine nobilis *(v°)* et
religiosi viri domini Ramundi de Suciolis, militis Sancti
Joannis Jerosolitani, preceptoris quondam de Nebiano,
prout dictus Sicardus fidem fecit de dicta sua procuratione
465 seu mandato per quoddam publicum instrumentum sumptum et signatum per magistrum Deodatum Barbati notarium
regium, ut in eodem continebatur et prima facie apparebat,
et sub Incarnatione Domini a°.m.iij^c.xxxij, scilicet die pe-
nultima mensis decembris, prout incipit in secunda linea a
470 sui principio conputanda : *decembris,* et finit eadem : *Sanctis*
Joannis et ante actum prefactis; **ergo in que** dictus Sicardus, procuratorio nomine quo supra, ex mea certa scientia
bona fide et sine omni dolo et fraude (suo) et in rei veritate
confiteor et recognosco me habuisse et numerando in bona
475 pecunia hodie recepisse realiter ac integraliter et complete a
vobis, Stephano et Bernardo Thome fratribus mercatoribus
Amiliavi, arrendatoribus emolumenti pontis veteris Amiliavi,
pro parte contingente spectabilem virum dominum vicecomitem de Creissello solventibus et tradentibus, vice ac no-
480 mine domini (dominum) vicecomitis, scilicet quadraginta
et quatuor libras et sex solidos, octo denarios turonenses
bonos, pro solutione seu termino proximo lapso Assentionis
Domini.

Et ultra hoc confiteor et recognosco me, nomine pro-

457, tricesitesimo *(les lettres te sont barrées);* 460, blancastori domi-
cen ; 463, preceptorium quoddam; 466, notari regnante; 467, apro-
prebat; 477, pontis ventis; 480, vicecomitum; 481, librarum ; 482,
bonorum.

485 curatorio quo *(f°.xvij. r°)* supperius, habuisse et recepisse
a vobis dictis fratribus nomine quo suppra tradentibus et
solventibus, in diversis tamen solutionibus seu terminis jam-
diu est lapsis, usque ad pleni(en)tum centum et vigenti trium
librarum turonens[i]um deductum et computatum omnibus
490 solutionibus per vos in nomine quo suppra factis, quas
centum triginta tres libras turonenses Hospitalis Sancti
Joannis Jherosolitani et dictus dominus preceptoriæ, nomine
ejusdem Hospitalis, percipiunt et percipere debent annis
singulis in et suppra dictum pontem de emolumento dic-
495 tum dominum vicecomitem in eodem ponte contingente, de
quibus centum triginta tribus libris turonensibus vos dictos
fratres, nomine dicti domini vicecomiti[s], et dictum dominum
vicecomitem solvo, quito, libero, nomine procuratorio quo
suppra, et absolvo et pactum facio de ulterius non petendo et
500 de non proponendo exceptionem aliquam, **Quum** in dicta
pecuniæ summa michi nomine quo suppra fuerit integraliter
et complete satisfactum, super quibus ex mea certa scientia
renuncio doli et infactui actionibus et exceptionibus atque
metus causa, ob causa[m] et sine causa, et specialiter dicte
505 pecuniæ non habite, non numerate et non recepte, et spe fu-
ture reseptionis et eorum calculi(?), et generaliter omni juri
canonico et civili, per quod contra predicta venire possimus
in solidum vel in parte, seu in aliquo nos thueri vel deffendi
et predicta tenere et complere et in nullo contra facere, di-
510 cere vel venire in judicio *(v°)* nec extra ; et ita promito bona
fide mea plenita.

Acta fuerunt hec apud Amiliavum in operatorio Ramundi
Portanobas, testibus presentibus et vocatis et rogatis Ra-

486, dictus ; 487, diversis ; 488, lapsus ; 488, viginta ; 491, librarum ;
492, preceptoriam ; 495, contingentur ; 496, tres librarum turonenses ;
500, quem ; 501, intregaliter ; 503, in factum... et que ; 506, jurum ;
507, venere.

mondo de Rauco, clerico, Joanne Arnaudi Sartrorum [1],
515 Bertrando Gastonis, Guilhermo, adde filio Guilhermo, adde
et me Bernardo Maurelli clerico, publico authentica regia
notario infrascripto, qui requisitus de premissis omnibus
instrumentum in notam recepi, a qua quidem nota hoc
privum et publicum instrumentum manu mea ipsa extraxi,
520 scripsi et grossavi, hicque me subsignavi signo meo, publico
sequenti subsignavi, in fidem et testimonium omnium et
singulorum premissorum.

    Requisitum et rogatum per parte[m] dictorum fratrum.

☞   **Et aussi ben** *vistas aucunas donacios fachas lo temps passat alz*
525 *Templias per lou comte de Milhau, princep d'Aragon et per lou comte*
de Provensa, alcunas lettras royaux pattentas aprop las dichas dou-
nacios ensegudas, las calas son aisi enseridas trastot al long, las qualas
non son en neguna part d'aquelas sospechosas, sagelladas et en par-
529 *gami scrichas, las calas se ensegon en aquesta forma et maniera:*

n:ᵃ·   [2] (3°) **In Dei nomine,** ego Raimundus Brengarii, comes
Barchinonensis et Dei gratia regni Aragonum princeps,
pro remissione(m) peccatorum nostrorum et salute anime
pa(s)tris nostri, qui fuit miles ac frater sancte militiæ Templi
Salomonis, dono et concedo Deo et fratribus dicte militiæ
535 et tibi fratri Elie de Montebruno, (*f°.xviij. r°*) in partibus
Ruthenensis magistro, villam Sanctæ Eulalie et terram que
dicitur *l'Arzac*, que scita est in comitatu meo Amiliavi, salvis
tamen (et) cunctis ibidem possessoribus suis pocessioni-
bus, et liceat vobis terram predictam habere in (?) perpe-
540 tuum in alodium et acquirere ibi per emptionem vel dona-

---

1. Il semble bien qu'il faille considérer ce mot comme un nom propre.
2. Cette abreviation (= *nota*) est destinée à appeler l'attention sur
la pièce qui suit.

519, hoc prius ; 534, Salomonis ; 536, villani ; 537, Amiliavem ; 538,
cunctum ; 539, heredem perpetuum.

tionem vel alium modum, et pos[s]itis ibi facere villas et
forcias et alias utillitates dictorum fratrum, et nulla persona
militaris aut alia presumat innudere seu molestare dictos
fratres vel eorum peccora, seu violare domos eorum. Si
545 quis autem contra venire presumpserit, iram omnipotentis
Dei et meam incurrat.

Quod est actum apud Gerundam, anno Domini Incarnationis millesimo centesimo quinquagesimo et octavo, mense
decembri.

550 (4°) **Notum** *sit omnibus hominibus quod, anno Domini Incar-*
nationis millesimo centesimo octuagesimo quarto, et die quinta
mensis augusti, **Eu Sanchos**, comps de Prohensa, bonamen
et senes engan et senes nengun retenemen que non fai de res,
done, amb aquesta presen carta lieure, per aras et per totz
555 temps, per me et per mos successors, per amor de Dieu et per
salut de ma arma et de mos paires, et a Dieus et a Sancta Maria et alz fraires del Temple, et a totas l(e)ur(s) volontatz affar,
an aquelz que aras hi so ou per adzenan y seran, per nom de
te, Guilhen de la Garriga, que ez commandaire de la mayo
560 de Sancta Eulazia de l'Arzac, (v°) so es assaber tot lou pesatge
que lous mieus ny mai iou aven accoustumatz de levar,
penre et far pagar, tant en la dicha vilha de Sancta Eulazia
quant en l'Arsac, coma era de coustuma : charja d'espissaria
et mersaria, j.den^r. malgoires, et de totas autras charjas
565 pagesso malgoiressa, tant moneda malgoiresa quant moneda
nunbran, amb(e) aquels dregs et amb aquelas rasos que hiou
y ay et aver hy degh ; et am so te, Guilhen desobres dich,
d'aquest'hora en avan tu levaras ho faras levar lo dig pesatge ;
et an tot aiso desobres dig laude, et en tot ho coferme, a Dieu
570 et a la mayo pels bes et p(er)elz services que n'ai abuts,
totz los bes que iou et mos linatges n'aven aguts.

543, alius alia ; 545, omnipotentes ; 546, meam intra ; 547, domine ;
548, octouo mensis december ; 562, ditte ; 563, quand ; 565, pogessa ;
567, tu Guilhem.

Et aisso fo fag as Amelhau, en la gran plassa publica, en
presencia de Peire Bertrand, Guilhem Cabanas, Jamme Ardit,
et de Ramond Columbii. Et aquest signe fai iou, Sancho[s],
575 *manu propria mea.*

(5°) **Philipus**, Dei gratia Francorum rex, seneschallio
Ruthenensi aut ejus locum tenenti, **Salutem**. Cum, propter
abhominabiles [hæreses] et errores Templariorum contra
fidem catholicam in eis repertos, eorum ordo, nomen et
580 habitus fuerunt perpetuo nuper in generali concilio Vienne
per appostolicam sedem omnino sublati, et, nobis presentibus, instantibus et requirentibus, bona dictorum Templariorum sceu eorum ordinis, que pro devotione fidelium
pro Terre Sancte subcidio destinata fuerunt, per eandem
585 sedem *(f°.xix.r°)* appostolicam magistro et fratribus Hospitalis Sancti Joannis Ierosolomitani ac eorum ordini pro
predicte [Terre [1]] Sancte subcidio concessa fuerunt perpetuo et in eos translata, per eos habenda et perpetuo
possidenda eo statu et juribus quibus dicti(i) Templarii ea
590 possederant, cum omnibus honeribus, honoribus, juribus
et pertinenci[i]s bonorum predictorum, salvis nobis, prelatis, baronibus, nobilibus et personis aliis regni nostri
juribus quibuscunque in bonis predictis, quo modo libet
nos et ipsi et eorum quilibet habe[b]amus tempore quo ipsa
595 bona dicti Templarii possedebant; **Nos fratrem** Leonar-
dum Tibertis, fratrem ordinis dicti Hospitalis, procurato-
rem general(it)em et magistrum fratrum et ordinis ejusdem
ac ad nancicendum processionem dictorum bonorum Tem-

---

1. Ce mot a été laissé en blanc par le scribe.

572, place; 575, anima propria ; 577, tenentem ; 580, fuit; 581, ap-
postilicam; 584, per tem (?) sancte (*le mot* tem *semble inachevé par
abréviation, ou plutôt parce que le copiste ne pouvait le lire;* cf. *ligne
587, où le même mot* terre *a été laissé en blanc, et ligne 625, où le mot
est exactement écrit*); 585, fidem; 586, per predicte; 589, juris; 594,
et ipsum; 597, magisti; 598, nancitendum.

plariorum quondam specialiter constitutum, petentem et
600 supplicantem invest[iv]imus de bonis eisdem in regno nostro
existentibus, et cum in pocessionem missimus eorumdem
nomine(m) ordinis Hospitalis predicti cum omnibus honeribus, honoribus, juribus et pertinentiis bonorum ipsorum,
et salvis nobis' prelatis, baronibus, nobilibus et personis
605 aliis regni nostri juribus quibuscumque, que nobis seu dictis
prelatis, baronibus, nobilibus et personis aliis regni nostri,
tempore quo dicti Templarii ea possederant, et quo modo
libet pertineba[n]tur, ut bona ipsa magister, fratres et ordo
predicti habeant, teneant, eo statu et juribus, quantum ad se
610 et alios attinet, quibus dicti Templarii habuerant et possederant *(v°)* bona ipsa, tempore quo propter eorum errores
predictos in regno nostro capti fuerunt et per Eclesiam
inceptum fuit contra ipsos proscedi. Investituram vero,
missionem in possetionem, traditionemque bonorum pre-
615 dictorum modo et forma(m) predicta(m) nos fecimus per nos
expresse procuratori predicto,...[1] que de bonis predictis fiant
et ministrentur expense Templariorum, qui ratione dictorum
errorum per dispositionem Eclesiæ capti tenentur seu tene-
bantur, ac similiter expense que fient ratione procesuum
620 dicti negotii fidei contra personas singulares Templariorum
autentica appostolica faciendorum, et per mobilia, fructus,
obventiones, redditus bonorum predictorum, deductis suis
honeribus et eis expensis, quas apparebit fieri pro ei(i)sdem
negociis administrandis et colligendis, et custodient ad
625 obsequium Terre Sancte negotiis fideliter convertantur[2],

1. Il y a probablement ici une lacune, ou peut-être faut-il simplement changer *que* en *quod,* pour *ut ?*

2. Nous n'osons admettre aucune correction définitive à ce passage. Il

603, pertinentem ; 605, dictus ; 606, nobilimus ; 608, magistri ; 609,
jurum ; 611, eorrores ; 613, prostedi ; 614, predictas ; 616, procurato-
rem ; 619, per cesuum ; 621, autentice ; 623, expen *(avec un signe abréviatif)* ; 623, per eisdem.

forma et modo supprascriptis, ut supperius est expressum.
Procurator predictus, predicta acceptans nomine magistri,
fratrum et ordinis predictorum, investituram, missionem in
pocessionem, tradi(c)tionem et liberationem bonorum pre-
630 dictorum a nobis recepit. Quare vobis precipimus et mandamus, quathenus bona predicta et eorum processionem
realem, illorum videlicet que in vestra senescalia et ejus
ressorto existunt, plenarie tradatis et (et) deliberetis tradi
et deliberari faciatis predicto magistro *(f°.xx.r°)* et fratribus
635 seu prioribus provencialibus, administratoribus seu procu-
ratoribus eorumdem, et eos bonis predictis [et] eorum poces-
sione(m), quantum ad éos pertinent, gaudere faciatis plenarie,
eo statu, modo et jure, quantum ad se et alios, quibus, ut
dictum est, olim Templarii predicti tempore predicto eisdem
640 bonis gaudebant et ea possidebant, habebant et tenebant,
occupatoribus, detentoribus bonorum predictorum de pleno
vocatis partibus et auditis inde prout ratio sua dabit, amo-
tis autem damnis omnibus prelatis, baronibus, nobilibus
et personis quibus libet regni nostri, presentibus in manda-
645 tis, ut ipsi vobis in premissum et ea tangen pereant efficacitur et intendant [2].

Datum Parisii[s], vicessima octava die martii, anno Domini
millesimo trecentesimo duodecimo.

Et aussi ben *vist, regardat, palpat et ben diligenmen conciderat*
650 *alcun drech, lo cal hy pren et a acoustumat d'y penre, el et los sious*
longtemps ha, dont non ez memoria d'home del contrari, lo sobres dig
Peire de Milhau, filh de Sr Ramon de Melhau de la Puissiera, say
en tras savi en drech et borges, sobres la part et porcio del pesatge del

en est de même pour les deux dernières lignes de la charte, qui sont
très-corrompues : *tangen* est surmonté d'un sigle ; *efficacitur* doit probablement être corrigé en *efficaciter,* et *premissùm* en *premissis.*

628, missis; 629, predictos; 630, quarum ; 631, predicti ; 634 *et* 637,
faciatur; 637, plenarum; 638, et inter ; 643, damnis autem ; 644, pre-
sentium.

sobres dig vesconte, et so (et) per causa de certana donacio et dot fachas
655 *lo temps passat entre Ramon de Melhau, paire del sobres dig Ramond,*
an la nobla dona madona Catherina, filha non legitima del sobres dig
moussen Henric, per la gracia de Dieu comte de Rodes, d'Armanhac,
et vesconte (v°) de Creisseil, de la calha donacio et dot desobres dichas
ne fouc facha pro ampla fe, et aussi ben d'autres instrumens, los
660 *calz et las calz eran totz grossatz, scritz et senhatz, aquelses non*
viciatz, barratz ni cancellatz, ni en deguna part d'aquelses sospe-
choses, los cals instrumens se ensego en aquesta forma et maniera,
coma daval si dira ny especificara:

(6°) **In nomine** Domini nostri Jesu Christi, amen. Cum
665 in mundi principio Deus omnia creando ad ultimum de
limo terre homine creatto unam de costis ejus tulit, dicens
«non esse bonum hominem esse solum, faciamus ei adjuto-
rium simile sibi»; ex qua cum femina quondidisset, benedixit illis et ait: «Crescite et multiplicamini, et replete teram»;
670 unde appostolis ait : « Relinquet homo patrem et matrem,
et adherebit uxori suæ, et erunt duo in carne una »; et alibi
dixit Appostolus : « Viri, diligite uxores vestras, sicut et
Christus Eclesiam»; et quia hiis et aliis autori[ta]tibus constat matrimonium ore Domini esse formatum, et legalis sit
675 ordo seu antiqua consuetudo ut connubia sine dote non
fiant, et imo muliere seu ex parte mulierum dotes interve-
nire sole[a]nt propter onera matrimonii facilius tolleranda.
Idirco, in predicto nomine Domini, amen :

Anno Incarnationis millesimo duocentesimo octuagessimo secundo,
680 *scilicet duodecima calendas augusti, domino Philippo Dei gratia Fran-*
corum rege regnante.

Noverint universi presentes pariter et futuri (f°.xxj.r°)[1] que

1. En marge, on lit ces mots: *Mariage de Catherine, fille naturelle*
d'Henri d'Armanhac avec Ramond de Milhau, d'une écriture qui semble

666, hominem creattum; 674, domino; 675, confugia sine dota ;
677, matrimonia.

io Henric, per la gratia de Dieus comes den [1] Rodes [et]
d'Armanhac, et vescomte de Creisselh, volen, cupis(e)chan
685 et aussi affectan Catherina, filha meuna non legitima, in
matrimonii collocar juxta ly forma et laudabla consuet(ed)ut
den sancta maire Gleiza, an vos, en Ramon den Melhau,
satge quen setz en drech, fil quen setz del satge et discret home senhen en Raimun de Milhau, lou major den
690 la Paissieira, et borges et habitaire quen setz dens sa vialha
den Melhau, lo cal ses aissy den presen et ensetz matrimonii proceden de bon volher conjet et licentia del en sus
endich vostre paire, lo cal ez aissi de presen volhen et
consenten et de son bon proprii grat et spontanea volun-
695 tat proumeden, et per amor d'aysso jo ensus endit coms,
en ma bonne fe et sans dengun engan, mas de mon bon proprii grat et spontanea voluntat, per mi et per lous meus heretiers et successors, quinhes quen sian ni quinhas que
sian, doune et constituisse et (jo) assigne en dot et per ver-
700 quiera et en nom et per a(u)lcuna causa den dot a la ensus
dita Catherina, filha meuna non lengentima, et per elha a
vous ensus endict Raimun de Melhau, spoux scieu et marit
quen seretz, se a Dieu platz, li cal setz aissi den presen et

dater de la fin du dernier siècle. Il en est de même de plusieurs autres
notes marginales en français que nous reproduirons à leur place, avec
la mention : *XVIIIe siècle*.

1. L'*n* adventice que l'on trouve, ici et assez souvent plus loin dans
cette pièce, surtout après l'*e*, semble d'abord provenir d'une fausse
lecture, ou d'un sigle qui se trouvait à tort dans l'original ; mais il faut
considérer que le comte de Rodez dont il est question était en même
temps comte d'Armanhac, et que dans cette dernière province la nasalisation était fréquente. Le notaire du comte pouvait d'ailleurs être
originaire de l'Armagnac et non de Rodez. Ce trait se trouve isolément
ailleurs, dans le Cartulaire.

688 *et* 690, qu'en ; 695, criens (peut-être faut-il lire *cuens,* forme française); 696, d'engun ; 698, quinhos quen sian ni quinhes ; 703, qu'en.

aquesta presen dot den vostre ben proprii grat et sponta-
705 nea voluntat renceben per et en nom den la desensus (v°)[1]
ditta Catherina, li calha estan absen, so ez assaber :

Detz milla solz malgaireses, pangadors en moneda nom-
bren, et dous cens den. tournes, annualz, censualz et rendualz, los calz lo ensus endit coms non a pont ignorat aucun
710 long temps lo[s] calz io li avia datz an endig Ramun de Melhau,
he so per alcuns servisses, los calz le dich Raimun aucunamen ly temps passat nous avia fachs ni fai incaras totz ly
jorn[s] quant a mi quant alz meus ; de li cal donatio n'esta
aucunamen ferma[nsa] per un aucun instrumen pres per
715 Rieussa, presen Peire (et Pierres) de Escuria, notari public
den me endich coms den Rodes, sub li an de li Incarnatio
de Nostre Senhor Dieu Jesus Christ, que hom comta, mila
dos cens octanta huech, affinc den li calendas den li mes
de julh, li cal instrumen de la dita donatio li dig Raimun
720 ne ly a facha aucuna fe, li cal es sagellat den li grand sagel
et contra sagel den me insus indit coms, li cal A Major
Rambolis [2] aucuna fermetat, he so nonobstant li ensus
endita donatio, io aras de novel, per vertut den li presen
dot *sive* verquiera et per confirmatio den li sobres [dita]
725 donatio, io aras de novel las li doune et ansi io las li confirme et assigne per aras et per tot li autre temps, tant as il
quant as sieus, sus li pensatge meu den li vescomtat meu
den nostre castel de Creisseil, li cal pensatge si leva et ha
accoustumat den levar, penre et far pagar sus aut en li
730 montanha vulgar(i)men apelada l'Arsac et in hun castel

1. En marge : *Dot de la d. Catherine : dix mille sols malgoires annuels
et censuels* (XVIIIe siècle).

2. Nous reproduisons tels quels ces trois mots. Il faut sans doute
voir dans *Rambolis* un nom propre, et lire : *a major* (= maître; cf. l.
689) *Rambolis*. Je ne sais que faire des deux mots qui suivent.

706, ditte ; 712, li fai ; 717, ce hom ; 719, desdites donacio ; 724,
ai per ; 726, a sil.

mieu apelat delz Enfrutz, li cal pensatge si leva et ha accoustumat den levar el nom del ensus dit vescontat de
Creisselh.

Item, *(f°.xxij.r°)* plus quatre mantels den bon drap fin
735 appelat den Fransa, folleratz tant den pennas de grand
valhor quant den sedarias et den velhossarias finnas, las
callas folleraduras densus enditas hi sian ben et notablamen conveniens.

Item, plus quatre gardacorsses folleratz, doas gounellas
740 et aussi dos capairos den anfraveria, los calz et las calz sion
ben (noblamen) et nontablamen conveniens a la hensus dita
Catherina, et autramen coma as ella apparten, et juxta l'imposenbelhitat del ensus endit coms.

Item, plus quatre cens sous den [la] hensus endita doth de
745 ensus esprensada et consignada io dit coms proumete bayl-
lar et realmen pangar en patz et san brenga, enganna et san
alcuna contradiction, a voz ensus endict Ramun de Melhau,
per et en nom de la ensus endita Catherina, per talz termetz
et pangatz, so ez anssaber encontinens et danvans que lo
750 dit matrimoni si cenlebre en li facia den sancta mayra
Gleysa intre votz ensus endit Raymon et li dicta Catherina,
los ensus enditz mantels, gardacorses, gounellas canpairous
et aussi li ensus en dita somma a causa del ensus dict lyen.

☞ **Et cinq milha** sous den li en(la)sus dita moneda, et
755 d'ausi a la festa den carema prendren propcha vennen, cent
sous den li ensus endita mouneda, et de li dita festa ho
jorn den carema prenden aprop vennen et insenguen in
hun an, l'an revolt et complit, autres cent *(v°)* sous den li
ensus endita mouneda, et inaussi den an in an quascun
760 an, in le dit jour *sive* festa den carema prenden, cent sous
den li ensus enditta mouneda, trotant que li tota ensus
endita dot senra et hapanrenra den tot en tot estre ben
et entieyramen satisfaita et pangada tota per entier al sus

737, notablemen; 746, en gunna; 755, proptha.

endit Raymun den Milhau, per et en nom de la ensus ditta
765 Catherina, filha mieuna non lengentima del ensus endit
coms ; et aussi ben sautz et remannens [1] an sus endict
Raymun den Milhau los densus ditz dotz centz sous den
tournes den ensus consignatz et specificatz sus lo ensus
endit pensatge as elz et alz sious, li cals son et volhem quen
770 sian annualz, censualz et rendualz, per aratz et per trastot
hautre temps endevendor, a causa den la ensus endita
donatio de ensus ditta dot *sive* verquiera, pangadors cascun
an in li festa den Totz li Sancts, et autramen en li forma et
in maniera cum si pangon et an acoustumat den pagar le
775 dit pensatge al ensus endit coms per los arrendadors sieus,
et autramen cum se heron denies realz *sive* fiscals.

Et in li cas que io, endit coms costituen, non ho fensessa, et aprop voz, ensus endit Raimun de Milhau, per causa
den li retardacio den li ensus ditas pangas ho per enre-
780 tardacio den li ensus dittas soulucious de pangas et delz
ensus ditz dotz centz sous annualz, censualz et rendualz, en
(*fº.xxiij.rº*) demandan li ensus ditta dot en tot ho en partida,
(et) ne suffercessa[z] aucun interetz ni damnatge, ho despensas
fensessa[z] ho soustenguessa[z] in jutjamen ho foras jutja-
785 men, tot aquel damnatge, quin quen fos, proumete io,
ensus endit constituen, a vos insus indict Raimun de Milhau
enmendar, restentuir et plenieyramen resercir ; per li(s) calz
causas de ensobres ditas tenedouiraz, attendedouiraz, pa-
gadouiraz, servadouiraz et en tot li autre temz complia-
790 douiraz, io, ensus dict coms men obligue et den mon
propri grat men suspauze totz mos betz mobletz [ho] inmo-
bles presens et indevenedors, et special(e)men et sprensa
li densus endit pensatge delz insus inditz Enfrutz. Et per

---

1. En marge : **200 L. *a prendre sur le peage*** (XVIIIe siècle).

769, qu'en ; 776, autremen ; 777, qui jo ; 783, ne damnatge ; 787,
resertir.

far valer et tenir li causas de insobres dichas a vous insus
795 [indit] Raimun, io, ensus endit coms, generallamen renuncie an totz drechs canonics, li o tene alz (?) [1] et a totz
altres dregs, quinhetz quen sian, a causa den li ensus ditta
dot, li(s) calz hy posquesson prejudiciar en tot nengun li
autre (tot) temps, **et a tenir** totas las autras causas uni-
800 versalz et singulars densobres ditas ; io, insus indit comps,
las volhe tener, attendre, servar et complir, et jamay aussi
ni contra venir ni dire den dreyt ni den fait ni per forsa
ni per altra nenguna persona entrepausada ho altramen,
per alcuna ransso ho causa, quin[ha que] sia. Et vos prou-
805 mette a vos, insus dit Raymun, li cal setz aissi den presen
et couma den ensus stipullan, et jure an sagramen que io
ne ay (v°) a Dieu ni aussi a cavanlaria prestat in et en (*sic*)
ma bouna fe pleniera, meten la ma dreita densobres li
quatre santes (*sic*) evangelis per mi de mon proprii grat et
810 spontanea volontat toucatz, de non venir al encontra den
li causas de ensus endittas. Den li calz den ensus indictas
causas, li de ensus dict Raymun de Milhau, per il et per la
d[a] Catherina, ne demanda et requier(t) estre fayt as ilh public
instrumen, hun ho moltz, per mi nottari danval scrieut.

815 Et so fouc fayt, scrieit et recitat a Roudes, en li ostal *sive*
habitatio del insus indit coms, li testimonii aqui presens,
vensens et aussi ausens : mossen Brenguie del Vouc, en Raimun Steph(l)e, en Guilhen de Moustuejolx, en Guilhen d'Encombros, senescal den Rodes per li insus endit coms, en
820 Joan de Ayga Sparsa, en Gui den Saveyrac, en Peyre de
Moustuejols, en Peyre den Labro, en Lo[i]s de Arpajo, en
Peyre den Peyragorc, en Ramond den Gozo, en (de) Guilhen

---

1. Je ne vois pas quel mot (sans doute un adjectif, *laïcals?*) se dissi-
mule sous ces quatre mots dénués de sens.

797, quin hotz ; 811, di ensus; 813, a filh ; 814, damial; 816, dil
insus; 817, dil.

de Rocafeuilh, en Guilhen den Segur, en Guillen de Sanct
Stephe, en Phelip den Baissac, en Guilhen den Broquies,
825 senhor den Broquies, totz cavaliers ; [et] moussen (et) Raimun dels Caudelz, doctor, et mossen Bernart den Cenjars,
priort de Sanct Lions, et mossen Mayrous den Cenjars,
prior den Nostra Dona den Lespinassa den Milhau, mossen
Guilhen den Massaunas, prior del priorat del Rosier *sive*
830 de Entr'Aygas, mestre Peire Araudet, notarii rencebedor et
aussi tesauria den li ensus endit coms, et mossen Guilhot
d'Estan, doctor, procuraire et defenssor den li ensus dit
coms, et aussi belcop d'autres, *et me Joan Solerii clerico de*
(*f°.xxiij. r°*) *Ruthena publico authentica regia notario, qui*
835 *requisitus de premissis omnibus instrumentum in notam recepi,*
a qua quidem nota hoc presens et publicum instrumentum manu
mea propria extraxi, scripsi et grossavi, hicque me subsignavi
in fidem premissorum.

(7°) **Noverint universi** *presentes pariter et futuri quod,*
840 *anno Domini millesimo trecentesimo primo, scilicet duodecima*
calendas augusti, Domino Philippo Dei gratia Francorum rege
regnante, Eu, Bernard del Cros, mercadier d'Amelhau, reco-
gnoisse dever a vos, Guilhen Hera, que iou vous deg quatre
mila et detz solz tornezes, que ne ay promesses donar
845 per ms^r Raimun de Melhau, per lou pezatge d'aquest an
del pon vieilh, de mouss^or lo comte de Rodes, quel dig
Raimun de Melhau per se et per moss^or lo compte vos ho
a vendut, de la festa que ez propda passada de sanct Jehan
entre a l'autra festa de sanct Jean Babtista, pagadors lo ters
850 a la festa de Totz Sanctz, el ters a la festa de la Purification
de Nostra Dona, et altre ters en la festa de la Asscencio pro[p]
danamens venens. Et per far valer, tener, servar et attendre
las causas sobres dichas, ne oblige totz mos bes presens et
endevenedors per pagar la dicha summa, et vos gardar

823, roquefueilh ; 829, den priorat den rosier ; 842, En ; 847, uiolhia
vendut.

855 et conservar de trastot damnatge, eu voz ho promette en ma
bona fe plenieira.

Et ieu dig Guilhen Herra, rencebens la dicha obligansa,
promete voz far aver lo dig pezatge per tot aquest an,
et teneri de omni evictione universali et particulari, pro quibus (vº)
860 *obligo vobis omnia bona mea mobilia et inmobilia, presencia et fu-*
tura, et ita promito tenere, attendere, servare et complire et in nullo
contra facere, dicere vel venire de jure nec de facto, clam vel palam,
per me nec per aliam personam interpositam, aut alias aliqua ratione
vel causa, promito et juro in mea bona fide pleni(p)ta : de quibus
865 *omnibus dicte partes pecierunt et requiziverunt sibi fieri publicum*
instrumentum per me notarium infrascriptum.

Actum apud Amiliavum, in cappella sancti Martini; testes Arman-
dus de Sancto Affricano, Durantus de Olmeriis, Petrus Peironiis et ego
Guilhermus Jacobi, notarius Amilhavi, qui requisitus una cum dictis
870 *testibus presens fui, ac presens instrumentum sumpsi, manu mea propria*
scripsi, meque subsignavi in fidem premissorum.

(8º) **Noverint** universi presentes pariter et futuri quod,
anno Incarnationis Domini millesimo trecentesimo tricesimo
quarto, et die decima nona mensis novembris, domino Phi-
875 lipo Dei gratia rege Francorum illustrissimo regnante, cum
Raimundus Salinerii, regens castellaniam et executoriam sigilli regii Montis Dome, virtute certorum mandatorum sibi
directorum per certas literas custodis dicti sigilli, et etiam
domini senescalii Ruthenensis eisdem literis dicti custodis
880 an[n]exatis, de quibus fidem fecit idem regens, ad instanciam
Geraldi et Petri de Montibus, habitatorum ville [de] Figiaco,
pro quo magno (fº.*xxv*.rº) debito, quod petebant a spectabili
viro domino Geraldo de Arman[i]aco, vicecomite(m) de Creissello, ad vires dicti sigilli, ut asseritur in cartato, pedatgium
885 sive vectigal pontis veteris Amiliavi, prout ad dominum
spectat vicecomitem suppra dictum, per partem quam habet

ibidem et percipit, ad manum regiam et sub manu regia
cepisset et posuisset ex integro ac teneret, venit et comparuit coram ipso regente castellaniam et executoriam dicti
890 sigilli regii Montis Dome, vocato etiam ibidem et presente
dicto Petro de Montibus creditore, Petrus de Amiliavo, filius
et heres universalis Raymondi(s) de Amilliavo, quo[n]dam
ultimo vita functi, dicens et asserens [se] servare et percipe[re]
debere ac convenisse[1] percipi et levari, ex certis et legitimis
895 causis contentis et expausatis in quibusdam publicis instrumentis ibidem exhibitis per eum et obstencis dicto regenti,
decem libras turonenses pagatas annis singulis (per) in perpetuum, et jus percipiendi, habendi et levandi annatim et
perpetuo easdem decem libras turonenses renduales inde et
900 super ipsa parte dicti pedatgii sive vectigalis domini vicecomitis supra dicti, ac sui antecessores habuisse, percepisse
et levasse antiquissimis temporibus et antea qua[m] dicta
obligatio facta esset (vº) creditoribus ante dictis, prout clare
illud apparere dixit et etiam monstravit ibidem per dicta
905 publica instrumenta, et per inscriptionem ipsorum suorum
instrumentorum, et per instrumentum etiam obligatorium
dictorum obligatorum dictorum creditorum, per dictum
Petrum de Montibus ibidem exibitum et ostent(i)um. Quare
idem Petrus de Amilliavo dictam manum regiam, quantum
910 ad dictas decem libras turonenses renduales ejusdem
Petri, qui se dixit et asseruit in nullo fore obligatum, fore
amovendam [dixit] et eam amoveri postulavit, requisivit
et suplicavit per regentem predictum ad ejusdem Petri
utilitatem et comodum, prout de jure et equitate fieri
915 debet, quibus siquidem instrumentis dictarum partium per

1. En marge, à droite : *Pierre de Milhau, 10 l. sur le peage du pont
vieux* (**XVIII**ᵉ siècle).

890, vocatis ; 894, levare; 896, regente; 897, librarum turone *(avec
un sigle)* pagatorum ; 898, annatum ; 899 *et* 910, librarum; 902 *et* 923,
antiquissimus ; 914 *et* 931, comodo ; 915, partibus.

dictum regentem castellaniam et executoriam dicti sigilli
regii Montis Dome (et) ipsis partibus presentibus cum dilli-
gencia visis et inscriptis, ac coram eodem lectis et explanatis
in vulgari[s], ac testibus infra scriptis et annis sub quorum In-
920 carnationibus sumpta fuerant cum constaret ipsi Raimundo
Salineri[i], ut asseruit et apparebat per ipsa instrumenta,
dictum Petrum de Amiliavo habere et habere debere ac suos
predecessores ab antiquissimis temporibus habuisse et percepisse ₁longe plurius anthea quam *(f°.xxvij. r°)* dicta obliga-
925 tio facta fuisset creditoribus supradictis, dictas decem libras
turonenses renduales annis singulis, et perpetuo percipere et
levare debere in et supra parte dicti vectigalis seu pedatgii
dicti ponti[s] vetteris Amiliavi ad dictum dominum vicecomitem pertinente, dictam manum regiam ibidem per ipsum
930 apositam, ad expeditionem et deliberationem ipsarum decem librarum turonensium et ad utilitatem et comodum
dicti Petri de Amiliavo, ocasione premissorum amovit penitus et amotam esse voluit perpetuo; in residuo autem dicte
partis dicti domini vicecomitis manum ipsam corroboravit
935 et voluit remanere saissitam pro dicto debito, donec fuerit
exsolutum, percipiens ipse regens, quantum in eo erat et sui
juris erat, levatori dicti vectigallis ibidem presenti, ut dictas
decem libras turonenses rendualles annis singulis d[ar]et et
solv[er]et de dicto vectigalli de cetero prout teneretur et
940 asuetum esset fieri Petro de Amiliavo supra dicto, non
obstante manu regia suppra dicta : de quibus omnibus [et]
singulis supra dictis supra dictus Petrus de Amiliavo
pet[i]vit sibi fieri publicum instrumentum, un(i)um vel plura,
(v°) per me notarium infra scriptum.

945   Actum apud Amilliavum, juxta dictum pontem veterem,
ubi dictum pedatgium sive vectigal levari assuevit. Testes presenti instrumento fuerunt ad hec : Adhemarius Ruffi, Bernar-

---

917, regiam; 935, per dicto; [936, et sua intra erat; 940, assue et;
946, presentes.

dus Joannis et Bernardus Joannis ejus filius, Petrus Bernardi, Joannes Rocola, alias Castanet, German(i)us Bermundi,
950 Joannes Bruni, Brengarius Garnier, Joannes Baissac et ego
Durantus Laurenci de Amilliavo, publicus authentica regia
notarius, qui vocatus, rogatus et requizitus, premissis omnibus et singulis una cum dictis testibus fui et de eisdem notam
recepi, a qua quidem nota hoc presens et publicum instru-
955 mentum manu mea ipsa extraxi, scripsi et grossavi, hicque
me subsignavi in fidem et testimonium omnium et singullorum premissorum.

Et aussi vist los arendamens del susdit pesatge, lo temps
passat fachs per lou susdit viscompte, cossi notificavo alz
960 rendiers, quant arrendabou lo dich pesatge, que baillessou
et realmen paguesso al dig Ramond de Milhau los sobres
dichs dos cens sols tz., los calz son annuals, censuals et rendualz, per las causas desobres dichas de la dicha donatio
desobres declarada(s) et specifficada(s).

965 Et aussi vist un autre instrumen de restitutio et confirmacio, fach lo temps passat per mossen Gasto d'Armanhac,
compte de Creisseilh, a causa de la sobres dicha donacio he
dot del[s] (*f°.xxvij. r°*) sobres ditz dotz centz solz tournezes,
valens detz lieuras tz., a causa del sobres dich pesatge, he
970 coma costa [et] hesta ferm per un instrumen pres et resauput per mestre Jean Roquessel, nottari del dit vescontat de
Creisseilh, sus l'an mial .iij.ᶜ et dos, he lou venres aprop la
festa de sanct Johan.

Et regardadas aussi ben totas autras causas, vist et pal-
975 pat et dilligamen considerat lo instrumen de la transactio
del pesatge say intras fach **Entre** moussᵘʳ lo compte de

966, gasco.

Tholosa an tot lou pays d'autra part, lo cal pesatge se levava
sobres lou pont vieilh de Milhau, de la calha dessus dicha
transactio *sive* accordi es aisi enserit tant soletamen lo
980 leu[1] del sobres dich pesatge, lo cal es estrag del proprii
instrumen de la sobres dicha transactio, la calha an producha los sobres digs cossouls de Milhau, et so tant comma
instructors, protectors, conservadors et deffensors del sobres dig nostre seignor lo rey de Fransa, la calha sobres
985 dicha transactio *sive* accordi fouc facha l'an mial dos centz
cinquante, a detz del mes de juin :

(9°) [TARIF DU PÉAGE DU PONT VIEUX DE MILLAU.]

Et premieramen, en la carga de draps teins, de lenis,
de fustanis et argen vieu : tres sols, huech deniers tourne-
990 zes, et en la cargua d'aze, la mittat.

Item, bestia grossa et aze que sia d'Estanc : .xxij. deniers
tornezes.

Item, la carga del pebre : .ij. solz, .vj. d[s] tz. et huna
lieura de pebre.

995 **Item**, la carga del comi : .xxij. d[s] tz. et huna lieura de
comi.

Item, la carga del ginjibre, alhum, cera, amellas sumac
et enses : .xxij. d[s] tz.

Item, la carga del ferre, arsier, estan et tot autre met-
1000 tailh : .xxij. deniers tornezes.

(v°) **Item**, la carga de regalessia, sucre ou espessia : .xxij.
d[s] tz.

---

1. *Leu*, masculin pour *leuda*.

997, amellos sennac.

Item, la carga de padenas, capelz de ferre et caldairos :
.xxij. dˢ tz. et huna padena, ou un cappel, ou un caldairou
1005 de ferre.

Item, tot mercier et que que porte, couttelz, tolhoiras,
senchas, borsas, horassos, ho quinha mersaria que porte :
.xxij. den. tz. et hun cotelh, ho quinha mersaria que porte,
sian culhiera[s], penches, jors(?) [1], sian penches, rasos, co-
1010 telz ou toulhoiras, que n'i haja de tot se dessus.

Item, la carga de sumac, de blancs de Narbouna, de
Nar(?), de Ran(?) (2) ho de Chartres : .ij. solz, .viij. dˢ tz.

Item, la carga de tot cuer de buou hadobat et de tot
autre coyran cru ho cuech ho adoubat : .ij. s., .viij. dˢ tz.
1015 **Item**, la carga de las cordas et de tota pellisseria ho
conilz : .ij. sᶻ .viij. dˢ tz.

Item, la carga de figas et de ris : .viij. dˢ tz.

Item, la carga de fromatges, de says, de sceus et de
sabo : .viij. dˢ tz.
1020 **Item**, la carga de l'holi : .xij. dˢ tz.

Item, la dotzena de motous ou de buous ou de vaccas :
.vj. dˢ tz.

Item, muolz ho muolhas, ho egas et rossis sobrans :
.x.dˢ tz., et cavalz : .xvj. dˢ tz.
1025 **Item**, la carga de brus ho de lana lavada, ho pelladas
et anisses : .ij. sᶻ, .viij. dˢ tz., et en brus : .ix. dˢ tz.

Item, tout porc viou ho d'aqui en anan : .ij. dˢ tz., et
en baco : .iij. dˢ et malha.

Item, la carga del peys : .viij. dˢ tz. et hun peys.
1030 **Item**, la carga de la sal : un den. tz., dont que (que) sia
[que] venga.

---

1. Nous ne connaissons pas le sens de ce mot ; la répétition du mot
penches semble d'ailleurs indiquer que ce passage est corrompu.

2. Le manuscrit ne portant pas ici de majuscule, on serait tenté de
lire : *de nar, d'eram,* mais cf. fᵒ 49 vᵒ et voy. le *Glossaire*.

1011, denar deran ; 1013, ho de Boc et de ; 1023, sobrans.

Item, passatge de bestia que venga de fieira : .iij. d⁸ tz.

Item, la carga d'ennaps : (*f°.xxviij. r°*) .viij. d⁸ tz. et hun ennap.

1035 **Item**, la carga del coto : .ij. s., .viij. d⁸ tz.

Item, la carga et de borra et de cardas : .xxij. d⁸ tz.

Item, tot Jusieu ou Sarrazii : sinc solz tz.

Item, quantque home que porte de pebre o de comi, sia en bestia ho en homme, que n'i aja de .xij. lb. en sus, 1040 una lieura de comi.

Item, tot aze ou sauma : .ij. d⁸ tz.

Item, la carga del blat, se non si ben (*sic*) en vialha : .viij. d⁸ tz.

Item, la carga del pegot (?) : hun pegot ; — et altramen, 1045 coma si conte en la sobres dicha transactio *sive* accordi sus lou fach delz altres caps, articles et pronunciatz, dedins aquela contengutz et specificatz.

Et ausi ben vist, regardat, palpat et aussi dilligamen considerat hun autre instrumen d'appellaciou, trastot grossat 1050 en pargami, scrich et senhat, non viciat, cancelat ni barrat, ni en denguna part d'aquel sospechos, lo calh instrumen d'appellacio an produg los sobres dichs senhors consols en nom coma desobres ez dig, los calz so, et son estatz long temps ha, he seran bos et fiselz al sobres dig nostre seignor 1055 lou rey, los calz so instructors, protectors, deffensors et conservadors del domayne del sobres dig nostre senhor lou rey, lo cal instrumen d'appellacio se ensec en aquesta maniera et forma :

(10°) **Noverint** *universi presentes pariter et futuri; hoc presens* 1060 *publicum instrumentum* (v°) *inspecturi et etiam audituri, ut anno Incarnationis Domini millesimo trecentesimo vicesimo secundo, videlicet die octava mensis julii, domino Philipo Dei gratia Francorum rege il-*

1060, et anno.

lustrissimo regnante, **Constituti** *in presentia mei notarii et test[i]um subscriptorum, coram nobili et venerabili viro domino Petro de Ruppe,*
1065 *licentiato in legibus, judice authentica regia Amilliavi et Ruppecæsariæ, Bernardus Almeras, Petrus Broas et Deodatus Fabri(i), loci Sancti Romani de Tarno, tradiderunt mihi notario quandam papirii cedulam scriptam, quandam appellationem continentem, dicentes, appellantes et alia(s) facientes, prout in dicta cedula continentur, quam*
1070 *legi fecerunt ibidem coram dicto domino judice per me notarium infra scriptum, cujus scedule tenor talis est :*

Quoniam ad medelam et sublevamen oppressorum et contra justiciam agravatorum , agravarique in p(r)ostremum se timentium, appellationis remedium ab utriusque juri(i)s con-
1075 ditoribus extitit adjumentum, ut oppressi ejusdem remedio releventur, idcirco nos, Bernardus Almeras, Petrus Biras[1] et Deodatus Fabri, habitatores ville Sancti Romani de Tarno, sencientes et manifeste cognoscentes nos et alios homines dicte ville enormiter agravari et agravatos fore(c) per nobi-
1080 lem et *(f°. xxix. r°)* venerabilem virum dominum Petrum de Ruppe, licentiatum in legibus, authentica regia judicem Amilliavi et Ruppecæsarie, ex eo quia, cum nupper quedam nostra animalia et quorundam aliorum hominum dictæ ville, portancia salem ad locum predictum de Sancto Romano, et
1085 recto itinere veniendo de loco de Caslari ad dictum locum et itinerando prout alias et perpetuo est fieri consuetum, capta fuissent per nonnullos servientes regio[s] Amilliavi, et ad villam de Amilliavo capta adducta, et ibidem detinentur arestata, pro eo quia dicebatur et vectuariis ducentibus dicta
1090 animalia inponebatur, quod pedatgium pontis veteris Amilliavi subtrahebant, nos restitutiones dictorum animalium et

---

1. Cf. plus haut l. 1066 : *Broas*, et plus loin, l. 1220 : *Braas*.

1065 *et* 1081, authenticæ ; 1067, romano ; 1071, cum scedule ; 1073, agravareque ; 1075, ad juuentum ; 1077, sancto (*corrigé en* sancti) romano; 1082, Ruppecæsarei ; 1083, annuela ; 1084, semel ad ; 1085, racio itinere ; 1089, pro ea ; 1090, ventis.

salis nobis ac recredentiam libere fieri(i) peteremus per dictum judicem super dictum, idem dominus judex, non atten-
dendo quod, a(d) dicto loco de Caslari veniendo ad dictum
1095 locum de Sancto Romano, recto itinere veniendum sit et
itinerandum transeundo per hospitale Guiberti, et deinde
ad locum (de) Sancti Romani de Scernone, et ab inde ad
locum predictum Sancti Romani de Tarno, et quod habitantes in dicto loco dictum iter facere consueverunt cum
1100 eorum animalibus honneratis mercimoniorum, tantis temporibus quorum hominum memoria in contrarium non existit,
franche et libere et absque (v°) inpedimento cujusqumque et
solutione(m) alicujus vectigalis per ipsos facienda in ponte
vetteri Amilliavi, cum transitum non faciant nec facere con-
1105 sueverint per pon(c)tem predictum : nam, si de loco de Caslari venirent et veniremus ad dictam villam Amilliavi, et
deinde ad dictum locum Sancti Romani de Tarno, per spa-
cium duarum locarum vel trium aut plurium a recto itinere
suo et nostro deviarent et deviaremus, quod esset et foret
1110 contra Deum et justiciam et contra jura comunia, si con-
pellerentur et compelleremur ad deviandum iter nostrum et
suum, et quin possent et possemus ire et reddire libere recto
itinere cum suis animalibus et nostris ac mercimoniis ad
hospicia propria absque inpedimento et perturbatione ali-
1115 cujus ; nec credunt nec credimus, imo certi sunt et sumus,
esse talem intentionem domini nostri regi(i)s nec alterius
cujuscumque. Et non attento etiam predictum dominum judicem (*sic*) quod preffa(c)ti habitatores dicti loci de Sancto Romano sunt et fuerunt, temporibus retroactis et tantis quorum
1120 hominum memoria in contrarium non existit, in pocessione
et saysina libertatis et inmunittatis non faciendi transitum
per pontem predictum et non prestandi pedatgium sive vec-

1093, judez ; 1094, de dictum ; 1095, sic ; 1098, et qui ; 1104, consueverunt ; 1107, dicto loco sancti romano ; 1110, se ; 1116, intentioni ;
1118, que.

tigal in eodem, imo de contrario, ut supra dictum est, sunt
et sumus saysiti, preffatus dominus judex, ad falsam sug-
1125 gestionem (*f°.xxx. r°*) quorundam ibidem ac nobis habitan-
tium et malorum et qui sibi captant comodum et nobis
ac eisdem adversantur, non facta informatione legitima,
salva sui gratia et honore, nisi, ut dicitur, cum eisdem et etiam
cum quibusdam servientibus, ut dicitur, regiis, qui ad vel-
1130 landum exact[i]ones et extortiones indebitas, quas faciunt
et facere consueverunt temporibus retroactis sub colore
subjectionis dicti pedatgii, dicuntur deposuisse, que depo-
sita per eosdem, si qua depozitta sint contra nos et dictos
homines, carent primordio veritatis. **Et nobis,** in nostris
1135 rationibus et probat[i]onibus supper inmunitatte predicta
inauditis, die dominica proxime lapsa, dixit ordinatum
quod nos et prenominati dictorum animalium predictorum
et mercium solvant dictum vectigal seu pedatgium debitum,
pro talibus mercimoniis in dicto ponte levare(m) consuetum,
1140 et alia(s) que in dicta sua ordinatione continentur, ipsos
homines et alios in dicto loco habitantes ex predictis,
salva sui gratia(m) et honnore, multipliciter agravando ;
Quam quidem ordinationem per predictum dominum
judicem factam, et omnia et singulla contenta in eadem, nos
1145 prenominati supperius, pro nobis et aliis hominibus dicte
ville Sancti Romani de Tarno nobis adherentibus seu adherere volentibus in hac parte, ducimus ipso jure *(v°)* fore
nullam, et si qua sit vel esse reperiatur de jure ab eo, pro
nobis et nominibus quibus suppra, representantes nos et alios
1150 nobis adherere volentes enormiter agravari et agravatos
fore per dictum judicem suppra dictum, tamquam ab ini-
quo et perperam et inique factam, ad dictum senescalium
Ruthenensem seu ad dictum nostrum regem, ad illum vide-

1124, at falsam suggessionem quorundam eisdem et nobis habitantibus; 1134, premordio; 1137, pronominati dictum amilliauum; 1139,
portalibus; 1142, alias; 1145, per nobis; 1147, dicimus; 1148, mullam;
1150, agravarem; 1151, ab inniqua.

licet ad quem de jure fuerit appellandum, viva voce et in hiis
1155 scriptis infra decendium provocamus et appellamus, et epis-
tolis (?) cum debita instancia sepe et sepius postulanda, quæ
sibi nobis denega(n)ta extiterunt vel per negligentiam non
concessa, ex hoc similiter ut supra provocamus et appellamus, non intendentes per presentem appellationem renun-
1160 ciare appellationi seu appellationibus per nos alias comis-
sis, set illas per istam et (per) istam (et) per illas potius
confirmamus, subponentes nos et omnia bona nostra et
aliorum nobis adherere volencium sub pro(c)tectione dictorum dominorum, ad quos per nos est appellatum, inhibentes
1165 virtutte appellationis presentis dicto domino judici et aliis
curialibus seu offici(li)alibus suis, ne pendente appellatio-
ne(m) hujus modi aliquid contra nos superius nominatos et
ali(i)os nobis adherere volentes seu bona nostra facere seu
attemptare presumant, requirentes nobis fieri *(f°.xxxj.r°)*
1170 publicum seu publica instrumenta, unum vel plura, per not-
tarium infra scriptum supper hiis requisitum. Et dictus
dominus judex dixit quod ipse volebat suam responcionem
(volebat) facere appellationi predicte, et [precepit ut] contenta in eadem authentica predicta in formam predictam
1175 publicam redigantur.

Acta fuerunt hæc apud Amilliavum, in hospitio domus
Bonnecumbe, in qua dictus dominus judex inhabitat, testibus presentibus ad hæc vocattis et rogatis nobili Asculpho
Aldoardi, domicello de Auriaco, discretis viris magistris Gui-
1180 lhermo (a) Henricii, Ramundo Garnerii, juri(i)s peritis,
Hugone de Lagrefol nottario, et me Joanne Magistri de Amilliavo, nottario authentica regia publico, infra scripto.

Postque, anno *quo suppra, videlicet die decima quarta men-*

1154, vinanote; 1155, perurcamus; 1155, et appostolos; 1156, qui
sibi; 1158, concessi; 1158, prononçamus; 1165, appellationes presente;
1165, judice; 1173, contentus; 1174 *et* 1182, authen *(avec un trait
abréviatif à la fin)*; 1180, paritis.

sis julhii, licet in absentia dictorum appellantium, preffatus dominus
1185 *judex, respondens contentis in appellatione predicta, dixit quod, visis*
quibusdam litteris regiis eidem presentatis per nobilem Petrum de
Geria, locum tenentem spectabilis viri vicecomitis de Creissello, et
consules ville Amilliavi, ac etiam quadam ordinatione(m) olim facta(m)
causa cognita per dominum Petrum de Ferrariis, olim senescalium
1190 *Ruthenensem, et de concilio judic(i)um suorum et specialliter dicti*
Bertholomei (v°) de Cluzello, quondam judicis majoris dicte senescalie,
et aliorum curialium, quarum siquidem literarum et ordinationis ac
etiam mandatorum postmodum factorum per nobilem virum dominum
Regniaudum Jarmola, nunc senescalium Ruthenensem, sub sigillo re-
1195. *gio dicte senescalie Ruthenensis contentorum et sigillatorum, tenores*
inferius continentur; et facta informatione per eundem dictum judicem
cum quibusdam curialibus et officialibus regiis ac etiam aliis personis
dignis fide, specialiter **Cum** *Brengario de Spineto et Bertrando Be-*
nedicti olim et Bernardo Crucias nunc baliviorum ville Amilliavi, ac
1200 *etiam Bernardo Sabaterii, Johanne Cohontonis, Garsiano Michaellis,*
et quibusdam aliis servientibus regiis ville Amilliavi, ac Hugone Tor-
nerii, Petro Portalo custodibus et publicanis nunc et olim vectigalis
seu pedatgii pontis veteris Amilliavi, et aliis quibusdam habitatoribus
dicte ville Amiliavi, quia comperi(i)t per eorum depositiones medio
1205 *juramento, et cujuslibet corumdem, homines dicti loci de Sancto Ro-*
mano de Tarno, animalia habentes pro vehendo et portando mercaturas
vectigal seu pedatgium debentes, et pro quibus mercaturis pedatgium
prestari consuevit, ad dictam villam de Sancto Romano de Tarno, ex
quo (f°.xxxij.r°) intraverant infra pedatgium dicti pontis vetteris Amil-
1210 *liavi et infra bailliviam dicte ville, illos (non) e(s)t quoscumque ali(i)os*
teneri ad dictum pedatgium exsolvendum, quantumcunque non tran-
sirent seu transitum non facerent per pontem suppra dictum, et quod
tales, infra dictum pedatgium et bailiviam ville Amilliavi intrantes,
nedum extranei, imo intra habitantes in dicta villa Sancti Romani de
1215 *Tarno cum eorum animalibus mercimonia ac mercaturas pedatgiarias*

1184, appellationum; 1185, ressondens; 1185, visus; 1187, spectabilem; 1190, ruthenensium; 1190, dictum Bertholomeus; 1191, juditiis;
1195 *et* 1196, continentem; 1202, vectigalem; 1206, per; 1208, con-
suent; 1210, illec; 1211, transierit; 1212, et quot; 1213, bailaviam;
1214, imo extram; 1215, mincimonis ac mercaturiis pedatgiariis.

portantibus, ubicumque rep[er]irentur, ad dictam villam Amilliavi
reducebantur et reduci consueverant ad dictam villam Amilliavi pro
dicto pedatgio seu ve[c]tigali dicti(s) pontis exsolvendo, et quod etiam
nonnulli dicte ville Sancti Romani de Turno, specialiter Bernardus
1220 *Almerici, Petrus Braas*[1]*, Ramundus Seguini, et quidem alii animalia*
itinerancia habentes merces et mercimonia portantia, pro eo quia
transitum non fecerant et pedatgium non solverant dicti pontis pro
mercimoniis pedatgiariis adportatis in dicto loco sive villa de Sancto
Romano, cum dictis bailiviis convenerant ac concordaverant in certis
1225 *pecuniarum quantitatibus sive summis percipiendis(?) eorundem, quod*
non facerent et nisi ad solvendum dictum (v°) pedatgium, ex quo dic-
tam bailiviam Amiliavi seu pedatgiar[i]um intraverant, tenerentur;
et quia etiam comperit idem dictus judex per comunem famam
quod antiquitus retroactis temporibus dictum pedatgium percipi con-
1230 *sueverat et levari in loco dicto delz Enffruchs, infra bailiviam Amil-*
liavi seu ressortum ejusdem, qui quidem locus tunc pertinebat ad dic-
☞ *tum comittem Ruthenensem et nunc ad vicecomitem suppradictum, ut*
ad successorem ejusdem, in qua quidem perceptione dicti pedatgii in
dicto loco preffatus dominus noster rex defraudabatur in inmensum,
1235 *et jus ejusdem dicti nostri regi(i)s ledebatur, pro eo especialiter quia*
dictus noster rex in quibusdam mercaturis, in aliquibus plus et in
aliquibus minus, et dictus vicecomes similiter secundum magis et mi-
nus, pedatgium percipere consueverunt et levare, et sic satisfacto dicto
vicecomiti de jure suo dicti pedatgii in dicto loco delz Enfrutz, non
1240 *satisfacto dicto domino nostro regi de suo pedatgio, permittebantur*
abire, et sic dictus dominus noster rex suo pedatgio fraudabatur[2]*,*
et idcirco, de consensu (de) comunitatum et nobilium et baronnum,
dicte senescalie et aliarum senescalliarum, tam de dicto pedatgio quam
de pluribus aliis ordinatum fuit, ut dictum pedatgium in dicta villa
1245 *Amilliavi, tam pro jure regio quam (f°.xxxiij. r°) dicti comitis Ruthe-*

---

1. Cf. ligne 1066 : *Broas*, et ligne 1076 : *Biras*.
2. Les mots qui suivent sont visés en marge par un doigt indicateur.

1217, predicto; 1219, romano; 1221, incimonia portantes; 1222, per;
1224, bannillis; 1225, preveniendis; 1228, competit; 1229, que; 1234,
deffendebatur; 1235, dictum; 1235, per eo; 1238, dicti; 1241, fraude-
batur; 1244, et dictum.

nensis et successorum suorum conservando, percipe[re]tur et levaretur
ac solveretur ibidem, ad omnem suspicionem et fraudam penitus evi-
tandam, premissis de causis et aliis que videri pottuerunt per dictum
dominum judicem; et quia, sic ut promissum, et preffatos dominum
1250 *nostrum regem et vicecomitem ac eorum predecessores rex* [1] *ut sayzi-*
tos de promissis et in pocessione, seu quasi, et sayzina eorumdem,
Idcirco *ordinationem fecit, de qua fit mentio in appellatione pre-*
dicta, et dictos dominum nostrum regem ac vicecomitem tenere(n) vo-
luit in pocessione, aut quasi, ac sayzina predictis, et se obtulit et adhuc
1255 *se offert dictis appellantibus paratum vocatis evocandis facere justi-*
ciæ complementum et ipsos benigne audir(i)e, si aliter et alia via
debita jus suum, si quod[d]am habent, persequi voluerint coram eo et
prout ad ipsius officium pertinebit. Ex quibus predictos non gravavit
nec intendit eisdem aliquot gravamen intulisse, verum tamen, si ipsos
1260 *et aliquo[s] gravasse aut gravamen aliquid eisdem intulisse, quod non*
credit, reperitur, gravamen seu gravamina predicta, si quod fuit,
revocare se obtulit de die in diem hunc ad justam festam Assumptionis
beatæ Marie mensis augusti, quas dies usque ad illam diem eisdem
assignavit, si et (v°) quando sibi legitime constabit aut constare poterit
1265 *de eisdem, et sibi fide facta sufficienti et legitima quare appellationem*
predictam non admisit tanquam frustatoriam et inhanem, nisi si in
quantum ob reverentiam dominorum senescalium aut regie magestatis
ipse dominus seneschalis et ipsa majestas regia eandem duxerint admi-
tendam, presentem responcionem una cum predictis literis et ordina-
1270 *tione(m) ac depositionibus testium predictorum et aliorum pro jure*
regio suppradicto, si necesse fuerit, recipiendis, pro appostolis si et
ad quos concedendos de jure tenetur dictis appellantibus concedendos[2], *et dictam suam respontionem una cum appellatione predicta*

---

1. *Sic.* Il manque ici certainement quelques mots, en particulier le
verbe principal *(duxit* ou *habuit?),* et le mot *rex* doit sans doute être lu
judex.

2. Nous ne voyons pas bien comment il faut entendre (avec ou sans correction) les mots que nous soulignons. Lisez : *per epistolas... concedendas?*

1254, et quasi ; 1255, facem ; 1256, alia et aliter via ; 1257, voluerunt ; 1261, repiretur.... gravamian ; 1261, si que ; 1264, potent ; 1267,
dominum senescaliem ; 1267, magestatus ; 1268, duxerunt ; 1271, sup-
predictus ; 1271, recipiendorum.

inseri voluit et precepit in uno et eodem instrumento per notarium
1275 *suppra dictum. Tenores vero dictarum literarum regiarum et ordina-*
tionis dicti domini senescali, de quibus suppra facta est mentio, se-
cuntur seriatim.

(A) **Philippus,** Dei gratia Francorum rex, senescali(um)
Ruthenensi vel ejus locum tenenti, ceterisque justiciæ
1280 nostris [officiariis] ad quos presentes literæ pervenient,
Salutem. [Cum] ex parte vicecomitis Creiseilli dominique
baronie de Rocafolio et consulum ville nostre de Amilliavo
si(n)t nobis nunc et alias gravis insumata querella, quod
licet, ad ipsorum et curialium dicte ville supplicationem
1285 et requestam, pro comodo et utilitate nostris deliberato
concilio cum pluribus sapientibus, (et) discretus **Petrus**
de Ferrariis, miles, tunc serviens dicte senescalie, ordinasset (*f°.xxxiiij.r°*) quod illi vecturam seu merces cum animalibus vel alia(s) mercimonia portantes seu duci facientes,
1290 qui vectigal seu pedatgium nostrum ac vicecomittis predicti
pontis vetteris ville predicte fraudulentur et dolose furati
fuerant et furarentur, iter altum publicum et antiqum deviando, per gentes nostras et vicecomitis predicti, ubicumque in dicta senescalia, extra tamen sacra et religiosa loca,
1295 reperiri possent, capperentur cum animalibus et mercimoniis suis et apud Amilliavum ad nostram curiam adducerentur, justiciam secundum sua demerita recepturi(s), vobisque
et vestrum cuilibet per nostras alias literas mandatum fuisse
dicatur, ut fures et deviatores vectigalis seu pedatgii pre-
1300 dicti, quos in vestris jurisdictionibus reperire possetis,
extra sacra loca, caperetis, et captos cum animalibus et mercimoniis suis ad dictam curiam nostram Amilliavi servata
ordinatione predicta adduceretis, juxta sua demerita justi-

1277, seriatum; 1279, tenentem; 1284, supplicantum; 1287, Ferrarius.... seruientem dicti; 1295, repenii; 1299, ut siues *ou* sines; 1300,
reperiri; 1301, caperitis; 1303, predicti.

ciam recepturos, nonnulli tamen vectuarii sceu mercimonia
1305 portantes aut duci facientes cum animalibus suis dictum
vectigal seu pedatgium furati fuerunt et de die in diem furantur, iter predictum per alia diversa itinera et traversias
deviando, nulla inde justicia subsequta, in nostrum dicto-
rumque concurrentium grave prejudicium atque damnium,
1310 sicut fertur; idcirco vobis et vestrum cuilibet, ut ad eum per-
tine(n)t, iterate (v°) mandamus, districtim injungendo qua-
- thenus, juxta dictarum priorum literarum tenorem servata
ordinatione(m) predicta, prout de ipsis liquebit, dictos fures
et deviatores vectigalis et pedatgii predicti, quos in vestris
1315 jurisdictionibus reperire poteritis, extra sacra loca, capiatis
et captos cum animalibus et mercimoniis suis ad dictam
nostram curiam Amilliavi faciatis adduci, et ipsos propter
hoc mediante justicia totaliter puniatis, quod ceteri(s) dein-
ceps similia non comittant.
1320   Datum Parisiis, vicessima quinta die octobris, anno Domini millesimo trecentesimo tricesimo primo.

Reginandus *de Jarmola, domini nostri Francie regis miles, ejus-*
que seneschalius Ruthenensis, universis bajulis, executoribus, castel-
lanis et servientibus ac ceteris curialibus et offici(li)alibus regiis dicte
1325 *nostre senescalie quibus presentes literæ presentabuntur, Salutem et*
Dilectionem. Literas patentes regias nos vidisse et tenuisse manibus
[testamur], tenorem qui sequitur continentes :

(B) **Philipus,** Dei gratia Francie et Navarre rex, senescalo
Ruthenensi(s) vel ejus locum tenenti, ceterisque justiciariis
1330 nostris dicte senescalie ad quos presentes litere pervenerint,
Salutem. Dilectus et fidelis noster vicecomes Creisseilli do-
minusque baronie de Rocafolio ac consules nostre ville de

1304, recepturam; 1307, per dictum; 1311, districtus in ungendo
quat hujus; 1312, prioris; 1315, reperiri pottentes; 1320, Datum pax;
1322, ejus quorum senescalium ruthen; 1326, nominatis *(lis.* nomina-
tim?); 1329, tenentem.... justiciarum; 1330, pervenierunt; 1331, dominique; 1332, nostri.

Amilliavo nobis graviter sunt conquesti quod, licet ad ipsorum et curialium nostre ville predicte *(f°.xxxv. r°)* suppli-
1335 cationem et requestam pro comodo et utilitate(m) nostris,
deliberato concilio cum pluribus sapientibus et discretis,
Petrus de Ferrariis miles, tunc seneschallus senescalie
predicte, ordinasset et ex parte nostra precepisset quod illi
vectuari[i] seu merces cum animalibus vel alia mercimonia
1340 portantes seu duci facientes, qui vectigal ac pedatgium nostrum ac vicecomitis predicti(s) pontis vetteris ville predicte
fraudulenter et dolose furati fuerant et furantur, iter altum et
antiquum deviando, per gentes nostras et vicecomitis predicti, ubicunque in dicta senescallia, extra tamen sacra et
1345 religiosa loca, rep[er]iri possent, caperentur cum animalibus
et mercimoniis predictis, et apud Amilliavum ad curiam
nostram adducerentur, justiciam secundum sua demerita
recepturi, nihilominus nonnulli vectuari[i] mercimonia portantes aut duci facientes cum animalibus suis dictum ve[c]-
1350 tigal seu pedatgium nostrum ac vicecomitis predicti furati
fuerunt, et adhuc de die in diem furantur, iter predictum per
alia diversa itinera et traversias deviando, in nostri **et dictorum** conquerencium gravamen et damnium, sicut dicunt.
Quare vobis et vestrum cuilibet mandamus, quathenus,
1355 servato tenore ordinationis predicte, prout de ipsa vobis
legitime liquebit, dictos fures deviatores vectigalis seu pedatgii predicti, quos in vestris jurisdictionibus reperire potte-
ritis, *(v°)* extra tamen sacra et religiosa loca, capiatis et captos cum animalibus et mercimoniis suis ad dictam curiam
1360 nostram Amilliavi adduci faciatis, justiciam secundum sua
demerita recepturos.

Datum Parisiis, die decima quarta martii, anno Domini
millesimo trecentesimo decimo nono.

1333, quolibet ad; 1334, curiarum nostrum; 1337, petrum; 1338,
percepisset; 1341, vicecomitem; 1342, fraudulentur; 1348, recepturum;
1350, vicecomitem; 1357, pottentis; 1361, recepturum; 1362, datum
parum.

Verum, *cum de dicta ordinatione dicti domini Petri de Ferrariis,*
1365 *olim senescalis Ruthenensis, de qua ordinatione fit mencio in literis*
regiis supper scriptis, nobis fuerat facta fides, et ipsa[m] vidimus et
suspeximus diligenter, ac ipsius tenorem in quodam vidimus sigillo
cere viridis castelete parum[1] *in pendenti sigillato, cujus tenor talis*
est :

1370   (C) **A tou(t)s ceux qui** ces lettres verront, Gile Haquin,
garde de la prevosté de Paris, Salut. Tuit sachent que nous
avons veü deux lettres scellé[e]s avuex[2], l'une et l'autre con-
tenan la fourme qui s'ensuit :

(*a*) **Noverint** universi has literas visuri et etiam auditu-
1375 ri(s) quod noz, Petrus de Ferrariis, miles domini nostri regi(i)s
Francie et ejus senescalis Ruthenensis, querimonia(m) coram
nobis exposita per curiales domini nostri regis de Amilliavo
et gentes vicecomitis de Creissello, quod nonnulli vehentes
merces infra fines vectigalis pontis vetteris de Amilliavo, per
1380 diversa itinera transeuntes, fraudulose vectigal debitum dicti
pontis (*f°.xxxvj.r°*) sostrahunt, et furantur predictum vectigal
debitum ipsi domino nostro regi et dicto domino vicecomiti,
volentes sic callide dictum vectigal sic debitum evitare, in
grave prejudicium dicti domini nostri regis et vicecomitis
1385 predicti, volumus et ordinamus, causa cognita et de concilio
nostrorum judicum, **Scilicet** domini Bartholomei de Clusello, judicis majoris nostri, et aliorum curialium, quod, si
aliquis seu aliqui subtrahentes et furantes dictum vectigal,

---

1. Que signifient les mots *castelete parum* ? Il faut peut-être lire
cancellate ? Mais il est plus probable que les deux mots sont également
corrompus.

2. *Avuex = avuec + s* (cf. *avuecques*).

1368, cum tenor; 1371, cint sachent qui; 1372, anuex; 1373, con-
tenen; 1374, visuras; 1375, que noz.... ferrarius; 1376, senescalie;
1378, vicecomites; 1378, et non nulli; 1381, sostrahendo et furando ;
1383, tallide ; 1386, nostrum judicium ; 1387, que si.

per alia itinera transeuntes, reperiantur per gentes dicti
1390 domini regis et dicti vicecomiti[s] ubilibet infra nostram
senescalliam, impune capiantur et capti cum merc(er)ibus
et animalibus ad villam Amilliavi adducantur, ibidem pro
demeritis justiciam recepturi(s), non obstantibus aliquibus
literis a nobis emanatis, in quorum fidem et testimonium
1395 has sub nostro sigillo duximus concedendas.

Actum et datum Amilliavi, anno Domini millesimo trecentesimo decimo quarto.

Hoc est transcriptum predictarum literarum domini senescali ruthe-
nensis, sumptum de libro curie Amilliavi domini nostri Francie regis
1400 *et sigillo authentico ipsius curie sigillatum :*

(*b*) **Item**, Petrus de Ferarriis, miles domini nostri regis
Francie, et ejus senescalis Ruthenensis, dilectis suis bajulo
Amilliavi vel ejus locum tenenti ceterisque (*v°*) curialibus
et justiciariis ac servientibus domini nostri regis ad quas
1405 presentes literæ pervenient, Salutem et Dillectionem. Vobis
et vestrum cuilibet distincte precipimus et mandamus, quathinus ordinationem per noz factam et hiis presentibus
annexam juxta ejus continenciam et tenorem servetis, cus-
todiatis et executioni(s) demandetis.

1410   **Datum** in Sancto Affricano, die veneris ante festum beati
Vincinci[i], anno Domini millesimo trecentesimo decimo
septimo.

Et nous en ce transcript avons mis le seel de la prevos-
t(r)é de Paris, l'an de grace mil trois cens et vint, le samedi
1415 appres l'Assencion.

Et cum, *facta fide premissorum, perlecta re, per consules Amil-*

1395, concedendum ; 1398, hec est ; 1401, ferrarius ; 1403, locum
tenentem.

*liavi, pro comodo et utillitate regis, et gentes vicecomitis memorati fue-
rimus cum instancia requisiti, ut quontentu in literis et ordinatione
predictis executari faceremus debite demandaris, et supper hiis de*
1420 *liberatione plenaria et tractatu habitis,* nihilominus reperimus quod
obstaret(?), *vobis et vestrum cuilibet in solidum precipiendo mandamus, quathinus contenta in literis et ordinatione predicta, prout
acthenus(?) de contentis in eisdem vobis constabit, faciatis, compleatis
et exequamini dilligenter juxta ipsarum continenciam (f°.xxxvij.r°)*
1425 *et tenorem, si et prout ad vestrum quemlibet noveritis pertinere.*

Datum *Amilliavi, in assizia nostra, die nona mensis novembris,
anno Domini millesimo trecentesimo tricesimo primo.*

Redditus literas latum [1]. *In quorum fidem et testimonium sigillo
dicte nostre senescalie presentes literas in pendenti fecimus sigillari(is).*
1430 *Datum,* ut supra.

*Facta fuit responcio predicta per dictum dominum judicem, anno et
die quibus suppra, et in dicto suo hospitio in quo inhabitat, testibus
presentibus ad hæc venerabili et discreto viro Stephano Ratterii, judice
montanharum Ruthenensium, discretis viris magistris Guilhermo (a)*
1435 *Henrici, Guilhermo de Gardia juris peritis, magistro Hugone Cavaroti
notario, et me Johanne Magistri de Amilliavo, publico authentica regia
notario, qui premissis omnibus et singulis una cum dictis testibus in-
terfui et requisitus ac rogatus de eisdem notam recepi et in hunc formam publicam redegi ac grossavi, hicque me subsignavi signo meo,*
1440 *publico ac authentico sequenti signavi, in fidem et testimonium omnium et (in) singulorum premissorum.*

Et aussibe vistas, regardadas et dilligamen consideradas las formas, manieiras et costumas, cossi los nostres predecessors ne aviau uzat ni (v°) acoustumat de uzar ni fag uzar
1445 lou tems passat, et facha per noz sobres dig princep et senhor

---

1. Nous ne comprenons pas les deux passages soulignés.

1419, exequtioni ; 1422, predicta contrachemus ; 1423, complentis ;
1424, exequaminum ; 1425, noventis ; 1429, presentis.... pendentem ;
1434, montanhorum ruthenensem ; 1436, notarii.

soauneria(?) pressa an los fermias passatz et altres, et aquelz
ausitz en|sagramen sobres los quatre sancts evangelis per
elses realmen tocatz, [tocan] la forma, maniera et costuma in
cui ne avian accoustumat de uzar ni aussi pauc vist uzar
1450 ni far lo temps passat , ny cossi se uza aras de presen ;
et vistas, ausidas, palpadas et am bona deliberatio et
conseilh regardadas l(e)urs bonas deposecios, et en l(e)ur
bona fe et prodomia aquelz ausitz la hun appres l'autre ; et
regardadas, consideradas, palpadas et engravadas (?) plus
1455 al ple et al long totas las causas desobres dichas, et agut la
hun et l'autre nostre bon cossel sur tout, et aitabe vist trasquedetot al long et a l'hueilh, per mielz hi avisar, general-
men totas altras causas entre noz desobres digs attocans ny
apparthenens, ni de nostres domaines ni senhorias dessen-
☞ dens, **Volhem** tot premiairamen nos desobres digs, vistas,
1461 allegadas, dichas, deline(n)adas et declaradas las causas
dessus dichas, volhem et entendem avenir a bon, lial, per-
petuable (*f°.xxxviij. r°*) et amigable acordy et transhactio,
la cala entre nos fam aras de presen, et la cala si insec en
1465 aquesta forma et maniera :

1.[1] Entre nos desobres dig[s] volem et transhigem, ordenam et amigablamen permettem *sive* accordam, per nos et
per los nostres heretiers et successors, qualz que sian, per
aras et en trasquedetot autre tems endevendor, volhem que
1470 sia observat per la vertut d'aquesta presen transactio, la
calha volhem que valha et sia (fermadoira) aras et en trasquedetot autre temps fermadoira et non revocabla, en nom que

---

1. En marge (écriture ronde semblable à celle du texte et peut-être
de la même main) : *La fondacio de la maion del rey desobre lo pon
vieilh.* Nous croyons devoir numéroter les articles de cette transaction,
pour la commodité des recherches.

1446, souneria ; 1448, in coi ; 1453, et perdonna ; 1454, eniagraudas ;
1467, amigablemen permictan ; 1470, la veneni.

desobres ez dig, an solempna et valabla estipulatio ayssi entrevenen, que, per causa de la sobres dicha unio per nos
1475 desobres digs facha del[z] sobres dichs pesatges, et en continen facha *sive* confermada, non volhem que d'aquesta hora en avan, *aut* per expres aras de novel prohibem, que non hi aja ni dever aja ni puesca degun home ny senhor ecclesiastic ni secular, ni fraires, religiouses et religiosas, qualz
1480 que sian ni quanhes que sian, que levo ni levar dejo, puesco ni ausou alcuns pesatges de degunas merchandizas *sive* mercadarias ni d'autras causas dengunas en deguna part, las calas fousson attocans, appartenens ni descendens del sobres dig pesatge, se non tant soletamen sobres lou dig pont
1485 vieilh de la sobres dicha vialha de Milhau, los cals sobres digs (*v°*) pesatges volhem que se levo, si pago et far rasonar dejo aqui en la forma et maniera coma daval si dira ni specificara, tant per me sobres dig princep quant per me sobres dig vesconte, en nom que desobres ez dig. Dont
1490 volhem et ordounam, en la forma et maniera que desobres ez dig, que sobres lo dig pon vieilh, quasi en miech et aqui hom aparera ni sera miellhs convenable ny expedien de far, que si fassa et far deja una cambra competen, et que[n] fassa et far deja [sa demora] lo levador *sive* lo compterelador (sa
1495 demora) delz sobres digs pesatges ; et hun taulia, lo cal sia et hesser deja dejost la sobres dicha cambra, en lo cal taulia volhem que conte, contar, razounar et pagar deja lo[s] sobres digs pesatges ; la calha cambra et taulie volhem que si fassa et far (far) deja a nostre proprii cost et despens, de
1500 noz altres dos desobres digs et non de nunguns altres.

2. **Item, volhem**, transigem et amigablamen acordam entre nos dos desobres digs, en nom que desobres ez dig,

1473, valable; 1474, enticremen; 1475, dicha facha; 1477, prohibam; 1497, dejo; 1501, amigablemen.

an solempnia et valabla stipulacio aisi entrevenen,[1] que lo[s]
sobres digs pesatges si dejo rasounar, contar, levar et far
1505 pagar desobres lo dig pon vieilh et al sobres dig taulie, et
non en autra part, en deguna forma ni maniera; dont volhem
que lo deputat per nos, lo levado *sive* compterelado fassa et
far deja et sia tengut de far sa demora (*f°.xxxix. r°*) tant de
journ quant de nuech en la sobres dicha eambra del sobres
1510 dig pon vieilh, et non en autra part denguna, per so que los
merchans, viadans, tragenies et altres, quan[s] que sian, que
puesco rasounar, contar et pagar ho far pagar los sobres
digs pezatges, dont non volhem, *aut* expressamen ho prohibem, que a causa de la sobres dicha confirmatio de la dicha
1515 unio aras per nos de novel facha, que dengus non sia tengut de ne razounar, contar ny far pagar, se non tant solhetamen al sobres dig taulie, lo cal aras de novel y avem deputat et asordenat, et lo cal aras de novel y deputam de tot
en tot per espres.

1520   3. **Item**, volhem, transigem et amigablamen accordam
entre nos dos desobres digz, en nom que desobres ez dig,
an solempna et valabla estipulacio aissi entrevenen, que lo
sobres dig vesconte, el ni los sieus, qualz que sian, que non
puesco ni auso ni dejo mettre dengun levado *sive* comptere-
1525 lado desobres lo dig pon vielh, par penre, scrieure, comtar,
levar ni far pagar los sobres digs pesatges, se no tant soletamen lo sobres dig princep el et los sieus, ho son tesauria,
ho autre deputtat per el ho per lous sieus, *aut* aras de nouvel
per expres(sio) ho prohibem, et so a causa que lou dig pon
1530 aparte a el et alz sieus de tot en tot, (*v°*) et non a degun autre; dont lo sobres dig vesconte, en nom que desobres ez
dig, en tot et per tot y cossent per espres et de son bon

<hr>

1. En marge (écriture ronde semblable à celle du texte, et peut-être
de la même main) : *Los pesatges se devo levar, rasonar et far pagar
sobres lo pon vieilh.*

1522, en solempna et valable.

proprii grat et spontanea voluntat, a causa de la sobres dicha novela confermatio de la sobres dicha unio et gracia que
1535 li fai aras de mantenen lo sobres dig princep.

4. **Item**, volhem, transigem et amigablamen accordam
entre nos dos desobres digz, en nom que desobres ez dig, an
sollemnia et vallabla estipullacio aisi entrevenen, que quant
si venia ha hun cascun sanct Jehan Baptista, que aladonc se
1540 deja acomensar de levar ho far levar los sobres digz pesatges
entro al autre sanct Joan Baptista, l'annada be revolta et
complida ; dont volhem et per espres ordenam que lo dig
levado *sive* compterelado, a-n-aco tant solhetamen deputat,
qu'el y sia tengut, constreng, et far el deja un libre tot cairat
1545 de tot caire, lo cal volhem que sia reliat de bonas correjas de
cuer et cubert aussi be de pel de cuer que sia rouje, ho altre
que sia be convenen, lo cal libre volhem et aras de novel
ordenam que sian et hesser dejo consignatz totses los fulhetz
et senhatz per lo notarii ordenari de la cort real de la sobres
1550 dicha vialha de Melhau, que haras y ez ni per temtz seran,
et ayta be senhat et sagellat (*f°.xl.*) de la ma de nostre juge
de Milhau ho de son loctenen tant solhetamen, et non den
dengus autres. Et empero noz desobres digz volhem que lo
sobres dig levado *sive* compterelado, que el sia et heser el
1555 deja home de bona vida (conversacio) et conversacio et
houneste, et que el sia sens (aucuna) denguna reprensio.
Et en lo cas que el non ho fossa, aladonc nos non volhem
que el y sia en deguna forma ny maniera mes ni sostengut
per lo sobres dig jutge de Melhau, ni puesca ni deja exersar
1560 lo sobres dig offici, lo cal volhem que el sia creat de bos
et hounestes parens, et so a causa que lo sobres dig levado
sive compterelado y reverta et retraga, et en lo cal non aja
ny aver puesca ni deja loc de nenguna reprencio.

1535, demantem ; 1546, rouja ; 1550, in per ; 1555, et hounesta ;
1557, ha fassa.

5. **Item**, volhem, transigem et amigablamen acordam en-
1565 tre noz dos sobres digs, en nom que desobres ez dig, an solempna et vallabla stipullacio aisi entrevenen, que lo sobres
dig levado *sive* compterelado, que el promettra et jurara, et
aco far el deura al comansamen del sobres dig son huffici,
sobres la cros et lo *the igitur,* d'estre bo, fizel et lial en lo
1570 sobres dig huffici ; [1] lo cal dig sobres sagramen prestara et
far el deura davan lou ju[t]gc de Milhau ho son loctenen, et
prometra, en nom que desobres ez dig, que el non scrieura,
ni aussi pauc el non fara scrieure as autre, per comettre, far
ni perpetuar de far alcun (*v°*) barrat et papiers, quanhes que
1575 sian ni quins que sian, seno tant soletamen en lo sobres dig
libre. Dont nos volhem et per espres aras de novel ordenam
que lo sobres [dig] consigue et consignar el deja el sobres
dig libre trasquedetot al long, jorn per jorn, festa per festa,
semmana per semmana, et aussi be mes per mes, trasquede-
1580 tot quant passara sobres lo dig pon vieilh, carga per carga,
et generallemen totas autras causas, las calz hi passaram
ho dar passatge volran, et aussi lo nom el connom delz
merchanz, tragenies et altres, quanhes que sian, que pago
ni dejo lo[s] sobres dig[s] pesatges. Et aussi be volhem que
1585 lo sobres dig levado *sive* conterelado, que consigne et consignar el deja et sia tengut aussi be, quant non passaran los
sobres digs sobres lou dig pon a causa de las companhas de
las gens d'armas ho per mal tems d'yvern. **Et aussi be**
que el prometa et jurar el deja de non far, sostener ni
1590 permetre de far degunas trassas ni rassas ni deguns pactes
an deguna persouna, de calque estat que sia ho condetio,
en prejudicii et frau del drech del sobres dig vesconte, en
nom que sobres ez dig, ni en alcuna forma ni maniera,
ni del sobres dig princep, se non tant soletamen tant per
1595 la hun quant per l'autre (*f°.xlj. r°*).

1. En marge (même main qu'au f° 38 v°) : *Lo levado sive rendie del peatge jurara entre las mas del jutge de Milhau d'estre lial.*

1574, en papiers ; 1580, passera.

6. **Item**, volhem, transhigem et amigablamen acordam
entre nos dos desobres digs, en nom que desobres ez dig, an
solempna et valabla stipullacio aisi entrevenen, que lo
sobres dig levado *sive* conterelado[1], volhem que el sia ten-
1600 gut, constrenh, et so far el deja, de redre bo, perffiech et lial
comte de tot (en tot) so que apparera qu'e(e)l aura levat, al
sobres dig vesconte ou a son thezauria ho altre deputat
per el, de quatorze en quatorze jours, et de li baillar realmen
et sans aucuns dellays delieurar [et] pagar sa part de l'argen,
1605 de so que has el appartenra, en la forma et maniera coma
daval si dira et specifficara.

Volhem que sia pacte expres per noz sobres digs fag,
et lo cal fan aras de presen, lo calh volhem que valha aras et
en tresquedetot autre temps endevendor, tant per nos que per
1610 los nostres heretiers et successors, qualz que sian, **Que** lo
sobres dig vesconte, en nom que desobres ez dig, que done
et donar, pagar et contrebuir el deja, et sia tengut de far al
sobres dig levado *sive* comterelado, per sa pena et trebalh
a causa de levar lou sobres dig pesatge, certana causa,
1615 talamen que entre elz ne sian ben d'accordi lo melhor que
elz poiran ; et quant seria cas de fortuna que venguessa per
malvestat, enveja, ranco, malenconia ho altramen, que los
(*v°*) sobres digs non si poguesso accordar entre elz, **Adonc**
volhem que elz ne ajon ha estar al dig et bouna cognoissensa
1620 delz sobres digs cossolz et jutge de Milhau, los cals hi so haras de presen ni seran en trasquedetot autre temps endevendor, et non de nenguns altres.

7. **Item**, volhem, transigem et amigablamen accordam
entre noz dos desobres digs, en nom que desobres ez dig,

---

1. En marge (même écriture qu'au f° 38 v°) : *Lo rendie rendra compte
al vesconte de 14 en 14 jours.*

1596, amigablemen ; 1598, valable ; 1600, proffiech ; 1605, apportera ;
1606, si dieu ; 1616, pervenguessa malvestat ; 1623, tramsigem.

1625 an solempna et valabla estipulatio aisi entrevenen,[1] que la
sobres dicha transactio desobres dicha, allegada, perpausada,
consignada et specificada del sobres dig mouss^ur lo comte
de Tholosa, non volhem que valha ni valher deja ni aja denguna efficassia ni valhor in dengun temps endevenedor, *aut*
1630 per spres ou prohibem, per la vertut d'aquesta presen et
valabla transactio *sive* accordi, que d'aquesta hora en avan
non volhem que aja ni aver deja ni puesca plus de efficacia
ni de valor en deguna forma ni maniera, ni aussy pauc en
degun tot autre temps, aytant coma se jamais non era
1635 estada facha, scricha ni recytada.

    8. **Item** volhem, transhigem et amigablamen accordam
entre noz dos desobres dichs, en nom que sobres ez dig, an
solempna et valabla estipulacio aissy (*f° .xlij. r°*) entrevenen, volhem, ordenam et limitan et donam tottalz limita-
1640 cios als sobres digs pezatges [2] de la nau naval del Rozia
sive de Antr'Aigas, la calha nau ez et a accoustumat de esser
pres (prez) de la granda roqua ben das huech ho nou canas
et plus et dejost la sobres dicha roqua, de la calha roqua
et nau desobres dicha nos fam et entendem de far bollieira,
1645 tant per nos quant per los nostres heretiers et successors,
☞ quals que sian,[3] **Entro** a la nau naval de Broquies, la cala
nau es et ha coustumat de esser pres del gran(d) broal, en que
ha una roqua quasi redonda, plantada en filhollas per bolhie-
e[i]ra, la calha bolhieyra hy fouc plantada quant los sobres
1650 digs pesatges foron(s) azunitz, coma desobres ez dich ; las
calhas limitatious desobres dichas volhem que valho et va-

---

1. En marge (même écriture qu'au f° 38 v°) : *Enfraction de la transaction du comte de Thoulouse.*

    2. En marge, à droite (écriture signalée au f° 21) : *Barque du Rozier.*

    3. En marge, à droite (écriture signalée au f° 21) : *Barque de Bro-
quiès.*

1634, ce ; 1642, grande ; 1642, ha nau ; 1647, broas ; 1651, valha.

lher dejo aras et en tr(e)asquedetot autre temps endevenedor, las calas sian fermamen valedoiras et non jamays revo-
cablas ; dont noz volhem que las sobres dichas naus navals
1655 *sive* ports, noz volhem que non si mu(n)do ny mudar dejo
ni puesco de las sobres dichas bolhieiras desobres consignadas, assetiadas et specificadas, en degun tot autre temps,
quanhe que sia, ant[z] volhem que estian en la forma et
manieyra coma (*v°*) so aras de presen et an acoustumat de
1660 hesser antiquamen a causa de las sobres dichas bollieyras,
et non autramen. Las calas desobres dichas limitatios fam
et accoffermam an lo bon volher, licencia, conjet et concen-
timem del sobres dig moussen Bernum [1] de Mandagorra,
prior del sobres dig priorat del Rozia *sive* de Antre Aygas,
1665 fassen lo sobres dig prior, segon que el dis et pocessis las
causas desobres dichas, del bon volher, concentimen et
licencia del Reveren Payre en Dieu moss°ʳ l'abat del
coven et monestia d'Enanha, dont lo sobres dig prior a
major fermetat de las causas desobres dichas, et per so que
1670 appareguessa mielz de son poder, el fes fe de la sobres dicha licencia, de la calha a noz costava et a nos apparia per
instrumen sobres so desobres dig fag, trastot grossat, senhat, non cancellat ni viciat, et sagellat del sagel del sobres
dig abat, **Sus** l'an et journ dins aquel contengut et espe-
1675 cificat et script.

Et lo sobres dig et poissan, noble et poderos senhor
moss°ʳ Joan d'Arpajo, cavalia, vesconte de Lautrec et
senhor de Calmon, de Plantage, de Castelnou, de Levezou et de tota la terra et baronia de Durenca et d'Arpajo,
1680 percuraire general, et specialmen en aquesta causa, (*f°.xliij.
r°*) de mouss°ʳ Paul de Broquies, senhor de Broquies,
de la calha percura me fouc facha fe per un instrumen

____

1. Lisez *Bermun,* en fr. *Bremond.*

1652, deja ; 1654, naucho nauges ; 1655, non volhem ; 1658, estasso ;
1678, Castelnau.

trastot grossat et senhat, lo cal non era viciat , cancellat ni
barrat, ni en deguna part d'aquel sospechos, lo cal instru-
1685 men produch lo sobres dig moss^{or} Joan d'Arpajo, en nom
que desobres ez dig, sus l'an et journ dins aquel contengut, de que lo sobres dig mouss^{or} Joan d'Arpajo promes
de far, ratifficar et confermar totas las causas desobres
dichas al dig moss^{or} Paul de Broquies, totas et quantas
1690 vegadas que el ne sera requirit; fassens los sobres digs
las causas desobres dichas del bon volher et concentimen
lur, en nom que desobres ez dig, et de l(e)ur proprii grat
et spontanea voluntat procedens, los calz desobres digs ero
en tot et per tot presens, vezens et ausens, et de lur bon
1695 volher [et] placer procedens, en nom que desobres ez dig,
per aras et entre tot autre temps, per nos et per los nostres
heretiers et successors, qualz que sian; sal et remanen a nos
desobres digz, en non que desobres es dig, en tot et per tot
los nostres naus navals tant solamen, los calz hi avem avut
1700 tot journ, profiegz, preminensias et senhorias nostras, alz
calz ni a las calz nos desobres digs non entendem de prejudiciar en deguna forma ni maniera, a causa (v°) (a causa)
delz sobres digs concentimens de las sobres dichas limitacios del[s] sobres digs pesatges; dont en tot et per tot lo[s]
1705 sobres dig[s] princep et senhor ne son estatz contents he hi
an consentit per espres en las sobres dichas retencios per
nos desobres digs fachas et dichas.

     9. **Item,** volhem, transhigem et amigablamen acordam
entre noz dos desobres digs, en nom que desobres ez dig, an
1710 solempnia et vallabla stipulacio aissi entrevenen, **que** totas
e quantas vagadas que passaran ou dar passage volran sobres
lou dig pon vieilh de Milhau ho dins tot autra part foras lo
dig pon ho foras las sobres dichas limitacios, per frauar,
panar ou amagar los sobres digz pesatges ho en autra forma
1715 ni maniera, quinha que sia, que sia en prejudicii delz sobres

1688, permes; 1700, perfiegz; 1701, altras calz.

digz, sian merchans, traginies ho autres portans degunas
cargas, merchandizas ho autras causas, que tot quan portaran, quinhas causas que sian, am so que dejo pezatges, sian
bestial[z] grosses ho menutz, que sian totz confiscatz et sans
1720 a(u)lcuna gratia a nos sobres dig[s] princep et senhor los
sobres dig[s] bestial[z] et marchandizas, **Empero** exceptan
las persounas delz sobres digz traginans. **Et en** cas que
fossa coma soven, [que] se endevengues que trinquesso ho
enfrangiguesso los sobres digz pezatges, dont las dichas
1725 causas (*f°.xliiij. r°*) appareguesso que a nos fosso confis-
cadas, adonc volem, transhigem et amigablamen ordenam
que, dadas fermansas bonas et suffeciens entro a la valur
delz digs bestialz portans las dichas causas ho aquelhas traginans, et aussi be delz sobres digs bestialz grosses ho me-
1730 nutz, en la dicha forma volhem que sian totz restituit[z] et
relaxatz totz per entie, et que lo sobres dig jutge de la sobres dicha vialha de Milhau, lo cal es aras de presen ni seran
en trasquedetot autre temps endevendor, volhem et ordounam que el ou elz conosco et cognoisser puesco et dejo
1735 de tot en tot per entie de las causas desobres dichas; dont
volhem que el ou elz ne amenistro et amenistrar elz ne dejo
et puesco bona et brie(f)va justicia, et altramen, coma lo dit
cas requeri[r]a ho enportara, et so a causa que los sobres
digs non sian maltractatz ni perdo l(e)ur(s) temps ni l(e)ur(s)
1740 viatges [tant] dels sieus quant d'autras. Et volhem que en
aquel cas desobres dig, que los sobres digtz pezatges ajo et
aver dejo segu[i]a, la hon apparera que l'auran enfrangit, et
per captio de tot sobres dig; et autramen volhem que hi
procesisco enaissi coma sera de far de drech ni de razo ni
1745 lou dig cas ou requeri[r]a *sive* emportara, et volhem et ordenam que encoron (*v°*) en lo sobres dig cas la somma de
sieixanta lieuras tornesas de la sobres dicha moneda, appli-

1723, come; 1725, confiscados; 1726, amigablemen; 1727, valua;
1738, emportassa; 1740, de las salz quant; 1746, encorem.

cadoyras al[s] sobres dig[s] princep et senhor, et so sans
a(u)lcuna gratia, la hon apparera que l'auran enfrangit *sive*
1750 trincat. Et autramen volhem que hi procesisco en la
forma et maniera coma sera de far per razo et per justicia
et second que lo dig cas requerira ho emportara; empero
volhem et ordounam que lo sobres dig jutge, el e sos successors en lo sobres dig hufficii de jutjaria successens, que
1755 el ou elz puesco minuar et abaisar la sobres dicha pena per
noz desobres expressada, la cala ez de lx. lb. tz⁸, et (de)
tota autra pena desobres dicha, dont noz volhem que sian
punitz segon lo cas que auran mesfag tant solhetamen, et
non altramen, et so a causa que los sobres digs pesatges non
1760 sian defugitz, delaissatz en tot autre temps endevendor a
causa de las sobres dichas penas desobres dichas, esprès-
sadas et declaradas plus al long et al ple.

☞ 10. **Item,** volhem, transhigem et amigablamen acordam
entre nos dos desobres digz, en nom que desobres ez dig,
1765 an solempna et valabla stipullacio aisi entrevenen,[1] que lo
sobres dig mossen Peire de la Roca, licentiat en leis et jutge
de la sobres dicha vialha de Milhau, que el et sos successors
en lo dig (*f°.xlv. r°*) huffici de jutjaria venens et successens
per aras et en trasquedetot autre temps endevendor, volhem
1770 que sian patros, amenistrados et verays conservados delz
sobres digs pesatges nostres de noz sobres digz, et so tant
coma lo plus propda jutge real et nostre del sobres dig pon
vieilh; dont l(e)ur donam et concedem plen poder que el o
elz puesco cognoisser, jutjar, determinar et decesir de totas
1775 las causas desobres dichas et autras appartenens, tocans et
decendens delz sobres digz pesatges; et li donam as el *sive*
az elz, et volhem que aja, el et sos successors en la sobres

---

1. En marge (même écriture qu'aux f°ˢ 38 v°, 40 r°, etc.): *Judex Ami-*
liavi est patronus et administrator ac verus conservator dicti pedatgii.

1750, percesisco; 1754, juciaria; 1773 *et* 1778, plain; 1776, an li.

dicha jutjaria successens et gausens, plen poder de cognoisser, jutjar, decesir et determinar de totas las causas deso-
1780 bres dichas ; et li donam [as el] *sive* a[s] elz autant de poder
comma nautres dos ne avem aras de presen ni aurem en
degun tot autre temps endevendor, noz ni mas los nostres
heretiers et successors, qualz que sian , **Et aitant** coma
l'en ez estat dat en la creatio del sobres dig son uffici de
1785 jutjaria as el(z) ni aquelz que hi endevenran en trasquedetot
autre temps endevenedor; dont volhem que hi sian appellatz
an lo sobres dig jutge la gent de sa court, coma ez nostre
percuraire del rey et altres (*v°*) conseilhers de sa cort, et
nostre [baile?] de Melhau et autres, los calz hi appartenra(n)
1790 as aver interes. De que volhem que lo dig jutge, et altres en
la sobres dicha jutjaria venens *sive* successens, que en la
creatio del (del) sobres dig huftici presto et aprestar elz dejo
bon, lial et fizel sacramen de be et lyalmen, jutjar et decesir
de totas las causas desobres dichas, coma fan de las autras
1795 causas, sal et remanen en tot et per tot la honor del sobres
dig princep, salva et gardada en tot et per tot sa honor,
profiech, domayne et senhoria.

11. **Item,** volhem, transhigem et amigablamen accordam
entre noz sobres digz, en nom que desobres ez dig, an so-
1800 lempna et valabla stipulacio aissi entrevenen[1], que totas e
quantas vegadas, quinhas que sian, que sobres lo dig pon
passaran ho dar passatge volran cargas, merchandisas et
autras causas ho lo sobres dig bestial grosses ou menutz, los
calz et alz calz sian de noz sobres digz ho de comtes ou ba-
1805 ros, princeps, cavaliers et autres nobles, doctors, conceil-
liers ho officiers nostres, quanhes que sian, cardenalz, arsivesques, avesques, abatz, priors et de totta autra maniera de

1. En marge (écriture ronde semblable à celle du texte et peut-être
de la même main) : *Ceux qui sont exempts de payer le péage.*

1789, **nostra;** 1797, perfiech.

gen[s] de gleisa, sian homes ou fennas, religioses ho religiosas, ho gens de cort (*f°.xlvj. r°*) clercs, estudians alz estudis
1810 ho escolas anans ho venens, quanhes que sian ni quanhas que
sian, non volhem, *aut* per spres aras de novel ho prohibem,
que els ni elhas non pago(ur) ni pagar dejo denguna causa
delz soubres digz pesatges, et so am pacte et conditio que
los sobres digz et dichas elz o ellas ho vuelho per l(e)urs
1815 provesious per despendre et second l(e)urs estatz tant sole-
thamen, et non per deguna altra causa, se non tant soletamen
per l(e)urs despensas de l(e)urs couvens, monestiers et altres.
Et en lo cas que hi passesso ho dar passatge fasesso coma
desobres ez dig, sobres lo dig pon ho en autra part dedins
1820 las sobres dichas limitatios, volhem et ordounam que los
digs portados et famelliars delz sobres digz et dichas, que
porto(r) et portar dejo sal conduch ho certifficansa per scrich
dels sobres dig[s] et dichas, am so que sian l(e)urs maistres
ho maistras, et que sian en bona et hounesta forma, que hom
1825 l(e)ur puesca donar bouna fe et crescenssa. Et se era cas
que non portesso lo[s] sobres digs sals conduchs ho certifi-
canssa[s] per scrich, et elz ou elas ou volguesson per men-
candejar, vendre ho revendre ho mettre en husses[1] (*v°*) autras foras las causas desobres digs et dichas, volhem que
1830 aladonc elz ou ellas pago et pagar et rasounar dejo trastot al
long lo[s] sobres dig[s] pesatges, en la forma et maniera coma
fan los autres merchans et tragenies, et segon que portaran
ni deuran delz sobres digz pesatges, *rata pro rata*, causa
per causa, et segon la merchandisa que portaran ni deuran.
1835   12. **Item,** volhem, transhigem et amigablamen accordam
entre noz sobres digz, en nom que desobres ez dig, an solempna et valabla stipulacio aisi entrevenen, **et per so**

_____

1. Pluriel de *hus* = *us*, usage.

1808, fennes religiosas ; 1810, ni quanhes ; 1811, y prohibem ; 1830,
rasounar den.

que en degun tot autre temps endevenedor, quin quen sia,
quen non i aja ni aver ni nayser y puesca entre nos deso-
1840 bres digs ni autres denguns debatz ni questios en deguna
forma ni maniera a causa de tot [so] sobres dig, de las causas
desobres dichas, declaradas, consignadas et specifficadas,
las calhas nautres non entendem de faire, dire ni venir al
encontra del(z) dreg(s) desobres dig(z), per nos desobres [dig]
1845 vist, regardat et ben dillig[ent]amen palpat et desobres specifficat, an bona deliberatio tant per noz que per los nostres *(f°.xlvij. r°)* cosseilz, ni aussi pauc de veni ni far veni
al encontra d'aquelz desobres digz, an la lur *(sic?)* entendem
de ben et lialmen gardar et aquel sus autra causa conservar,
1850 et per la tenor de las causas desobres dichas, que lo dig
vescomte, en nom que desobres ez dich, deja et sia tengut,
el et sos heritiers et successors, qualz que sian, de donar et
far realmen et sans dellays pagar cascun, [per] aras et per tot
temps, per las causas desobres dichas, per noz vistas et pal-
1855 padas et dillig[ent]amen consideradas, al sobres dig procuraire del sobres dig Reveren Paire en Dieu[1] mossen Guilhem
de Relhania, prior de Sa(i)nct Gilhii, en nom de totta la sobres dicha religio de Sanct Jean de Jherusalem, la somma
desobres dicha de cent trenta et tres lieuras tournezas et de
1860 la sobres dicha moneda corren infra lo sobres [dig] realme
de Fransa, et (an) la sobres dicha summa desobres declarada,
consignada et specificada, de cent .xxxiij. lb. tz, volhem
que sian salvas, gard[ad]as, conservadas et remanens al sobres dig [percuraire, en nom que desobres ez dig, de moss
1865 lo prior de S Gilhii, as el et [als] en lo dig priourat *(v°)*
sive commandaria en aprop successens et venens. Et am so
que el quitte, quittar et remettre(r) el deja, a causa de la
sobres dicha somma, en nom de tota la sobres dicha religion, totz dregs et actious a[s] elz appartenens a causa de la
1870 donatio desobres producha, consignada et al lonc desobres

1. En marge (XVIIIe siècle) : *Commandeur St-Jean.*

especificada al sobres dig vescompte, en nom que desobres
ez dig, as el et alz sieus, et so non obstan que los sobres
digz de Sanct Jehan *sive* del Temple hi ajo major somma
d'argen desobres lo dig pesatge a causa de la sobres dicha
1875 dounacio desobres consignada et especifficada,[1] la calha
summa desobres dicha de cent trenta et tres lieuras tz⁸ volhem que lur sia baillada et realmen pagada en la forma et
manieira coma si pago et an acoustumat de pagar los de-
niars de las fermas del sobre[s] dig princep et senhor, et
1880 non altramen.

    Dont volhem que trastot so desobres dig si fassa et far
deja del bon volher, conjet, licencia et authoritat del[s] sobres digs fraires et autres de la sobres dicha religio de sanct
Johan de Jherusalem; dont volhem que lo sobres [dig]
1885 (*f°.xlviij.r°*) mossen Guilhem de Relhania, prior de Sanct
Gilhii, que el hi retiffiques(se) et retefficar el deja et sia tengut de far ratiffecar totz los sobres digz, et aussi tota la religio desobres dicha de Sanct Johan de Jheruzalem *sive* del
Temple, al premier capitol ho cousselh que si tenra en la
1890 sobres dicha religio, et aussiben que elz sian tengutz et
constrenz deffar passar, confermar et far ratefficar totta la
sobres dicha religio desobres dicha, et so tant en cambra de
comptes a Rodes et al castel Sanct Peire...[2], los calz so d'o-
tra lo flovi marin, quant de part de la, quant de part de sa ;
1895 et so far elz dejo infra quatre ans aprop tot ayso enseguens,
venens et contadors, al proprii cost et despens de tota la
sobres dicha religio. **Et** enaissi ho an promes de far realmen
et sans aucun dellays, **Sal** et remanen a la sobres dicha
religio, a causa de la sobres dicha dounacio, que totas et
1900 quantas vegadas quel sobres dig pon passaran ho dar pa-

---

1. En marge (même écriture qu'aux f⁰ˢ 38 v°, 40, etc.) : *Pension del
comandeur de Milhau.*

2. Phrase embarrassée : il y a peut-être ici à suppléer quelques mots,
par exemple : *quant als altres.*

satge volran cargas ou merchandizas et autras causas, las
calas deguesso pezatge, am so que sian de totta et quanta
maniera de gen, los calz sian de la terra de la sobres dicha
religio, et am so (v°) que y fasso demora et l(e)urs habitacios
1905 propprias, fuocs et luocs tenens en aquelha, et que sian sujetz a la dicha religio, fassens gachs, portas, et contribuens
talhas, collectas et totz altres quarcs[1], los calz y apparte de
far en la sobres dicha terra, que en aquel quas volhem que
l(e)ur sia debatut de trastota cargua d'espissaria et mersaria
1910 hun denia malgoires, et de totas las autras carguas pogeza
malgoyresa, tant moneda malgoireza quant moneda numb-
bran. Et autramen, coma si conte en la sobres dicha donatio,[2] et al sobres dig Peire de Milhau, savi en drech, et alz
sieus, volhem et ordenam, en nom que desobres ez dig, que
1915 lo sobres dig vesconte deja et sia tengut de li donar, pagar
et realmen bailar, per las causas desobres dichas, allegadas, determenadas et declaradas, la somma delz sobres
digs dos cens solz torneses, valens detz lieuras tornezas de
la sobres dicha moneda; dont, non obstant totas las causas
1920 desobres dichas, volhem que lo[s] sobres digs prengo et
far pagar elz dejo sobres lo dig pezatge del sobres dig pon
vieilh (*f°.xlix. r°*) de Milhau ; dont lo sobres dig vesconte,
en nom que desobres ez dig aras de novel, et lur ho assigna
de son bon proprii grat et de sa bona, propr[i]a [et] spon-
1925 tanea volhuntat, per el et per los sieus heretiers et succe-
sors, qualz que sian, sobres sa part et portio del sobres dig
pesatge, et lo sobres dig Peire de Melhau li remet al sobres
dig vesconte totz drechs et actios, los calz el ni aussi

---

1. *Sic.* C'est le masculin de *carga;* cf. aujourd'hui *cargúe.* Ce mot
se touve plus loin.

2. En marge (XVIIIe siècle) : *Pierre de Millau, 10 lb. à luy payables
par le vicomte.*

1912, come si comte; 1918, tornezes (*cf. l.* 1747, 1859 *et* 1937);
1928, et ni.

pauc los sieus hi esperesso, assaver per las causas desobres
1930 dichas a causa de la sobres dicha dot e totz aradairatges
aussi ben decendens de la sobres dicha dot, et so non obstan que incara non appareguessa ni costessa aquelha estre
de tot en tot satisfacha ny pagada, la calha resta de la sobres
dicha dot, et li remet en leussa(?)[1] donatio pura et jamai
1935 non revocabla, et so en sa bona, perampla fe plenieyra, sal
et remanen en tot et per tot as el et alz sieus de las sobres
dichas detz lieuras tornezas; las calas desobres dichas sum-
mas, desobres consignadas, specificadas et declaradas, volhem que sian annualz, censualz et rendualz, per aras et per
1940 trasquedetot autre temps endevenedor pagadoiras alz sobres digs (*v°*) per las causas desobres dichas.

☞ [2] **13. Item,** volhem, transligem et amigablamen accordam
entre nos dos desobres digs, en nom que desobres [ez dig],
an solempnia et valabla stipulacio aisi entrevenem, et
1945 volhem que aras et en trasquedetot autre temps endevenedor, qual que sia, que sia observat et mantengut que totz
los merchans, tragenies, viadans, quanhes que sian, exeptatz tots los sobres dichs et dichas, que menaran muolz, rossis, et aussi be tota autra manieira de bestialz portans cargas,
1950 quanhes que sian, exceptadas aquelas que davan se diran,
et las calas non deuran pezatges, coma so anans et venens
delz payses de Lemotjas, de Fijac, de Cahors de Carsi, de
Peiregorc, ho dez locs los calz hi so d'envers *sive* al entorn,
☞ [3] los sobres digz portans linis, fustanis, blancs de Narbouna,
1955 de Chartres, de Ran(?) ho de Nar(?), et trastotz autres draps,
gingibre, cera, alun, mel, amellas, sumac, sucre, rega-
lissia, spessia *sive* molt'a et a molre, lana lavada, pelada,

---

1. *Leussa = leu sa?*

2. En marge (même écriture qu'aux f°s 38 r°, 40, etc.) : *Ici commance
la taxe des droits du peatge (sic).*

3. La main est placée par erreur trois lignes plus bas.

1929, esperosso; 1935, revocable; 1956, cere.... amellos semiac.

anisses, cuers de buous hadobatz et trastot coiran cru ou
cuech, pellisaria, conilz, cordas, coto, borra, pegua, et ge-
1960 nerallamen totas et quantas altras causas, (*f°.l. r°*) exceptadas totas aquelas , las calhas so dejost scrichas , consignadas, declaradas et specifficadas, las quallas so quittias
delz sobres digz pesatges, volhem que pago et pagar dejo,
per carga de las causas desobres dichas, .xviij. dr⁸ tz., ex-
1965 ceptadas totas cargas d'asses ou de saumas, que aquels ou
aquelas non pagaran ni pagar deuran en tot et per tot ni de
totas causas portans, seno que per miech pezatge, so ez a dire
que quant l'altre bestial desobres dig portans las sobres dichas cargas pagaran .xviij. dr⁸ tz., que los ditz azes ho sau-
1970 mas non pagaran ni pagar deuran seno per metat de tot en
tot, que sera .ix. dr⁸ tz., et enaissy generallamen de totas las
autras merchandizas et causas aprop enseguens et venens.

14. **Item,** volhem, transhigem et amigablamen accordam
entre nos dos desobres digs, en nom que desobres ez dich,
1975 am solempna et valabla stipulacio aisi entrevenem, que totas
cargas de las sobres dichas merchandizas et autras causas
desobres dichas, specificadas et declaradas, que ano ho
vengo del pays Libourne, volhem que pago et pagar dejo per
los sobres dichs pezatges .xij. dr⁸ tz.

1980 15. **Item,** volhem, transhigem et amigablamen accordam
entre noz dos desobres digs, en nom que desobres ez dig,
am solempna et valabla estipulacio aissi entrevenem, que
tota carga que hane ou que venga delz payses de Fransa,
de Montferran, ho delz circuitz d'aquelz tant soletamen,
1985 portans pebre ho autras causas desobres dichas, volhem
que pago et pagar dejo .ix. dr⁸ tz.

16. **Item,** volhem, transhigem et amigablamen accordam
entre nos dos desobres digs, en nom que desobres ez dig,

<hr>

1958, hodobatz; 1959, pague.

am solempna et valabla estipulacio aissi entrevenem[1], que
1990 totas cargas de las causas desobres dichas, que ano ho vengo
delz payses de Rouergue, del Gevauda, de Alvernha ho de
Montfarran, volhem que pago ou pagar dejo .ij. s[z] tz.

17. **Item**, volhem, transhigem et amigablamen accordam entre noz dos desobres dichs, en nom que desobres ez
1995 dig, am solempna et valabla stipulacio aisi entrevenen,
[2] que tota carga de pebre, dont que (que)[3] venga ni ane,
exceptat Montferran ho Fransa, volhem que pago et sian
tengutz de pagar .iij. s[z], .vj. dr[s] tz.

18. **Item**, volhem, tranhigem et amigablamen accordam
2000 entre nos dos desobres digs, en nom que *(f°.lj. r°)* desobres ez dig, an solempna et valabla stipulacio aisi entrevenen, que tota carga de sabou (sablo)[4], hon que (que) hane

---

1. En marge (même écriture qu'aux f°s 38 r°, 40, etç.) : *carguas que
anon ou vengo del pays de Rouergue.*

2. En marge (écriture du XVIIe siècle plusieurs fois signalée, f°s 38
v°, 40, etc.), on lit successivement, devant les passages correspondants :
*Pebre. — Sablou. Sabou. — Ris. — Figuas. — Los azes et saumas. —
Habitants de la ville* (sic) *de Milhau non devon q'un denier de peatge de
la carga de pelz. — Biaus* (sic), *vacquas et vedelz de un an pago .xij. dr[s]
tz. — Lo quintal del ferre. — La carga de las pelx. — Tellas. — Trossels
sive pacquetz. — Porcs enbacounatz. — Blat. — Sarrasis ou Jusieus. —
Tellas de Liborna. — Tellas de Fransa ou de Montferran. — Muletz, chavals, polis et egas. — Chavals. — Azes. — Lana tencha ou lavade* (sic).
*— Fromatges. — Peis de mar. — Stang. — Mersaria. — Porcs ou true-
jas. — Sal. — Oli. — Capsanas, bridas et cabestres. — Mersaria. —
Aze d'estanc* (lis. *d'Estanc*). *— Blat ou legumes. — Padenas. — Tout
bestail, que juro se lo volon vendre ni a quinhas fis las menou* (f° 50-57).

3. La répétition fautive de *que*, ici et aux deux paragraphes suivants
(*hom que que, don que que*) et aussi plus loin, est due à une confusion
du scribe du XVIIe siècle. On disait alors, comme aujourd'hui : *dounte
que, ounte que* (anciennement *dont que, ont que*). Cf. l. 2015 : *dont que
anon ni vengo,* et plus loin également.

4. La simple juxtaposition de ces mots, montre que *sablo* n'a rien à
faire ici, car le sable ne peut payer les mêmes droits que le savon. Du

[ni] venga, ni de quanhe pays (quane) que sia, volhem que
pague et pagar deja .xj. d⁵ tz.

2005   19. **Item**, volhem, transhigem et amigablamen accordam
entre nos dos desobres digs, en nom que desobres ez dig, am
solempnia et valabla estipullacio aisi entrevenen, que tota
carga de ris, dont que (que) venga et hon que ane, volhem
que pague et pagar deja .xiij. d⁵ tz., sal et remanen elz locs
2010 que hi paga hom per carga del aver per lo pes .xij. d⁵ tz.
enaval tant soletamen, et aquo per lo pes et per l'issida.

20. **Item**, volhem, transhigem et amigablamen accordam
entre noz dos desobres digs, en nom que desobres ez dig,
am solemna et vallabla estipulacio aisi entrevenen, que tota
2015 carga de figuas, dont que anon ni vengo, volhem que pago et
pagar dejo .xj. d⁵ tz., sal et el cas que elz non portesso mas
hun hesportis, adonc non volhem que elz pago ni sian tengutz de pagar per hesportis mas cinq d⁵ tornezes et malha
tz.; et en lo cas que se endeveguessa per haventura ou al-
2020 tramen que una bestia, quanha que fos, ne portessa tres
sportissis, aladonc non (v°) volhem que elz pago ni sian tengutz de pagar mas .xj. d⁵ tz.

21. **Item**, volhem, transhigem et amigablamen accordam
entre noz dos desobres digz, en nom que desobres ez dig,
2025 am solempna et vallabla estipulatio aisi entrevenem, que
nengun aze ni sauma, exceptat aze d'Estancg¹, que elz non

reste, le sable n'a jamais manqué dans le lit du Tarn, en particulier à
Millau, et il est peu probable qu'il ait jamais payé un droit.

1. Chef-lieu de canton de l'arrondissement d'Espalion, à 9 kil. N.-O.
de cette dernière ville. Le scribe, qui n'use qu'exceptionnellement de
l'apostrophe, a écrit : *destancg*. Il résulte du contexte et d'un paragraphe spécial à cette espèce d'ânes (voir plus loin, paragraphe 47), que
c'étaient des ânes plus forts que les ânes ordinaires, et que la charge
qu'ils portaient payait plus cher. Ils payaient eux-mêmes treize deniers
au lieu de quatre.

1991, aluernhe ho damont farran ; 1996, vengo ; 2010, la auer ; 2014,
vallable ; 2018, malhe ; 2021, ne (*exemple, presque unique ici, de cette
forme, au sens du français* ni ; cf. l. 2222).

dono ni donar ni pagar elz dejo, seno tant soletamen mas
miech pezatge de quanhas causas que elz porto, exceptada
la sal.

2030   22. **Item,** volhem, transhigem et amigablamen accordam
entre noz dos desobres digs, en nom que desobres ez dig,
am solempna et valabla estipulacio aisi entrevenen, que
tota carga de pelz moltoninas an lana, las calas non sian
tondudas, que pagou et pagar dejo .xiij. d' tz. Et en lo cas
2035 que non hi aguessa carga ho dotzena entieira, volhem que
adonc l(e)ur sia facha gratia et que non pago ni' pagar dejo
seno *juxta* la quantitat que (non) portaran, et si hi avia
miega carga, volhem que pago et pagar dejo .vj. d' et malha tz. Et en lo cas que degun home, lo cal fossa habitant
2040 de la sobres dicha vialha de Milhau et tengessa fuoc et loc,
(f°.liij. r°) fazen gach, porta, et pagan las talhas et collectas,
et portan las cargas tant de nuech quant de journ et altramen,
lo cal ne passara aquelas traginan ho portan las altramen
ho per el(z) ho per autras gens, volhem que adonc elz
2045 sian(s) pas [tengutz] de ne paga per doutzena, seno tant
soletamen mas hun den. tournes et non deguna autra causa.

23. **Item,** volhem, transhigem et amigablamen accordam
entre nos dos desobres digs, en nom que desobres ez dig,
am solempna et valabla estipulacio aisi entrevenen, que
2050 trastotz buous, vaccas et vedelz, am so qu'elz ajo hun an
complit, que pago et pagar dejo, per huna cascuna de las
sobres dichas bestias, .xij. d' tz.

24. **Item,** volhem, transhigem et amigablamen accordam
entre nos dos desobres dichs, en nom que desobres ez
2055 dig, am solempna et valabla estipulacio aisi entrevenen, que
trastot quintal de ferre, sia en platheas ou en barras ho en
caldairos ho en cappelz ho en trastota autra forma et manieyra, quanhaque sia, que pago et pagar dejo .ij. d' tz.

2040, tengesse *(forme moderne);* 2041, pagar las tailhes; 2042, portar; 2043, passaua traginan ho aquelas portans ; 2049, solempne.

25. **Item,** volhem, transhigem et amigablamen accordam
entre nos dos desobres digs, en nom que *(v°)* desobres ez
dig, am solempna et vallabla estipulatio aisi entrevenen, que
tota carga de pelz moltoninas, am so que sian tondudas,
rassas ho pelhadas, que pago ho pagar dejo .xviij. d⁸ tz.

26. **Item,** volhem, transhigem et amigablamen accordam
entre nos dos desobres digs, en nom que desobres ez dig,
am solempna et valabla estipulatio aysi entrevenen, que
tota bestia portan carga de telhas, quanhas que sian, sian
d'aquesta terra ho altras, que pago et pagar dejo .ij. s. tz.

27. **Item,** volhem, transhigem et amigablamen accordam
entre noz dos desobres digz, en nom que desobres ez dig,
am sollempna et vallabla stipulatio aissi entrevenen, que
totz trosselz de . quanhas causas que sian, am so que sian
merchandizas ho altras causas de valhor, mas que non
vengo del pays de Limotjas ni d'a(u)ltres locs del sercuit
d'aquelz, que pago et pagar dejo .xviij. d⁸ tz..

28. **Item,** volhem, transhigem et amigablamen accordam
entre noz dos desobres digz, en nom que desobres ez dig,
am solempna et vallabla estipulacio aisi entrevenem, que tot
porc enbacounat et salat, dont que vengo ni hon que ano,
am cargas ou altramen, que pago et *(f° .liij. r°)* pagar dejo
cinq deniers et malha tz.; et se hera cas de fortuna ho altramen que non portesso mas miech baco, adonc vol[h]em que
pago et pagar dejo .ij. d⁸ tz., malha et pogesa tz ; et se n'i
avia mens miech baco, que sian quittis del[s] sobres digs
pesatges.

29. **Item,** volhem, transhigem et amigablamen accordam
entre noz dos desobres digs, en nom que desobres ez dig,
am solempna et vallabla estipullacio aisi entrevenem, que
tota carga de blat, quanh(a) que sia, ho legums, los calz sian
statz portatz en la sobres dicha vialha de Melhau, et que
sian statz descargatz et messes a venda a la peyra publica,

2070, an nom ; 2079, ane ; 2081, hero ; 2083, deja.

et pueyssas elses los tornesso a lhurs hostalz ho los portesso vendre en autra part foras la sobres dicha vialha de
Melhau, que adonc pago et pagar dejo hun d{r} tz.

2095   30. **Item**, volhem, transhigem et amigablamen accordam entre noz dos desobres digs, en nom que desobres ez
dig, am sollempna et vallabla stipulacio aisi intervenen,
que tot Sarrazi ou Jusieu he lurs fennas *sive* companieiras,
et autres ou autras quinhes ni quinhas que sian, del[s] so-
2100 bres digz ou dichas, que pagon et sian tengutz de pagar, per
hun cascun ho una *(v°)* cascuna, cinq sols tz. et non altra
causa ; et si era cas de fortuna ou altramen que si statuessa
que l(e)urs femnas *sive* companieyras fossen prens *sive*
grossas de henfans, que adonc ellas pago et sian tengudas
2105 de pagar, per huna cascuna d'elhas, detz solz tz.

    31. **Item**, volhem, transhigem et amigablamen accordam
entre noz dos desobres digz, en nom que desobres ez dich,
am solempna et valabla stipullacio aisi entrevenen, que tota
carga de telhas, quanhas que sian, am so que venha del
2110 pays de Liborna ho del sercuit d'aquel, que page et sia tengut den pagar .xij. d{s} tz.

    32. **Item**, volhem, transhigem et amigablamen accordam
entre noz dos desobres digz, en nom que desobres ez dig,
am solempna et vallabla stipulacio aisi entrevenen, que totas
2115 cargas de tellas, quanhas que sian, am so que venho de
Fransa ho de Montferran ho del sercuit d'aquel, que pago et
pagar dejo .ix. d{s} tz.

    33. **Item**, volhem, transhigem et amigablamen accordam
entre nos dos desobres digz, en nom que desobres ez dig,
2120 am solempna et vallabla stipulacio aisi entervenen, que
totz mualatz, quanhes que sian, poli(n)s, cavalis et egas, que
pago et pagar dejo, per hun cascun *(f°.liiij. r°)* d'aquelz ou
d'aquellas, .xxij. d{s} tz.; et si era cas d'aventura ho altramen
que se endevenguessa que merchans ou altres, tant foratas

2094, deja; 2115, venha.

2125 quant de la sobres dicha vialha de Melhau, vendesso ou
compresso delz sobres dichs miollatz, polis, cavalis ou egas,
de merchans ou altres hommes estrangiers ho d'aquels de la
sobres dicha vialha de Melhau, et pueyssas lo comprador,
qual que sia ni qual que fossa, lo passessa ho dar passatge
2130 volguessa desobres lo dig pon vieilh, que adonc pago et pagar dejo los sobres dig[s] pezatge[s] totz per emptie et so
sans a(u)lcuna gratia deguna.

34. **Item,** volhem, transhigem et amigablamen accordam
entre noz dos desobres digz en nom que desobres ez dig,
2135 am solempnia et valabla stipullacio aissi entrevenen, que
totz chavalz *sive* cavalis ou corsiers, que valho ou valher
puesco ni dejo de vingt cinq francs en sus, que pago et pagar dejo, per hun cascun d'aquelz, .iij. s^z, .iiij. d^a tz.

35. **Item,** volhem, transhigem et amigablamen accordam
2140 entre noz dos desobres digs, en nom que desobres ez dig,
an solempna et valabla estipulatio aissi entrevenen, que
totz azes ou saumilhas, exceptatz los azes d'Estang, quanhes
que sian, que pago et pagar dejo per hun cascun (*v°*) d'aquelz
ou d'aquelas .iiij. d^a tz.

2145 36. **Item,** volhem, transhigem et amigablamen accordam
entre nos dos desobres digs, en nom que desobres ez dig,
an solempna et valabla stipullacio aissi entrevenen, que
tota carga de lana nettejada *sive* lavada, quinha que sia, am
so qu'ella sia tencha, et canhas colhors que sian, ho aussi be
2150 fialhadalhas de lana tencha, que pago et pagar dejo .ij. s^z tz.

37. **Item,** volem, transhigem et amigabl[am]en accordam
entre noz dos desobres digs, en nom que desobres ez dig,
am solempna et vallabla stipulacio aissi entrevenen, que tota
carga de fromatges, quanhes que sian, saysses, ceus, que
2155 pago et pagar dejo .xij. d^a tz.

38. **Item,** volhem, transhigem et amigablamen [accor-
dam] entre noz [dos] desobres digs, en nom que desobres ez
dig, an solempna et vallabla stipulacio aissi entrevenen, que
tota carga d'aze de trasquedetot peys de mar, quanhe que

2160 sia, ho tot autre peys, dont que (que) venga ni hon que
ane ni torne, que page et pagar deja .viij. d* tz. et dos
peisses non des meilhors ni delz plus avolz. Empero volhem
que lo sobres dig depputat per noz desubres digz (*f°.lv.r°*)
puesca, e so far el deja de son bon proprii grat et spontanea
2165 voluntat, et mettre el puesca et deja (mettre) la ma drecha en
la sobres dicha carga, et non tant soletamen que un cop,
am so que el non jette ni gitar el deja se non tant solhetamen los sobres digz dos peysses de mar en banastas, semalz,
ho altramen ad arnes, am so que fosso peysses grosses et
2170 ponderoses molt grandamen, los calz non si poguesso portar intias ; adonc en aquel cas volhem que elses s'en accordo
lo melhor qu'elz poyran am lo sobres dig nostre deputtat et
non ambe autre; lo cal desobres dig nostre deputtat volhem
que el se porte en lo dig son huffici ben et hounestamen et
2175 second que lo sobres dig cas autramen requerira ni hem-
portara. Et se era cas que lo[s] sobres digz non poguesso
estre d'acordi, que en aquel cas volhem que elz ne ajon ha
estar a la bona cognoissensa et predomia delz sobres digs
senhors cossols, los cals y so aras de prezen ni seran hen
2180 trasquedetot autre temps hendevenedor, et non de denguns
autres.

39. **Item**, volhem, transhigem et amigablamen accordam
entre noz dos desobres digs, en nom que desobres ez dig,
an solempna et (*v°*) vallabla stipulacio aisi entrevenen, que
2185 tota carga d'estanh, quinhe que sia, battut ho ha battre, hobrat ho has obra, plum, metailh, arsier, lato, coire hobrat
ho has obrar, et tota autra forma et manieira de tot autre
mettailh, quanhe que sia, que page et pagar deja .ij. s^z tz.

40. **Item**, volhem, transhigem et amigablamen accordam
2190 entre nos dos desobres digs, en nom que desobres ez dich,
am sollempna et vallabla stipulacio aisi entrevenen, que tota

2161, dejo ; 2162, .iij. (*corrigé en* .iiij.) delz, *cf. paragr.* 46, *l.* 2242 ;
2168, dos digz ; 2174, supporte ; 2188 *et* 2193, dejo.

carga de totta mersaria assortida, en la calha aja tota quinquilharia *sive* mangounaria, que page et pagar deja .ij. s^z tz.

41. Item, volhem, transhigem et amigablamen accordam
2195 entre noz dos desobres digz, en nom que desobres ez dich,
an sollempna et vallabla stipullacio aissi entrevenen, que
tot porc vieu ou trueja, prims ho primas, et autres, quanhes
que sian, que pago et pagar dejo, per hun cascun ou cascuna
delz sobres digz ho dichas, .iiij. d^s et malha tz.

2200 **42. Item,** volhem, transhigem et amigablamen accordam
entre nos dos desobres digs, en nom que desobres es dig,
an solempna et vallabla stipullacio aisi entrevenen, que tota
carga de sal, (de) quanha bestia que la porte, que page et
(*f°.lvj*.̊ *r°*) pagar deja .iij. d^s tz. Et se era cas per fortuna ho
2205 altramen, hen quanha forma et manieyra que fossa, que venguesso devers Alzo ho per lo gran cami venen devers Nant,
adonc non volen que elz pagon ni pagar elz dejo ni sian
tengutz de pagar sinon tant solhetamen que .ij. d^s tz. Et en
lo cas que la bestia non portessa mas hun cestier ou mens,
2210 adonc non volhem que pago ni pagar elz dejo res en deguna
forma ni manieira.

43. Item, volhem, transhigem et amigablamen accordam
entre nos dos desobres digz, en nom que desobres ez dich,
an solempna ct vallabla stipullacio aissi entrevenen, que
2215 de tot boc d'oli d'oliva et tot altre holi, que page et pagar
deja cinq deniers tz.

44. Item, volhem, transhigem et amigablamen accordam
entre noz dos desobres dichs, en nom que desobres ez dig,
an solempna et vallabla stpullacio aisi entrevenen, que en
2220 lou cas d'aventura ho altramen, en quanha forma [et] manieira
que fossa, que una bestia, quanha que sia, que portessa
mens de tres quintalz, que non done ni sia tenguda de dounar ni pagar mas .xij. d^s tz. Et en lo cas que non portessa
mas un quintal, adonc volhem que (*v°*) done et page sieys

2222, ne sia ; 2224, pago.

2225 dᵉ. tz. tant soletamen, dont que venga ni hom que hane ni
torne, hanan ou tornan ho altramen, hen quinha forma et
maniera que sia.

45. **Item,** volhem, transhigem et amigablamen accordam
entre noz dos desobres dichs, en nom que desobres ez dich,
2230 an solempna et vallabla stipullacio aissi entrevenen, que
per hun cascun quintal de capsanas, bridas, squilas et correjas, que pago et pagar dejo .iij. dˢ tz.

46. **Item,** volhem, transhigem et amigablamen accordam
entre noz dos desobres dig[s], en nom que desobres ez dich,
2235 an solempna et vallabla stipullacio aissi intervenen, que
tot merciar, quanhe que sia, sia mercia ho taulia, que porte
quanha mersaria que sia [ho] quinquilharia al col, comma so
cotelz, penches, cothelieiras, ferres d'alezenas, senchas
hobradas ho has obra, de fial ou de cuer, henaps, am so
2240 que n'i haja dotzena entieira *sive* en sus, de las sobres dichas
causas et autras, que pague et pagar deja huna d'aquellas
de(las)sobres dichas causas, non de la[s] plus pauc vallens
ni ayta pauc de las plus melhors, mas tant solletamen de
las mejancieyras, et aussi be hun denier tz. Mas emp[er]o
2245 volhem et *(fᵒ.lvij. rᵒ)* hordenam, en lo cas que el lo requierra
he lo demande ambe humilitat, per amor de Dieu he de la
sua sancta sagrada Pacio et per lo mesteri d'aquela, que en
continen et sans dellays li sia dat et remes, am so que el
fassa las causas desobres dichas, et non altramen.

2250   47. **Item,** volhem, transhigem et amigablamen accordam
entre noz desobres dich[s], en nom que desobres ez dig, an
solempna et vallabla stipulacio aissi intervenen, que tot aze
d'Estang que page et pagar deja et sia(n) tengut de pagar et
de dounar .xiij. dˢ tz.

2255   48. **Item,** volhem, transhigem et amigablamen accordam
entre nos doz desobres digs, en nom que desobres ez dig,

2232, deja; 2236, tolia; 2239, hobrados ho ha sobra; 2245, que
ella; 2251, en solempna.

an sollempna et vallabla stipulacio aisi entrevenen, que tota carga de tot blat, quanhe que sia, ou legums, am so que non lo porto per vendre, ni ayta pauc los legums en continen, seno per lo mettre en granier, et so per lo tornar ho metre pueys a cap de temps a venda dedins la sobres dicha vialha de Melhau ou en autra part, que adonc page et pagar deja un den^r. tournes.

49. **Item,** volhem, transhigem et amigablamen accordam entre noz dos desobres digz, en nom que desobres ez dig, an solempna et vallabla stipullacio ayssy (v°) entervenen, que tota carga de padenas, quanhas que sian, sian de Normandia ho d'autra part, quanha que sia, ni dont que ano ni vengo hanan ho tornan, que page et pagar deja .vj. d^s tz.

50. **Item,** volhem, tranhigem et accordam amigablamen entre nos dos desobres digz, en nom que desobres ez dig, an solempna et vallabla stipullacio aissi entrevenen, que en lo cas que muols ou dengun autre bestial venguesso o tournesso a bast buech de las fieiras de Campanha, [de] Fransa ho d'altra part, quanha que sia, am [so] que non sian passadas de tout l'an, l'an revolt et complit, desobres lo dig pon vieilh, so es assaber de la hun sanct Johan Baptista entro a l'autre Sanct Johan, que pago et sian tengutz den pagar et dejo per una ves, per una cascuna bestia, .vj. d^s tz. Et en lo cas que lo bestial desobres dig et autre non lo menesso per vendre, que adonc el sia et esser deja quiti dels sobres digz pesatges; dont adonc volhem que elz ne sian interrogatz, an sacramen sobre los quatre sanctz evangelis per elses tocatz, se elses los meno per vendre ho no, ni per que elses lous menou ni per que non, et aussi ben a quinhas fis.

51. **Item,** (f°.lviij.r°) volhem, transhigem et amigablamen accordam entre nos dos desobres digz, en nom que desobres ez dig, an solempna et vallabla estipullacio aissi enterve-

2269, honan.... dejo ; 2274, campanhas ; 2285, quinhes.

nen [1], que totz los hommes de la vialha de Melhau, de
2290 quanhe estat ho condicio que sian ni qual*z* quen sian, et am
so que elz fasso demora et tengo lurs proprias habitatious
et domicilles dedins la sobres dicha vialla et non en altra
part denguna, et aquels pagans et contribuens totas et quan-
thas tailhas, collectas, et aquelz fazens gags, portas, tant de
2295 nuech quant de journ, dedins aquela, et aquelz portan[s] generallamen totz altres faysses et cargas de la sobres dicha
vialla, et aussi be totz los homes del talhieu d'aquela, los
calz son sujetz et constrengs ha faire las causas desobres
dichas, los calz huso et an accoustumat de usar ni aussi ben
2300 usaran en lo(r) temps endevenedor de tot marc de romana et
aussi ben de tot autre pes, de alna *sive* de mieja cana, que
adonc totz aquels pago et pagar dejo, per hun cascun d'aquels,
[cascun] sapde, mialha torneza tostems mays al sobres dig
princep tant solhetamen, et so a causa de totas et quantas
2305 causas de las merchandizas, las calas (*v°*) son delz sobres digz
propriis habitans et non [de] denguns autres. Empro nos volhem et per spres noz aras de novel retenem que los sobres
digz habitans sian tengutz, et so far elz dejo sans denguna
contraditio, totas et quantas vegadas que elz passaran ou dar
2310 passatge volran sobres lo dig pon vieilh, et aquelz portans
ho traginans tottas cargas et merchandisas, las calas devon
et an accoustumat de pagar pesatges, que los sobres digz sian
tengutz et so far el[z] dejo, et sian tengutz de rasounar et
lialmen contar los sobres digz pesatges, sian lur ho nó, et so
2315 que sera lur proprii, que d'aquo elz sian(s) quitis, coma desobres ez dig, et de totas las autras merchandizas, las calas elz
portaran, ho las traginaran per los autruis *sive* per totz los
homes foratas d'aquelha, adonc volhem noz que elz pago et

1. En marge (écriture moderne qu'on ne retrouve point ailleurs) :
Habitants de Milhau.

2296, charges; 2302, totz adonc.

sian(s) constrengz et forsatz de pagar trastot al long los sobres
2320 digz pesatges, et so far elz dejo sans denguna gratia delz
sobres digz propriis habitans en denguna forma ny manieira,
attenduda la bona et granda gracia que has elz fa lo sobres
dig princep, a causa de la novelha sobres dicha confermacio
de la hunio de novel facha delz sobres digz pesatges, per
2325 nos *(f°.lix.r°)* en continen facha et renovelada; dont lo sobres
dig vescompte, en nom que desobres ez dig, hi cossent aras
de novel per spres, attenduda la bona et granda gratia que as
el fa lo sobres dig princep, et so tant solhetamen tant quant
toca alz sobres digz habitans. Et am so desobres dig volhem
2330 que los sobres digz habitans sian et heser dejo quitis de
trasquedetotz los sobres digz pesatges et autres, et aussi
ben generallamen de tottas autras ren[d]as [1] decendens delz
sobres digz pesatges, totz elses et autres habitans, en la
forma et manieyra coma desobres ez dig et non altramen,
2335 los calz y so aras de presen et seran en trasquedetot autre
tems endevenedor et aussi ben jamais, sal a nos en tot, quant
portaran cargas per alcuns homes estrangs *sive* foratas, que
adonc aquelz pago et aquelz sian tengutz den pagar en la
forma et manieyra desobres dich[a] et segon que aquelz appa-
2340 rera(n) que deuran delz sobres digz pezatges.

52. **Item,** volhem, transhigem, et amigablamen accordam
entre noz dos desobres dichs, en nom que desobres ez dich,
an solempna *(v°)* et vallabla stipullacio aisi entrevenen, que
[2] trastotz furetz et furetas, que ano ou que vengo per vendre,

---

1. On pourrait être tenté de laisser *renas*, mais il faut considérer que
ce trait catalan ou pyrénéen serait isolé dans cette pièce, qui est bien
rédigée en rouergat; car il s'agit ici de la convention même et non des
chartes citées comme documents.

2. En marge (même écriture qu'aux f°ˢ 38 r°, 40, etc.) : *Furetz;* un
peu plus bas : *Quas de mostra,* et au-dessous, écriture anglaise moderne,
fin du XVIII° siècle (?) : *Chiens.* — Un peu plus bas (1ʳᵉ écriture) : *Quas*

2322, ha selz ; 2329, tota.

2345 que pago et pagar dejo, per hun cascun d'aquelz ou d'aquelas, .vj. dˢ tz.

53. **Item,** volhem, transhigem et amigablamen accordam
entre noz dos desobres digz, en nom que desobres ez dich,
an solempna et valabla stipullacio aisi entrevenen , que
2350 totz cas de mostra ho cinnas, am so que ano per vendre, que
pago et pagar dejo, per hun cascun d'aquelz ho d'aquelhas,
.xviij. dˢ tz.

54. **Item,** volhem, transhigem et amigablamen accordam
entre noz dos desobres digz, en nom que desobres ez dig,
2355 an solempna et vallabla stipullacio aissi entervenen, que
totz quas ou chinnas d'Artoys, lebrias, dos manieyras de
brachetz, quas bastartz, et totz altres quas ou chinnas,
quanhes que sian, am so que sian quas de totta cassa et mas
que ano per vendre, que pago et pagar dejo, per hun cascun
2360 d'aquelz ho d'aquelhas, .xviij. dˢ torneses. (*fº.lx. rº*)

55. **Item**, volhem, transhigem et amigablamen accordam entre noz dos desobres dichs, en nom que desobres
ez dig, an solempna et vallabla stipullacio aissi entreve-
2364 nen, que lo noble et tres ha(u)lt senhor et rey de totz los
☞ ausselz de trastota cassa, so es assaber Mossᵒʳ lo Sparvier,
que el, comma rey et noble que ez, et per la granda et tres
sancta noblessa et senhoria que ez en el, et que el sia et
heser el deja quiti de totes los sobres digs pezatges.

56. **Item**, volhem, transhigem et amigablamen accordam
2370 entre noz dos desobres digz, en nom que desobres ez dig,
am solempna et vallabla estipullacio aissi entrevenen, que

---

d'Artoys, et au-dessous (2ᵐᵉ écriture) : *Chiens de chasse, levriers, bassets*
(on aurait dû dire : *braques*) *et tous autres chiens ou chiennes*. De même,
au recto du folio qui suit, on lit à la marge de gauche (1ʳᵉ écriture) :
L'esparvier, et dans la marge de droite (2ᵐᵉ écriture) : *Franchise de tous*
péages, tant pour l'oiseau de chasse appellé l'Epervier, que pour tous
autres oiseaux de chasse, en faveur du roi (sic!). — L'auteur de ces
deux notes devait être peu familier avec les patois du Midi.

totz falcons vialhas, falcons jantis, milhionis, sacres et
totz ausselz de cassa, quanhes que sian, am so que ano per
vendre, que pago et pagar dejo, per hun cascun d'aquelz
2375 de(lz)sobres digz et autres, .ij. s² tornezes. Et se era cas per
fortuna ho altramen que, quant lous sobres digz ausselz et
autres passaran ho dar passatge volr(i)an desobres lo dig pon
vieilh, (et) lo sobres dig noble et tres ha(u)lt senhor et rey
(v°) Moss°ʳ lo Esparvier hi fossa, am so quel intre et passe
2380 trastot premie sobres lo dig pon, et li fassa [hom] la honor
que as el apparte de far (que so fasso), volhem et ordenam
que totz los autres sian et esser dejo quittis de totz los sobres
digz pesatges. Et en lo cas que ne passesso desobres lo dig
pon vieilh, et lo sobres dig rey y fossa, et non li dounesso
2385 as el la honor desobres dicha, que non lo mesesso premie,
se non que he mieg ho daria ho altramen, adonc volhem et
ordonam, en lo cas que lo sobres dig rey hi sia, que per la
granda et maxima (de) noblessa que ez en el et hatendut
que lo[s] sobres dig[s] [no] so en tant granda noblessa, la
2390 calha ez en el, que adonc elz non pago ni pagar dejo per
hun cascun d'aquelz seno tant solhetamen que .xij. d⁸ tz.

¹57. **Item,** volhem, transhigem et amigablamen accordam
entre nos dos desobres dichs, en nom que desobres ez dig,
☞ ² am solempna et vallabla stipulacio aisi entrevenen, que
2395 totas las causas dejost scrichas, consignadas, declaradas et
specificadas, quanhas que sian, que sian et esser dejo per
aras et per trasquedetot[z] los temps (f° .lxj. r°) mays quittias de totz los sobres digz pesatges, coma so : totz papies,

1. En marge (écriture ronde semblable à celle du texte, et peut-être
de la même main) : *Las causas que so quitas de pezatge;* et au milieu
du v° du f° qui suit : *Exemption des marchandises du péage, mesmes le
boix.*

2. La main est mise par erreur trois lignes trop haut.

2384, dounessa.

totz pargamis, horgues, arpas, manicordis, hesquaquias,
2400 trompetas, clarios, taboris, flaütas et tota autra manieyra
de instrumentz realz et totz altres instrumentz datials (?), ni
deguna frucha autra exceptat figas, quanhas que sian, amellas
entieiras, et tota altra frucha que sia al closc et hentieira,
verdet, galas, hondi (?), so[l]pre quanhe que sia, henses,
2405[1] polvera *sive* poudra(i)ria d'artillaria, de bombardas et autres
ingens, salpetra, harnezes blancs, jacques, lausas, gazarmas,
pichapes (?), hespasas, dagas et tota autra manieyra d'arnezes
de guerra ho autres, veyre, quanhe que sia, peyras, quanhas
que sian, sian peiras preciosas ho no, perlaria de numbre ho
2410 semensa de numbre et tota autra perlaria, tota fustaria ho-
brada, coma so brostias buejas de poticaires, hobradas ou as
obrar ho autras, quanhas que sian, totas drogarias ho compo-
sitious per far la tencha tant solamen, plumas, quanhas que
sian, am so que sian per scrieure et non altramen, tota lana
2415 am suc *sive* surja *(v°)* et anisses surges, vielh aur battut ho
non battut, molt ho non molt, ou en plath[a], yesse (?)[2] netejat
ho a neteja[r], vermelho et totas peiras de tenchas, quanhas
que sian, tot(z) vin ou pimen et hypocras, roja, argen vieu,
argen hen platha, hobrat ho as obra[r] et en totas monedas
2420 et en tota autra manieira, quanha que sia, brezilh, sedaria,
velloussaria, de quanhas colors que sian, tapissaria, serpeliei-
ras, mantialz, servairetas (?) leugieiras, toalhas, totz legums,
drap cossit et mes en ops, pelharia, cornailha, lenhas per
ardre *sive* per cremar a servisse d'ostal, huous, tot peys gros
2425 ou menut, am so que sia pres et gitat de fluvi de Tarn,

1. En marge (écriture anglaise moderne, offrant quelque ressemblance avec celle de la marge de droite du f° 60 r°, et de la marge de
gauche du f° 59 v°, 2me main) : *Poudre à tirer*.

2. Corrigez (?) *yesse[ns]* = *eyssens* (absinthe), forme que donne au
moins un manuscrit dans la pièce de Bertrand de Born : *S'abrils*.

2399, arpes; 2411, hobrados ou a sobrar ho autres quanhes; 2422,
mandialz.... lougieiras (*forme moderne, prononcée* loougieiras).

aucatz, pollalhas, quanhas que sian, conilz, lebres, perdizes,
et tota autra manieira de bestialz de boca, tessos *sive* por-
quetz joves de lach, et totas texturas de cassa et d'aiga, totz
quas ou chinas, exeptatz los sobres digz et dichas, hiegnas,
2430 leopartz, porcs singlars, serfz et serviatas, cinges, horses,
et totta autra *(f°.lxij.r°)* manieyra de bestialz de foras, sian
desai lou fluvi mari quant d'oltra ; homes ou fennas salvat-
gas, maymos ho maymonas, jayans ou jayandas et tota autra
manieyra de gens semblans alz sobres digz, tota hobradura
2435 de terra, gieisses, tota hobradura de palha, quanha que sia,
sia facha ham bridolz (?) ho no,.... quanhe que sia, totas
fruchas de ribieyras, quanhas que sian ; tant solhetamen
las causas desobres dichas, specifficadas, declaradas et
desobres consignadas, et non altras dengunas.

2440   58. **Item,** volhem, transhigem et amigablamen accordam
entre noz [dos] desobres dichs, en nom que desobres ez
dig, an solempna et vallabla estipullacio aisi entervenen he
divisen, he donam aras de novel tota lha divisio a totas las
2444 causas desobres dichas, declaradas, determenadas et specifficadas, et so a causa que en degun tot autre tems endevenedor non hi venga ni hendevenir hi puesca ni deja negun
debat ni questio. Attenduda la summaria presa per noz desobres digz, facha ni vista, palpada ni regardada, conside-
rada he ben dilligamen hacosselhada la forma ni manieira
2450 cossi ne hera ni els ne havian acoustumat de huzar ni vist
huzar per los nostres predecessors passatz ; et aussi be vist
trastot al lonc et alli ueilh tant per scripturas *sive* per instrumens totz grossatz et senhatz, non pon viciatz, cancellatz
ni barratz ni aussi pauc en deguna part d'aquelses sospe-
2455 choses, presses per diverses notariis sobres l'an et journ dins
aquelses contengutz et specifficatz, quant per costumas et
autramen ; et regardat, vist et palpat las grandas et maximas

cargas he afaires de la huu et de l'autre de noz altres desobres digz, dont en deguna forma ni manieyra noz non enten-
2460 dem de diminuar, abaisar ni deruir nostres domaynes et
senhorias, hans las entendem et pretendem aquelas ben et
dilligamen gardar et deffendre, et sobresquetot aquelas conservar aras et hen tot tems endevenedor, volhem et entendem noz dos desobres digz havenir a bona et lial devezio de
2465 totas e quantas causas desobres dichas, declaradas, specifficadas et aras de novel unidas, confermadas, transhegidas
et specifficadas delz sobres digz pezatges del sobres dig pon
vieilh de la vialha de Melhau, la cala fam entre noz dos desobres dichs, en nom que desobres ez dig :

2470   59. **Et premieiramen,** volhem, transhigem et amigablamen accordam entre noz dos desobres digz, *(f°.lxiij.r°)*, en
nom que desobres ez dig, an solempna et vallabla stipullacio
aissi entrevenen, que aja, prenga et aver deja lo sobres dig
princep, coma ez draps d'aquesta terra, linis, fustanis, blancs
2475 de Narbouna, sian(?) ho de Ram(?) ho de Nar(?) ou de Chartres,
et trastot[z] altres draps fis et altres, lana(na) netta, quanha
que sia, sabo, figas, cuers de buous, [de] vaccas ou de bocs
et trasquedetot altre coyran cru ho cuech, pellissaria, conils,
cordas, borra, coto et cardas, que de .xxij. s^z tz., que lo sobres
2480 dich vesconte, en nom que desobres ez dig, que prenga et
penre el puesca et deja, et lo son tesauria ho altre deputtat
per el ho per lous sieus heretiers et successors, qualz que
sian, en lo tems havenedor, .vj. s^z tornezes tant soletamen,
et la resta desobres dicha sia et esser deja del sobres dig
2485 princep. .

   60. **Item,** volhem, transhigem et amigablamen accordam
entre noz dos desobres digz, en nom que desobres ez dig,
an solempna et vallabla stipullatio aissi entrevenen et devisen, que lo sobres dig princep aja et haver deja, coma ez
2490 de tota causa de pes, exceptat tota mersaria *sive* quinquilha-

---

2475, siiatz (*avec un point sur chaque* i).

ria et pebre, que de .xx. s² tornezes *(v°)*, que lo sobres dig vesconte prenga et aver puesca et deja .v. s² et .iiij. d⁸ tornezes tant soletamen, et la resta desobres dicha sia et heser deja del sobres dich princep.

2495   61. **Item,** volhem, transhigem et amigablamen accordam entre noz dos desobres dichs en nom que desobres ez dig, am sollempna et vallabla stipullacio aissi entrevenen, que lo sobres dig princep aja et aver deja, coma ez de pebre, que de .iij. s², .vj. d⁸ tz., que lo sobres dig vescomte prenga et 2500 aver deja .xij. d⁸ tz. tant soletamen, et la resta desobres dicha sia et hesser deja del sobres dig princep.

  62. **Item,** volhem, transhigem et amigablamen accordam entre noz dos desobres dichs, en nom que desobres ez dig, an solempna et vallabla stipullacio aissi entrevenen et devis- 2505 sen, que lo sobres dig princep aja et aver deja, coma ez del ris, que de .xxviij. s² tz., que lo sobres dig vescompte prenga et aver deja .xij. s² tz. tant soletamen, et la resta desobres dicha sia et heser deja del sobres dig princep.

  63. **Item,** volhem, transigem et amigablamen accordam 2510 *(f°.lxiiij.r°)* entre noz dos desobres digz, en nom que deso- bres ez dig, an solempna et valabla stipullacio aissy entreve- nen et divizen, que lo sobres dig princep aja et haver deja, coma ez de pelz moltoninas *sive* de rassas, sian an lana ho non, que [de] .x. s², .vj. d⁸ tz., que lo sobres dig vescompte 2515 prenga et aver deja .iiij. s² tz. tant solhetamen, et la resta desobres dicha sia et hesser deja del sobres dig princep.

  64. **Item,** volhem, transhigem et amigablamen accordam entre noz dos desobres dig[s], en nom que desobres ez dich, an solempna et vallabla estipullatio aissy entrevenen et de- 2520 vissen, que lo sobres dig princep haja et aver deja, coma so de buous ou de vacas, vedelz et motos, que de .xxvj. s² tz., que lo sobres dig vescompte prenga et aver deja .xiiij. s² torneses tant solletamen, et la resta desobres dicha sia et hesser deja del sobres dig princep.

2525   65. **Item,** volhem, transhigem et amigablamen accordam entre noz dos desobres dichs, en nom que desobres ez dig, an solempna et vallabla stipulacio aissy entrevenen et devissen, que lo sobres dig *(v°)* princep aja et aver deja, coma so delz muolatz, polis, egas et cavalz *sive* cavalis, que de .xxij. s^z tz.,

2530 que lo sobres dig vescompte prenga et aver dega .xij. solz tornezes tant solhetamen, et la resta desobres dicha sia et heser deja del sobres dig princep.

66. **Item,** volhem, transhigem et amigablamen accordam entre noz dos desobres dichs, en nom que desobres ez dig,

2535 an solempna et valabla stipulacio aissi intervenen et devissen, que lo sobres dig princep aja et haver deja, coma so ceus, fromages, sayses et holis, quanhes que sian, que de .xxx. s^z tz., que lo sobres dig vescompte prenga et aver deja .x. s^z tz. tant sollethamen, et la resta desobres dicha sia et

2540 heser deja del sobres dig princep.

67. **Item,** volhem, transhigem et amigablamen accordam entre noz dos desobres digz, en nom que desobres ez dig, an solempna et vallabla estipullacio aissy entrevenen et devissen, que lo sobres dig princep aja et aver deja, coma ez

2545 de la carga delz sobres digz peysses, quanhes que sian, .vij. d^s tz. et hun peys tant solhetamen, et lo sobres dig vescomte prenga et aver deja .j. d^r. tz. et hun peys delz sobres digz ayta be tant solhetamen.

68. **Item,** volhem, transhigem *(f°.lxv.r°)* et amigablamen

2550 accordam entre noz dos desobres dichs, en nom que desobres ez dig, an solempna et valabla estipulacio aisy entrevenen et devisen, que lo sobres dig princep aja et aver deja, per lo sobres dig pezatge de Sarazi ou Sarrazina, Jusieus ou Jusivas, .v. s^z tz. tant solhetamen, et altramen coma desobres

2555 ez dich et specificat, et lo sobres dig vescompte non re, attendut que lo dessobres dig vescomte non ha deguna senhoria ni potestat desobres lo dig pon, seno aytant quant l'en dona aras de presen lo sobres dig princep a causa de la so-

bres dicha confermacio de la sobres dicha hunio aras de
2560 novel et encontinen facha.

69. **Item,** volhem, transigem et amigablamen accordam
entre noz dos desobres digz, en nom que desobres ez dig, an
solempna et vallabla estipullacio aissi entrevenen et devissen,
que lo sobres dich princep aja et aver deja, coma ez de la sal
2565 que ve per lo grand cami trasquedetot dreg, de las tres partz
las doas, et l'autre part volhem que sia et hesser deja del
sobres dig vescompte tant soletamen.

70. **Item,** volhem, transhigem et amigablamen *(v°)* accordam entre noz dos desobres digz, en nom que desobres ez
2570 dig, an solempna et vallabla stipullacio aissi entrevenen et
devizen, que lo sobres dig princep aja et aver deja, coma
so de porcs vieus, que de .viij. s^z tz. que lo sobres dig vescompte prenga et aver deja .v. s^z tz. tant soletamen, et la
resta desobres dicha sia et esser deja del sobres dig prin-
2575 cep.

71. **Item,** volhem, transhigem et amigablamen accordam
entre noz dos desobres digs, an solempna et vallabla estipullacio aisi entrevenen et devizen, que lo sobres dig princep
aja et aver deja, coma so de trosselz de draps et telhas, que
2580 de .xj. s^z, .iiij. d^s tornezes, que lo sobres dig vesconte prenga
et aver deja .iiij. s^z tornezes tant soletamen, et la resta desobres dicha sia et esser deja del sobres dig princep.

72. **Item,** volhem, transhigem et amigablamen acordam
entre noz dos desobres dich[s], en nom que desobres ez dich,
2585 an solempna et vallabla estipullacio aissi entrevenen et devizen, que lo sobres dig princep aja et aver deja, coma ez de
la sal que ve vers lo cami d'Alzo et de Nant, de bacos *sive*
porcs salhatz, de tota hispisaria gitat pebre, faissounarias,
metalh, coire, ferre *(f°.lxvj. r°)*, latho, quanhe que sia,
2590 stang, plum, squillas, mersarias, padenas, et generallamen

---

2571, deuer aja; 2579, coma se; 2587, denant.

de totas e quantas las autras causas, mercadarias he cargas,
quanhas que sian, hanans ou venens de quanhes payses que
sian, l[u]egas ni nascios, am so que dejo pezatge, que aja et
aver deja la metat de trasquedetot en tot tant solhetamen,
2595 et lo sobres dich vesconte aja et aver deja l'altra metat de
trasquedetot hen tot pacifficamen et quieta delz sobres
digz pezatges aita be, et altramen en la forma et manieira
coma dessobres ez dich et en nom que dessobres ez dig del
⁻ dig vescontat.

2600   73. **Item,** volhem, transhigem et amigablamen accordam
entre noz dos desobres digz, en nom que desobres ez dig, an
solempna et valabla estipullacio aissy entrevenen, ¹que los
sobres digz cossolz et l(e)urs cosselliers de l(e)ur cosselh
secret et de l'esquilla, et lo sobres dig juge de la sobres di-
2605 cha vialha de Melhau, appellatz amb elz *sive* avocatz las gens
del sobres dig vescontat de Creyssel, los calz hy apparten-
ra(r) as apellar *sive* as avocar, coma so las gens de sa cort,
jutges, procuraires, avocatz, *(v°)* conseilhas et altres officiers
tant realz quant del sobres dig vescontat, los calz hi so aras
2610 de presen ny seran en trasquedetot autre temps hendevenedor, qualz que sian ni quanhes que sian, nos dos desobres
digz aras de novel volhem et lur concedem, de nostre bo et
lial proprii grat et sponthanea voluntat, la calha volhem
que valha et valher deja et dure en trasquedetot temps en-
2615 devenedor tant per noz que per los nostres heretiers et successors, qualz que sian ni quanhes que sian, (am) lur conce-

---

1. En marge (même écriture qu'au f° 21 r°, etc.) : *Les consuls et leurs
conseillers de l'Esquile et secret* (sic), *le juge de Milhau, leurs avocats, les
gens du vicomte de Creissel, comme sont les juges, procureurs, avocats,
conseillers et autres officiers;* et au milieu du v° : *Pouvoir d'augmenter
ou de diminuer le droit de péage;* de même, au v° du f° qui suit : *Deffences
aux notaires de donner de nouveaux extraits de la présente transaction
sans le consentement des consuls;* et plus bas : *Les consuls de Milhau,
conservateurs et protecteurs du domaine du Roy.*

dem et aras de novel lur donam plan poder de creisser,
mermar et diminuar totas las causas desobres dichas, tocans,
hapartenens et decendens dels sobres digz pesatges et do-
2620 maynes nostres, las calas causas desobres dichas, declaradas, specifficadas, transhigidas et amigablamen accordadas,
cofermadas, hunidas, convengudas et devissidas (desobres
dichas), tant coma lialz et vrays instructors, conservadors,
patros, administrators et protectors delz sobres digz pesat-
2625 ges, los calz nos volhem que *(f°.lxvij. r°)* elses sian et hesser dejo et per hespres aras de novel los ne cream *sive* fam
et de nostra bona volhontat et proprii grat, per aras et en
trasquedetot autre tems endevenedor, qual que sia, (am)
l(e)ur donam as elz et volhem que elz ajo aytant de pottestat
2630 et poder coma noz dos autres desobres digz ne avem ni aver
podem aras de prezen, et de mantenen in los nostres heretiers et successors ne auran en trasquedetot autre temps
endevenedor, et so am baillansa de solempnitat, coma de
drech s'en poiria(r) donar, far ni attrobar, emp[er]o salva
2635 et gardada en tot et per tot la fizaltat, honor, domayne e
senhoria del sobres dig princep, et aita be del sobres dig
vesconte, en nom que desobres ez dig del dig vescontat de
Creisel.

2640 74. **Item,** volhem, transhigem et amigablamen accordam
entre noz dos desobres digz, en nom que desobres ez dig, an
solempna et vallabla estipullacio aissy entrevenen, que de
trasquedetotz los sobres digz documens, scripturas, proto-
colz et instrumens de las causas desobres dichas, fachas,
scrichas et recitadas et desobres especifficadas et consigna-
2645 das, declaradas et de tot en tot espificadas plus al ple (et)
per nostres notariis *(v°)*, los calz so dejost scrichs et senhatz
de l(e)urs propras mas, et per elses recitadas, volgadas et al
lonc de tot en tot desobres especifficadas, que totas las sobres dichas scripturas demoro et demorar dejo per aras et

2625, non volhem.

2650 per tostemps dedins los archieus de la sobres dicha vialha
de Melhau, et lay ont los sobres digz cossolz teno et an accoustumat de tener los documens, scripturas et autras causas tocans a la sobres dicha vialha, exceptat en tot et per tot
que los dejost scrichs notariis, que elz non dejo ni puesco
2655 en deguna forma ni manieira reddre, restituir ny grossar la
presen confermatio, transhactio et devesio, aras de novel fagz
et fachas, ni redre ny restituir assa[tz] denguns delz sobres
digz, sans lo bon volher, conjet, licentia, autoritat et consentimen delz sobres digz cossolz, los calz so aras de presen ni
2660 seran de trasquedetot autre temps endevenedor, et so a causa
que non sia en prejudicii, damnatge ni interes de totz los sobres digz, et so coma instructors, conservadors, protectors et
deffensors *(f°.lxviij. r°)* del domayne et senhoria del sobres
dig princep. Et se era cas per fortuna ho altramen que los de-
2665 jostz scrichs notariis grossesso ho (far) grossar fessesso alurs,
et pueyssas elses lous senhesso de l(e)urs senhalz authentics,
et pueyssas elses lo[s] reddesso ho reddre fessesso alz sobres
digz, et pueyssas a cap de temps los sobres digz instrumens
sy perdesso ho fortmainesso ho altramen, et los sobres digz,
2670 elses ho lurs heretiers ou successors, qualz que sian, ne
aguesso beson, et los dejost scrichs nottariis non visquesson
en natura, los calz fosson mortz, que en aquel cas noz volhem,
transhigem et amigablamen accordam entre noz dos dessobres digz, en nom que desobres ez dig, an solempna et val-
2675 labla estipullacio aissy entrevenen, [1]que lo nottari[i] ho nottariis que successiran ni gausiran los libres delz nottariis
dejost scrichs, *huna* anb el ho amb els lo nottarii que en aquel
temps sera del sobres dig consolat de Melhau, se ops ez necessarii de far, altramen non, que non auso, puesco ni dejo

1. En marge (écriture ronde semblable à celle du texte, quoique
plus petite, et peut-être de la même main) : *Aulcuns notaires ne peuvent faire aulcun grossage sans la licence des M*res *consuls.*

2666 *et* 2667, pueysso; 2667, fossesso; 2674, an nom.

2680 grossar tot so desobres dich sans lo bon volher, conjet, li-
centia(t) et authoritat del sobres dig cossolat, en nom que
desobres ez dig.

(v°) **Et cum**, *omnibus universis et singulis causis quibuscumque*
supra dictis [et] factis, voluerunt esse pacem perpetuam et perpetuum
2685 *silentium ac reffutationem de et super questionibus, peticionibus et*
controversis suppra dictis omnibus et singulis causis, et ex eisdem
deppendentibus et qualibet earumdem inter suppra dictas partes, no-
minibus quibus suppra, et earum successores; quam quidem confir-
mationem sive *hunionem, transactionem, compositionem ac etiam di-*
2690 *visionem, et omnia(m) et singula(m) in eadem contenta, ipse partes et*
quælibet ipsarum, nominibus quibus suppra, in continenti laudaverunt,
emologaverunt, approbaverunt et confirmaverunt, et eam ac ea tenere,
attendere, servare effectualiter et complere, prout supperius dicta
sunt et scripta sunt, ac numqaam contra facere, dicere vel venire de
2695 *jure nec de facto, in quocumque judicio nec extra quodcunque judi-*
cium, per se seu per alias personas interpositas, nec contra facienti seu
venienti consentire (f°.lxix.r°) *quoquo modo tacite vel expresse, promis-*
serunt ipse partes sibi ad invicem, nominibus quibus suppra, vallida
et solempni stipullatione interveniente, ac etiam bona fide plenita et ju-
2700 *raverunt ad et super sancta Dei quatuor evangelia per quamlibet ipsa-*
rum parcium huniencium, transhigencium ac dividencium manualiter
☞ *gratis tacta, et hoc sub pena centum marcharum argenti a parte parti,*
totiens quotiens contra veniet seu fecerit comitenda et solvenda ad
initium sollenniter stipulata et promissa, sub omni et qualibet obliga-
2705 *tione omnium bonorum et jurium dictis pedatgiis et aliis bonis dicti*

2683, causas ; 2684, perpetuosnem ; 2686, contraversis ; 2687, dep-
pendentem ; 2691, qualibet ; 2692, approvauerunt, *corrigé en* appro-
bauerunt *par l'auteur des notes marginales des f°ˢ 21 r° et v°, 22 v°, etc.,*
lequel a de même fait les surcharges signalées ci-dessous dans ce passage;
2694, facem dicem, *corrigé en* facere dicere ; consentire venienti *(la*
même main que ci-dessus a corrigé à tort, en interligne, facienti *en* facere*, et* venienti *en* venire*, ce qui donnerait* : nec contra facere seu
consentire venire); 2698, ipse, *corrigé inutilement en* ipsæ ; 2698,
subi adjuuicem ; 2699, stipullationi, *corrigé en* stipullatione ; 2699,
plempta, *dérivé de* plemta, *mauvaise lecture de* plenita ; 2701, per cum.

domini nostri regis et etiam dicti domini vicecomitis, et sub omni et qualibet juris henunciatione ad hec necessaria, qualibet pariter et cauthela. De quibus omnibus universis et singulis causis supra dictis dicte partes, confirmantes, hunientes, transhigentes ac etiam dividen-
2710 *tes, nominibus quibus supra, et quelibet ipsarum (precium)[1] pecierunt et requiziverunt sibi et earum cuilibet fieri publicum instrumentum, unum vel plura, per nos nottarios (v°) inferius nominatos et infra scriptos, que quidem suppra dicta instrumenta voluerunt fieri et effici semel et pluries ad dictorum quoruncumque jura predicta, addendo,*
2715 *corrigendo ac etiam diminuendo, si opus fuerit, facti tamen vera substancia in aliquo non mutata nec variata, sive productum fuerit in quocumque judicio sive non.*

Et fuit etiam actum, transhactum et in pactum deductum et solem-niter ordinatum inter dictas partes, nominibus quibus supra, solempni
2720 *et valida stipullatione hic interveniente inter dictas partes, nominibus quibus supra ad invicem, quod ipsa instrumenta, dum et quam (?) fuerint cuilibet parti grossata, signata et in publicam formam reducta, sigillentur et sigillari debeant et teneantur sigillis dicti domini nos-tri(s) regis et etiam sigillis dicti domini vicecomitis de Creisello, ad*
2725 *majorem et pleniorem fidem et firmitatem omnium predictorum.*

Acta fuerunt hæc, scripta et recitata apud dictam villam Amilliavi, in domo comuni et in dicta aula picta éjusdem domus, testibus ad hec (f°.lxx. r°) presentibus, vocatis, adhibitis et rogatis omnibus supra dictis dominis et nobilibus viris Guidone de Capluc, Guilhermo Ri-
2730 *galdi, Guidone de Vouco, Petro de Prevenquieras, Raymundo de Be[l]lo Vizu domicellis, discretis viris magistris Guilhermo Molinerii, Stephano Laurencii, Brengario Migaironis, Duranto de Manso, Hugone de Malebosco, tam notariis regi[i]s quam apostolicis, Bernardo Benas-trugii, Deodato Senglar, Ramundo Bec, Brengario de Baissaco, Poncio*
2735 *Barieyra, Bernardo Mercerii, Bernardo Molenerii, Ramundo del Ho-rador, Duranto Singlar, Philipo Fizel, Bernardo Cabancrii, Johanne*

---

1. Il semble que le copiste, ayant d'abord mal lu le mot *pecierunt,* se soit ensuite repris et ait oublié de biffer le mot mal écrit. — En marge, un double doigt indicateur.

2713, ets, *corrigé en* et ; 2714, juris predictorum ; 2724, sigillum ; 2728, omnes.

Gauffre, et pluribus multis aliis, ac nobis Duranto Laurencii, Ramundo
de Manso, Bernardo Maurelli et Hugone Caroulh, publicis nottariis
tam regi[i]s quam appostolicis, qui premissis omnibus, dum sic age-
2740 *bantur et fiebant, una cum dictis testibus presentes semper fuimus,*
vocati et rogati, et de omnibus eisdem notam recepimus; de qua quidem
nota duo publica instrumenta unius et ejusdem tenoris extrahi et
grossari (v°) fecimus, unum videlicet cuilibet parti, et quelibet ipso-
rum instrumentorum signis nostris consuetis et authenticis signavimus,
2745 *prout in quolibet ipsorum duorum instrumentorum continetur, in*
fidem omnium et singulorum premissorum.

**Grossatum est pro qualibet dictarum partium unius
et ejusdem tenoris.**

2744, authenticus ; 2747, quolibet.

IV.

[LEUDAIRE.]

Memoria sia que l'an et jorn *desobres intitulatz, que hom*
conta, l'an mial tres cens trenta nou, a tres del mes de julhi, los so-
bres digz cossolz, en nom que desobres ez dig, comte, arsivesque,
avesque, vescomptes, senescalz, cavalias, nobles, priors, fraires, jutges,
5 *doctors, licentiatz, savis en dregs, et autres desobres digs* (fº.lxxj. rº)
et contengutz en lo sobres dig instrumen, los calz erou totz ensens et en
lo loc desobres dig, lo cal ez contengut en lo sobres dig instrumen de
transactio, los calz desobres digz aprop totas las autras causas deso-
bres dichas, comfermadas, unidas, transhegidas et devessidas et des-
10 *sobres specificadas,* [1] *encontinen preguero, suppliquero et requerigro.*
tant humilialmen que elz pogro ni saupro, amb honor et an reverencia
al sobres dig princep, que, attendudas totas las causas desobres dichas,
declaradas, determenadas et desobres especifficadas, que as el plase-
guessa de donar letras de confermacio del pesatge apelhat vulgaira-
15 *men* **l'Essida** *sive de* **l'Airolla,** *de la* **Leida delz mazelz,** *del*
Comu de la pas, *de la* **Peira publica** *sive lo* **Cestairal,**
et de las autras causas en aquelhas contengudas, specificadas, deter-
menadas et declaradas, et so a causa que en degun tot autre temps
endevenedor non hi aja ni aver ni naiser hi puesco denguns debats ni
20 *questios en la sobres dicha vialha de Melhau entre lo* (vº) *popular*
d'aquelha quant los foratas d'aquelha, a causa de la sobres dicha

1. Ici un doigt indicateur, en marge.

11, et bohonor et ; 13, determinadas.

Yssida, Leida, Comu de pas et Peira publica desobres dichs et dichas.
Dont lo sobres dig princep, ausida la requesta as el aras de novel
fachu per los desobres digz, lo dic princep ne fouc conten et lur autriet
25 *las sobres dichas lettras de confermacio, las calhas lettras foron en-*
continen scrichas en pargami (scrichas) et sagelladas del gran sagel
redon del sobres dig princep, las calas letras foron messas dins los
archieus del Cossolat de la sobres dicha vialha de Melhau per manieira
de garda et de conservatio d'aquelhas, en las calas desobres dichas
30 *lettras ez enscrit tot al long et al ple lo sobres dig pezatge appellat*
vulgaramen l'Essida sive de l'Airolla, la dicha Leida, [lo] Comu de pas
et la Peira publica sive lo Cestairal, et d'autras causas en aquelas
contengudas, las calas so en la forma et manieira que si ensec, et al-
tramen coma si conte en las desobres dichas lettras plus al ple et a
35 *lonc de tot en [tot] scrit et (en tot) speciffcat.*

(*f°.lxxij. r°*) LO PESATGE APPELLAT VULGARAMEN L'ESSIDA *SIVE* DE L'AIROLLA, LO CESTAIRAL, LEUDA DELZ MAZELZ, COMU DE LA PAS.

[A] Ensec se lo pezatge appellat vulgarmen
40 **l'Essida** *sive* **de l'Airolla, lo cal pren et a accoustu-**
mat de penre lo sobres dig princep nostre senhor
lo rei de Fransa Phelip, el e sos predecessors,
en la vialha de Melhau de Roergue.

1. **Et premieiramen** pren et a accoustumat de penre
45 et de leva, per huna cascuna carga de sal de tota bestia grossa,
de quinha manieira de gen que la mene, am so que sian
ho vengou delai l'aigua d'Olt ho de Biaur ho de Dordo, que
pago et sian tengutz den pagar .ij. dª. tz. per carga, et per
carga d'aze. j. dʳ. tornes.
50 2. **Item**, leva et pren de totz draps fis et altres, de qua-

28, archios; 47, dolh.

nhes payses que sian, sian de Fransa.... trosselz ou balas, am
so que sian vendudas en la sobres dicha vialha de Melhau
per homes estranhs, quanhes que sian, per intrada, pezatge
et leyda *sive* de l'Airolla, que pago per carga et sian tengutz
55 den pagar .xix. d*. tournezes, et per carga(s) d'aze .ix. d* et
malha tz., ho per drap, se non hi avia (*v°*) carga, .ij. d* tz.

     3. **Item,** pren et leva en la carga de totz draps, linis, de
totz homes estrangs an tota bestia grossa, per pesatge et
per leuda *sive* de l'Airolla, .xix. d* tz., et per carga d'aze
60 .ix. d*, m^a tz.; et se los sobres digz draps passo al pon vieilh
de la sobres dicha vialha de Melhau, adonc non devo de huna
carga ; et se era lo cas per fortuna ho altramen que hi fosso
passatz al sobres dig pon vieilh et fosso vendutz en la sobres
dicha vialha, adonc devo et volhem que pago per carga mia-
65 lha, per pezatge et per leuda *sive* de l'Airola.

     4. **Item,** per una cascuna carga de totz draps de Fijac
ho del pays, portans los an bestias grossas, devo et volhem
que pago et pagar dejo, per pezatge et per leuda *sive* de l'Airola, .xix. d* tz., et per carga d'aze, .ix. d*, m^a tz.; et se hera
70 cas que non hi aguessou carga entieira, adonc en aquel cas
volhem que pagou et pagar dejou .ij. d*. tz. per hun cascun
delz sobres digz draps, am so que sian vendutz en la sobres
dicha vialha de *(f°.lxxiij. r°)* Milhau.

     5. **Item,** en la carga de tota lana lavada, sia tencha ho
75 nou, per issir de la sobres dicha vialha de Milhau, am so que
y sia comprada en la dicha vialha, .xix. d*. tz. per huna cascuna de las sobres dichas cargas, et per carga d'aze .ix. d*,
m^a torneza, et per lo pes de la sobres dicha lana, totas e
quantas vegadas que la cal pessa, m^a tz.

80   6. **Item,** per tota carga d'amella[s], sia entieira ho no,
am so que sia comprada en la sobres dicha viala de Melhau,
deu per carga de tota bestia grossa .xij. d* tz., et per carga
d'aze .vj. d* tz.

64, corda ; 69, se heron ; 74, tencho ; 78, torneze.

7. **Item,** en tota carga de cera ho de pebre, am so que
85 sian vendutz ho compratz en la sobres dicha vialha de Melhau, adonc devo per tota bestia grossa portan carga, per
pezatge et per leuda *sive* de l'Airola, .xix. d⁸ tz., et per carga
d'aze .ix. d⁸., mᵃ tz.

8. **Item,** pren et leva et ha accoustumat de penre et de
90 leva, [el] et los siens, en tota carga d'arenc he de trasquedetot autre peys, quanhe que sia, sia salat ho nou, per pezatge et per lieuda *sive* de l'Airola, .ix. d⁸ tz., am so que lo
sobres dig peys non sia *(v°.)* passat al sobres dig pon vieilh,
et per carga d'aze .iiij. d⁸, mᵃ tz., am so que sia vendut
95 ho si venda en la sobres dicha vialha de Melhau, altramen
no.

9. **Item,** pren et leva hen trasquedetota carga de trastot
ferre, sia hobrat ho no, de calque loc que venga ni ane,
am so que non sian passatz al sobres dig pon vieilh, .vj. d⁸
100 tornezes, per leuda et per pezatge *sive* de l'Airola.

10. **Item,** per hun cascun quintal del sobres dig ferre
et aussi tota autra causa de pes, per hun cascun quintal,
tres deniers tornezes, et per issir de la sobres dicha vialha
lo sobres dig ferre al(s)tres tres d⁸ tz., et per carga d'aze .iij.
105 d⁸. tz.

11. **Item,** pren et leva en tota carga de tota cordalha,
am so que hane ho si porte per vendre, et am so que si
venda en la sobres dicha vialha de Milhau, .ix. d⁸. tz., et per
carga d'aze .iiij. d⁸., mᵃ tz.

110 12. **Item,** pren et leva, per tota carga de totz cuers de
buou ou de vacca, sian apparelhatz *sive* prestz ho nou, ho
crus, et (*f° .lxxiiij. r°*) generallamen totz altres cuers, per
intrar ou per issir en la sobres dicha vialha de Melhau, .ix.
d⁸ tornezes, am so que sian vendutz ho compratz en la so-
115 bres dicha vialha, et aiso per leuda et per pezatge *sive* de
l'Airola, et per carga d'aze .iiij. d⁸, mᵃ tz.

95, vendo ; 112, generallemen.

13. **Item**, pren et a accoustumat de penre, en totta carga
d'oli d'oliva et autre, quanhe que sia, am so que sia comprat
ho vendut en la sobres dicha vialha de Melhau, et am so que
120 aquel que l'em portara desobres la dehors[1] de la dicha viala,
per pezatge et per hissida *sive* de l'Airolla, .viij. d⁸ tz., ho
.j. dʳ tz. per hun cascun cestie delz sobres digz olis.

14. **Item,** pren et leva et [a] accoustumat de penre de
tota bestia grossa, am so que sia venduda en la sobres dicha
125 vialha de Milhau ho decz d'aquela, .iiij. d⁸ tz., et per aze .ij.
d⁸. tz.

15. **Item**, se tota bestia grossa, quanhe que sia, non
porta carga entieira de totta drapperia fina ou autra, ho de
Fransa ho de autre pays, que sian tengutz de dounar *(v°)* et
130 pagar, per hun cascun delz sobres digz draps fis et altres,
.iij. d⁸ tz., am so que sian vendutz en la sobres dicha viala
de Melhau.

16. **Item**, de totz habetz[2], am so que sian compratz ho
vendutz en la sobres dicha viala de Milhau de totz homes
135 estranhs, am so que sian pessatz a pes de senhor, hadonc
donou et an accoustumat de dounar, per leuda et per pezatge *sive* de l'Airolla, .iij. d⁸ tz.

17. **Item**, que tratosta causa que sia portada en la sobres dicha viala de Melhau per nenguns homes estranhs,
140 quinha que sia, am so que [non] sia venduda dedins la sobres
dicha vialha de Melhau, que adonc non sia tenguda de pagar
la leuda ni [lo] pezatge appellat l'Issida *sive* de l'Airola, per
intrar ni per sailhir de la dicha vialha.

18. **Item**, que de trasquedetot ferre, quanhe que sia,
145 am so que si venda en la sobres dicha vialha de Melhau,

---

1. Passage corrompu; il manque au moins le verbe.

2. Les trois dernières lettres ne sont pas sûres; ce mot, d'abord
laissé en blanc, a plus tard été suppléé par un autre scribe d'une écriture plus fine et hésitante. Lisez : *habers*?

128, porte; 135, passats; 138, an la.

done per pezatge appellat l'Yssida *sive* de *(f°.lxxv. r°)* l'Ay-
rola, per hun cascun quintal del sobres dig ferre, .iij. d*. tz.

19. **Item,** per hun cascun quintal del sobres dig ferre,
per issir de la sobres dicha vialha de Melhau, .iij. d* tz.

150 20. **Item,** totas causas, am so que sian portadas per
vendre en la plassa publica de la sobres dicha viala de Milhau lo journ de la fieira, la calha ez et si te continuablamen
cascun an lo jorn de Sanct Simeon et Juda appostolz, que
pago et pagar dejo, per huna cascuna taulha ou terratge
155 cascuna persona, per intrar, per leuda et pezatge apelhat
l'Issida *sive* de l'Airola, .vj. d* tz.

21. **Item,** que totas bestias, quinhas que sian, am so que
intro cargadas de lenhas, quinhas que sian, en la sobres
dicha vialha de Melhau, las calas porto per vendre en la so-
160 bres dicha vialha de Milhau, que adonc pago et pagar dejo et
sian tengutz de pagar, per huna cascuna de las sobres dichas
bestias, hun ram de lenha non des melhors ni delz plus avols
aussi pauc, et aussi be de trasquedetot los carris *(v°)* cargatz
de las sobres dichas lenhas, quanhas que sian, en la forma
165 et manieira desobres digz et dichas.

22. **Item,** exceptam los dejosts scrichs que non pagon
re de las causas desobres dichas, am so que ho vueilho per
l(e)urs prevesios tant soletamen, et non altramen en deguna
forma ni manieira,[1] coma so totz nobles, clercs graduatz
170 et non graduatz, curialz de nostre senhor lo rey de Fransa, et
tota e quanta manieyra dc totz gcns de gleysa, sian hom[e]s
ho femnas, et que aquelz ni aquelas non pago ni pagar dejo
ny sian tengutz den pagar re, am so que elz scusson et scuzar
dejon totas las causas desobres dichas, am so que ne vueilho
175 en la forma et manieira coma desobres ez dig, altramen no.

1. Ici un doigt indicateur en marge.

146, dona; 172, fennias.

LA LEYDA DELZ MASSELZ , DEL DREG DEL SOBRES DIG PRINCEP, NOSTRE SENHOR LO REY DE FRANSA.

[B] ENSEC si tota la leyda tocan et apartenen al dreg del sobres dig princep, nostre senhor lo rey 180 **de Fransa.**

1. **Et premie[i]ramen** del cap (*f°.lxxvj. r°*) de la croysentelha del prucipiegs(?) del buou entro aval, et aytant quant dura del long, tenen lo pon drech sarrat amb un pichot lo polze anan sobres la croysentelha tiran cap en aval, 185 ez et aparte al sobres dig princep, et non a nengun autre.

2. **Item,** per tot coysatge de buou per trasquedetot l'an, et aquel revolt et complit, hun moto, a lha Natevitat de Nostre Senhor Dieus Jesus Christ *sive* a Nadal, tot home mazelie *sive* bochie que fassa buou, al sobres dig princep.[1]

190 3. **Item,** ez desencuzat et quiti del drech de hun buou trasquedetot mazelia *sive* bouchia, las vespras de la(s) sobres dicha Nativitat *sive* de Nadal, del drech que aparten ny pren lo sobres dig princep.

4. **Item,** tot home maselie *sive* bochie, am so que non 195 fassa buou de tot l'an, et aquel revolt et complit, non page ni aussi pauc pagar deja mas mieg moto a la sobres dicha Nativitat *sive* a Nadal al sobres dig princep, et non as autre dengun.

5. **Item,** tota bestia boyna, quanha que sia, am so que 200 haja passat hun an, (*v°*) que page et pagar deja, per cascuna bestia de las sobres dichas, tot home .iiij. d_ tornezes, mas que d'aquelz quatre denies ne respon hom a la fieira de Sanct Simeon et Juda appostolz : ha Brenguie del Rieu[1] lo

---

1. En marge (même écriture qu'aux f°_ 21 r°, etc.) : *Brenguier del Rieu*, et deux lignes plus loin : *Ramond Bernat;* de même, au recto

183, am bun ; 195, paga ; 199, quanhe.

major dom, et aussi be a la maire dama *sive* na Daurona,
205 molher de l'Aissada et heretieira que ez de Ramun Bernat
quondam [1], de huna cascuna bestia, mialha tz., et la resta
desobres dicha ez et aparte de tot en tot sans a(u)ltre al
sobres dig princep.

6. **Item**, trasquedetot porc ou trueja vious (*sic*) ou vivas,
210 mortz ho mortas, per un cascun ou cascuna delz sobres digz
et dicha[s], que pago et pagar dejo hun denia tornes al sobres dig princep.

7. **Item**, tot aquel bestial menut, lo cal si aussis elz
mazelz ho mazel de la sobres dicha vialha de Melhau, del
215 premia journ *sive* dia del mes de juin entrogas al premia
jour de l'an, si ve a ssannar [2], coma so mottous, anielz,
aretz, hes la tersa part et aparte de tot en tot al sobres dig
princep, (*f°.lxvij. r°*) et l'autra tersa part ez et aparte al sobres dig [3] senhe Jean Fournia lo major dom, et l'autra tersa
220 part ez et aparte al sobres dich [3] senhen Peyre Ratia, savi
que ez en totz dregz, que monta cascun ters delz sobres digz
bestialz menutz (desobres digz), moltous, anielz et aretz, ha
hun cascun delz sobres digz, per hun cascun moltou, aniel
et aret desobres digs et especifficatz, huna mialha petita per

du f° suivant, en face des mots correspondants dans le texte : *Jean
Fournier* — *Pierre Ratier, 1 mailhe;* — au v°, § 2 : *Hommes;* — au f° 78,
§ 4 : *Enfans;* — § 7 : *Jeunes bœufs sive braus;* — § 8 : *Moutons, brebis,*
etc.; — au f° 79, § 10 : *Moulins;* — § 11 : *Mulets;* — § 12 : *Anes.*

1. *Quondam* est sans doute ici l'équivalent de *defunct* (fr. *défunt*).

2. *Si ve a ssannar*, litt[t] « si l'on vient à [les] saigner »; à moins qu'on
ne préfère lire *sive* (en fr. *ou*), et faire de *assannar* un substantif (d'ailleurs inconnu) désignant le premier jour de l'an, cf. *carême-prenant* et
le prov. *caramantrant, carementrant.*

3. Il n'a pas été fait mention plus haut de ces deux personnes, ce
qui confirme la déclaration faite à la fin du préambule, que ceci n'est
qu'un abrégé des lettres de confirmation.

204, major d'ans; 204, damo; 211, deja; 216, antielz; 219, dans.

225 hun cascnn del[s] sobres digz lurs terses, per huna cascuna
de las sobres dichas bestias menudas.

8. **Item**, tota pestoressa, la calha fassa tot pa masserat
tot l'an, cascun sabde hun denia tz. al sobres dig princep,
et non as autre.

230   9. **Item**, tot carre ou saumada de lenha, quinha que sia
que intre *sive* intro en vialha al portal de la Cappella, per hun
cascun d'aquelz ou d'aquelas hum ram de lenha tant soletamen, non dels melhors ni delz plus avols, al(z) sobres dig
princep et non a dengun autre senhor eclesiastic ny secular,
235 se donc tant soletamen al sobres dig princep. [1]

(v°)   LO COMU DE LA PAS.

[C] **ENSEC se lo Comu de la pas, local pren et ha
accoustumat de penre lo sobres dich princep nostre
senhor lo rey de Fransa Philip, el et sos predecessors,**
240 **en la sobres dicha viala de Melhau de Roergue et en
tota la terra et talhieu d'aquelha.**

1. **Et premieiramen**, pren et ha accostumat, el et los
sieus, de penre et de levar, el ou son tesauria de Roergue
ho autre deputat per el, coma ez de tot cap d'ostal, am so
245 qu'el aja seisanta lieuras tz. valhen, que adonc pague et
pagar deja .xij. d^s tornes.

2. **Item**, tot home que non aja sieisanta liuras tz. valhen,
que adonc non pague ny pagar deja, se no que .vj. d^s tz.
tant soletamen.

250   3. **Item**, se hun home en sos daries journs fa son darrie

1. On ne s'explique pas la présence des deux derniers articles dans
cette leude. Ce doit être là ce qui, dans le préambule, est désigné par
les mots : *las autras causas.*

230, quinsia.

testamen, ho autramen, en lo cal el fa hun ho dos ho tres
ho plus ho mens de heretiers, am so que la part et portiou
del sobres dig heritage monte et valha, la part et porsio de
hun cascun (*f°.lxxviij. r°*) delz sobres digz heritiers, plus de
255 sieisanta lieuras tornezas, que en aquel cas hun cascun delz
sobres digz, que pago et pagar dejo .xij. d⁸ tornezes tant soletamen. Et se era ni s'endevenia lo contrarii de so que desobres ez dig, que la part et porsio de hun cascun delz sobres
dichs montessa et valguessa mens que las sieisanta lieuras
260 tz. desobres dichas, que en aquel cas que non pagou ni pagar ny rasonar dejo, per hun cascun delz sobres digz, se non
que .vj. d⁸ tz. tant solletamen.

4. **Item,** tot filh o galan *sive* gojat demoran a soldada an
mestre, quin que sia, ...¹ ho non, am so que el aja et aver el
265 deja de temps quatorze ans complitz, et totz autres los dejostz scrichs, que adonc elz pago et pagar et razounar elz
dejo, per hun cascun delz sobres digz, .vj. d⁸ tant soletha-
men.

5. **Item,** tot home, de quin stat et conditio que el sia,
270 am so qu'el non sia delz dejostz scrichs et am so que el ane
de vida a trespassamen *sive* muera desay la festivitat de sanct
Jean Baptista juscas a Tot[z] Sancts aprop enseguens et venens, que aladonc l(e)ur heretier *sive* bes tenent(z), (*v°*) que
pague et pagar et razounar deja son Comu segon la possi-
275 bilitat que el aura valen, et non autramen en deguna forma
ni manieyra.

6. **Item,** que totz buous ou vaccas, quins que sian ni
quanhas que(n) sian, am so que sian araïsz et araygas, que
aladonc pago, pagar et rasounar dejo, per hun cascun et
280 cascuna delz desobres digz et dichas, .xij. d⁸. tz.

7. **Item,** totz braus ho bravas, am so que non sian
araïstz, que aladonc pago, pagar et razounar dejo, per hun

---

1. Il faut évidemment suppléer ici un mot; lequel?

255, sieisante; 263, demore; 270, ane damda.

cascun ho cascuna delz sobres digz et dichas, .vj. dª. tornezes.

285   8. **Item**, totz motos, aretz, fedas, cabras, porcs et por-
cas, quins que sian ni quanhes que sian, et tot autre bestial
menut, exceptat los dejostz digz et dichas, que pago, pagar
et razounar dejo, per hun cascun ou cascuna delz sobres
digz et dichas, hun dʳ tant soletamen.

290   9. **Item**, que trastotz bestialz desobres digz, specifficatz
et consignatz, am so que se vendou desai la desobres dicha
Nativitat de sanct Jean Baptista, que en aquel cas que lou
(*fº.lxxix.rº*) vendedou desobres dig, que el razoune, razounar
et pagar el deja lo desobres dig Comu segon lo bestial que
295 sera et segon so que montara lo desobres dig son Comu, et
non autramen ; et s'es dela la desobres dicha Nativitat de
sanct Johan, que aladonc lou crompadou (*sic*) lo razoune,
conte et (lou) pague segon lo bestial que sera ni segon so que
deura del sobres dig Comu.

300   10. **Item**, tot moli rodia, quin que sia, de blat, d'oli, dra-
pia, et tot moli de sang (?) [1] et autre, que pague, pagar et
razounar deja, per un cascun delz sobres digz molis, et per
huna cascuna roda molen(s), hun sol tornes tant soletamen.

    11. **Item**, tot muol, muolata, rossi ho ega, quins que
305 sian ni quanhes que sian, am so que sian ferratz ho ajon
portat bast. que aladonc pago, pagar et rasounar dejo, per
hun cascun et cascuna delz sobres digz et dichas, .ij. sᶻ tz.
Et se son polis ou polinas jouves et joynas, am so que jamais
non sian statz ferratz ni ajan portat aucun bast, que ala-
310 donc pago, pagar et razounar dejo, per un cascun et cascuna
delz desobres digz et dichas, .xij. dª. tornezes.

    (*vº*) 12. **Item**, tot aze ho sauma, am so que sian ferratz ho
ajo portat bast, que aladonc pague, pago et razounar dejo,
per hun cascun ou cascuna desobres dig et dicha, .xij. dª.

7. *Sang,* lis. *tan* (?), écorce.

297, la razoune ; 310 *et* 317, deja ; 313, pague.... deja.

315 tz. Et se son polis ho polinas, am so que jamais non ajan
portat bast ni sian statz ferratz, que aladonc pago, pagar et
razounar dejo, per hun cascun ou cascuna de[lz] sobres digs
et dichas, se non tant soletamen que .vj. dˢ. tz.

13. **Item,** [que] lo sobres dich Comu intre et sia comen-
320 sa[t] de levar, razounar et aussy far pagar lo proprii journ de
la festivitat de Totz los Sanctz de paradis aprop miech journ,
lo cal devon far publicar am vos de trompa per tota la sobres
dicha vialha de Milhau et elz cantos en los calz ez accoustumat de ho far publicar en aquela;[1] lo cal Comu desobres dig
325 devon razounar et contar, quar aital lonc temps ha es accostumat de far, don non ez memoria d'home del contrarii, infra tres jours, (*f°.lxxx. r°*) aquelses revolitz et complitz, et
aquelses contados et finidos aprop la desobres dicha festivitat de Totz Sanctz aprop enseguens [et] venens, et non ponc
330 en aquelses contado(s) lo journ de la sobres dicha festivitat
de Totz Sanctz, attenduda la granda festevitat la cala ez ; et
aquelz, los calz non auran pagat lo desobres dig Comu infra
los tres jours desobres digz, lo desobres dig princep vol que
elses ajon a pagar lo desobres dig Comu infra huech jours,
335 en aquelses encluzes et contados los tres jours desobres digz
et especifficatz, et so et per cauza que hun cascun delz desobres digz habitans puesco far denias, coma ez de tot bes-
tials menutz et grosses, blat, lana et vy et aussi generalamen
de totas autras merchandizas et causas, tant aquelz de la so-
340 bres dicha viala quant aussi los foratas, los calz so de la
terra et talhieu d'aquela.

14. **Item,** que totz aquels [que] non razounaran ny con-
taran ben prodomial(a)men et lialmen segon Dieus in l(e)ur
consciencia lo desobres dig Comu, am so que non s'en tolgo

---

1. En marge (même écriture qu'aux fᵒˢ 21 rᵒ, etc.) : *On doit payer
dans trois jours,* et un peu plus loin : *Huit jours,* et l. 347 : *Soixante
sols d'amende et bestiaux confisqués.*

319, intra; 327, recueillitz ; 328 *et* 330, festavitat.

345 per gran mal tems (*v°*) de hivern, mortalhas ho per companhas de gens d'armas, que, am so que non sia los desobres
digz casses, qu'elz encoron et encorer dejon la summa de
sieisanta solz tornesses, et ausi so que non rassounarian ni
contarian, coma desobres ez estat dig, specificat, declarat et
350 ordounat, trastot applicado al sobres dig princep. Mas empero volhem que nostre senescalc de Roergue, lo cal ez desobres dig, ho lo nostre jutge aussi be desobres dig de la
sobres dicha viala de Milhau, los calz son aras de presen ni
seran en degun tot autre temps endevenedor, que la hon
355 premieiramen seran convencutz davan la hun ou l'autre delz
desobres digz, que aquel puesca mermar, deruir et abaissar
la desobres dicha pena dessobres spressada et especificada
de .lx. s^z torneses et autramen, coma desobres ez dich, et
de la redure a tota autra pena arbitraria et autramen, segon
360 que lo cas [ho] requerira (*f°.lxxxj.r°*) ny ho emportara trastot al lonc.

    15. Item, que quant lo dessobres dig Comu desobres
especifficat et declarat trastot al long si levara, que de contun hi aja et aver deja hun nottarii, lo cal scriva et scrieure
365 el deja sans dengun autre hen hun libre, lo cal sia de papia,
lo cal el deu consignar totz los fulhetz d'aquel et aquel consignar et senhar de son proprii signe manual del cal el huza,
et so a causa que en lo dig libre non si puesca, ni aussi pauc
permettre el deja de far ni aussi pauc far far alcun barrat ;
370 lo cal notarii causira lo thezauria ho compterelado del sobres dig princep ho autre deputat per el, lo cal desobres
dig thesauria ho autre deputat per el representara lo desobres dig nottarii al desobres dig jutge, lo cal hi ez aras de
presen ni aussi pauc seran en degun autre temps endeve-
375 nedor, et aussi ben los regimens ; lo cal desobres dig nottarii promettra et jurara sur los quatre sanctz evangelis, per
e(a)l realmen et manualmen tocatz, de ben prodomialmen et

355, convaincus ; 369, a hun barrat.

lialmen regir et gouvernar (lou dessobres) (v°) lo dessobres
dig libre, ni en aquel scrieure per odi, henveja, ranco, mal-
380 vestat ni henequitat de dengun, se non tant per los huns
quant per los altres en trastot so desobres dig en tot et per
tot delaisatz.[1] Dont en tot et per tot seran tot journ de contun dos cossolz de la sobres dicha vialla de Melhau prezens,
vezens et auzens, ha razounar, levar et far pagar lo dessobres
385 dig Comu, et so tant quant hy ponharan a lo levar, et so et
per causa, et so elz faran et so far elz deuran, tant coma
elses so et son estatz long temps ha et seran en tot temps
autre instructors, protectors, conservadors et deffensors del
domaine et senhoria del sobres dig princep, tant per el que
390 per lo popular, manens et habitans en aquela, et aussi d'a-
quelz, los calz so de la terra et talhieu de la sobres dicha
viala de Melhau, et so tant per los hus quant aussi be per los
autres, car atal ho an promes et ho promettou, et aussi be
elz ho juro, en la hassumptio del cossolat, de ben lialmen
395 (f°.lxxxij. r°) deffendre et mantener lo domayne et senhoria
del sobres dig princep, et aussi de far ho far far bona, breva
et lial justetia, et de mantene (sic) lo dreg tant del paure
quant del ric, tant per los huns quant per los autres, car aital hou an promes et jurrat de ffar.
400   16.[2] **Item,** se ensec las persounas et bestialz, los calz et
las calz si ensego, los calz et las calas son quiti(a)s et exemp-
tatz del sobres dig Comu ; mas aquo non obstan son tengutz de las rasounar, contar et non ponc per elz ni per los
bestialz denguna causa pagar, per elz ni plus ges, quins quen
405 sian, coma cardenalz, patriarcas, arsivesques, avesques,
abatz, arsediagues, priors, rectors, vicaris, couventz de re-

1. En marge (d'une écriture moderne qu'on ne rencontre pas ailleurs,
XVIII° siècle?) : *Deux consuls doivent estre presans a la levée.*

2. En marge (même main que le texte) : *Aquelz que non devon ges
de comu.*

380, en hequitat ; 394, hosumptio ; 404, cam pagar.

ligioses ni aussi pauc de religiosas, dounatz de hospitalz, quins quen sian ni quanhes quen sian, donatz aussi be de totas e quantas religios, quinhas quen sian, et generalamen
410 tota e quanta manieira de gens de gleisa, sian homes ho fennas; princeps, comtes, vescomptes, baros, cavalias, nobles gentilhs, et generalamen tota et quanta autra (*v°*) manieyra de gens nobles; senescalz, jutges, viguias, bailles, sargantz, nottariis, et generalamen totz officiers realz sans
415 autres; doctors, licentiatz, bacheliers tant en leys quant en decretz, quant aussi be en totz altres dregs canonics ho cevialz, quins que sian ni quanhes quen sian, studians ho clercs halz studis ho scolas stans, anans ho venens, et aussi ben generalamen totz homes, quins quen sian ni quanhes quen
420 sian, am so que sian clercs que ajo corona, sian maridatz ho nou. Empero exceptam delz desobres digz totz los bigamis *sive* los que son estatz maridatz [doas vetz], los calz an de drech perduda la corona, et aussi be totz servitors, famelhiars et vailetz de toutz los sobres digz et dichas, elz et l(e)urs
425 bes, quins quen sian ni aussi pauc quanhes quen sian.

17. Ensec se lo bestial, lo cal n'es exempt et quiti del dit Comu, coma son vedelz de lag, anielz non hivernatz, et cabrilz he cabridas aussi pauc non hivernatz ni hebernadas, tant soletamen sans deguns autres. *Et exce finis.*

430   LA PEIRA PUBLICA SIVE LO CESTAIRAL.

[D] **ENSEC SE SO QUE LO DESOBRES DIG** princep, el et sos predecessors, an accoustumat de penre et aussi de levar ho far levar hen la Peira publica *sive* lo Cestairal de la sobres dicha vialla de Milhau
435 de Roergue.

1. Et permeyramen, de tot cestier de fromen, palmolla, tremis, mescle, seguial, ordi, et de totz los legums, que

436, palmolle.

pago et pagar dejo huna bassina fromentieira rassa, et de
tot cestia de sivada que pago et pagar dejo una bassina quazi
440 comolla sivadieira, las calhas bassinas desobres dichas devon et volhem que sian de coyre, las calas sian ben reffor-
sadas, las calhas volhem que sian scandalhadas et senhadas
de las armas ho sagel de la sobres dicha vialha de Melhau.
Et so pagaran et pagar deuran sans aucuna contradictio totz
445 homes et fennas, foratas et foratanas, de quinhe estat ho
conditio que sian, eclesiastics *(v°)*, nobles et totz altres, am
so que sian foratas de la sobres dicha vialha de Milhau, et
non altramen, los calz portaran (lascalz) del[z] desobres digz
blatz a vendre tant à la desobres dicha Peira publica *sive* lo
450 Cestairal quant autramen ; empero et exceptat que totas e
quantas vegadas que los proppiis manens et habitans en
aquelha, los cals cromparan *(sic)* aucuns blatz quins quen
sian delz desobres digs, am so que sian foras la desobres
dicha viala, terra ho talieu d'aquelha, et am so que fasso
455 lo contrag foras aquela et la hont sera lo dig blat, et am
so que lo comprado lo mesure, el ho altre per el, et encontinen lo prenga et lo recepia et lo fassa portar en la sobres
dicha vialla de Melhau a son proprii perilh et fortuna : am
so fassen, ez quitti de las sobres dichas bassinas, et non
460 autramen.

☞ [1] 2. **Item**, son quitis de rassonar et pagar las desobres
dichas bassinas totz los proppiis manens et habitans en la
sobres dicha vialha de Melhau et del talhieu d'aquela,
(f°.lxxxiiij.r°) am so que fasso et sian sujectz aussi de far et
465 elz dejo, tant de nuech quant de journ, gagz, portas, et contribuir totas et quantas talhas, collectas et charjas en aquela,
et portar totz altres faysses et charjas, et so sans denguna

1. En marge (même écriture qu'aux f°ˢ 38 v°, 40, etc.) : n^a. *Pour
obliger les paisans de la terre a faire les cotisa[ti]ons et au[tr]es charges.*

443, armes; 445, foratanes; 455, lo hont; 456, comprodo.

causa palliar, et de non veni ni far contravenir a tot so que
lur sera comandat de far ni aussi pauc far far per los messe-
470 nhors cossolz d'aquela, los calz son aras de prezen ni aussi
pauc seran en degun tot autre temps endevenedor ; et an tot
so dessobres dig fassens et non contradizens, seran quitis
de las dessobres dichas bassinas, et non autramen.

LOS PAVATGES SIVE LAS BARRAS.

475 **[E] ENSEC SI LO PAVATGE SIVE LA BARRA, la
calha se levara elz legalz elz calz ez acostumat de
levar, penre et far pagar, coma ez al pon vieilh ho al
portal del Jumel, a l'Airola, a lha Cappella ho al pon
de la Cabra** [1]**, en tal forma et manieira** *(v°)* **coma daval**
480 **si dira ni specifficara :**

1. Et premieiramen, que cascuna bestia grossa que intre
en esta vialha ho yesca d'esta vialha pagara un denier tz., et
azes ou saumas mialha tornes, per cascuna vegada, exceptat
bestias que portaran carbo, quanhe que sia, lenha, fe, palha,
485 fruchas, per vendre en esta vialha, las calas non pagaran
mas, la semmana, tota bestia grossa hun denier tz., et azes
ho saumas mieitat tant soletamen per cascuna sepmana. Et
aiso entendem que pagou, sia bestia cargada ou delieura, am
bast ho an cela ho en asdous ; et intendem que tota bestia

1. Ce sont encore aujourd'hui les principales voies d'accès pour entrer dans la ville. Il faut y joindre cependant, au Nord, l'avenue de Rodez, qui semble s'être autrefois confondue avec l'avenue actuelle de
Paris à partir du *Pont-de-la-Cabre,* et, vers le Sud, la rue qui aboutit à
l'ancienne porte Saint-Antoine, et à laquelle on arrive par le pont suspendu, de construction moderne, établi pour éviter le détour du *pont
vieux,* remplacé aujourd'hui par le *pont rouge,* qui en est distant d'une
vingtaine de mètres.

474, panatge ; 482, y esta ; 487, micilhat.

490 que ajo pagat al intrar que non pago al hissir, empero
se al intrar non avian pagat, que pago alh hissir. Et aiso
entendem que pago totz homes et totas fennas, stranhs et
stranhas, per lurs bestias, am so que non sian clerges ou
gentilhs homs, ho persouna religiosa, ho curial de nostre
495 senhor lo rey de Franssa, et que aquelz non pago ni pagar
dejo ni sian(tz) *(f° .lxxxv. r°)* tengutz den pagar re, am
so que elz hescusson et scuzar dejon lurs bestias que cavalgaran tant soletamen et de l(e)urs maynadas et familias
que tenran a l(e)ur messio, los calz cavalgaran anb(e) elz
500 et l(e)urs saumies. Et se s'endevenia que los sobres digz
tramessesson altras bestias ho cargadas ho delieuras, las
calhas non fosson lurs, las calhas passesson per los passes
del dig Pavatge *sive* de la Barra, que aladoncquas devon
et pagon coma los altres, segon que dich ez dessus.

505   2. **Item,** tot carri que porta sal pagara quatre denias tz.
per cascuna vegada, elz autres carres que apportaran lenha,
carbo, fustas, fe ho pailha, per vendre en esta vialha, non
pagaran mas .ij. dˢ tornezes cascun , la sepmana.

   3. **Item,** buou[s], vacca[s], ega[s], muolhatz ou muolha-
510 tas, pagaran per cascuna bestia mealha tz., et la dotzena de
totas bestias lanadas ho cabrinas pagaran .j. dʳ tz. per cascuna
vegada ; cascun porc ou porca pagaran mealha tz., exceptatz
aquelz ou aquelhas que si vendran en la sobres dicha vialla
de Melhau, los calz ni las calz non pagaran res en denguna
515 forma ni manieira, quinha que sia.

LA LEIDA DE RAMUN DE MELHAU.

   [F] 1. **Ensec se la Leida del satge et discret** home
senhen Ramun de Melhau, borges de la Paissjeira, la calha
ha comprada del noble home mossen Peire Jorda, cavalia, la

<hr>

490, intrar, *corrigé en* intran *de la même main;* 491, intran.

520 calha ez dejost scrich[a], consignada et specifficada, la calha
sobres dicha Leida li costet, al sobres dig Ramun de Melhau,
la summa de septanta cinq lieuras malgoyressas, de la calha
desobres dicha compra consta per instrumen pres et ressauput per mestre Guilhem Jamme nottarii, sobres l'an mial dos

525 (*f° lxxxvj.r°*) cens septanta cinq, so ez assaber totas [las] leidas et tottas las rendas et yssidas de leydas que ieu ay, prende
et aver deg, franquas et quitias de tot ces et de totas senhorias que denguna persona non hi a, e ses tota recognoissensa
que jamais non fessi has home ni ha fenna en deguna forma

530 ni maniera, en la viala de Milhau et dins los de[c]tz d'aquelha, sian demas (?), ences, sal, borras et calque causa que
sia(n), et speciallamen et spressa la mittat non partidamen
que ieu ai et ay accoustumat de penre hen totas las causas
daval scrichas et especificadas :

535   2. So ez d'una mezalha den cascuna bestia d'homes es-
trangz que traga sal, que porte mai d'un cestia, et de cascun
salis huna punhada de sal d'home estranh, la semmana; et
quant los hus l'auran pagada, tot(z)ses los autres que des-
cargaran en aquel salis, que sian quitis d'aquella semmana.

540   3. Et de cascun home estranch que porte barras de ferre,
am so que n'i haja (*v°*) d'una dotzena en sus, l'an tant solletamen et aquel revolt et complit, huna barra.

   4. Et de fers de lansas, d'andeires, de padenas, de pazo-
las(?), de cappelz de ferre, de cottelz, de rasos, de tolhoi-

545 ras, de palas de ferre, d'arpas, de claus, de farralhas, [d']ar-
siers, de podadoiras, de doladoiras, de palhas, de fusta, de
heminalz, de salz, de canas, de barralz, de hennaps, de astas,
de lansas, de pichias, [de] peus, de copas de veire, de cascun
home et de cascuna fenna, am so que porto de huna dotzena

550 hen sus, una vegada l'an, hun ho huna de totas las causas
desobres dichas que portaran.

   5. Et de cascun home et fenna portans holas de terra, una

525, septante.

hola en cascuna intrada, am so que hi aja dotzena entieira
ho alcuna en sus.

555   6. Et de peisses de mar, de cascun home estranh, quatre
deniers tornezes la saumada, huna vegada l'an tant solletamen.

  7. Et de tot home (*f°.lxxxvij.r°*) ho fenna, am so que elz ho
elas sian foratas ho faratanas, et portarian ho farian portar
560 totz draps ho telhas, ques tengo ho non si tengo, sian tengz
ho tenchas, am so que n'i haja de doas grans aunas *sive* de
mejas canas en sus, valhen cascuna auna huech pams liom-
salz(?)[1] ho d'aqui en sus, quez vendo ho compro alha fieira,
el pla *sive* a la plassa, huna mesalha de tot home estranh.

565   8. He de tot coiratier que desplegue en taula la sepmana,
hun d^r tz.

  9. De totas las autras causas so, coma desobres ez dig, la
mitat d'aquelhas non partidamen, et generallamen totas e
quantas altras causas, rendas et issidas de leidas que ieu ne
570 ai et aver deg dins la sobres dicha vialha de Milhau et dectz
d'aquelha.

---

1. Doit-on lire *honsialz* (= unciales?), ou *Lionalz* (?), forme hypothétique d'adjectif dérivé de *Lyon*. On sait que l'aune de cette ville
était un peu plus petite que celle de Paris (V. Ducange, s. v. *alna*). L'une
et l'autre interprétation soulèvent des difficultés.

553, hodoqun.

V.

(*v°*) LAS ORDENANSAS DE LA VIALA DE MELHAU ET DELS COSSELS DE LA MAIO COMINAL.

L'an de l'encarnacio de Nostre Senhor *Dieus Jesus Christ, que hom conta, mial tres cens trenta nou, ha vingt et quatre del mes*
5 *d'aost, Moss°ʳ Felip rey de Fransa per la gracia de Dieu et tresque noble crestia renhan, conosco totz que las constitucios daval scrichas, ordounansas et stabillimens, foron publicatz en la gleisa parrochial de Nostra Dona de Lespinassa de Melhau, et juratz davan lo pople de la dicha viala ho la major partida d'aquel, et legitz al pal de la dicha*
10 *gleya per lo noble Ramun de Gozo, senhor de Gozo et cossol que ez de l'an prezen, davan tot lo poble, et juratz per los sobres digz cossolz, cosselhiers del cosselh secret et de l'esquilla, los calz eron totz prezens, vessens et aussens, los calz an jurat trastotz sus la cros et lo Te igitur elses tener et far tener, elses et lurs (*f°.lxxxviij. r°) *successors en los*
15 *sobres digz ufficis gauzens per aras et en trasquedetot autre tems endevenedor, gardar, servar, et non contrafar ni veni, los calz stabelimens si ensego en aquesta forma et manieyra, la calha si ensec :*

1. Et premie[i]ramen, fouc establit et ordenat que sobres totas las autras causas, quanhas que sian, que nos totz siam
20 bos, lialz, fizelz et hubediens al sobres dig princep, non tant solamen nos, mas aussi tota la viala, et en tot et per tot quant noz farem ni direm ni ordenarem, volhem sus tot que sia gardada, conservada et mantenguda la ficeltat, honor, preffiech domayne et senhoria del sobres dig princep en
25 tot et per tot, et altramen coma ez de far de drech et de rasso.

5, rey per.... crestia de Fransa renhan ; 22, ne direm ; 24, proffiech.

2. **Item,** que lo cosselh non auze tramettre en aucun loc
nenguna persouna, quanha que sia, hen que capia ni tombe
despessa d'argen, se donc que sia de voluntat del cosselh se-
30 cret et de l'esquilla ; et se si fassia que la despessa (*v°*) no fos
ni hesser degues sobres lo comu, empero exceptam que, se
mandamen ho novellas alcunas venian ben cochat, que hom
non pogues bonamen aver lo cosselh ho cosselz desobres
digz, que adonc en aquel cas ne fosson mandatz prestamen
35 sieys de cascun cosseilh delz sobres digz, et en lur cossélh
que elz assordenon sobres las bezounhas segon que lur sera
havist, segon Dieus ni lur prudhomia ni a lhur sagramen.

3. **Item,** fouc mai exceptat que, se la causa era fort po-
derossa, la calha calgues tener fort amagada e secreta, si
40 que per sabensa de trops ne pogues hessir a(u)lcuns perilz,
que en aquel cas sian appellatz aytans del cossel secret coma
de l'esquilla, los calz assordenaran sobres la bezounha, et
altramen segon que lo cas requerira ha l(e)ur bon albire,
las calz personas sian elegidas per los cossols, los calz sian
45 bos e sufficiens (*f°.lxxxix.r°*), et que non sian suspechozes
a lhas bezonhas que venran al cossolhat ni aussi pauc alz
cosseilz desobres digz.

4. **Item,** que quant aucun home sera trames per lo cosseilh
ho per aquelz desobres digz, que quant el tournara, que
50 fassa sa bona preffiecha relacio et entieira sans re pallia alz
cossolz, et non a deguns autres, ni aussy pauc al cosseilh de
l'esquilla ; ni aitant pauc los cossols non ausson far relacio a
nenguns altres, se no al sobres dig cosseilh de l'esquilla, se
no que fosso cas que la causa fossa tant secretta que per tot
55 publicar fossa perilh de la dessalar ; et en aquel cas, los cossolz devo appelar sieis senhors del cosseilh secret et sieis de
l'esquilla, an los calz los cossolz si aconselho se la causa si
deura publicar al cosseilh general de l'esquilha ho no ; et

ses teno del secret, que aquelz asordeno sobre la causa se-
60 gon lur bon albire.

5. **Item,** aquelh trames, tant del despes quant del segre
(*v°*) las besonhas, que fassa et far deja vertadieira relacio ;
et se si trovaba lo contrarii, que fos alongat a lha voluntat
delz sobres digz cosselz.

65   6. **Item,** que nengus non auze, quant sera trames, far
dengunas altras causas, mas tant sole(t)thamen aquelhas per
que sera trames, se non hera ha proffiech de la cominautat ;
exceptat que, si avia licentia delz sobres digz cosselz, los calz
loi trametria[n], que ho poguessa far, am so que no sia contra
70 dengun home de la comunitat ni en prejudici de las causas
per las calz el sera trames.

7. **Item,** que sia tengut empero de tot quant aura fach de
corregir (?), que lo trames deja far relacio, coma dessobres
ez asordenat, et redre totz documens, instrumens, cartas,
75 processes, lettras et totas altras scripturas dedins dos jours
apres sa venguda, non pong que sia contat lo journ que
venra ; et aiso ajustat, que tot (*f°.iiij.*^{xx}*.x.r°*)[1] home que fassa
ni venga contra lo dig article, que aquesta correctio sia al-
longada a la volhontat del cosseilh de l'esquilha, ausidas las
80 rassos del trames, dont volhem que lo cosseilh sia appelhat
dedins huech jours per far aquesta causa.

8. **Item,** que tot home sia tengut d'anar luench o prop per
la comunitat ; — e quar alcus, quant son eligitz, si excusso
per aucunas necessitatz, las calas dizon si aver de l(e)urs
85 personas et de lurs bes ; — que la scuzacio, se bona ez, que
li sia amessa, et ses trobava que la scuzacio que auria pre-
pausada non fossa vertadieira, quant la prepausaria, que
aquel fos alongat ho punit, a la volhuntat del cosselh de l'esquilha.

---

1. Le manuscrit porte ici *f°.iiij.*^{xx}*.,* et ainsi de suite jusqu'à la fin,
avec une erreur de 10 folios en moins.

59, ses tenedor; 69, los; 69, poguesso ; 73, **que la** ; 78, correcto (*avec
un sigle sur la dernière lettre*) sia allongat ; 86, troba ne.

90   9. **Item**, que los regidos, comandaires, dounatz et mercenaris, que d'aisi avan se receupran am l'hospital mage de Melhau, sian resauputz et elegitz a la volontat del cosseilh secret et de l'esquilha, et non en deguna autra forma ni (*v*°) manieyra[1], exceptat que los cossolz puesco a paures vergo-

95 nhoses, am so que sian nadieus de la sobres dicha vialha, far trametre almo[r]nas, segon que as elz semblara, so ez al-morna volontieira et non perdurabla ; et non re mens que los cossolz, regidors, comandaires puesco far regir los membres de l'hospital a l(e)ur bona conscientia et prudhomia,

100 et que alcus mercenariis non sian ressauputz que ajo alcus bes, se non que aquelz bes et aquelz que auran per tems en-devenedor et l(e)ur pouira[n] appartenir, per qualque ma-nieira que sia, sia[n] de l'hospital, ho al mens l'en dones tant per que l'hospital ho agues ben sal de donar la vida ; et

105 d'aysso si fassa carta davan que sian ressauputz. Et se n'i a alcun ou halcuns ressauputz que hajo bes, que non los ages donatz a l'hospital, ho a d'autres que balho l(e)ur despessa largamen que l'hospital li ffa, que sian gitatz, ho dono *(f°.iiij.*ˣˣ··*xj.r°)* so que an ni auran en futur al dig hospital

110 generallamen de tot en tot.

   10. **Item,** que a redre los comtes des cossolz, de las cari-tatz, de l'hospital mager, sian et hesser dejo los senhors del cosseilh secret, et aquel clocat, lo cosseilh secret, coma ez acostumat de far, et los senhors del dig cosselh que sian

115 continuadamen alz digz comtes, aquelz solamen que venran al comunial appres la cloqua, am so que negus delz altres non hi sian, se non tant solamen aquelz que venran lo pre-mier jorn sonada la dicha cloqua, que non dejon esser alz digz comtes, se non que fos per delieurar los comtes et los

<hr>

1. En marge (même écriture qu'aux f°ˢ 38 v°, 40, etc.) : *Liberté aux sieurs consuls de faire distribuer l'aumone aux pouvres natifz de la ville.*

   90, regardos (*corrigé en* regirdos); 91, recepuran ; 96, a selz; 102, qualqua; 107, valho leur despesso.

120 debatz que d'aqui hisserian, ho ffos grandamen necessarii,
et may aussi be a cauza de tota sospecio, la cala hi poges
endevenir, detz del cosselh de l'esquilha delz plus sufficiens,
segon lur bona consciencia, los calz devo causir los senhors
cossolz[1]; et quant los digz senhors del cosseilh secret *(v°)* et
125 de l'esquilha ser(i)an ajustatz, totz juraran aqui meteus, la
hun en presencia de l'autre, que elz be e degudamen si at-
tendran alz contes ses frau et ses barrat dengun, et aquo
passabla [et] graciosamen penran en comte, el remanen gar-
daran et deffendran sus tot lo dreg del cossolhat, et non fa-
130 ran re ni diran ni mantenran en denguna forma ni manieira
per odi, enequitat, enveja, venganssa, parentella, affenitat,
amistat, de promessio de tot en tot delaissatz[2]. Et·enconti-
nen seran scrichs aquelses que venran lo premia jorn del[s]
sobres digz detz helegitz (del sobres digz) ; et si n'i avia
135 alcuns que aguesson tant grans bezonhas, davans que elses
aurian jurat, que aquel ou aquels digon l(e)urs besounhas
aquy en presencia de totz, am so que non sian grandamen
secretas ; et se so sufficiens, que lur sian pressas, et non en
deguna altra forma ny manieira, *(f°.iiij.ˣˣ·xij.r°)* am so que
140 non sia secret; et se hera grandamen secret, am so que
sentiguessa que li fossa damnatge de ho revelar, que adonc
volhem que aquel ou aquelz ne sian cresegutz a l(e)ur sagramen, et adonc que los autres avion los comptes coma desobres ez dig.
145   11. **Item,** que los comptes dels cossolz seran ressauputz
desai la festa de la Maria Magdelena, exceptat que lo dig
comte se puesca alongar per quinze dias utials tant soletamen. Et ayso sia que, se justa causa hi era ho i avia que
poges perrogar mai, segon que requerira[n] las causas que y

---

1. Toute cette première partie de l'article offre une syntaxe embarrassée, qui obscurcit un peu le sens.

2. Je ne comprends pas cette fin de phrase, depuis *de promessio.*

123, gausir *ou* sausir *(initiale majuscule);* 128, passable; 148, sie que.

150 auria espressadas, (et) aque[s]tz alongis donaran aquelz que
devon recebre *sive* ausir los sobres digz comtes, aitant en
nombre aissi quant desobres es dich ni scrich.

12. **Item,** que sian tengutz a redre los comtes de l'hospital mager, am so que sian redutz en la forma et manieyra
155 coma desobres ez dig.

13. **Item,** que sia tengut tot home de tota' administracio
altra, (*v*°) redutz los comptes, que sian quitatz los admi-
nistrados amb(es) instrumen, de sinquanta floris ensus,
[per una carta], la calh(a) [1] faran los cossolz et conseilhiers
160 ausens los comptes, et de cinquanta floris en aval, que sia
scrich el libre del cossolhat de la ma del notarii, lo calh
scrich volhem que valha aitant coma s'era instrumen, la
calh carta li sia baillada tota grossada al proprii despens
del comu.

165 14. **Item,** las capcios seran fachas per los senhos contengutz desobres (digz), enaisi que auzitz los comtes tanto[s]t
si faran fa las taxacios, et que, entro que sian fachas, non
seran claus los comtes ni los cossolz non seran quitatz; et
de far aiso ben et lialmen ho juraran, et altramen coma
170 desobres es dich.

15. **Item,** que los cossolz ni cousselhias ni altres, quanhes que sian, que per degunas bezonhas que toco lo cossolat ni altras, que non fassan ni far dejan denguns cosselz el
luoc, se no tant soletamen dedins la maio comunal ho la
175 (*f*°.*iiij*.**ˣˣ·***xiij*.*r*°) nostra gleyssa sive cappelha de sanct Marti.

16. **Item,** que denguns cossolz ni cosselhias, de[l] cossel secret ny de l'esquilha, non auso ni dejo penre per co-

---

1. On ne voit pas à quoi peut se rapporter ce féminin (d'ailleurs mo-
dernisé), si l'on ne supplée pas *per una carta*. Cf. plus bas, l. 162, *la
calh carta*. Le passage est peut-être corrompu à partir de *redutz* (ms.
reducti); cependant nos corrections lui donnent, ce nous semble, un
sens raisonnable.

157, reducti; 172, toto.

mensa *sive* gatges denguna causa de nengun homme, per
besounhas que aja a delieurar al cosselh ni al cossolhat.

180　17. **Item,** que nengun home del cosselh que non puesca
veni al horde acostumat, que (non) sia alongat per los cossolz en causas criminalz ny altras, et quand jurarian, que
non l(e)ur sia preza l(e)ur exceptio.

18. **Item,** que se si endevenia que en un an hi aguessa
185 molses cossolz novelz, los calz comenseson de penre lo sacramen, que aquel al qual sera mandat secretamen per los
cossolz,…. *sera la festa general* [1], et cascun delz altres pagaran quinze floris d'aur a lha obra delz murs et delz fossatz
sive vallatz.

190　19. **Item,** que a tot cossol cascun an l(e)ur sia bailhat
(v^o)[2] vingt floris d'aur, de bon aur et de bon pes a cascun,
et que amb aco elz si dejo vestir de una belha et nobla portadura de draps roges et negres, la rauba et capairo tot d'un
tros, la cala portadura es bona et belha, honrada, folrada et
195 honesta, las calas raubas et cappayrous portaran tot l'an
revolt et complit ; et que pagon et pagar dejon Comu, coma
si troubara que deuran segon lur talh, tant de l'an de l(e)ur
cossolat quant delz altres ans aprop enseguens et venens.

20. **Item,** que quant alcun home encolpara ho emblay--
200 mara hun altre que haja comes exces ha causa de fag ho de
paraula tocan lo cossolat et los sobres digz cosselz ho lo
Comu, que non sian ni hesser dejo cresegutz a(l) lhurs paraulas de nenguns, se non que (*f°.iiij.ˣˣ·xiiij.r°*) permieiramen
a nos costes ferm de las causas denunçiadas, que alaras fos

---

1. Nous ne comprenons pas les mots soulignés. Il y a certainement
une courte lacune.

2. En marge (même écriture qu'aux f⁰ˢ 21, 22, etc.) : *20 florins d'or
chaque année à chaque consul pour achetter sa robe et chaperon ; la bore*
(lis. : *robe) sera rouge et noire et de beau drap.*

185, lascalz ; 186, secratamen ; 192 *et* 194, portidura ; 193, raubo ;
200, ho causa.

205 appelat lo colpable et ausit en sas razos et deffensas tot al
      lonc ; et se bonas excusacios et deffensas el ha, que li sian
      presas ; et se convencut ez de alcun crim ho exces, que se-
      gon que aura fag, que sia punit et corregit a la voluntat del
      cossel secret et de l'esquilha. Et se tant hera que fos trou-
210 bat que malvadamen fos estat encolpat ni accusat, que aussi
      be lo encolpaire *sive* denunciaire que fossa corrigit a la vo-
      lhontat delz sobres digz cosselz et segon que lo cas seria.
      Et se tant era que non fos troubat contra alcun home alcuna
      colpa mas tant soletamen per la deposessio de hun homme,
215 que alaras fos appellat lo encolpat per si excuzar de la colpa,
      et se aparia que (*v°*) aquela excusacio fossa bona et suffi-
      cien, et apareguessa esse mielz vertadieira que la colpa,
      que lo encolpan fos encrepat deves lo encolpat, lo.inno-
219 cen et non lo colpable.

      21. **Item,** que dengun home non sia gitat ni mal tractat
      del cosselh secret ni de l'esquilha, se donc que sia an vo-
      luntat dels digs cossolz, los calz sian totz ensens ; empero
      noz volem, davan tota autra hobra, que partida hi sia ap-
      pellada et ausida en sas rasos, deffensas et ignoscensas, se
225 ges n'i a, trastot al lonc et al ple, davan que el[z] puesco orde-
      nar ny determenar de l'en gitar ni spelir lo de leïns. Et ausit
      qu'el sia trastot al long et veso qu'el sia colpable, que l'en
      geto ; et se vesso que sia ignoscen, que lo laisso, en la forma
      et manieira coma dessobres ez dig. Empero nos volhem
230 que aladonc lo reprengo per bonas rassos (*f°.iiij.*ˣˣ·*xv.r°*)
      et per paraulas bonas et honestas, enaisi coma lo cas ho re-
      querira ho emportara trastot al long. Empero noz volhem
      et exceptam que, despueis que seran trobatz colpablas et
      traites a la vialha, tant per raubamen d'arjen, de documens,
235 quant d'autres crims, los calz elz auran fagz, perpetratz ni
      messes asseffiech leyns, que tant cant l'arma lur batra dins
      l(e)ur cors ni vieurau en natura, que honcas jamais leyns non

210, malus damen ; 217, vertadieire ; 218, de vessi ; 242, comet.

ajon a tener pe ni locs, ni ajon denguns audim[en]tz (?) leïns
en deguna forma ni manieira, aitant coma se jamais non
240 eron estatz cossiliers delz sobres digz cosselz.

    22. **Item**, que la ellectio del cossel secret et de l'esquilla, es
ordenat que si fasson an bon volher, conjet et licencia delz
cosselhias delz cosselz desobres digz ho la major partida
d'aquelz.

245   23. **Item**, que a totta sepultura de cors d'home que sia
stat cossol, *(v°)* que sia sounat lo sen gros *sive* mager elz
al(s)tres sens, coma ez accoustumat de far alz senhors del
cossel secret, et aussi a lhurs molhers ; et aisso ez estat
cossentit aytant quant toca al sobres dig cossolhat.

250   24. **Item** totz, tant del cosselh secret quant de l'esquilha,
que sian tengutz d'anar et de tournar luen o prop a lha volontat del sobres dig cossel et de l'esquilha, et aisso juraran
se no que sia causa que elses aguesso tal scussasio quel
cossel cognogues esser ametadoira.

255   25. **Item**, que nengun home, tant del cossel secret quant
de l'esquilha, que non auso ni dejo far denguna enpressa de
far certa electio de nengun home, per paraula, per fag, per
signe, per scriptura, ni per persona interpausada ni altramen, en deguna manieira que saubessa, ni conoissensa s'en
260 puesca aver (*f°.iiij.*[xx]·*xvj.r°*) sobres la electio, alz digz cossols, essems ho altramen. Et aquestas causas sobres dichas
et altras juraran sobres los quatre sancts evangelis ; et aquel
que sera trobat a far lo contrarii, que aquel ho aquelz que hy
seran trobatz a faire lo contrarii de tot so dessobres dig, que
265 sian ben punitz a lha voluntat delz sobres digz cossolz. Et
se hera cas que degun home aguessa facha denguna en-
prenssa per sagramen, per paraula ho en altra forma ni
manieyra, que aquelha non lur sia franca ni bona, et de tot
en tot trincada et non vallabla, et que d'aquela d'aissi en
270 avan degus non deja uzar en deguna forma ni manieira,
quanha que sia.

    26. **Item**, que degun home del cossel secret non se

scuze ni scuzar deja de deniers ni de re de sos bes, (*v°*) per
son Comu, a causa del cossel secret.

275   27. **Item,** que dengun home non sia del cossel secret,
se donc que permiairamen sia del cossel de l'esquilha.

28. **Item,** que dengun home [que] non sia del cossel secret et de l'esquilha non sia elegit cossol que premieiramen
non sia estat des susd. cosselz.

29. **Item,** que non hi aja ni aver deja deguns cosselhias
281 delz sobres digz cosselz en degun(s) temps endevenedor, que
sian ni hesser dejon en denguna forma ni manieira graduatz, ni ajan degun gra, tant en leis quant en decretz, ni aussi
pauc en deguns altres drechs, canoniez ho cevials, ny aussi
285 pauc denguns notariis realz ny altres, se non tant solletamen
hun per scrieure las apuinctamens laïns, ni aussi pauc denguna persona que aja degun sagramen (*f°.iiij.*ˣˣ·*xvij.r°*) a nengun senhor ni as altra persona, se no tant soletamen leyns en
la sobres dicha mayo comuna, et non en denguna altra part en
290 denguna forma ny manieira, quanha que sia, se donc que sian
nobles, borgesses, cambiadous, merchantz, mazelias, telha-
tias, borsias, mangounias, drapias, sabatias, surgias, fabres,
teisseires, laboradors et altres, am so que sian habitans et
nadios *(sic)* de la sobres dicha viala, et non altramen. Em-
295 pero noz volhem et ordenam, que en los sobres digz cosselz,
secret et de l'esquilha, non volhem, *aut* aras de novel per
espres ho prohibem, que non hi aja ni aver hi deja denguns
hommes foratas *sive* strangz, quanhes que sian, delz sobres
digz cosselz, se donc que ajon facha habitacios dedins la
300 sobres dicha vialha de Melhau, et per l'espassi de trenta [ans]
et plus ; et so es per *(v°)* causa que hom conosca et cognoisser puesca et deja quanhe ez, ni s'es lial ho no, ni s'es home
sufficien lo cal covenha ni stassa ni servisca ben leïns, et so
es per causa, se donc tot jorn davan totz los altres[1] los pro-

---

1. Nous ne comprenons pas bien cette ligne, depuis *et so es* (ms. *et*)
per causa; il y a peut-être une courte lacune.

278, premeeiramen ; 281, tenps ; 301 *et* 303, et so et per causa.

305 priis nadios (*sic*) de la sobres dicha vialla, loscalz tot jorn
porto, et l(e)urs predecessors an tot jorn portat, los carges
et los grans affaires, los cals son(t) totz jorns dins la sobres
dicha vialha tant de nuech quant de jorn, se donc que fossa
cas que en la sobres dicha viala non s'en trobesso denguns
310 delz sobres digz nadio(l)z, los cals non hi fosso conveniens
ny aussi pauc suffeciens a lha ben gouvernar ni regir, a
causa de mortalitatz et non altramen, en denguna forma ni
manieira, quinha que sia.

    30. **Item**, que non hi aja home de quanh estat
315 (*f°.iiij.*ˣˣ·*xviij.r°*) ho condicio qu'el sia, am so qu'el aja sagramen leyns, qu'el sia si ausart de far ni aussi pauc far far,
articular, ni aussi pauc depausar a l'encontra d'home delz
sobres digz cosselz per ma interpausada ni la hun a l'encontra de l'autre, se donc la hun l'autre mantener coma fraires
320 en totas e quantas causas, tant leyns que de foras. Et quant
seria cas que los hus ho los altres aurian mesfach a l'encontra de la comunitat, adonc la debo (*sic*) ben et hounestamen
la hun l'autre repenre an paraulas bonas et honestas, et demostrar lur trastot al long en que an mesfag, et demostrat
325 que l(e)ur ho ajo una ves, doas ves ou tres ves, et per so
elses non s'en vueilho cessar, que adoncas elses los punis-
con a lha voluntat delz sobres digz cosselz secret et de
l'esquilha, ho la major partida d'aquelz, et altramen (*v°*)
coma s'apartenra de ffar per drech ni per rasso.

330   31. **Item,** que de aquesta hora en avan que entre los
sobres digz cosselz que non hi aja ni aver i deja denguns
debatz ny questios entre los cosselias, los calz so ara de
presen ni aussi pauc seran en degun tot autre tems endevenedor, ni plassa contra payssie[i]ra, ni carieira contra car-
335 rieyra, ni la hun contra l'autre, se no que d'aquesta hora en
avan que totses sian et hesser dejan en bona pas, amor, concordia, et en tresque bona hunio, et que d'aquesta hora en

avan que sesso totz processes, scripturas et plaidejarias,
quanhes que sian, et totas rancos et nuejas, ponchas, mal-
340 vestatz et discordias, las calas so et son stadas lo temps
passat ni seran en lo temps endevenedor, se no tot[z] hun
corps, huna ama, huna volontat tot jorn et bona pas et pre-
fiecha amor, delexio et concordia, so ez a dire que so que
los hus volran que los autres vueilho, am so que se fassa en
345 bon drech *(f°.iiij.ˣˣ·xix.r°)* et am bona prefie(i)cha et lial
rasso sus tout.

32. **Item**, que totas e quantas vegadas que si tenra la
cort real en la sobres dicha vialla, que totz los jorns hi aja
et aver hi deja tot jorn de contun, et so sans falha, dos cos-
350 solz, delz calz so aras de presen ni seran en trasquedetot autre temps endevenedor.

33. **Item,** que deguna persona, que vueilha far ho far
far per persona morta cap d'an, non volhem que si fassa clas
degun se no que la dignitat de la persona ho requeriges, et
355 adonc non volhem que ho fasso se donc an voluntat del cossel de l'esquila.

34. **Item,** que cascun an totz los sobres digz cosselias,
l'endema de la sancta Trinitat, prestaran sagramen, aisi coma
ez accostumat de far lo temps passat. Et aqui metteys, per
360 utillitat de la causa publica et per spedir los negociis de la
sobres dicha vialha, los calz cove a metre en cossel per los
senhors cossolz et cosselhias, *(v°)* — et car, cloquada l'esquila
del cossel, los cosselliers adonc non venon prestamen, segon que los casses ho requero, et cove los trop attendre, —
365 noz ordenam que, claus lo cossel, encontinen que sera claus
lo dig cossel, los senhors cossolz trametran l(e)ur scudie *sive*
mesatge alz senhors cosselies de paissieira, per so car non
auso prefi[e]chamen clause *(sic)* lo cossel ; et demantenen
que sera tournat, que los cossolz que so ni seran que alluco
370 *sive* enflamo una petita candela de sera valhen mialha. Et se

361, com ametre; 364, couc los ; 370, une.

totz non so vengutz los digz cosselias davan que sia tota
arduda, que adonc pago et pagar dejo cascun delz sobres digz
dos grosses d'argen, de bona et forta moneda, et so sans
tolta, merce et sans denguna gracia, se donc que ajan des-
375 escuza convenien et rasounabla. Et per so que aja melhor
heffiech, totz los proffiechs que d'ayso poiran (*f°.c. r°*) endevenir, los senhos cossolz, an consentimen del[z] sobres
digs cosselz, ho an arrendat al sobres dig noble Guilhen Pellegri, cossol que ez de l'an presen, la sobres dicha rena per
380 lou pres de sieys lieuras tornezas per tot l'an, las calas dejo
veni et aquelas convertir en oli, per alumenar la lampeza de
la sancta veraia Cros, del cloquia, ho per autra causa a ffar,
aissi cant alz cossolz que aras so ni seran en trasquedetot
autre temps endevenedor plaira de ffar, hanb aital ordenansa
385 que totz aquelz que falhiran et recuzaran de pagar, que lo(s)
sobres dig noble Guilhen Pellegri los puesca far grava (?) et
far gitar gatges per pagar la dicha rena, et so sans alcuna
(denguna) gratia de dengus.

377, endevenen ; 383, aissi tant ; 386, far gracia.

VI.

(*v°*) AYSSO SO LAS COSTUMAS DE LA VIALA DE MILHAU.[1]

ENSEGON SE LAS COSTUMAS de la viala de Melhau de Roergue, las calas se ensego en aquesta forma et manieyra :

5   1. Et permiairamen, que lo marc de Milhau sia coma lo marc de Montpelia, ho pesses delz marcz descendens(?).

2. **Item,** de tota causa que rena ou deva donar, que l'estran la pague.

3. **Item**, que denguns homes strans que non vendon 10 draps a talh, se no stiers mas soletamen los quatre dias de la fieira sanct Simon et Juda apostolz.

4. **Item,** que alcuns homes estrangs que non enblanquisco telhas dengunas en las gravas.

5. **Item,** que tot home que logara mayo, que tenga los 15 comans de la viala tro al terme (*f°.cj. r°*).

6. **Item,** se per aventura creissedura d'aigas portava fustas d'home strang ho d'home d'esta vialha en alcun

---

1. « Le texte de ces Coutumes, dit M. de Gaujal (*Études historiques sur le Rouergue*, I, 285), est tellement inintelligible, que je n'ai pu parvenir à le restituer, même avec l'obligeant et si puissant concours de M. Raynouard. » Nous avons réussi, non sans effort, à rendre intelligibles la plupart des articles de ces Coutumes ; ceux qui restent obscurs pour nous, dans certaines de leurs parties, ont été marqués d'un point d'interrogation après le mot ou le membre de phrase auquel nous ne trouvions pas de sens convenable.

terrador, davan que aribada l'auria daus lo moli Chairan
en seyns ho daus Canhac, que seïns son dom la cobre,
20 am so que adobe et page la malha facha, se jes n'i a facha
el terrador, a la cognoissensa delz cossolz; et se home estranh ho privat adusia fusta per aigua, que puesca arribar
sans mala facha de blat ho d'albre.

7. **Item,** que home estran que non puesca vendre en de-
25 guna taverna son vi, et que jette son vi la copa ha .iij. d* tz.(?),
que ha la cartal aja siey[s] mesalhadas de quen geta, ho(m)
mai ho mens, per aquela meteusa rasso de que sera gittat, et
que hom hi fassa sobreversar.

8. **Item,** se hom intra in ort ho en camp ho en vigna per
30 penre fruchs, ses cossel de son dom, que aladonc pagon
set sols, dos solz a-n-aquel (v°) que ez la mala facha, et
.xij. d* torneses a-n-aquel que ho dira, et quatre solz a la
cort *sive* al baille, et pueys poge el castel ho sia mes elz ceps
dal pe de la gran plassa; et en aquest ban noz entendem los
35 vigiers et las rebieiras.

9. **Item,** se buous, hazes ho bestias grossas intro en un
camp ho en un ort, hen vigna ho en prat, deuran de ban .vj.
d* tornes, pagadors .iiij. d* tz. per feda, .ij. d* tz. as adobar
la malha facha.

40 10. **Item,** que nengun home non done a mantgar ha
nenguns maistres [ny] mercenariis, festas ny dimergues.

11. **Item,** se hom estranh commanda *sive* engatja qualque
causa, que ho puesca cobrar ses forsa de cort, am so que hi
aja alcun pacte.

45 12. **Item,** se mazellias vendian a mazel carn malegniossa
ho moriosa, que perda la carn, et coste li .x. s* tz. a lha cort
sive al baille, ni que hom non venda dedins lo mazel carn
enbalssada, *(f°.cij. r°)* ny sanne bestia ni la lave, que lo
mazel sia sannos ni tabesat.

50 13. **Item,** se hom comprava ho enpignorava *sive* engat-

java denguna causa, e clams seguia *sive* sega alcuna (a)via,
que aquela causa que aquel non la poges dela haver *sive* (?)
alcun poder aquo dat ho prestat hi auria, am so que non ho
agues comprat ho empugnarat *sive* engatjat a rescost ni sau-
55 pes que de tort fos ; et aquel que seria drechuria, que ho
cobre, an cas que hi seria donat ho prestat.

14. **Item,** que totz bons prohoms, am so que sian sans
a(u)lcuna reprensio et que sian de bona vida et honesta, que
sian cresegutz a lhur sagramen tro a lha summa de vingt solz
60 tornezes.

15. **Item,** se nengun home d'esta vialha era penhurat *sive*
engatjat ho destrech *sive* foras botat d'esta viala, per tort que
home d'esta viala fazes (*v*°) a-n-aquel de foras, que aquel
d'esta vialha, se a l'estranh non vol far raso, que tot lo dam
65 desfesses al penhurat *sive* al gatjat.

16. **Item,** se home stran si clama d'home d'esta viala *sive*
complan de tota causa mobla ho d'enjuria, que aquel d'esta
villa sia apparelhat et tengut de esser prest de plaidejar
aquel dia ou l'endema tro al ters dia.

70 17. **Item,** que tot home en esta vialla, per son deute, que
puesca puenhorar.*sive* g(r)atjar aytan be la fermansa coma
lo principal de(n) tot qualque(s) vueilha permieyramen.

18. **Item,** se home d'esta villa vol re comprar as ops de
son condug, que ho puesca aver davan tot altre que ho com-
75 pres et pueys el ho tornesa revendre.

19. **Item,** que dengun home d'esta viala non gatge homme estranh en sta villa que tort hi fassa et se non ho fasia
an cosselh d'aquel al cal tort faria. (*f*°.*ciij*.*r*°)

20. **Item,** que dengun home non penhure *sive* gatge
80 home delz draps que serian ho tenrian en l(e)ur lieg, ni
aussi pauc de l(e)urs vestirs que portarian an se, se per
Comu non se fazia.

21. **Item,** que penhura *sive* gatja home per son deute en

52, perdes; 63, en aquel; 69, altres dia.

terra ho en honor ho de sas bestias, quel punharat *sive* grat-
85 jat non puesca querre dam ny destric per aquelha penhura
sive g(r)atjadura, se per colpa del punherador *sive* g(r)atja-
dor non fossa affollada.

22. **Item,** se dengun home met rauba en empenhuradura
sive gatjadura tro al terme certa, que pueys que l'aura ten-
90 guda un an revolt et complit et lo terme passat, que pueys
non fos tengut de re he quen fassa a sa guiza.

23. **Item,** se dengun home deuteyre ho fermansa veda sa
penhuradura *sive* sa gatjadura de tot deute conogut, que la
cort ho destrenga *sive* fassa [destrenher?] et ho fassa pagar
95 dins (*v°*) quinze dias utialz et juridics, et que n'aja sa justetia del totledor bonamen, coma auria d'autre plag.

24. **Item,** quant lo plag sera en cort, lo dia qu'el tems
daria la fermansa ho el auria hom fag saber lo clam, aquel
dia si comensa lo plag ; la cort pot lo menar tres messes, et
100 non lo pot plus alongar, sel reu non ho vol, el reu [lo] pot
mena sieys mezes daus lo comensamen ; el tems del reu
puesca dire l'actor tro a la fi del plag, et que la hun et l'autre
puesca respondre al plag de tot clam de fag que fos fag, et
quant la fermansa [1]; et que degus non puesca querre ni de-
105 mandar dilacio daus los sieis messes en lay, mas que diga
continuasamen tro al plag que sia ferut de tot en tout, et
que responda hom a tot clam que sia fag en cort fassen ho
baylan libel ho libelz.

25. **Item,** que a la fi del plag, que la cort aja et que aver
110 deja las punharas *sive* g(r)atjaduras. *(f°.ciiij.r°.)*

26. **Item,** que aja sa justetia d'aquel que plus sera con-
dempnat, et l'altre que n'iesca soutz et quiti de tot en tot
generalamen.

---

1. Tout ce qui précède est obscur, en particulier les mots *el tems*
(lignes 97 et 101), et les mots *el auria hom* (ligne 98).

96, pleg ; 100, el ren ; 101, dans ; 102, lactortio ; 112, ni esta.

L'article quant huna persona ez excesiva-
115 **men tailhada, plus que sos bes non monto ni**
valho.

27. **Item, quant alcuna persona se** volra debatre
de son Comu, depueys que sera talhada per los talhadors,
que sia interrogada et demandada en la manieyra que si
120 appres si ensec, en aquesta forma et manieyra :

Premieiramen, jurara sobres los quatre sanctz evangelis, per el de son bon grat et spontanea volontat tocatz et
non feintamen; e fag qu'el aja lo sagramen lial, sia enterrogat per son sagramen se hel ha facha denguna donatio ho
125 hobligacio a son filh ho a sa filha ho a sa molher, se hera
home, ho....[1] fenna, *(v°)* ni a denguna altra persouna entrepausada, en frau del Comu ho del talh ques levara; et se ho
jura, que sobres aisso ne fos ben noblamen et notablamen
ausit. Et facha la dicha demanda et la resposta aprop sub-
130 seguda, sia enterrogat per son sagramen quant val son moble, quanhe que sia ni qual que sia ni hon que l'aja, ni per
quant de summa el lo daria ni lo laissaria segon Dieus ni sa
consciencia ni al sagramen dessobres dig. Et sia li splanat
sive especifficat quinha causa es ni so totz bes mobles et
135 moble et totta causa mobla, et aquelha moven, coma ez blat,
totz bestiariis, draps, splecha, vaissela d'argen et altra vaissela, tinas, vaisselz, totz deutes, denias, aur et totas causas
que corro mercadarias, et generallamen totas altras causas.
Et estimat que sia son moble per son sagramen, que se hi
140 restava *(f°.cv.r°)* degun cargue, que el lo nomme et l'es-
Comu, [se] avia degun tort ho avia a ffar deguna emenda, ho
plane *sive* lo clariffique; et se son talh fossa apparen que
fossa grevat, que el ne sia ausit tot al lonc. Empero nos entendem que aquel ho aquelha que se volra debatre de son

---

1. Il faut sans doute suppléer les mots : *a son marit, se hera.*

123, feuchamen; 139, hi amstaval degun; 140, que elloume.

145 devia deute per emenda ho per laisa de se ho de sos paires ho
    per sa filha ho per altra persona, que aytant coma aquel si se-
    saria de emendar ho de pagar non fos auzit d'aquel cargue,
    mas que pague son Comu per entia, aytant coma tenra aquo
    an se, et apres sia enterrogat per lo sagramen desobres dig
150 quant valho sas terras et sas pocessios, quinhas que sian,
    aquelas que el avia el mandamen ni talhieu d'esta viala ; et
    se a las pocessios el ajustava negun cargue, que lou nomme
    et lo splane *sive* lo speciffique; et se son talh li carga trop segon
    son avist, que adonc lo fassa apare (*v°*) *sive* stima et que ne
155 sia auzit an lo sobres dig sagramen stiers no enayssi coma
    desobres ez dig. Et appres tot so desobres dig, que ajo cos-
    selh los cossols se per aytant coma el ho a stimat ho retenran
    al Comu ho no ; car aytal ne es stat lonc temps a, — car en
    libertat ne so de ho far ho no, — et s'era accostumat de far
160 et de uzar en la presen viala de Milhau.

145, pairos ; 152, a lus ; 155, en ayssa ; 157, retenren.

VII.

[SERMENT DES CONSULS].

Ayso so los capitols que juro los senhors cossols el tems que son elegits dins la gleia mage de Nostra Dona de l'Espinassa de Melhau.

1. **Et permieiramen vos gardares**, defendres et mantenres aitant cant poires de vostre bon poder los priviletges et las costetucios et costumas et totas altras libertats et (*f°.cvj. r°*) franquesas d'esta viala et del cossolat et del comunal.

2. Et que comunialmen seres lials tant alz paures quant alz rics d'esta viala.

3. Et gardares et deffendres los patus et la mayo comunial, et l'aiga de Vezobias an lurs pertenentias, et las caritatz que so gardadoiras alz cossolz, coma so Sanct Marc, l'Asencio, Sancta Caterina, sanct Nicolau et la Guiraldessa, et aquela de Moss°ʳ sanct Jaume, et la coffrairia, et l'obra de la gleia maje de Nostra Dona, elz dos pons[1], et l'hospital

1. En marge, à droite (d'une écriture moderne, du commencement du siècle): « *Les deux ponts. Ceci paraît être antérieur à l'an 1339.* » — Au-dessous, sans doute de la main de M. de Gaujal (Cf. *Etudes historiques sur le Rouergue*, passim), on lit cette réponse à la note précédente : « *Sans doute : les Coutumes de la ville doivent être antérieures à la transaction avec le roi de France.* » — Il s'agit de la transaction publiée ci-dessus, chapitre III. Les ponts dont il est question sont : le pont vieux, qui fait l'objet de la dite transaction, et le pont situé au confluent de la Dourbie et du Tarn, à l'est de la ville, sur la route de Nant, vulgairement *pont de Cureplats*, du nom d'une maison de campagne qui se rencontre à 200 mètres de là : un vieux plan du XVI° siècle, qui se trouve à la Bibliothèque nationale, l'appelle *le pont neuf*.

maje, et la enfermaria et l'hospital de La Broa, et lurs libertatz et franquessas, et la ordenansa novellamen facha sus lo
fag des forns et fornatges. Et non sostenres ny consentires
20 que alcuna causa mobla et non mobla, cessas ho libertatz
de las causas desobres dichas, am so que hy sia necessarii
lauzimi *sive* lauzar delz cossols, sia vendut ho alienat (*v°*) en
alcun cas ses cosselh et lauzimi de totz los sieis cossolz ho
la major partida d'aquelz.

25 4. Et pagares et fares pagar los deutes que los altres cossols vostres ancessors an fach, per razo et per causa del
cossolhat, a-n-aquels als cals hom los deura ; et cobrares
aita be *sive* far pagar deures los deutes que hom deu al cossolhat.

30 5. Elz plagz elz negossis promogutz et comensatz per
nom del cossolhat menarese persegres be et lialmen, et mantenres et defendres la permutacio facha lo tems passat entre
moss°ʳ Ramon de Roquafueilh, cavalia et cossol de Melhau,
una am sos companhos, sus lo fach de las questios, las ca-
35 las ero entre lo prior de Melhau et lo cossolhat [1].

  6. Et non penres, per vos ni per altres, percasses paucs ni
(f°.cvij.r°) (ny) grans, ny aussi pauc denguns salaris duran
l'officii de vostre cossolhat, ni lo fares recebre ni sostenres
que altre lo recepia *sive* prenga per vos ; et se sabias que fos
40 pres, del redre.

  7. Et que tenres et fares tener los stabelimens vielhs et
novels fagz et juratz per los cossolz vostres predecessors, et
los stabelimens de revocar ho far revocar totas citacios et de
non far contractz uzuraris dengus en calqua forma et ma-
45 nieira que sia. Et servares al ric et al paure de tot ce que
vos poires, et los gardares et deffendres de totz plagz, quanhes que sian.

---

1. On ne sait de quel litige il est ici question.

30, premogutz ; 36, per casses *(avec une virgule à la suite);* 38, leur
cossolhat ni lo ; 42, nostres.

8. Et penres conte del comandador de l'hospital major et de La Broa, et delz regidos de la confrairia et caritat de Sanct Jaume et de las altras caritatz desobres dichas, et del hobrier de la gleia de Nostra Dona, et delz regidos de la roda del lampezia de Sanct Marti, et del sagresta de la gleia de Nostra Dona, huna vegada *(v°)* l'an.

9. Et ires prop ho luen, a la volhuntat delz cosselz secret et de l'esquilha, per lo cossolhat, a la despessa de la comunia et segon l'establimen qu'es seïns ; et que nengun home non penra per son travailh, hane prop ho luen, sian clercs ho altres, quanhes que sian ni calz que sian, ni penres per despessas ni per loguier de vostra bestia ni de vostre mesatge, mas sieys grosses d'argen fi, de forta et bona moneda, tant solamen lo jorn.

10. Et fares et tenres l'establimen de levar lo Comu que si fara en vostre temps et segon que ez stablit et ordenat.

11. Et creires lo cosselh *sive* cosselz ho la major partida d'aquelz.

12. Et en aquest huffici de cossolat vos autres uzares ben et lialmen, segon Dieus et vostras bonas consceutias, et que tot enaisi ho tenres et de tot en tot ho servares en la forma et manieyra coma desobres ez dig; et so prometes *(f°.cviij. r°)* de far, se Dieus voz ajut ni aquest sanct sagramen, metten las doas mas sus la Cros et lo *The igitur*, per voz altres realmen et manualmen tocatz, empero en tot et per tot salva, gardada et conservada la fizaltat, honor, domayne et senhoria de nostre senhor lo rey de Fransa, al cal doue Dieus bona vida et longa.

56. le stablimen; 59. vostre.

VIII.

DE PONDERE BLADORUM.

Philipus, Dei gratia Francorum et Navarre rex,
notum facimus universis tam presentibus quam futuris quod,
cum consules ville de Amilliavo Ruthenensis diocesis nobis
humilliter suplicassent licenciam a nobis sibi graciose
5 concedi, quod ipsi suo et universitatis ejusdem ville nomine certum pondus, ad ponderandum bladum cum defere-
tur ad molendium (v^o) pro molendo et farinam cum inde
redibit, possent instituere et tenere in villa predicta, et de
quolibet bladi sextario et quintali farine ponderati un(i)um
10 denarium turonensem solum recipere dicte ville comodis
convertendum ; nosque suppra dicti cum senescallo nostro
Ruthenensis, cui super hoc alibi scrips[er]amus, loquti fu[er]i-
mus, ad sciendum si absque nostro et alterius dampno hac
prejudicio predicta possent concedi, qui nobis retulit un(i)a
15 voce quod nobis nullum ex hoc dampnum seu prejudicium
poterit provenire, dicteque ville ac habitatoribus ejusdem
comodum asserebat ; noz, premissis attentis, eorum supplica-
tiones favorabiliter admittentes, eisdem graciose, presertim
in recompensationem cujusdam gracie Fratribus predicato-
20 ribus ejusdem loci per ipsos facte, licentiam instituendi et
tenendi dictum ($f^o.cix.r^o$) ponderum, dictumque denarium

10, turonensum ; 11, convertendis ; 13, alteruus ; 14, predicto ; 16,
pervenire ; 17, supplicatori.... amictentes ; 18, presentim.

de quolibet sestario bladi et quintali farine ponderatis reci-
piendi, concedimus in perpetuum per presentes. Quod ut
ratum et stabile permaneat in futurum, presentibus literis
25 nostrum fecimus apponi sigillum, salvo in aliis jure nostro
et in omnibus alieno.

Datum apud Baugenciacum supra Lig[er]um, anno Domini millesimo trecentesimo vigesimo primo, mense aprilis.

Facta est collatio cum originali.

27, apud Raugenicatum.

IX.

**Hec sunt nomina civitatum, villarum et pa-
rochiarum, et numerus focorum cujuslibet
parrochie senescallie Ruthenensis, et ejus
ressorti, anni domini m.iij.^{c}·xlix.**

**Primo nomina villarum et parochiarum, et numerus
focorum dictarum parochiarum, bai[li]lie de Petrucia
et ressorti ejusdem:**

Primo, civitas Ruthenensis, Ruthena, in qua civitate sunt
tres parochie, videlicet (parochia):

Parochia beate Marie de Ruthena....... m.ij.^{c}· focorum.

Parochia sancti Amanci de Ruthena..... m. focorum.

Parochia de Monasterio................ c. focorum.

Castrum de Petrucia, in qua est una parochia solum...................... vij.^{c}· focorum.

Parochia de Galganh.................. j.^{c}·xxxj. foc.[1]

Parochia de Montbejenx.............. j.^{c}·xx. foc.

Parochia de Luganh (*f°.cx.r°*).......... lviij. focor.

Parochia de Bornazello............... iiij.^{xx}·x. foc.

Parochia de Rignaco................. ij.^{c}·lv. foc.

---

1. Le *c* (ou l'*r*), ici et plus bas régulièrement, est suivi d'un signe
abréviatif final que nous représentons par un point.

Parochia de Privasaco...................... l. foc.
Parochia de Pojeto et de Salis............. iiij.ˣˣ·xviij. foc.
Parochia de Rebieira....................... x. foc.
Parochia de Salvanhac...................... xlij. foc.
Parochia de Cassanutz...................... lv. foc.
Parochia de Nausaco........................ j.ᶜ·vj. foc.
Parochia de Bes............................ xlij. foc.
Parochia de Claunhac....................... xl. foc.
Parochia de Taornhac....................... xxx. foc.
Parochia de Abas [de] Arboribus............ l. foc.
Parochia de Sonnaco (de Levinhaco de
    Vernieto).............................. j.ᶜ· foc.
Parochia de Levinhaco...................... j.ᶜ· foc.
Parochia de Vern[i]eto .... j.ᶜ·x. foc.
Parochia de Sancto Juliano (*v*⁰)......... iiij.ˣˣ·x. foc.
Parochia castri de Capdenaco............... iij.ᶜ· focor.
Parochia de Vico........................... j.ᶜ. foc.
Parochia de Levi Campo..................... xlij. foc.
Parochia de Boissa......................... xlv. foc.
Parochia Sancti Partemi.................... iiij.ˣˣ·xj. foc.
Parochia de Roqua Bolhac................... iiij.ˣˣ. foc.
Parochia de Levinhac....................... j.ᶜ· foc.
Parochia de Flanhac .... ij.ᶜ·xl. foc.
Parochia Sancti Michaelis.................. xxiiij. foc.
Parochia de Ageres......................... xv. foc.
Parochia Sancti Juliani de Picanol......... xx. foc.
Parochia Sancti Petri de Sancto Santino. xl. foc.
Parochia Sancti Felicis prope Ruth[enam]. l. foc.
Parochia de Sansaco........................ lx. foc.
Parochia de Drulha .... lx. foc.
Parochia de Salsac......................... lx. foc.
Parochia de Cadairac (*f*⁰.*cxj*. *r*⁰)........ iiij.ˣˣ· foc.
Parochia de Panato......................... lx. foc.
Parochia Sancti Christophori............... j.ᶜ·xx. foc.
Parochia de Claris Val[l]ibus .... j.ᶜ·l. foc.

Parochia de Vernuejol[s]................ j.ᵉ· foc.
Parochia de Autbas ¹................... l. foc.
Parochia Bel[l]i Castri ....   ²
Parochia de Mairanh..................   ²
Parochia de Ampiaco .... lx. foc.
Parochia Sancti Martini................ xl. foc.
Parochia Sᵗⁱ Africani de Lhimossa....... xxiiij. foc.
Parochia (Sancti) Soirini .... lx. foc.
Parochia de Bonc..................... lx. foc.
Parochia de Balsaco.... .... j.ᵉ‘xx. foc.
Parochia de Marsilhaco................ iij.ᵉ·xxxj. foc.
Parochia de Baladino ....   ²
Parochia de Glassac................... lxx. foc.
Parochia de Ruylha................... lx. foc.
Parochia de Lalo (vᵒ) .... x. foc.
Parochia de Lauriol.................... xxx. foc.
Parochia de Campo Livato............. lxx. foc.
Parochia d'Anglars.................... lv. foc.
Parochia de Mirabello................. xxx. foc.
Parochia de Aspreriis................. j.ᵉ·lx. foc.
Parochia de Cussac et de Orna.......... xxx. foc.
Parochia de la Prata.................. j.ᵉ· foc.
Parochia de Prics..................... xxv. foc.
Parochia (de) Sancti Lupi .... xxxv. foc.
Parochia de Rocennaco .... j.ᵉ·xx. foc.

1. Ce mot nous semble indiquer que le scribe avait sous les yeux le
nom d'une localité comprenant deux parties désignées par les mots
haut et *bas*, ce qui est très-fréquent dans un pays montagneux comme
le Rouergue. Ici, par exemple, on pourrait supposer, eu égard aux
noms qui précèdent et qui suivent, *Luc (Haut* et *Bas)*, commune de
Belcastel; *Le Fraysset (Haut et Bas)*, c. de Colombiès; *Laurens (Haut et
Bas)*, c. de Moyrazès, etc.

2. Le nombre des feux de ces paroisses a été laissé en blanc dans le
manuscrit, sans doute parce qu'elles n'étaient pas ici à leur vraie
place. On les retrouve au folio suivant : *P. de Bel[l]o Castro* et *P. de
Martrin* (lis. *Mairan*,.

Parochia de Vaurelhas................ xxxv. foc.

Parochia de Pichins.................. xxxv. foc.

Parochia castri de Aussitio.......... j.°·lij. foc.

Parochia de Secinio (?).............. iij.ᶜ· foc.

Parochia ville de Conchis. .... vij.ᶜ·xxx. foc.

Parochia Sancti Silviani............. j.ᶜ·x. foc.

Parochia de An[i]aco................. l. foc.

Parochia de Nova Villa (*f°.cxij.r°*) ...... iiij.ˣˣ· foc.

Parochia de Combreto................ j.ᶜ·xx. foc.

Parochia de Testet.................. xxv. foc.

Parochia de Noalhac................. iiij.ˣˣ· foc.

Parochia de La Bessa Noitz .... xxx. foc.

Parochia d'Escandolieiras............ xxvij. foc.

Parochia de Roilha.................. xxxv. foc.

Parochia castri de Salis, cum ejus man-
 damento......................... iij.ᶜ·l. foc.

Parochia de Monte Arnaldi........... xl. foc.

Parochia de Bel[l]o Castro........... lx. foc.

Parochia de Mairan.................. lx. foc.

Parocha de Gotrenx.................. l. foc.

Parochia de Cassaneis............... j.ᶜ·vij. foc.

Parochia de Prevenqueriis........... j.ᶜ· foc.

Parochia de Campuaco............... lx. foc.

Parochia de Lunello................. iiij.ˣˣ· foc.

Parochia de Ginolhaco.. .... vij. foc.

Parochia castri dc Albino (*v°*) .... ij.ᶜ·v. foc.

Parochia de Viviers................. lx. foc.

Parochia de Caransac................ l. foc.

Parochia de Villarels............... lx. foc.

Parochia castri de Ruthemola.......... j.ᶜ·xx. foc.

Somma : iij.ᵐ·vj.ᶜ·iiij.ˣˣ·xviij.[1]

---

1. *Leçons du ms. corrigées :* *f°* 109, Petrutia ; *f°* 110, Nansaco, Caornhac, Sancto Saucino, Salusaco ; *f°* 111, Cadanac, Clausualibus, Soinini, La Prato, Prus, Rocamaco ; *f°* 112, La Bessa nortz, Martrin, Gotroux, Catensac.

HEC sunt nominata civitatum, locorum et parochiarum, [et] numerus focorum cujuslibet parochie [baililie] Ruppecesari et ejus ressorti.

Primo :

Civitas Vabrensis, que olim fuit abatia et est modo civitas, in qua est una parochia tantum.............................	j.ᶜ·lxx. foc.
Parochia castri Ruppecesari.............	lxviij. foc.
Parochia Sancti Crespini................	j.ᶜ·xxv. foc.
Parochia Sᵗⁱ Mauricii de Camarazio......	lxxiij. foc.
Parochia Sᵗⁱ Amancii de Postamio (*fᵒ.cxiij.rᵒ*)j.ᶜ·xl. foc.
Parochia beatæ Mariæ Monti[s] Franchi..	j.ᶜ·viij. foc.
Parochia Sancti Saturnini...............	iij.ᶜ·xxx. foc.
Parochia Sancti Christophori............	xxvj. foc.
Parochia de Montelz....................	xlvj. foc.
Parochia castri de Balagerio............	lxxvj. foc.
Parochia de Bastida Bartholomei de Te[a]ulato...............................	xlviij. foc.
Parochia de Brusco.....................	j.ᶜ·iij. foc.
Parochia de Capraco...................	j.ᶜ·iiij. foc.
Parochia Sancti Laurenti................	xv. foc.
Parochia Sancti Ciricii..................	xj. foc.
Parochia Sancti Age[sij]................	liij. foc.
Parochia Sancti Esuperi................	xxvij. foc.
Parochia Sancti Michaeli[s] de Caistort...	lvj. foc.
Parochia de Pruneto....................	lxvj. foc.
Parochia de Salelis.....................	lij. foc.
Parochia de Martininio..................	lxxiij. foc.
Parochia castri de Favairolz............	iiij.ˣˣ·ij. foc.
Parochia castri de Ferrairolz (*vᵒ*)........	xlj. foc.
Parochia castri de Elves...............	xlv. foc.
Parochia ville de Farreto...............	lxx. foc.
Parochia Sancti Martini de Turipio......	ix. foc.
Parochia Sancti Jurii de Gertesio	j.ᶜ·vij. foc.

Parochia de Clausellis, in qua est villa de
 Planis.. iiij.ˣˣ·iiij. foc.
Parochia villæ Sancti Severii .... j.ᶜ·xlv. foc.
Parochia de Murassone................. j.ᶜ·xl. foc.
Parochia de Prohencone............... iiij.ˣˣ·xij. foc.
Parochia de Monezio.................. xl.viij. foc.
Parochia de Peusio.................... iiij.ˣˣ·viij. foc.
Parochia de Veireriis.................. xl. foc.
Parochia de Rebourguilho............. j.ᶜ·liij. foc.
Parochia Sancti Petri de Betiraco....... xviij. foc.
Parochia Beate Marie de Betiraco .... xxxvj. foc.
Parochia de Anglariis.................. xx. foc.
Parochia de Bello Monte............... ij.ᶜ·lxiiij. foc.
Parochia castri de Combreto (*f°.cxiiij.r°*). j.ᶜ·iiij.ˣˣ·xvj. foc.
Parochia Sᵗⁱ Amancii de Lositero....... xlv. foc.
Parochia Sancti Leoncii............... xxx. foc.
Parochia Sᵗⁱ Joannis de Portacessas..... lviij. foc.
Parochia castri de Blanc............... xlij. foc.
Parochia castri de Brusqua............ ij.ᶜ·xv. foc.
Parochia de Tauriaco.................. lvj. foc.
Parochia de Montlagas................ liiij. foc.
Parochia de Faieto.................... xlviij. foc.
Parochia de Cenomes.................. xxix. foc.
Parochia de Oira...................... xlvj. foc.
Parochia de Valle juxta Montanhol...... liij. foc.
Parochia castri de Montanhol.......... lxv. foc.
Parochia monasterii de Salvanossis..... lxv. foc.
Parochia castri de Gissaco............ j.ᶜ·lv. foc.
Parochia castri de Monte Acuto........ lxxix. foc.
Parochia de Bruolz.................... xxviij. foc.
Parochia castri de Monte Lauro........ iiij.ˣˣ· foc.
Parochia Sancti Petri d'Isses (*v°*)........ xxx. foc.
Parochia Ponti de Camarezio........... ij.ᶜ·iiij.ˣˣ· foc.
Parochia Montis Pahonis............... iiij.ˣˣ·xij. foc.
Parochia de Canalibus................. lxiij. foc.

Parochia de Bastida Fontium............ xxv. foc.
Parochia del Clapia.................... lx. foc.
Parochia de Arbussello............... xxviij. foc.
Parochia Beatæ Marie de Bono Villario.. xxiij. foc.
Parochia Sancti Romani de Berleriis.... ij. foc.
Parochia de Sᵗᵒ Baudilio de l'Arondel... lxxij. foc.
Parochia de Sancto Paulo............. iiij.ˣˣ·iiij. foc.
Parochia castri de ¡Turre............... lxvj. foc.
Parochia castri de Sancto Maurit[i]o..... lix. foc.
Parochia Sancti Felici(i)s.............. ij.ᶜ·xliiij. foc.
Parochia Sancti Cabrari............... l. foc.
Parochia et castrum de Verzols......... iiij.ˣˣ·ix. foc.
Parochia de Petra..................... iiij.ˣˣ·xvj. foc.
Parochia Sancti Joan[n]is d'Olcas (*f°.cxv.r°*) xxxviij. foc.
Parochia Sancti Joannis d'Alcapias...... xl. foc
Castrum de Rupe Forti................ iiij.ˣˣ· foc.
Parochia Sancti Privati de Laurante..... xlv. foc.
Parochia Sancti Stephani de Naucoulas.. xxiiij. foc.
Parochia castri de Vendalobas.......... lviij. foc.
Parochia castri de Gozone............. lxxiiij. foc.
Parochia de Raissaco.................. lvj. foc.
Parochia de Sego[n]zaco............... iiij.ˣˣ·xvj. foc.
Parochia Beate Marie del Bedos......... iiij.ˣˣ·vij. foc.
Parochia de Calmeilz.................. j.ᶜ·xxiiij. foc.
Parochia Sancti Victoris............... lxxij. foc.
Parochia del Malvieu.................. xxxiij. foc.
Parochia Sᵗⁱ Michael de Landesca....... lij. foc.
Parochia castri Sancti Heredi........... j.ᶜ·lxvij. foc.
Parochia de Armelis................... xxxj. foc.
Parochia castri de Romegueria......... j.ᶜ·v. foc.
Parochia de Duricio................... xlvj. foc.
Parochia de Cassota (*v°*)............. lxxvj. foc.
Parochia Sancti Petri d'Escas........... xxxviij. foc.
Parochia de Prunhas.................. xxiij. foc.
Villa de Plazentia..................... j.ᵉ· foc.

Parochia castri de Bornaco............. iiij.ˣˣ·iiij. foc.
Parochia de Salmanac.................. [1]
Parochia de Calmelz.................. xij. foc.[2]

Hec sunt nominata villarum et locorum et parochiarum, et numerus focorum dictarum parochiarum, bailalie de Najaco.

Castrum de Najaco, in quo est una eclezia
   parochialis.. .... viij.ᶜ· foc.
Parochia de Mazairolis................ xl. foc.
Parochia de Sancto Anhano........... xxviij. foc.
Parochia del Cluzel .... xlvj. foc.
Villa de Causio Veteri, que est in parochia
   predicta del Cluzel (*f°.cxvj.r°*)........ lvj. foc.
Parochia castri de Paris............... ij.ᶜ·iiij.ˣˣ. foc.
Parochia ville Aureliani............... j.ᶜ· foc.
Parochia de Memerio.................. l. foc.
Parochia de Elvas.................... iiij.ˣˣ·x. foc.
Parochia de Savinhaco............... j.ᶜ·x. foc.
Paroquia de Roqueta................. j.ᶜ·ij. foc.
Parochia de Castaneto............... j.ᶜ·iiij. foc.
Parochia de Montelz .... j.ᶜ·ij. foc.
Parochia de Orlhonaco, cum loco de
   Sosilh............................ xxxij. foc.
Locus de Corberlis, in quo non est ecle-
   sia parrochialis .... xv. foc.
Parochia de Calcomerio............... viij. foc.
Parochia de Salvetate d'Escarpt........ xx. foc.
Parochia de Viala Nauta............... lvj. foc.

1. Le nombre des feux est resté en blanc dans le manuscrit.

2. *Leçons du ms. corrigées :* *f°* 113, Sancte Suprie; *v°*, Fenairolz, Feiieto, Clausenis, Seuenii; *f°* 114, Montlagus, Cenomet, Cira, Vezels; *f°* 115, Lauranto.

Parochia de Alsona...................................... xxv. foc.

Parochia de Paulhaco .... xx. foc.

Terra Belli Loci [et] abatia ejusdem...... lxxviij. fos.

Parochia de Ginalb (*v°*) .... ix. foc.

Parochia de Selgues .... xj. foc.

Parochia de Carrandario............... xxx. foc.

Parochia de Cregoala .... xiiij. foc.

Parochia de Fenairolz................. lxx. foc.

Parochia de Arnaco.................... lx. foc.

Parochia de Letzas .... xiij. foc.

Parochia de Podio Miulho.............. xlvij. foc.

Parochia de Varenh.................... j.^{c}·xxx. foc.

Parochia de Bel[l]o Podio.............. xxxv. foc.

Parochia de Podio Rodilh.............. xij. foc.

Parochia de Betelha................... xxxvj. foc.

Parochia Sancti Andræ............. .... iiij.^{xx}·iij. foc.

Parochia de Vario..................... j.^{c}·v. foc.

Parochia de Foliata................... j.^{c}· foc.

Parochia d'Escuria.................... xlv. foc.

Castrum cum pertinentiis de Ca(n)dola... ij.^{c}· foc.

Parochia de Rometa (*f°.cxvij.r°*) .... xx. foc.

Parochia Salvetatis Peirelesii........... iiij.^{xx}·iij. foc.

Castrum novum de Peirelesio, cum ejus
pertinentiis, et cum villa de Pradinas-
sio, et de Albinhaco, et de Joelz, de
Castaneto et de Brodairolis........... ij.^{c}·xl. foc.

Parochia de Aiguilonca................ j.^{c}· foc.

Parochia Capelle de Blenhs .... xxxv. foc.

Parochia de Bleysol................... xvij. foc.

Parochia de Vabre..................... j.^{c}· foc.

Parochia de Mazeriis.................. xxxvij. foc.

Parochia de Lhusnaco.................. j.^{c}·lx. foc.

Parochia Sancti Salvatoris........... . j.^{c}·v. foc

Parochia de Malomonte................. xv. foc.

Parochia Sancti Vensani............... lxiiij. foc.

Parochia de Maorlhone...................... iiij.^xx.iij. foc.
Parochia de Arcanhaco .... lx. foc.
Parochia Sancti Grati (*v°*) .... iiij. foc.
Parochia de Creyssaco.................. xxxv. foc.[1]

Hec sunt nominata villarum et locorum aliorum parochiarumque bailatgie Ville Nove, et numerus focorum eorumdem et ressorti(s) baillalie predicte.

Primo, parochia Ville Nove............. viij.^c. foc.
Parochia Sancti Egesii.................. lxxij. foc.
Parochia de Mala Villa.................. iij.^c.xl. foc.
Parochia Sancti Remigii .... j.^c.vj. foc.
Parochia de Veusaco .... xxxij. foc.
Parochia de Tolompiaco................. lxx. foc.
Parochia de Acenaco.................... xl. foc.
Parochia de Mau(t)rin ?................ l. foc.
Parochia de Martilio................... j.^c.xv. foc.
Parochia de Fontaynos (*f°.cxviij. r°*)..... xxxvij. foc.
Parochia de Marola..................... xxxiiij. foc.
Parochia de Sancta Girvela............. xxv. foc.
Parochia de Salvanhaco Riperi Olti...... xxx. foc.
Parochia de Seujaco.................... xxxvj. foc.
Parochia de Cambolani.................. l. foc.
Parochia de Ambairaco.................. v.^c. foc.
Parochia de Monte Salitio.............. j.^c.xx. foc.
Parochia de Valagu[er]io............... j.^c.xxx. foc.
Parochia de Foissaco................... j.^c.xx. foc.
Parochia de Septem Fontibus .... xxx. foc.
Parochia del Rey .... xxvj. foc.
Parochia [de] Mairiniagas.............. xxij. foc.
Parochia d'As Ols...................... xxx. foc.

1. *Leçons du ms. corrigées :* *f°* 116, Meourio, Cluns (*corrigé en* Elvas), Castaneta, Caltomerio, Viala Nauca, Parlhaco, Vareulj. Vacio ; *f°* 117, Valce (*corr. en* Vabre), Maiomonte, Artanhaco.

Parochia de Rinhoda...................... xxv. foc.

Parochia de Sancto Jorjio.............. lvij. foc.

Parochia [de] Cappela de Balagu[er]io.... lx. foc.

Parochia de Sancta Cruce............... j.ᶜ·x. foc.

Parochia de Gaurelhs................... ix. foc.[1]

(*v°*) **Hæc sunt nominata villarum et aliorum locorum parochiarum que baililie [de] Ruppe Valsergie et ejus ressorti, et numerus focorum cujuslibet parochiarum predictarum.**

Parochia [de] Ruppe Valsergie et de Sancto
    Saturnino, que est in eadem parochia.. j.ᶜ·lxxij. foc.

Parochia de Campanhaco............... j.ᶜ·lxxv. foc.

Parochia Sancti Laurentii.............. lix. foc.

Parochia de Bona Terra................ xxxiiij. foc.

Parochia de Capella de Bonansa........ xxxviij. foc.

Parochia Sancte Eulalie Rippe Olti...... j.ᶜ· foc.

Parochia de (Car)cossergas............. lxx. foc.

Parochia de Bimeneto.................. ij.ᶜ·lxv. foc.

Parochia de Buzens................... ij.ˣˣ·vj. foc.

Parochia de Panuzia........... ...... j.ᶜ·xxxiiij. foc.

Parochia [de] Severiaco, cum Sancto Dal-
    mazio et cum parochia de Novis....... iij.ᶜ·vij. foc.

Item in loco de Sales................. x. foc.

Parochia Sancti Gregorii (*f°.cxix.r°*),.... lvij. foc.

Parochia de Vernia.................... lij. foc.

Parochia de Pervenqueriis............. xlj. foc.

Parochia de Sancto Namassio.......... xxx. foc.

Parochia de Rocolis............. ..... xxxiij. foc.

Parochia de Galhaco........... ...... j.ᶜ·vij. foc.

Parochia de Ganiaco.................. xxxij. foc.

---

1. *Leçons du ms. corrigées :* f° 117 v°, eorumdem, Vensaco, Colompiaco; f° 118, Fontaynes, Ambanaco, Monte Saliton, Gamniagas (*corrigé en* Mairiniagas), Rinhada, Sancto Jouio.

Parochia Sancti Amancii............... xxij. foc.

Parochia de Severiaco Eclesie.......... lxxviij. foc.

Parochia de Leyssaco................. j.ᶜ·j. foc.

Parochia de Palmatio .... iiij.ˣˣ·xvj. foc.

Parochia de Vonco................... lxix. foc.

Parochia de Gabriaco .... xlvj. foc.

Parochia de Seiriaco................. lxvj. foc.

Parochia de Cruejolz. .... iiij.ˣˣ·j. foc.

Parochia de Sudibus................. j.ᶜ·xvij. foc.

Parochia de Calbiaco................ xxxij. foc.

Parochia de Sancto Affricano.......... lij. foc.

Parochia de Sancto Eleo sive de Peyruza,
  cum Calomonte citra aquam Olti (*v*°)... ij.ᶜ·xxiij. foc.

Parochia Sancti Petri de Loisserol....... xlvj. foc.

Parochia de Cogulheto .... xix. foc.

Parochia de Tredor.................. xlvj. foc.

Parochia Sancti Genesii de la Pinha. ... xlviij. foc.

Parochia de Savarzaco............... lxvj. foc.

Parochia de Sancta Eulalia...........⎱
Parochia de Levisaco cum Sᵗᵃ Eulalia...⎰ lxj. foc.

Parochia de Villa Comitali .... j.ᶜ·xiij. foc.

Parochia de Sego[n]saco.............. xliij. foc.

Parochia de Can(t)aco .... liij. foc.

Parochia de Serveiria. .... xxviij. foc.

Parochia de Manhaco................ ij.ᶜ· foc.

Parochia Sancti Felicis de Ruthen[a] .... xxxv. foc.

Parochia de Sancti Mamie............. xxxj. foc.

Parochia d'Egen.................... xliij. foc.

Parochia de Luperia................. xxxix. foc.

Parochia de Caissaco (*f*°.*cxx.r*°)........ xxxviij. foc.

Parochia de Salazaco................ xxxj. foc.

Parochia de Murato................. iiij.ˣˣ·xiiij. foc.

Parochia de Ruthinela, cum parochiis de
  Fijagueto et de Lainhaco et de Sancto
  Juliano et de Veireriis, quæ an[n]exe sunt j.ᶜ·xlviij. foc.

Parochia de Vezouna.................... xix. foc.

Parochia de Cancores................... xx. foc.

Parochia de Barjaco.................... xliiij. foc.

Parochia de Guilhorguas................ xxx. foc.

Parochia de Boadone....................⎱
Parochia d'Abolh an[n]exa cum Boadone.⎰ ij.ᶜ·xliiij. foc.

Parochia de Trebos et de Sancto Gervasio,
 que idem sunt........................ iiij.ˣˣ·vij. foc.

Parochia de Cunhaco .... lxx. foc.

Parochia de Petra Fixa................ lxiij. foc.[1]

Sᵃ : xiiij.ᶜ·lxxiij.[2]

(vº) **Hec sunt nominata villarum et aliorum locorum et parochiarum baililie de Gleola et ressorti ejusdem, et numerus focorum cujuslibet parochiarum predictarum.**

Primo :

Parochia de Gleola et de Alto Cornu, que
 est eadem parochia .... iij.ᶜ·lv. foc.

Parochia de Causejol. .... j.ᶜ·xl. foc.

Parochia de Alto Podio................. liij. foc.

Parochia de Cueyras .... j.ᶜ·xxxiiij. foc.

Parochia de Condom.................... xlv. foc.

Parochia Sancti Eligii................. j.ᶜ·lxx. foc.

Parochia de (Sancto) Annato........... lv. foc.

Parochia de[l] Cambo.................. ij.ᶜ· foc.

Parochia Sancti Cosme .... iij.ᶜ·v. foc.

Parochia de Fleujaco.................. xxxiij. foc.

Parochia Spelei citra pontem et ulterius (?) iiij.ˣˣ·vj. foc.

Parochia de Alairaco (*fº.cxxj.rº*)........ lxiij. foc.

---

1. *Leçons du ms. corrigées :* *fº* 118 *vº*, ruppe olti; *fº* 119, Sancto Narcassio, Rocalis, Genuaco, Calomonta, Cantato, Ganhaco (*corrigé en* Manhaco); *fº* 120, Fragueto, Leunhaco, Trelas.

2. Le total réel, d'après les chiffres du manuscrit, est de 1473.

Parochia de Cobizo .... j.ᶜˑ foc.

Parochia de Cabrespinas............... j.ᶜˑxl. foc.

Parochia de Stagno.................... j.ᶜˑxx. foc.

Parochia de Veiraco................... j.ᶜˑij. foc.

Parochia de Frozentilh................ j.ᶜˑxxij. foc.

Parochia de Montaquis .... ij.ᶜˑl. foc.

Parochia de Banhars .... lx. foc.

Parochia de La Cappella............... lxv. foc.

Parochia de Tesco..................... lx. foc.

Parochia de Bosqueto.................. xxij. foc.

Parochia Sancti Remigii............... j.ᶜˑv. foc.

Parochia de Bes....................... xlv. foc.

Parochia de Campo[r]iet............... xl. foc.

Parochia de Toluch .... xl. foc.

Parochia de Solatgio.................. xxxj. foc.

Parochia Sancti Juri.................. l. foc.

Parochia Sancte Genoveffe............. j.ᶜˑxl. foc.

Parochia de Mielh..................... xxiij. foc.

Parochia de Creissac (vᵒ).............. lxij. foc.

Parochia Sancti Bonini................ xviij. foc.

Parochia de Aurlhagueto............... j.ᶜˑlx. foc.

Parochia de Bozinhaco................. j.ᶜˑxx. foc.

Parochia de Bar .... j.ᶜˑv. foc.

Sᵃ : iij.ᵐˑvj.ᶜˑxix.

Parochia de Bes .... x. foc.

Parochia de Ponte .... j.ᶜˑxxxiij. foc.

Parochia de Taussaco .... j.ᶜˑl. foc.

Parochia de Muro...................... iij.ᶜˑxx. foc.

Parochia de Salanhac.................. xxxij. foc.

Parochia de la Terrissa............... xxxvij. foc.

Parochia de Alausaco.................. xxxv. foc.

Parochia de Peirat.................... l. foc.

Parochia [de] Sancto Samfforian........ iiij.ˣˣˑ foc.

Parochia Sancti Gervassi.............. j.ᶜˑ foc.

Parochia Sancti Amanci des Ceps........ ij.ᶜˑxl. foc.
Parochia de Cassos...................... xviij. foc.
Parochia Sancti Politi.................. j.ᶜˑxl. foc.
Parochia de Manh[a]val (*fᵒ.cxxij. rᵒ*)..... ix. foc.
Parochia de Murols..................... lxxvj. foc.
Parochia de Crucè .... lvj. foc.
Castrum de Avalone cum parochia...... xxij. foc.
Parochia de Buffieira.................. lx. foc.
Parochia de Minimia (?) cum parochia de
    Lican.............................. j.ᶜˑx. foc.
Parochia de Ladinhaco .... xxv.?foc.
Parochia de Cussaco.................... xvj. foc.
Parochia de Albinhaco.................. lxxv. foc.
Parochia de Rocinio.................... xxxv. foc.
Parochia de Neirassera................. xxvij. foc.
Parochia de Terondelz.................. j.ᵒˑxxx. foc.
Parochia de Cantoin .... xxxj. foc.
Parochia de Vitraco.................... xl. foc.
Parochia de Vinnhac .... xxvij. foc.
Parochia de Alnhac..................... xxvij. foc.
Parochia d'Anglars....................... xxxvij. foc.

Summa : ij.ᵐˑj.ᶜˑ liij.[1]

(*vᵒ*) **Hec sunt nominata villarum et locorum bailatgie Salvaterre et ressorti ejusdem, et numerus focorum cujuslibet parochiarum predictarum.**

Parochia Salvaterre.................... ij.ᶜˑiiij.ˣˣˑxj. foc
Parochia Marini cum parochia de Sarras
    et de Lavernha annexis dicte parochie. j.ᶜˑlxviij. foc.

1. *Leçons du ms. corrigées :* *fᵒ* 120, Sancto Aunaco ; *fᵒ* 121, Mentaquis, Caluelh (*corrigé en* Toluch), Sancte Genoffesse, Nuelh, Caussato, Alansaco, Peirac, Cassas ; *fᵒ* 122, Ruffiura, Bocinis, Rairassera, Cantam, Vencaco.

Parochia de La Plancada................ xxxj. foc.
Castrum Ville Longe cum parrochia de
    Cabanis................................ lxx. foc.
Parochia de Crespin.................... lviij. foc.
Parochia de Tauriaco................... xxxij. foc.
Parochia Sancti Justi.................. xxxix. foc.
Parochia de Canjac..................... xxvj. foc.
Parochia de Frons...................... xxxvj. foc.

Castrum de Verduno, sub quo sunt paro-
chiæ sequentes, quæ cujus sint (?) advertatur
et inquiratur cum consulibus Salveterræ :
Parochia de Silhaus, in qua sunt perti-
    nentes ad dictam baililiam (*f°.cxxiij.r°*) xvij. foc.
Parochia de Carsenaco .. .. xlj. foc.
Parochia (de) Grandis Montis........... iiij.^{xx}·viij. foc.
Parochia [de] Fenayrolis............... xiij. foc.
Parochia de Lhimairaco................. xxvj. foc.
Parochia de Talas Puas .... xvij. foc.
Parochia de Columberiis................ j.^{c}·ij. foc.
Parochia de Combrose................... lxiij. foc.
Parochia de Navacella.................. j.^{c}·lj. foc.
Parochia d'Espinasola.................. lxvj. foc.
Parochia de Bussaco.................... lxx. foc.[1]
    Summa : j.^{m}. iiij.^{c}. liiij.[2]

(*v°*) **Hec sunt nominata villarum parochiarum et numerus focorum baililie Sancti Genesii et ressorti ejusdem.**

Villa Sancti Genesii cum parochia et man-
    damento, Caneto et mandamento..... ij.^{c}·l. foc.

---

1. *Leçons du ms. corrigées :* *f°* 122 *v°*, predictorum, annexas, Carras, cujus libet quo sunt ; *f°* 123, Capsenaco, Grantis Montis, Fauayrolis, Bssacs.

2. La somme réelle des nombres donnés est de 1405 feux, soit 49 en moins : il manque sans doute une paroisse.

Parochia de Cambone.................... lxiiij. foc.

Parochia de Prades, hospital de Alto
    Braco........................... j.ᶜ· foc.

Parochia de Crosset.................... xxx. foc.

Parochia de Luneto.................... lx. foc.

Parochia (de) Sancti Martini de Monte
    Bono........................... lxij. foc.

Parochia de Verlaco [1] .... lxiiij. foc.

Parochia de Navis? [2]................ lxj. foc.

Loca et parochiæ, numerus focorum dictarum parochiarum, bailalie Sancti Romani de Tarni et ejusdem ressorti subsequntur :

Villa Sancti Romani de Tarno (sub) cum
    parochia, et castrum de Auriaco, et plu-
    res alii mans(i)i cum tota parochia..... iij.ᶜ·xlij. foc.

Parochia de Olonsaco (*f°.cxxiiij.r°*)..... xv. foc.

Hec sunt nominata villarum et parochiarum et numerus focorum de Viridi Folio.

Villa de Viridi Folio, in qua est una
parochia cum loco *sive* manso vocato de
Fontanelhas........................... [3] foc.

Hec sunt nominata villarum et parrochiarum ville Sancti Affricani, et numerus focorum bailalie predicte et ejus ressorti.

**Villa Sancti Affricani, in qua est
una Parochia,** et infra dictam paro-
chiam[4] est castrum Caslucon [5], et mansi

---

1. *Ms.* Verleto. — 2. *Ms.* Parochia de Riams.
3. Le chiffre manque dans le manuscrit.
4. *Ms.* Parochie. — 5. *Ms.* Casluton.

de Monnarguas, de Salsone, de Roqueta,
de Nogairolis et de Bassaco sunt infra
dictam villam .... ix.ᶜˑxxx. foc.
Parochia de Tiergues.................. ix. foc.

Sequitur parochia[1] ville Sancti Anthonini et nume-rus focorum.

Villa Sancti Anthonini, que est bailalia[2]
. pro se, est una parochia tantum, in qua
sunt......... .... j.ᵐˑvij.ᶜˑix. foc.

(*v°*) **Hec sunt nominata villarum, castrorum et paro-chiarum baililie de Cassaneis Regalibus et ressorti ejusdem, et numerus focorum cujuslibet parochiarum predictarum.**

Castrum de Cassaneis Regalibus cum ejus
  parochia beati Martini............... j.ᶜˑlxix. foc.
Villa de Silva cum parochia de Begoulh. ij.ᶜˑ foc.
Parochia de Sancto Sirgio............. xxxv. foc.
Parochia Sᵗⁱ Joan[n]is de Castro Percio.. xxv. foc.
Parochia de Meliaco................... lj. foc.
Parochia de Lodergas cum parochia de
  Lenco............................. j.ᶜˑxj. foc.
Parochia de Rullaco .... xxxiiij. foc.
Parochia Sᵗⁱ Justi..................... iiij.ˣˣ. foc.
Parochia de La Garda .... xxxviij. foc.
Parochia de Falgueriis................ xxxv. foc.
Parochia de la Clauza cum villa Sancti
  Joannis del Nos .... iiij.ˣˣˑiiij. foc.
Villa (de) Ricostarum cum parochia Sancti
  Juliani (*f°.cxxv. r°*)................ j.ᶜˑl. foc.
Parochia [de] Ortizeto................ xxv. foc.

1. *Ms.* parochiæ. — 2. *Ms.* bailalie.

Parochia de Combredet............... xxx. foc.
Parochia de Lentinio?............... j.º·v. foc.
Parochia de Colnaco................ iiij.ˣˣ·iiij. foc.
Parochia castri de Brossa........... xij. foc.
Parochia de Sauguana cum castro de
    Toelbeis......................... lxxvj. foc.
Villa Franca de Panato cum parochia de
    la Bessa .... j.ᶜ·lxxij. foc.
Parochia castri d'Ayssena........... j.ᶜ·iiij.ˣˣ xvij. f.
Parochia; de Copiagueto............. xlvj. foc.
Parochia de Fijageto................ xxx. foc.
Castrum de Peira Bruna cum parochia
    d'Alransa........................ j.ᶜ·xx. foc.
Parochia de Capela Farcel........... xxxvj. foc.
Parochia de Codols .... liiij. foc.
Parochia de Broquerio (*v*º)........... ij.ᶜ·xl. foc.
Parochia de Connaco................ xviij. foc.
Parochia de Lobos.................. xxxvj. foc.
Parochia de Durenca................ lx. foc.
Parochia de Auriaco................ lxxij. foc.
Parochia de Camlonga............... lx. foc.
Parochia d'Arvieu .... iiij.ˣˣ·x. foc.
Parochia d'Auras .... xv. foc.
Parochia de Tremolhas.............. xxxvij. foc.
Parochia de Doas Aigas............. ij. foc.
Parochia de Comps .... iiij.ˣˣ·x. foc.
Parochia de Carcenaco.............. xl. foc.
Parochia castri de Salmiech......... lx. foc.
Parochia Sancti Salvatoris........... xxx. foc.
Parochia dels Faus................. xl. foc.
Parochia Sancti Illari............... xxvij. foc.
Parochia castri de Ceor............. xlij. foc.
Parochia de Taurinas (*f*º.*cxxvj*.*r*º)....... xxxj. foc.
Parochia Capelle de Biaur........... xxij. foc.
Parochia de Sentres cum castro de Miro-

monte............................... lxiij. foc.

Parochia de Taiaco .... xxxv. foc.

Parochia de Tornaria.................. xxxj. foc.

Parochia de Cambolasseto .... liij. foc.

Parochia de Manhac.................. xxiij. foc.

Parochia Sancte Julite .... xxvij. foc.

Parochia de Molhaco.................. xxiiij. foc.

Parochia de Magrinh.................. lxxvj. foc.

Parochia de Navas.................... xxxvij. foc.

Castrum de Calamonte cum ejus parochia iiij.^{xx}·x. foc.

Parochia de Vors..................... xxxvj. foc.

Parochia de Moirazes................. j.^{c}·iiij.^{xx}· foc.

Parochia del Luc......... .... xxiiij. foc.

Parochia de Seniaco.................. lv. foc.

Parochia de Luco..................... lx. foc.

Parochia Capelle S^{ti} Martini............ xxxvj. foc.

Parochia de Flavinh (v°)............... lxx. foc.

Parochia de Sancta R[ad]egonda........ liiij. foc.

Parochia de Ayneriis.................. xxxv. foc.

Parochia del Pozol.................... v. foc.

Parochia Castri de Cambolante.......... lxx. foc.

Locus de Canaberiis, cum parrochia
Sancti Joannis de Bono loco .... iiij.^{xx}· foc.

Parochia castri de Salis de Curanh cum
parochia Sancti Joannis lo Frech...... iij.^{c}· foc.

Parochia Castri de Monte Jovis......... ij.^{c}·xxiiij. foc.

Parochia de Lada Peira................ lxiij. foc.

Parochia de Milhars.................. xlij. foc

Parochia (de) Villaris cum parochia de
Minerio............................. j.^{c}·lx. foc.

Parochia de Romieyra................. l. foc.

Parochia de Vezelz.... .... x. foc.

Parochia de Amalo.................... xliiij. foc.

Parochia Sancti Sinphoriani............ xvj. foc.

Castrum novum de Levezone cum
ejus parochia *f°.cxxvij.r°*) . . . . lxv. foc.
Parochia d'Estalana. . . . . xlvj. foc.
Parochia ville de Caneto. . . . . j.ᶜˑxviij. foc.
Parochia de Pratis. . . . . l. foc.
Parochia de Salis . . . . · . . . . ix. foc.
Parochia d'Arches . . . . '. . . xxx. foc.
Parochia castri de Securo. . . . . lx. foc.
Parochia Sancti Stephani . . . . ˌ . . . . . xxxviij. foc.
Parochia de la Baissa. . . . . xliij. foc.
Parochia castri del Ram . . . . lj. foc.
Parochia de Clavis. . . . . liiij. foc.
Parochia Eclesie Nove. . . . . ix. foc.
Parochia castri de Vezinh. . . . . xl. foc.
Parochia de Via Roja. . . . . iiij. foc.
Parochia de Curanh. lv. foc.[1]
　　Summa : iij.ᵐˑ iiij.ᶜˑ xlviij.

　　(*v°*) **Sequitur nominata villarum et aliorum locorum
et parochiarum, et numerus focorum dictorum locorum et parochiarum bailalie Amilhavi et ressorti
ejusdem.**

　　　Primo :

Villa Amiliavi, in qua est una parochia, cum parochiis beate Marie Sancti
Germani, de Sancto Stephano, de Brocuejolis et de Bofliac an[n]exis dicte pa-
rochie Amiliavi. . . . . j.ᵐˑiiij.ᶜˑ foc.
Parochia Sᵗⁱ Genesii de Vertenan . . . . lvij. foc.
Parochia Sᵗⁱ Georgii . . . . lxxj. foc.

---

1. *Leçons du ms. corrigées : f°* 124 *v°*, Precio, Lens (*corrigé en* Lenco) ;
f° 125, Lencarie (*corr. en* Lentinio), Suageto (*corr. en* Fijagueto), Lobes,
Tremelhas, Salmielh ; *f°* 126, Torurnas, Caiaco, Cormurio (*corr. en* Tornaria), Azemis (*corr. en* Ayneriis), Cambolanto, cum parrochie ; *f°* 127,
ejus parochiæ.

Castrum de Luzensone................. lxj. foc.

Parochia de Creissac................. xvj. foc.

Parochia Sancti Romani de Sernone .... lj. foc.

Parochia de Monte Clarato............ j.$^{c.}$ foc.

Parochia de Tornamira................ lij. foc.

Parochia de la Bastide de Pradinas...... lxvj. foc.

Parochia de Panusia (*f°.cxxviij.r°*)...... lxiij. foc.

Parochia de Sancta Eulalia............ j.$^{c.}$xx. foc.

Parochia de la Cavaleria.............. lxix, foc.

Parochia [de] l'hospital Guibert......... lx. foc.

Parochia de Cornuto................. iiij.$^{xx.}$ij. foc.

Parochia delz Euffrus................ xvj. foc.

Parochia de la Cobertoirada........ ... j.$^{c.}$xxxv. foc.

Parochia de Saucleiras............... iiij.$^{xx.}$xvj. foc.

Parochia S^{ti} Joannis cum parochia d'Elga. j.$^{c.}$lxxj. foc.

Parochia de Nanto et Sancti Martini et
   beatæ Marie de Caslus.............. iij.$^{c.}$iiij. foc.

Parochia de Cantobre et de Sancto Salvatore............................... lix. foc.

Parochia de Saucto Verano .... xlvj. foc.

Parochia [de] Rupe Sanctæ Margarite.... liij. foc.

Parochia S^{ti} Andree de Vezinis .... iij.$^{xx.}$ foc.

Parochia S^{ti} Joannis de Las Balmas ..... xlj. foc.

Parochia castri de Petra Levi........... iiij.$^{xx.}$xvj. foc.

Parochia de Lhaucos (*v°*).............. xlj. foc.

Parochia de Mostuejols............... j.$^{c.}$ foc.

Parochia de Petra(m) Lata ....⟩
Parochia de Clauzellas................⟩ ij.$^{c.}$xx. foc.
Parochia de Samontano ....⟩

Parochia castri de Casluco, quod vocatur
   de Pineto.......................... lxx. foc.

Parochia S^{ti} Leoncii cum parochiis S^{ti}
   Laurentii et Mauriaci(i)............... ij.$^{c.}$ij. foc.

Parochia Castri de Veireriis............ j.$^{c.}$l. foc.

Parochia de Vezolhaco cum loco de

Sueja............................ xx. foc.
Parochia del Monnar.................. xij. foc.
Parochia de Creisselho .... j.ᶜ·iij. foc.
Parochia Sancti Christophori........... viij. foc.
Parochia de Castelmus................ xxxij. foc.
Parochia de Roca Talhada............. xix. foc.
Parochia de Comprenhaco .... xxiij. foc.
Parochia Sᵗⁱ Baudili de Levezone (*f°.cxxix.r°*) j.ᶜ·xlv. foc.
Homines castri de Auriaco............. lxxvij. foc.
Habitatores mansi de Bussaco, in paro-
   chia Sancti Romani de Sernone....... v. foc. [1]

Sequitur nominata villarum et aliorum locorum et parochiarum et numerus focorum bailalie de Competro et ressorti ejusdem.

Primo :

Parochia beate Marie de Lumensone, sub
   qua est castrum de Competro, villatgium
   de Aguassaco, locus de Carbassatio et
   de Palhas, cum quibusdam aliis man-
   sis .... iiij.ᶜ·v. foc.
Parochia de Paulhe .... iiij.ˣˣ·x. foc.
Parochia de Veiraco.................. iij. foc.

(*v°*) Hec sunt nominata parochiarum et numerus focorum bailalie Ville Franche et ejus ressorti.

Villa Francha [2] cum parochia sua, et est
   una parochia tantum .... vij.ᶜ·iiij.ˣˣ· foc.
Parochia de Bastida in Ruthe[nensi], de
   Cabanis et de Teuleriis.............. j.ᶜ· foc.

---

1. *Leçons du ms. corrigées :* *f°* 128, Sᵗᵉ Andree, Petrum levi, Somon-
tano, cum parochiæ ; *f°* 129, cum parochiæ.
  2. *Ms.* Franche.

Parochia de Bastida Guilhermi de Carda-
lhaco... xlvj. foc.
Parochia de Rivo Petroso................... iiij.^c·xxx. foc.
Parochia de Caslari .... xxx.˙foc.

**S^a, contada la parochia de Paulhe a iiij.^{xx·} x :
ij.^{m·}ix.^{c·}lx.** [1]

1. Il y a évidemment ici une erreur. D'abord, pourquoi cette mention
du nombre des feux de la paroisse de Paulhe, quand le même chiffre
se retrouve dans la liste? Ensuite, le vrai total des feux du bailliage de
Millau , d'après les chiffres donnés, est de 4582 , et celui du bailliage
de Villefranche de 1386, et non de 2960. La difficulté nous semble in-
soluble. Il n'y a pas plus d'exactitude dans le total du bailliage de
Peyrusse (3698), qui est, en réalité, de 10171, dans celui de La Roque-
Valzergues (1473), qui est de 4554, et dans celui de Cassagnes-Bégonhès (3448), qui est de 5569. Les deux totaux partiels de La Guiole
(3619 et 2153) sont seuls exacts; celui de Sauveterre (1405 au lieu de
1454) l'est approximativement.

X.

[SERGENTS FOURNIS AU ROI PAR LE ROUERGUE EN 1341] (*f°. cxxx. r°.*)

Anno Domini millesimo trecentesimo quadragesimo uno, Domino Philipo rege illustrissimo regnante, fuerunt missi ad guerras dicti domini regis Picardie et (de) Casconie per comunitatem senescalie Ruthenensis tot servientes quot sequitur, videlicet de qualibet comunitate prout sequitur :

Sanct Antoni............................	v.	servens.
Najac..................................	xviij.	s.
Bel Puech.............................	ij.	—
Villa Vaira............................	iiij.	—
Varenh	ij.	—
De Lusnac............................	ij.	—
De Vabre et de Boix..................	ij.	—
De La Folhada........................	ij.	—
De Causse Vieilh.....................	ij.	—
Elvas.................................	ij.	—
La Roqueta [1]	ij.	—
Valaurelhas (v°)......................	ij.	—
Paris.................................	iiij.	—
La terra de Bel Loc..................	ij.	—
La Capela de Bliois..................	j.	—
De Lescura...........................	j.	—

1. *La Roqueta* est répété par erreur au haut de la page suivante.

Las Mazieiras	ij.	servens.
Az Armon	ij.	—
Cadola	iij.	—
Castelnau de Peireles	iiij.	—
De Carrandier	ij.	—
Villa Franca	xx.	—
Noacela	iiij.	—
De Caslar	j.	—
La Salvetat de Peireles	j.	—
Riou Peiros	v.	—
La Bastida de M. de Cardalhac	j.	—
De Villa Nova	xx.	—
De Martilio (*f°.cxxxj.r°*)	j.	—
D'Olz	ij.	—
De Senac	ij.	—
Balaguier	iiij.	—
Sancta Cros	ij.	—
Monsales	j.	—
Peirusa	xij.	—
De Vansa	ij.	—
Galganh	j.	—
Drulha	j.	—
Levinhac	j.	—
De Pachinh	j.	—
Ausis	iiij.	—
Panat	ij.	—
Clausa Vinha	j.	—
Anglars	ij.	—
De Conquas	v.	—
Flavinh	ij.	—
Monbasenx	ij.	—
Luganh	j.	—
Bornazel (*v°*)	ij.	—
Privasac	iiij.	—
La Gleola	vj.	—

Bonaval	ij.	servens.
Feudat Gleole	ij.	—
Sanct Genieis	vj.	—
Albrac	iij.	—
Roca Valzerga	x.	—
Peira Ficha	j.	—
Lassotz	ij.	—
Prevenquieras	iij.	—
Laisac	iiij.	—
Vonc	ij.	—
Compeire	viij.	—
Paulhe	ij.	—
Amelhau	xl.	—
Nant	iiij.	—
Sant Roma	iiij.	—
Montfranc	ij.	—
Ruppecessaris	vj.	—
Lo Pon (*f°.cxxxij.r°*)	iiij.	—
Sant Serni	iiij.	—
Brusca	iiij.	—
Montanhol	j.	—
Murasson	ij.	—
Peus	ij.	—
Rocafort	ij.	—
Plasensa	ij.	—
La Bastida de Teulat	j.	—
Pariatge de Vabre	vj.	—
Sanct Felix	j.	—
Sanct Felix de Sorgua	ij.	—
Sanct Crapasi	j.	—
Salvanes	v.	—
Nonenca	ij.	—
Cassanhas	iiij.	—
Las Canabieiras	ij.	—
Coms (*v°*)	j.	—

Magrin............................... j. servens.
La Selva.............................. iij.   —
Auriac............................... ij.   —
Batalier.............................. ij.   —
Salvaterra .... v.   —
Crespin.............................. j.   —
L'Hospital Guibert [1] .... ij.   —

1. Le total n'est pas donné. Si nous retranchons les deux hommes de la Roquette, indûment comptés deux fois, nous trouvons un total de 339 hommes, fournis au roi par la sénéchaussée du Rouergue en 1341.

XI.

  INSTRUCTIOS.

Ensegon se las Instructions atocans et descendens sobre lo fach de las impositions delz arrendamens del domayne del rey de Fransa, nostre segnor sobeyra.

1. **Premieiramen,** que quant bailaran a ferma et lo fermier [s]era tengut al rey en aucuna summa de argen, non lor[1] sera pont rebatut deguna causa descenden de la dicha ferma.

2. **Item,** hom non lor demandara re de so que gazanharan en la ferma, ni, se li perdo, non lor[2] sera fach restitutio denguna, et enaisi elz [se] hobligaran.

3. **Item,** los fermiers, quins que sian, amenaran las fermansas .viij. jorns apres que auran baillat lo denia Dieu, et non hy poyra hum [amenar ?] en fermansa, coma ez gens de gleia, gentilhs hommes, officiers de[l] rey ny autres que sian tengutz a luy, ni poiran tener las dichas fermas, ni una persona, canha que sia, non sera pressa a guisa de fermansas ; mas totas ves, se hom devia al rey per la dicha impositio, sera[3] sufficien(s) de bailla fermansa sufficien ho de pagar ; hom lo ressebra a ferma, mas que hom se fara pagar de luy passat lo terme, en manieira que un terme non attendra a(u)lcunamen l'autre.

---

1. *Ms.* los. — 2. los. — 3. hera.

4. **Item,** se alcuns fermiers alcunamen donavo profiech
a alcunas personas que non tercesso ho doblesso la ferma
ho que non encherisesso sobre elz, *(v°)* los digz fermiers
pagaran lo tersamen al rey ho doblamen, et emendaran a
la voluntat d'aquelz que plus prest hy seran deputatz per lo
dict nostre senhor, et totz los bes d'aquelz seran confiscatz,
he aquo meteys aquelz que penran lo profiech ; et aquelz
que ho revelaran auran de tot en tot delz dit[z] bes la quarta
part he del proffiech altre.

5. **Item,** se un fermier pren una ferma ha certan pres,
lo qual sera tersat ho doblat per enchieiras, lo dich fermier
non aura ponch de proffiech per enchieira ; et se avia pressa
ferma ha certan pres he non era encheri(a)t que fos tersat
davan que la candela sia escantida, un autre apro[p] poira
tersar et doblar apres que la dicha candela sia escantida sus
lo pres que la dicha ferma sera stada messa, coma se un
fermier avia pressa ferma a .j.ᶜ lb., he un autre hi metia
quatre enchieiras he demorava ad aquel pres, he appres la
candela scantida un a(u)ltre volia tersar ho doblar, el hi
sera pres et non aura ponch de enchieiras, he las permieiras encheiras seran et appartenran al dig nostre sobeiran
senhor lo rey de Fransa.

6. **Item,** los merchans de Portugal, los calz non sou *(sic)*
rezidens el rialme de Fransa, non pagaran ni pagar deuran
empositios de las permieiras mercadarias (*f°.cxxxiiij. r°*)
que apportaran el rialme ; mas se un merchan del dit
rialme vendia a un autre del dit pays et realme de Fransa,
el [non] pagara, mas aquelz que hi so pagaran tot per entier.

7. **Item,** las fieyras, Pezenas, Montanhac[1], lo Cestairal
sive la Peira Publica, et aussi de las penas la mittat al baille

---

1. Y avait-il un droit de sortie établi sur ceux qui se rendaient de
Millau dans le département voisin, aux foires franches de Pézénas et
de Montagnac? C'est vraisemblable : sans cela, nous ne comprenons
pas quel sens on pourrait donner à ce paragraphe.

se applicara, et las dittas fieiras francas seran del[z] sus
ditz pezatges, et lo Cestairal an sos cargues accostumatz de
l'hospital et de las caritatz.

8. **Item**, verays studians, nobles, eclesiastics, he autres
specificatz en la davan dicha transactio, seran quitis [1].

1. Ici se termine le *Vidimus* de 1668. Suivant l'attestation de visa de
Pierre de Bonald, juge et bailli de Millau, et les signatures des consuls
et du greffier consulaire (voir la Préface). Ce qui suit, jusqu'à la fin,
est d'une autre main et d'un écriture moins élégante, mais a dù être
transcrit peu après le reste, car on y trouve également au bas de chaque feuillet, au recto, le visa de P. de Bonald (De B.).

    PREMIER APPENDICE.

I.

Tarif de l'élection du Haut-Rouergue ou Millau, partagée en doutze cens trente quatre feux, huict bellugues, trois quartz, le feu en cent bellugues.

Milhau[1] : cent quatre feux, quinze bellugues, cy........................... 104 f. 15 b.
Lencou : cinq feux, vingt huict bellugues,
trois quarts, cy...................... 5 f. 28 b. 3/4
Sainct Cirgue et *La Rafinie* : deux feux,
doutze bellugues, deux quarts, cy..... 2 f. 12 b. 2/4
Lou Mas del Soulie : septante bellugues,
deux quarts, cy...................... 0 f. 70 b. 2/4
Las Sales Curan : vingt trois feux, quarante neuf bellugues, deux quarts, cy.. 23 f. 49 b. 2/4
Ruolz : un feu, huictante une bellugue[s],
ung quart, cy. ....··..... 1 f. 81 b. 1/4
Lous Crouzetz : un feu, nonante trois bellugues, deux quarts, cy.·.............. 1 f. 93 h. 2/4
Bors : nonante deux bellugues, un quart,
cy.................................. 0 f. 92 b. 1/4
Sancte Redegonde (sic) : six feux, quatre
bellugues, un quart, cy.............. 6 f. 4 b. 1/4
Magrin : trois feux, quinze bellugues, deux
quarts, cy........................... 3 f. 15 b. 2/4

---

1. Nous imprimons en italique les noms de lieux, que la forme soit
française ou rouergate, pour les mieux faire ressortir dans ce tableau.

(v°)　**La Barounie de Calmont de Plancage :**

Calmont de Plancage : quarante deux feux,
trente bellugues, trois quarts, cy...... 42 f. 30 b. 3/4
Durenque : huit feux, cy. .... 8 f. 0 b.
La Cappelle Farcel, dixtrait de *Durenque* :
quatre feux, nonante cinq bellugues,
trois quartz, [cy].................... 4 f. 95 b. 3/4
Perret et *La Valette* : quarante huict bel-
lugues, ung quart, cy .... 0 f. 48 b. 1/4.
Severac lou Castel : huict feux, trente trois
bellugues, trois quartz, cy .... 8 f. 33 b. 3/4
Sainct Dalmazy : six feux, quarante huict
bellugues, cy......................... 6 f. 48 b.
Alters : ung feu, quarante six bellugues,
[cy]................................. 1 f. 46 b.
Novis : un feu, soixante une bellugue, cy. 1 f. 61 b.
La Panouze : six feux, vingt sept bellu-
gues, deux quartz, cy................ 6 f. 27 b. 2/4
Ganhac : un feu, septante huict bellugues,
ung quart, cy....................... 1 f. 78 b. 1/4
Galhac : six feux, setze bellugues, trois
quartz, cy........................... 6 f. 16 b. 3/4
Sainct Gregoire : trois feux, quarante six
b., [cy] .... 3 f. 46 b.
Bessodes lou Sourd : quarante six bellu-
gues, ung quart, cy.................. 46 b. 1/4
Bessodes lou Vielh : neuf bellugues, cy... 0 f. 9 b.
(*f°.cxxxvj.r°*)
Vimenet : cinq feux, quarante trois bellugues, trois quartz, cy................ 5 f. 43 b. 3/4
Laissac : huict feux, trente six bellugues,
un quart, cy......................... 8 f. 36 b. 1/4

Severac :[1] cinq feux, nonante deux bellugues, deux quartz, cy................ 5 f. 92 b. 2/4

Ayrinhac : deux feux, trente neuf bellugues, deux quarts, cy................ 2 f. 39 b. 2/4

Buzens : trois feux, nonante deux bellugues, trois quarts, cy................ 3 f. 92 b. 3/4

Prevenquieres : tretze feux, cinquante neuf
bellugues, deux quarts, cy........... 13 f. 59 b. 2/4

Roquelaure et terres de Castelnau :

Roquelaure et terres de *Castelnau* : cinquante six feux, quarante trois bellu-
gues, deux quarts, [cy]............... 56 f. 43 b. 2/4

Ceyrac : trois feux, septante huict bellugues, deux quartz, cy................ 3 f. 78 b. 2/4

Sainct[e] Eulalie d'Olt : neuf feux, vingt
bellugues, deux quartz, cy........... 9 f. 20 b. 2/4

Sainct Laurens et[2] *Bonne Terre* : six feux,
nonante huict bellugues, trois quartz,
cy .... 6 f. 98 b. 3/4

Bessuejolz : cinq feux, vingt neuf bellugues,
trois (trois) quarts, cy (*v°*)........... 5 f. 29 b. 3/4

Gabriac : quatre feux, soixante neuf bellugues, cy............................. 4 f. 69 b.

Coussergues : cinq feux, quarante six bell.,
[cy]................................. 5 f. 49 b.

La Loubiere : six feux, trente sept bell.,
cy.................................. 6 f. 37 b.

S *Privat* : ung feu, nonante huict b., un
quart, [cy] .... 1 f. 98 b. 1/4

Palmas : huict feux, trois bellugues, cy.. 8 f. 3 b.

Marzialz : quatre feux, trente neuf bel.,
[cy] .... 4 f. 39 b.

1. Il s'agit ici de Sévérac-l'Eglise, canton et à 4 kil. Sud-Est de
Laissac. — 2. *Ms.* en.

Roquetalhade : quatre feux, doutze bellugues, trois quartz, [cy]................ 4 f. 12 b. 3/4
La Clau : trois feux, septante bellugues,
ung quart, cy...................... 3 f. 70 b. 1/4
La Vernhe : trois feux, trente six bellugues, ung quart, cy................. 3 f. 36 b. 1/4

Le quartier de Milhau :

Castelnau et[1] *Estalane* : unze feux, quatorze
bellugues, cy...................... 11 f. 14 b.
Sainct Bauzelly de Levezon : sept feux, sep-
tante une bellugue, deux quartz, cy... 7 f. 71 b. 2/4
Compeire : trente un feu[x], dix bell., cy.. 31 f. 10 b.
Lou Monna : huictante quatre bellugues,
cy (*f°.cxxxvij.r°*)................... 84 b.
Comprenhac : quatre f., cinquante une
bellugue, deux quartz, cy........... 4 f. 51 b. 2/4
St Cristophle de Peyre : quatre feux, dix
bellugues, cy...................... 4 f. 10 b.
Nant : vingt deux feux, quarante trois
bellugues, cy...................... 22 f. 43 b.
St George de Luzenson : quatorze feux, soi-
xante-deux bellugues, cy............ 14 f. 62 b.
Peyreleau : trois feux, une bellugue, deux
quartz, cy......................... 3 f. 1 b. 2/4
Creisseilh : sept feux, trente huict bellugues, deux quartz, cy............... 7 f. 38 b. 2/4
Sainct Veran : deux feux, septante deux
bellugues, cy...................... 2 f. 72 b.
Montmejan : unze feux, neuf bellugues,
trois quartz, cy............. .... 11 f. 9 b. 3/4
La Roque Saincte Margueritte : trois feux,
huictante deux bell., deux quartz, cy.. 3 f. 82 b. 2/4

1. *Ms.* en.

Cantobre : sept feux, setze bellugues, ung
quart, cy .... 7 f. 16 b. 1/4
St Michel de Roubiac : nonante une bel., [cy]. 91 b.
St Jean du Bruel : quinze f. vingt deux b., cy. 15 f. 22 b.
Saucleyres : quatre feux, soixante six bel-
lugues, deux quartz, cy (*v°*).......... 4 f. 66 b. 2/4
Peyrelade : dix huict feux, dix sept bellu-
gues, deux quartz, cy............... 18 f. 17 b. 2/4
Moustuejoulz : six feux, trente quatre bel-
lugues, cy........................... 6 f. 34 b.
Liaucous : quatre feux, soixante sept bel-
lugues, ung quart, cy................ 4 f. 67 b. 1/4
Veyrieres : six feux, deux bellugues, trois
quart[z], cy......................... 6 f. 2 b. 3/4
Lou Samonta : ung feu, quinze bellugues,
trois quartz, cy...................... 1 f. 15 b. 3/4
Lou Maynial : ung feu, vingt une bellugue,
ung quart, cy........................ 1 f. 21 b. 1/4
Castelmus : deux f., huictante une bellu-
gue, ung quart, cy................... 2 f. 81 b. 1/4
Suege : huictancte six bel., un quart, [cy]. 0 f. 86 b. 1/4
Cailus : cinq feux, trente huict bel., [cy]. 5 f. 38 b.
St Jean de las Baumes : un feu, vingt neuf
bellugues, cy........................ 1 f. 29 b.
La Couvertouirade : sept feux, trente six
bellugues, ung quart, cy............. 7 f. 36 b. 1/4
La Bastide de Pradines et *Pradinas* : cinq
feux, huictante une bellugues, cy..... 5 f. 81 b.
(*f°.cxxxviij.r°*)[1]
Saincte Eulalie de l'Arzac[1] : unze feux,
vingt sept bellugues, trois quartz, cy.. 11 f. 27 b. 3/4
La Cavalerie : huict feux, huictante quatre
bellugues, cy........................ 8 f. 84 b.

1. *Ms.* Larzac.

L'Hospital Guibert : quatre feux, neuf bellugues, trois quartz, cy.............. 4 f. 9 b. 3/4

Sainct Genieys de Verteran : trois feux , nonante deux bellugues, trois quartz, cy. 3 f. 92 b. 3/4

Cournus : quatorze feux, trente bellugues, deux quartz, cy...................... 14 f. 30 b. 2/4

Lous Enfructz : ung feu, trente deux bel., [cy]................................ 1 f. 32 b.

La Panouze de Sernon : neuf feux, six bellugues, 1/4, cy .... 9 f. 6 b. 1/4

Sainct Leons : dix huict feux, septante quatre bellugues, cy.................. 18 f. 74 b.

Le quartier de Saincte [*sic*] Affrique :

Saincte Affrique : trente six feux, nonante quatre bellugues, deux quartz, cy..... 32 f. 94 b. 2/4

Saint Roume de Tarn et *Auriac* joincts : vingt six feux, quarante bellugues, trois quartz, cy......................... 26 f. 40 b. 3/4

Brusque : trente six feux, cy.. .... 36 f.

Le Pont de Camares : vingt feux, nonante trois bellug[u]es, trois quartz, cy (*v*°).. 20 f. 93 b. 3/4

Briolz : quatre feux, soixante quatre bell. [cy]................................ 4 f. 64 b.

Lou pariatge de *Nonenque* : setze feux , vingt sept bellugues, cy............. 16 f. 27 b.

Lou pariatge de *Salvanes* : neuf feux, cinquante deux bellugues, trois quartz, cy. 9 f. 52 b. 3/4

Sainct Felix : sept feux , nonante [neuf] bellugues, ung quart, cy............. 7 f. 99 b. 1/4

Montlaur : huict feux, huictante huict bellugues, trois quartz, cy.............. 8 f. 88 b. 3/4

Sainct Victor : sept feux, nonante bellugues, [cy] .... 7 f. 90 b.

La Roumeguiere : cinq feux, sept bell.,

deux quartz, cy......................	5 f. 7 b. 2/4
Versolz : six feux, trente trois bellugues, ung quart, [cy]......................	6 f. 33 b. 1/4
Calmelz et *Lou Viala* : cinq feux , quarante deux bellugues , cy.............	5 f. 42 b.
Roquefort : cinq feux, doutze bellugues, cy................................	5 f. 12 b.
Tournamire : quatre feux , cinq^te bellugues, deux quartz, cy................	4 f. 50 b. 2/4
Lou Clappie : quatre feux, huictante deux bellugues, deux quartz, cy............	4 f. 82 b. 2/4
Canalz et *Sorgue* : cinq feux, vingt six bellugues, ung quart, cy (*f°.cxxxix.r°*).	5 f. 26 b. 1/4
Bournac : quatre feux , quarante huict bellugues, trois quartz, cy.............	4 f. 48 b. 3/4
Vendaloves : quatre feux, vingt deux bellugues, deux quartz, cy..............	4 f. 22 b. 2/4
Vabre, près *Sainte Affrique* : quatre feux, nonante huict bellugues, cy..........	4 f. 98 b.
Segonzac : trois feux, huict bellugues, deux quartz, cy........................	3 f. 8 b. 2/4
Montagut : deux feux, quarante cinq bellugues, ung quart, cy.................	2 f. 45 b. 1/4
Gouzou : trois feux, nonante bellugues, ung quart, cy........................	3 f. 90 b. 1/4
Gissac : trois feux, septante une bellugue, [cy]................................	3 f. 71 b.
La Cazotte : deux feux, trente une bel., deux quartz, cy........................	2 f. 31 b. 2/4
Montclarat : quatre feux, trente quatre bellugues, cy...........................	4 f. 34 b.
La Bastide de[s] Fondz : trois feux, vingt neuf bellugues, deux quartz, cy........	3 f. 29 b. 2/4
Marnhagues et *Latour* : trois feux, vingt neuf bellugues, deux quartz, cy........	3 f. 29 b. 2/4

Montagnolz : quatre feux, vingt bellugues, [cy]... 4 f. 20 b.

Raissac : deux feux trente sept bell., [cy] (*v°*).. 2 f. 37 b.

Sainct Roume de Sernon : deux feux, nonante neuf bellugues, trois quartz, cy. 2 f. 99 b. 3/4

Montpaon : quatre feux, huictante bellugues, deux quartz, cy................. 4 f. 80 b. 2/4

*S*ᵗ *Bauzelly de l'Irondel* :[1] trois feux, setze bellugues, deux quartz, cy............. 3 f. 16 b. 2/4

Bedos et *Peyralbe* : deux f., 71 bellugues, deux quartz, cy........................ 2 f. 71 b. 2/4

Laval : ung feu, cinquante cinq bell., [cy] 1 f. 55 b.

Bussac : trente six bellugues, cy......... 0 f. 36 b.

*S*ᵗ *Michel de Landesques* : septante une bellugue, deux quartz, cy................. 0 f. 71 b. 2/4

*S*ᵗ*Crapasy* : nonante une bellugue, cy.... 0 f. 91 b.

*S*ᵗ *Jean d'Aucapies* : un feu, trente une bellugues, trois quartz, cy............... 1 f. 31 b. 3/4

*S*ᵗ *Estienne de Naucoulles* : septante bellugues, trois quartz, cy................. 0 f. 70 b. 3/4

Le quartier de Sainct Sernin :

Sainct Sernin : dix neuf feux, nonante quatre bellugues, trois quartz, cy......... 19 f. 94 b. 3/4

Roqueceziere : quatre feux, neuf bellugues, trois quartz, cy...................... 4 f. 9 b. 3/4

Laval de Roqueceziere : treize feux, trois bellugues, deux quartz, cy (*f°.cxl.r°*)... 13 f. 3 b. 2/4

Postomy : tretze feux, vingt six bellugues, ung quart, cy....................... 13 f. 26 b. 1/4

Valaguie : sept feux, quatre bellugues, ung quart, cy......................... 7 f. 4 b. 1/4

----

1. *Ms.* Lirondel.

Plasence : neuf feux, trente sept bellugues,
   deux quartz, cy....................... 9 f. 37 b. 2/4
Combret : dix feux, septante bellugues, [cy] 10 f. 70 b.
Sainct Seve et *Lou Soulie* : huict feux,
   septante sept bellugues, ung quart, cy. 8 f. 77 b. 1/4
Brousse : cinq feux, vingt sept bellugues,
   [cy] .... 5 f. 27 bel.
Montelz : trois feux, nonante trois bell.,
   deux quartz, cy...................... 3 f. 93 b. 2/4
Farret : trois feux, vingt trois bell., cy.. 3 f. 23 b.
Fevayrolles : trois feux, nonante bellu-
   gues, ung quart, cy.................... 3 f. 90 b. 1/4
Montfranc : trois feux, nonante trois bellugues, un quart, cy.................... 3 f. 93 b. 1/4
Martrin : trois feux, septante huict bellugues, ung quart, cy................... 3 f. 78 b. 1/4
Sainct Jouery : trois feux, soixante quatre
   bellugues, ung quart, cy............... 3 f. 64 b. 1/4
Lou Cayla, cy devant appelé *Saint Michel
   du Caistort* : trois feux, septante sept
   bell., ung quart, cy (*v°*)............... 3 f. 77 b. 1/4
Montclar : trois feux, quarante neuf bellugues, ung quart, cy................... 3 f. 49 b. 1/4
La Bastide Teulat : un feu, septante une
   bellugues, deux quartz, cy........... 1 f. 71 b. 2/4
Lous Plas : deux feux, cinq bellugues, ung
   quart, cy............................. 2 f. 5 b. 1/4
Saleilles : deux feux, nonante quatre bellugues, trois quartz, cy................. 2 f. 94 b. 3/4
Sainct Igest : trois feux, deux bellugues,
   trois quartz, cy...................... 3 f. 2 b. 3/4
Ferrairolles : deux feux, cinquante neuf
   bellugues, cy .... 2 f. 59 b.
Ennous : un feu, septante huit bellugues,
   un quart, cy.......................... 1 f. 78 b. 1/4

Belmon : trente sept feux, unze bellugues,
 trois quarts, cy...................... 37 f. 11 b. 3/4
Muras[s]on : dix huit feux, onze bell., cy.. 18 f. 11 b.
Prohencous : neuf feux, dix sept bellugues,
 un quart, [cy]..................... 9 f. 17 b. 1/4
St Yzery : neuf feux, six bellugues, cy... 9 f. 6 b.
Rebourguil : sept feux, huictante trois
 bellugues, ung quart, cy (*f°.cxlj.r°*).... 7 f. 83 b. 1/4
Peaux et *Coufoulens* : six feux, trente neuf
 bellugues, trois quartz, cy............ 6 f. 39 b. 3/4
Mounez : trois feux, quinze bellugues, deux
 quartz, cy...................... 3 f. 15 b. 2/4
Blanc : un feu, septante une bellugue, ung
 quart, cy...................... 1 f. 71 b. 1/4
Viala : cinq feux, deux bell., un quart, [cy]. 5 f. 2 b. 1/4
Vezins : six feux, septante cinq bellugues,
 ung quart, cy.................... 6 f. 75 b. 1/4
Montredon : vingt bellugues, cy .... 0 f. 20 b.
Ribes et *Lou Truel* : un feu, huictante cinq
 bell., ung quart, cy................. 1 f. 85 b. 1/4
Montjaux : quatorze feux, setze bellugues,
 deux quartz, cy.................... 14 f. 16 b. 2/4
Cannac : deux feux, trente une bellugues,
 ung quart, cy..................... 2 f. 31 b. 1/4

Somme. — Le tottal des feux de l'élection du Hault Rouergue ou Milhau : xij^c xxxiiij. feux, huict bellugues, trois quartz.[1]

(*v°*) *Faict et arresté au conseil royal des finances, tenu par Sa Majesté a Vincenes le vingt huictieme jour d'aoust mil six cens soixante six, sur l'advis du sieur Pellot, m° des requestes, intendant commissaire departy par Sa Majesté en Guyenne.*

Signé : Louis ;

et plus bas : Philipeaux.

1. D'après les chiffres donnés, le total serait de 1227 feux, 31 bellugues, soit une différence de 6 feux, 77 bellugues, 3/4 en moins.

Louys, par la grace de Dieu roy de Franse et de Navarre, a noz amés et feaux les presidens, thresoriers generaux de France en la generalitté de Montauban, a noz chers et bien amés les officiers de l'election de Milhau, Salut.

Ayant arresté en nostre conseilh un tarif pour servir de pied à l'advenir aux impositions des communautés de la d⁰ election de Milhau, ce que nous desirons estre suivy et executé sans aucun changement, **a ces causes,** nous vous mandons et ordonnons par ses (*sic*) presantes signé[e]s de nostre main que vous ayez icelles a faire registrer et observer avec le dit tarif cy attaché soubz le contre scel de nostre chancellerie, vous deffendant d'y apporter aucun changement sans nostre permission, a peine d'en respondre ez voz propres et privez noms et aves (?) plus grandes, s'il y eschoi(n)t, car tel est nostre plaisir.

Donné a Vincenes, le sixieme jour du moys de septembre, l'an de grace mil vjᵉ soixante six et de nostre regne le vingt quatrieme.

Signé : Louis ;

et plus bas : Par le roy,

Philipeaux.

Scélé du grand sceau de cire jaune.

(f°.cxlij.r°)   **II.**

Liste des rois de France depuis Pharamond jusques a presant.

1° Pharamond regna 14 ans et mourut l'an 427. — Clodion le chevelu regna 20 ans et mourut l'an de nostre salut 447. — Merovée regna 12 ans et mourut l'an 459. — Childeric 1 regna 26 ans et mourut l'an 514[1]. — Childebert regna et feut roy de Paris, et ses autres freres regnerent ailleurs : car Clotaire fut roy de Soissons et Clodomir d'Orléans, et Theodoric eut le royaume de Metz et d'Austrasie ; et Childebert regna 45 ans et mourut sans entans, l'an 559. — Clotaire, roi de Soissons, succéda Childebert au royaume de Paris, regna cinquante ans. — Aridet ou Cherebert, roy de Paris. — Chilperic, filz du susdict Clotaire 1, regna 23 ans et mourut l'an 587. — Clotaire second regna 14 ans et mourut l'an 645. — Clovis, appelé par quelques uns Louys, regna 14 ans et mourut l'an 661. — Clotaire 3 regna 4 ans et mourut l'an 666. — Childeric second regna 13 ans et mourut l'an 679. — Theodoric regna 14 ans et mourut l'an 693. — Clovis 3° regna 4 ans et mourut l'an 699. — Childebert regna 18 ans et mourut l'an 715. — Dagobert regna 4 ans. — Clotaire 4 regna deux ans. — Chilperic 2 regna 5 ans.

1. Je ne sais par quelle étrange erreur notre compilateur a oublié Clovis et reporté la mort de Childéric I à 514. D'après Grégoire de Tours, il succéda à Mérovée son père, en 456, et mourut en 481. Du reste, les erreurs de date et les omissions sont ici assez nombreuses, surtout pour la Ire race : le lecteur les rectifiera de lui-même. Pour le rang qui appartient aux rois de même nom, lequel est souvent oublié, voyez la *Table des noms propres.*

— Theodoric 4[1] regna 15 ans et mourut l'an 474 (*sic*). — Childeric 3e, quy feut depozé par Pépin et mis dans un monastère.

(*v°*) 2° *Seconde lignée depuis Pepin jusques a Hugues Capet.*

Pepin regna 18 ans et mourut l'an 768. — Charles le Grand, autrement Charlemagne, mourut l'an 814, appres avoir regné 42 ans. — Louys, 1r du nom, surnommé le Debounaire (*sic*), regna 26 ans et mourut l'an 840. — Charles .ij. regna 38 ans et mourut l'an 879. — Louys .ij., dit le Begue, regna 2 ans et mourut l'an 881. — Louys et Carloman, bastardz, roys ensemble, dont Louys mourut a la chasse de la main d'un de ces (*sic*) gens, et Carloman aussi, courant appres une filhe, mourut brisé par son propre cheval, l'an 885. — Charles 3e regna 5 ans et mourut l'an 899. — Eude regna 8 ans et mourut l'an 909. — Charles le simple regna 27 ans et mourut l'an 926. — Raoul regna 2 ans et mourut a Auxerre l'an 936. — Louys d'Outre-Mer regna 27 ans et mourut l'an 956. — Clotaire (*lis.* Lothaire) regna 32 ans et mourut l'an 986. — Louis 5e regna une seule année, et en luy finit la seconde lignée.

3° *Les Roys depuis Hue Capet jusques a Philippe de Valois.*

Hue Capet regna 9 ans et mourut l'an 996. — Robert regna 38 ans et mourut l'an 1031. — Henry 1 regna 30 ans et mourut l'an 1060. — Philipes 1 regna 49 ans et mourut l'an 1109. — Louys le Gros, 6e du nom, regna 28 ans et mourut l'an 1237. — Louis 7e regna 43 ans et mourut l'an 1237. — Sainct Louys, 9e du nom, regna 45 ans et mourut l'an 1270. — Philipe 3e regna 15 ans et mourut l'an 1285. — Philipes 4e, dict le Bel, regna 28 ans et mourut l'an 1363 (*sic*). — (*f°.cxliij. r°*) Louys Xe ne regna que 8 moys et mourut l'an 1315. — Philipe le Long regna 5 ans et mourut l'an 1320. — Charles le Bel, 4e du nom, regna 7 ans et mourut l'an 1328.

1. *Ms.* 2.

4° *Les rois depuis Philippe de Valois jusques a Louys 14ᵉ.*

Philipes de Valois regna 22 ans et mourut l'an 1350. — Jean regna 14 ans et mourut l'an 1363. — Charles 5ᵉ regna 16 ans et mourut l'an 1379. — Charles 6ᵉ regna 42 ans et mourut l'an 1422. — Charles 7ᵉ regna 38 ans et mourut l'an 1460. — Louys 11ᵉ regna 25 ans et mourut l'an 1485. — Charles 8ᵉ regna 14 ans et mourut l'an 1497. — Louys 12ᵉ regna 17 ans et mourut l'an 1514. — François 1 regna 12 ans et mourut l'an 1547. — Henri 2ᵉ regna 13 ans et mourut l'an 1559. — François 2ᵉ mourut l'an 1560, ayant regné 16 moys. — Charles ixᵉ, ayant regné 14 ans, (et) mourut l'an 1574. — Henri 3ᵉ regna 14 ans et mourut sans enfans, l'an 1589, et la rasse de la branche de Valoix defailhit en luy.

5° Henry le Grand 4ᵉ de Roy de Navarre fut faict roy de France, par le desir d'Henry 3ᵉ, comme le plus proche de la couronne, estant sorty en droicte ligne de Louys de France, comte de Clermont en Beauvoisis, filz de sainct Louys, regna 21 an[s] et mourut l'an 1610. — Louis 13, surnommé le Juste, regna 33 ans et mourut l'an 1643. — Louis 14ᵉ, Dieudonné, regnant a présent[1], *a regné 72 ans et est décedé en 1715.* — *Louis quinze a regné 69 ans et est decedé le 10 may 1774, de la petite vérole.* — *Louis Auguste 16, couronné à Reims en 1775, a reigné* 18 ans et est mort le 21 janvier 1793, martyr de la Révolution. — (vᵒ) **Louis 17** n'a

1. Ici se termine la partie du registre visée par P. de Bonald. Des mains pieuses ont pris soin, à trois dates différentes, de tenir le registre au courant des changements de princes et par là même des changements de régime. Nous imprimons en italique les lignes de la première main, en égyptiennes celles de la seconde et en romain celles de la troisième. La première main semble être celle des notes marginales des fᵒˢ 21 rᵒ et vᵒ, 22 vᵒ, etc., que nous avons assignées plus haut à la fin du xviiiᵉ siècle; il faudrait, dans ce cas, en fixer la date entre 1775 et 1793. La deuxième et la troisième mains doivent être attribuées à la même personne, mais à deux époques assez éloignées l'une de l'autre.

regné que quelques mois et (et) mourut[1] à l'âge de 12 ans, en 1793. — **Louis 18,** surnommé le Désiré, obligé de s'expatrier par suite de la Révolution, n'est monté sur le trône que le **3 mai 1814 ; décédé le 24 septembre 1824**[2]. — **Charles dix, son frère, qui lui a succédé, abdiqua** en août 1830[3], **en faveur de son petit-fils Henri V. — Louis Philippe d'Orléans, duc d'Orléans, proclamé roi des Français, le 9 août 1830**[4].

1. On avait d'abord écrit : *fut empoisonné ;* puis ces mots ont été bâtonnés et on a écrit : *et mourut* en interligne, de sorte qu'il y a en réalité : *et et mourut.*

2. En marge, à gauche (même écriture) : *Charles X, décédé le 6 novembre 1836, à Goritz (Allemagne).*

3. Ces trois mots ont été ajoutés dans la marge de droite, de la même main qui a écrit les renseignements sur la mort de Louis XVI, sur Louis XVII et sur Louis XVIII jusqu'aux mots *3 mai 1814.* J'en conclus que la deuxième écriture (d'ailleurs d'aspect plus moderne) est postérieure à la troisième, et que son auteur a rempli des blancs laissés précédemment par un scribe, qui s'était contenté de nommer Louis XVII et Louis XVIII en plaçant leurs noms l'un au-dessous de l'autre, chacun au commencement d'une ligne.

4. Cette dernière phrase est de la même écriture que ce qui précède, mais l'encre est différente, et elle doit avoir été écrite quelques jours après la précédente.

FIN DU LIVRE DE L'ÉPERVIER.

APPENDICE.

A.

(*f°.j.*)   [PRIVILÉGES DU CONSULAT DE MILLAU].

**Aïsso son li prevelegi del cossolat d'Amelhau, tras-
latat de paraula en paraula dels originals prevelegis
et estrumens.**

I.

Philippus, regis Francorum primogenitus, Dei gratia rex
Navarre, Campanie et Brie comes palatinus, dilectis suis
consulibus et comunitati ville Amiliavi, Salutem et Dilectionem,

5   Super grata et accepta responsione nobis per Raimun-
dum[1] Gauffredi et Brengarium Benedicti, burgenses, vestros
latores prosequtores (?), oretenus nunciata, quos ob hoc ad
nos transmitere curavistis, videlicet de quadam domo sita
juxta porprisium Fratrum predicatorum Amiliavi, de qua vos
10   pro ipsis Fratribus alias rogaveramus, et ipsam domum pro
vobis et loco vestri obtulerunt ad nostrum bene placitum
plenarie faciendum, vobis reddimus multas grates, volentes
ut domum ip[s]am vobis non modicum nec unquam penes

---

1. Nous interprétons ainsi un prénom écrit en abrégé avec une initiale majuscule assez semblale à une *R*, compliquée d'un double trait
abréviatif qui la barre, laquelle initiale est suivie de trois jambages
droits placés au-dessus de la ligne (Cf. la pièce II, frn).

vos retineatis et etiam habeatis. Requirimus nichilominus
15 vos attente, quatinus ipsos fratres, quos scinceriter diligi-
mus, habeatis consideratione nostri perpensius comendatos.

Actum die martis post assentionem Domini [1], in castris
versus(?) Perpingnianum.

II.

Noverint universi hoc presens et publicum instrumentum
20 inspecturi quod, anno dominice Incarnationis m°. cc°. lxx°.
octavo, scilicet v° nonas octobris, domino Philipo rege
Francorum regnante, ego frater Guilhermus Ferrieiras, de
ordine Minorum, gardianus Fratrum minorum Amiliavi,
ville dyocesis Ruthenensis, nomine meo et dictorum Fra-
25 trum minorum, quorum sum gardianus, et nomine omnium
et singulorum aliorum fratrum de ordine Minorum, et nomine etiam ordinis Fratrum minorum, moneo vos, fratres
P. de Cappella et B. de Jaol, de ordine Predicatorum, et
vobis nominibus quibus supra contradico et inhibeo, quod
30 in dicta villa Amiliavi vos, seu aliquis vel aliqui de ordine
Predicatorum, seu ipse ordo Predicatorum, non faciatis seu
faciant vel faciat domum, ecclesiam seu oratorium infra
terminos ad nos [a] Papa Clemente bone memorie quondam
concessos, seu ab alio papa quocumque.

1. L'année, qui manque, était probablement indiquée dans la charte
originale. Ce devait être entre 1274, année où Philippe, fils du roi de
France Philippe III, fut fiancé à Jeanne, héritière de Henri Ier, roi de
Navarre, comte de Champagne et de Brie, et 1285, année où il monta
sur le trône de France sous le nom de Philippe IV. Comme la lettre est
datée du camp de Perpignan, il est probable qu'il faut limiter cette
date entre l'année 1274 et l'année 1276; car, pendant cet intervalle,
Philippe fit constamment la guerre sur la frontière des Pyrénées ou en
Catalogne. La place de cette première charte en tête du registre, avant
la seconde, qui est datée de 1278, se trouve ainsi justifiée.

35   Acta fuerunt hec apud dictam villam Ami(v°)liavi in ecclesia beati Martini, anno et die supradictis, in presentia et
testimonio Guilhelmi Gauffredi, domicelli, Stephani Ade, Bernardi Feltrerii, Guilhelmi Duranti, consulum ville Amiliavi
supradicte; domini Raimondi Gauffredi, militis; Guilhelmi
40 Pelegrini, Berengarii de Nonez, domicellorum ; Bernardi
Martini, Ugonis Benastrugii, W¹ de Monte Salvio, Petri Benedicti, Petri de Combis, magistri Petri Cote, juris periti,
Bertholomei Gerla, Bernardi de Spineto, et mei Johannis
Calvelli, publici notarii dicte ville Amiliavi, qui de mandato
45 predicti gardiani hanc cartam scripsi et signavi.

III.

Noverint universi presentes pariter et futuri hoc presens
et publicum i[n]strumentum inspecturi ac etiam audituri
quod, anno Domini m°.cc°.lxxx°. sexto, scilicet die Jovis
post festum beati Francisci, accedens personaliter apud
50 Villam Francam dyocesis Rhuthenensis, religiosus vir frater
Bernardus de Maurlheriis, de ordine Minorum, gardianus, ut
dicebat, Fratrum minorum de Amiliavo, [venit] coram nobili viro domino P. Bouche, milite, senescallo Ruthenensi
pro domino rege Francorum, et requisivit eumdem dominum
55 senescallum, et eidem pro se et domo et conventu dictorum
Fratrum minorum de Amillavo supplicavit, ut literam regiam, quondam ipsi domino senescallo directam, executioni
mandaret, cujus litere seu transcripti ipsius litere, ut dicebat
dictus gardianus, tenor talis est :

60   *Philipus, Dei gratia Francorum rex, sen. ruth., Salutem.*
   Cum datum sit nobis intelligi quod Fratres predicatores infra muros
Amiliavi inhabitare nitantur, et jam quedam loca acquisiverint ibidem
propter sua edificia facienda, absque nostra licentia et assensu, in
nostrum prejudicium et dampnum non modicum, et ibidem fecerint
65 *cimiterium consecrari contra prohibitionem gentis nostre et in nos-*
trum contemptum, mandamus vobis, quatinus non permitatis eisdem

*ibidem edificia co[n]struere nec inhabitare alicubi infra muros, tantum
super hoc facientes ne oporteat mandatum nostrum super hoc iterare.*

*Actum apud Sanctum Germanum in Laya, dominica post festum
Exaltat[i]onis Sancte Crucis.*

Dictus vero dominus sen. eidem gardiano dixit et res-
pondit quod hoc fecisset et faceret, sed non poterat nec de-
bebat dictam literam executioni mandare, *(fᵒ.ij. rᵒ)* propter
aliam literam dicte litere regie contrariam, cujus tenor, ut
dicebat dictus dominus sen. talis est :

*Philipus, Dei gratia Francorum rex, senescallo Ruthenensi, Salu-
tem.*

*Mandamus vobis quod placet nobis quod Fratres predicatores ma-
neant et hospitentur apud Amiliavum in loco in quo sunt, quantum
in nobis est, salvo tamen jure alieno, non obstante mandato contrario,
si quod vobis fecerimus, prohibitionem baccali[1] amoventes.*

*Actum Parisiis, die dominica post festum sancte Lucie virginis,
anno domini mᵒ.ccᵒ.lxxxᵒ.quarto.*

Hujus autem requisitionis et supplicat[i]onis et responsio-
nis sunt testes vocati et rogati discreti viri magister Bertrandus Galterius, judex Amiliavi, Johannes de Valle ami-
cus (?) dicti domini senescalli, et ego Petrus Avarionis,
notarius publicus Ville Franche et Najaci et Petrucie et totius senescallie Ruthenensis, qui predictam requisitionem
et supplicationem dicti gardiani, et responsionem dicti domini senescalli eidem gardiano factam, ad instanciam et
requisitionem antedicti gardiani scripsi et in formam publicam redegi, et tenorem transcriptarum dictarum literarum
huic instrumento publico inserui, et isti publico instrumento apposui signum meum. Quod siquidem instrumentum
scripsi, feci et signavi apud Villam Franquam predictam,
die Jovis post festum beati Francisci, scilicet vjᵒ. ydus octobris, domino Philipo regnante rege Francie.

Signum meum est istud.

1. *Baccali*, ou peut-être *bacculi*. Il faut sans doute lire *baiuli* = *bajuli*, en fr. *bailli*.

IV.

100   [1] *Notum sit omnibus hominibus quod anno Domini Incarnationis 1278, scilicet 9 kal. novembris, Domino Philipo Francorum rege regnante,* Eu, Bernat Feltrier, per me e per totz los miaus successors presens et esdevenidors, non endugz per forsa ni per frau ni per bausia, mas per ma bona propria e sponta-
105 nea volontat, am bona fe et ses engan, vendi e done, cedi, autrei, baile et dezampare, per nom de pura et de perfiecha venda e non revocabla, per aras e per tostemps valedoira, a vos en Guilhem Duran, Bertran Benezeg, Guilhen Gauffre, Peire Marti, en Esteve Azam, cossol de la vila d'Amelhau,
110 receben per vos e per tota la universitat de la dicha vila, so es a saber a(v°)quelas maios, estars e verdiers e cortz que foro sai en reire del senhen Berenguier Duran, cavalier, la[s] qual[s] ieu ai e teni e la vila d'Amelhau, los quals maios et estars, cortz e verdiers si coffronto es teno ab las
115 maios, estars e verdiers et ort d'en Bernat Guiral, et ab las maios e verdier d'en Guilhem de Montaliu, la paret megieira en mieg, et ab lo verdier que fo d'en R. del Pueg, et ab l'ort d'en Bertran Gasc, et ab lo verdier e cort e cazal que fon d'en Raimon Benastruc, et ab la maio de Peire Prohensa,
120 et ab la carrieira publica; totas aquestas maios, estars e verdier[s] e cortz sobredichas, ab totas lurs intradas et issidas et ab totas las servitutz et adjacencias que au ni aver devo, ab tot lo dreg que ieu hi hai, vos vende eus doni per nom de pura et per fiecha venda, segon que desus es dig ni es-
125 crig, per pres de .cc.lxj. lbz. de tornes, que n'ai de vos

---

1. Cette pièce avait déjà été publiée par nous dans notre *Essai sur l'histoire du sous-dialecte du Rouergue* (Paris, Maisonneuve et C[io], 1880). Une nouvelle collation du manuscrit, qui est presque illisible en plusieurs endroits, nous a permis d'améliorer le texte : il reste cependant des passages désespérés.

avudas e receupudas em peccunia nombrada, si que m'en
tenc per ben pagatz e per contens e per aondos. E se
plus valo o plus podo valer d'aquest pres sobredig, done vos
tota la mai valensa per nom de do e de donatio pura e siem-
130 pla entre vieus. E done vos plenier poder e mandamen de
penre e de intrar e de recebre per vostra propria auctoritat
la possessio et quais possessio de totas las dichas causas a
vos per me vendudas per vostra propria auctoritat. Et entre
tant tro que vos la ajas preza, avuda e receupuda, establise
135 un precari possesidor per vostre nom ; e qui re vos i ampa-
rava nieus i demandava, promete vos per ferma stipulatio
que ieu vos en sia guirens e deffendeire, si que, se ren per-
dias nin metias per emparamen ni per demandamen que
hom ni femena vos i fezes, promete vos per eusa stipulatio
140 que ieu vos o emendes tot ses (tot) plag a vostre somonimen,
e del dan e del gaing quen faras nin suffriras, coma vos
per sola vostra siempla paraula senes (*ou peut-être* seres)....
de guirens et de sagramen. E promete necesserment (*sic*)
a tota eviccio universal e particular, per la qual eviccio
145 universal e particular per tot lo(?) dan, aginne(?) [1], inte-
resse ni messios quen (*f°.iij. r°*) fezesses nin suscrisses ;
e per tot aisso sobre dig a vos tener, complir et attendre,
segon que desus es dig ni escrig, obligue a vos totz mos
bes presens e esdevenidors ; e renuncie certz de fag et de
150 dreg ad exceptio de major et de menor pres et ad exceptio
de las dichas .cc.lxj. lbs. de tornes non avudas, no non-
bradas e non receupudas, *exceptioni non numerate pecunie,
non habite et non recepte, exceptioni doli et infactus et legi[s]
que incipit « rem majoris precii », conditioni indebiti, et sine*

1. Ici un mot de huit lettres environ complétement effacé (est-ce *dis-
pensatz?*). Les huit dernières lignes de cette page ont été badigeonnées
d'un liquide brun destiné à faire ressortir les traits pâles ; il en est ré-
sulté une confusion plus grande, et certains mots défient la vue la
mieux exercée.

155 *causa omnique alii juris auxilio et beneficio legis et decreti,*
consuetudinis et nove co[n]stitut[i]onis, per quod possem venire
contra premissa vel aliquid de premissis. E jure vos sobre
sangz euvangelis de Dieu, per me de grat corporalmen
tocatz, que tot enaissi o tenrai e o attendrai con es dig
160 desus ni escrig, et encontra no venrai per me ni per altre
e neguna manieira.

E nos, Guilhem Duran, Bertran Benezeg, W. Gauffre,
Peire Marti, Esteve Azam, cossol sobredig de la dicha vila
d'Amelhau, volem que hom sapia que nos compram aques-
165 tas maios, estars, verdiers e cortz de vos B. Feltrier sobredig, per obs e per necessitat que au a nos et a la dicha universitat per far cosselh. Quar nos ni la dicha universitatz
non devem far cosselh e la glieia de S. Marti, quar la glieia
nos veda que noi fassam cosselh.

170 *Actum apud Amiliavum, in ecclesia beati Martini, in presentia et*
testimonio Ugonis Benastruc, domini Raimondi Gauffredi, militis,
Bartolomei Gerla, Bernardi de Spineto, magistri Petri Cote, juris pe-
riti, testium ad hoc vocatorum et rogatorum, et mei Guilhelmi de
Combaleriis, publici notarii Amiliavi, qui rogatus hanc cartam scripsi
175 *et signo sequenti signavi.*

V.

Anno Domini m°.cc°.lxxx° sexto, die sabbati ante festum
apostolorum Symonis et Jude, comparuit apud Amiliavum
coram discreto viro domino (v°) Bertrando Galterii, judice
Amiliavi, Raimundus [1] Ade de Sancta Eulalia, offerens se
180 deffentioni R. Ade patris sui, quem dicebat fore citatum ad
presentem diem coram dicto domino judice, ad instanciam

---

1. Le prénom est écrit en abrégé à l'aide d'une combinaison fantas-
tique d'une lettre initiale semblable à une *r* et de deux sigles, dont le
dernier représente *us* et le premier n'est peut-être qu'un trait de
liaison. (Cf. plus bas *R* et *R*ⁱ.)

consulum ville Amiliavi, pro eo quia dicti consules dicebant et asserebant quod dictus R. Ade, pater ipsius R[1], ad-
duxerat animalia sua ovina ad depascendum infra *patus* et
185 herbagia de Amiliavo, in eorum prejudicium et gravamen et
universitatis eorumdem, ratione banni et dampni dati in
dictis herbagiis, ut dicebant dicti consules. Item comparue-
runt magister Durantus Calveti, Ugo Sabbata, Arcmandus
de Sancto Affricano et Ugo Benastrugii, consules ville pre-
190 dicte de Amiliavo, pro se et universitate ejusdem ville ex
altera parte. Et cavit in continenti idem Raimundus de rato
et judicatum solvi cum suis clausulis per Johannem Crozilhati, habitatorem mansi *delz Mazelz,* et per Johannem Aym,
habitatorem ejusdem mansi, qui se et sua et qui[d]libet
195 eorum in solidum obligaverunt usque ad l. libras turon., sub
omni juris renunciatione et cautela. Et in continenti, in
presentia testium infra scriptorum, predicti consules requi-
siverunt me notarium infra scriptum, ut de predicta com-
paritione eisdem facerem publicum instrumentum.
200   Hæc[1] acta fuerunt in castro de Amiliavo domini regis, in
presentia et testimonio Guilhelmi Beuleva, domicelli, bajuli
supradicte ville, magistri W[1] Perrini, magistri B. de Capite
Lucio, juris peritorum, magistri Duranti de Solatgue, notarii, P. de Balton, R[1] Bertrandi, et mei Poncii de Beraudeto,
205 publici notarii Rupis Cezarie totius que senescallie Ruthenensis, qui ad requisitionem predictorum hanc cartam
scripsi et signo meo consueto signavi, quod est istud.

---

1. Ici encore un mot bizarrement écrit au moyen de deux lettres dont
il m'est impossible de déterminer la valeur : c'est quelque chose
comme *Iz.* Peut-être aussi le scribe a-t-il voulu faire un *H* majuscule
avec un trait abréviatif.

VI.

Noverint universi hoc presens et publicum (et) instrumentum inspecturi quod, anno dominice Incarnationis .mº.ccº.
210 lxxº.viijº., scilicet vº nonas octobris, domino Philipo rege
Francorum regnante, nos Guilhelmus Gauffredi domicellus,
Stephanus Ade, Guilhelmus (*fº.iiij.rº*) Duranti, Bernardus
Feltrerii, consules ville Amiliavi, dyocesis Ruthenensis, pro
nobis et aliis conconsulibus viris, et pro tota universitate ville
215 Amiliavi supradicte, monemûs vos, fratres P. de Capela et
Bernardum de Jaol, de ordine Predicatorum, et vobis con-
tradicimus et inhibemus in quantum possumus, quod vos
seu aliquis vel aliqui de ordine Predicatorum seu ipse ordo
Predicatorum non faciatis seu faciant vel faciat domum, ec-
220 clesiam seu oratorium in loco, stariis seu domibus sitis in
dicta villa Amiliavi, qui et quæ fuerunt quondam Berengarii
Duranti, nec etiam in aliquo loco infra muros dicte ville
Amiliavi, sed extra muros ipsius ville, ubicumque poteritis
seu poterint vel potuerit, et vobis seu fratribus vestri or-
225 dinis visum fuerit faci(c)endum, cum dicta villa Amiliavi
pauca sit, et nobis et dicte universitati necnon et domino
nostro regi Francorum, ut nobis videtur, dampnum esset
non modicum, si infra muros dicte ville domum, ecclesiam
seu oratorium feceretis.
230 Et nos, dicti fratres Petrus de Capela et Bernardus de
Jaol, respondendo dicimus vobis predictis consulibus, quod
parati sumus dimitere locum, staria et domos quondam domini Brengarii Duranti predicti, dummodo nobis alium
locum ad ea bonum et ydoneum habeatis seu queratis. Ad
235 quod faciendum nos predicti consules dicimus non teneri.
Actum apud Amiliavum, in ecclesia beati Martini, anno et
die supradictis, in presentia domini Rⁱ Gauffredi militis,
Guilhelmi Pelegrini, Berengarii de Vorz, domicellorum, B.

Martini, Ugonis Benastrugii, W[1] de Monte Salvio, Petri Bi-
240 nercini (?) [1], P. de Combis, magistri Petri Cote, juris periti,
Bertholomei Gerla, Bernardi de Spineto, et mei Johannis
Calvelli, publici notarii Amiliavi, qui de mandato predictorum consulum hanc cartam scripsi et signavi.

VII.

Philipus Dei gratia rex Francorum.
245 Notum facimus universis presentibus et futuris quod,
cum in nostra villa Amiliavi et ejus pertinenciis dyocesis
Ruthenensis habeamus quosdam reditus, qui *pezagium* seu
commune pacis vulgariter appellantur, quos recipere consue-
vimus, tam ratione hominum singulorum dicte ville et per-
250 tinenciarum ejusdem, quam furnorum et molendinorum et
propriornm animalium eorumdem quorumcumque, ubicumque ea habuerint seu quocumque nomine nuncupentur, oc-
casione cujus redditus pezagii habitantes inhibi actenus
sint gravati ; nos, pro utilitate dicte ville et omnium habi-
255 tantium in eadem et pertinenciis ipsius, ut illi, quos nobis
alias liberales reperimus plerumque, ex liberalitate nostre
regie magestatis scentiant gratiam et profectum, eisdem
hominibus presentibus et futuris, in dicta villa Amiliavi et
pertinenciis ipsius habitantibus, ex nunc dictum *comune* et
260 *pezagium* totaliter remittimus et quitamus, in hiis facientes
eisdem gratiam specialem, salvis tamen aliis nostris juribus,
quos in dicta villa et pertinenciis preter dictum pezagium seu
comune pacis ad nos et predecessores nostros pertinere
consueverunt.

1. Le manuscrit porte *Bierci*, avec un trait vertical sur le premier *i*
et aussi sur le *c*, qui peut également être lu *t*; l'*e* et l'*r* sont liés et
douteux.

VIII.

265 Philipus, Dei gratia Francorum rex, universis presentes
literas inspecturis Salutem.

Notum facimus quod nos illam ordinationem factam per
dilectos et fideles viros clericos magistros Guidonem de
Boy Remensis, et Egidium Camelini Meldensis ecclesiarum
270 canonicos, cum consulibus Amiliavi dyocesis Ruthenensis
super pazagio seu comune pacis, quod habebamus apud
Amiliavum et in ejus pertinenciis, prout dicta ordinatio in
literis dictorum magistrorum plenius dicitur contineri, ra-
tam et gratam habemus et illam volumus firmitatem perpe-
275 tuam obtinere. In cujus rei, etc.[1]

1. Ainsi finit ce petit registre, qui est resté interrompu, nous ne sa-
vons pour quelle cause.

Leçons du ms. corrigées : l. 6, Breng (*avec un sigle sur le* g) ; 7, per-
senqu (*avec un sigle sur l'*u) oretenus ; 9, iux (*avec un sigle sur l'*x) porprisium ; 11, obtulerint ; 13, necquam (*avec un sigle sur le* q) ; 86, aicus
ou aitus (*avec un sigle sur l'*a) ; *faut-il lire* amitinus, *cousin germain ?*
93, transcriptorum ; 117, et mieg ; 149, estevenidors ; 154, infactu (*avec
un sigle sur l'*u) ; 205, rupiscezaire ; 215, vos frens (*avec un trait au-
dessus de l'*n) ; 234, adeo.

B.

[LETTRE DU ROI CHARLES VIII.]

(*f°.j.r°*) Charles, par la grace de Dieu roy de France, a noz amiz et feaulx le sire de Chasluz, chevalier, nostre conseilher et chambellan et senechal de Rouergue, maistres Jehan de la Loere, nostre notaire et secretaire, et Amaulry Salles, Salut.

Comme, depuis nostre advenement a la couronne, nous ayons continuellement veillé et entendu au bien et utilité de la chose publique de nostre royaume, et de tout nostre cueur travaillé a maintenir et faire vivre en paix et justice nostre peuple et le preserver de toutes oppressions, et mesmement de la guerre et pillerie que plusieurs seigneurs, noz rebelles et desobeissants subgetz, et autres ont a tort et contre raison suscitées et de tout leur povoir se sont efforcez executer contre nous et nostre peuple, dont avons tous jours esté preservez par la grace de Dieu nostre Createur, qui, ainsi que l'avons mis de nostre part, nous a tellement favorisez que, moyennant l'ayde de nos bons et loyaulx parens, serviteurs et subgetz, y avons mis souffisante resistance, tant a for[c]es et puissance d'armes que par plusieurs autres bonnes voyes, et en maniere que l'estat de nostre royaume est demouré en son entier et toutes les mauvaises poursuites, effors et entreprinses dessus dictes redondées a la perte, deshonneur et confusion de nos adversaires, comme chascun peut veoir et congnoistre ; et en ce faisant, nous a convenu chascune année entretenir grosses et puis-

15

santes armées en divers lieux, et esgalement ceste presente
année sur les Marches de Bretaigne, pour obvier aux entreprinses de nos dicts ennemys, qui, en venant contre le
traicté de paix, avoient fait descendre ou dict pais grant
nombre d'Anglois, Espaignolz et autres estrangiers, tendans
a marcher et entrer sur les pays de nostre obeissance, dont
ils faisoient tout leur effort ; ou il a esté si bien procédé de
nostre part que de present sommes en bonne disposition
de paix. Toutes voyes, pour ce que les dicts Angloys, Espagnols et autres estrangiers ne sont encore tous vuidés du dict
pays de Bretaigne, ainsi qu'il a esté conclud, et que de nouvel y en sont descendus en bien grant nombre, pour quoy
est vraissemblable et (v°) a doubter qu'ils voulsissent encores faire aucunes pilleries et autres exploitz de guerre sur
nos dicts pays et subgetz, nous, pour la seureté d'iceulx et
obvier a ce que ne soyons surprins a faulte de provision,
pour les grans inconveniens qui s'en pourroient ensuir,
avons encore voulu souldoier et entretenir ung bon nombre de gens de guerre sur les frontieres du dict pays de
Bretaigne, oultre ceulx de noz ordonnances et autres estans
en garnison es villes que tenons en la dicte frontiere. Es
quelles choses, et aussi pour plus promptement souldoyer
nos gens d'armes d'ordonnance et autres, que avons deliberé
estre d'ores en avant payez a jour certan et beaucop plus
tost qu'ilz n'ont esté ycy devant, en quoy faisant noz cappi-
taines et chiefz de guerre ont promis et juré solempnelle-
ment qu'ilz les feront vivre en bonne ordre, justice et po-
lice, et paier ce qu'ilz prendront sans faire aucune oppres-
sion a nostre dict peuple, ainsi qu'ilz ont fait le temps passé,
nous a convenu par cy devant et encore convient faire et con-
tinuer de tres grandes et excessives despenses a grant
charge de nostre peuple. Et combien que la moindre despence qu'il a esté possible y ait esté faicte, tendant par tous
moiens au bien, soulagement et descharge de nostre dict
peuple, qui tous jours nous y a liberallement aydé et sub-

venu, mais impossible a esté se passer a moindre despence,
et pour y fournir a esté necessaire, oultre noz propres deniers, qui y ont esté convertiz les premiers, et les treves [1]
que a nostre tres grant desplaisir ont a ceste fin esté mises
sur nostre dict peuple, nous ayder, pour eviter a plus grans
treves et charges, d'empruntz que avons fait de nos princi-
paulx officiers, serviteurs et autres, et aussi des sommes
que avons reprinses et recullées sur les pensions, gaiges
et biensfaiz par nous ordonnés a plusieurs noz parens, officiers et serviteurs.

Les quelz noz affaires dessus dictes et les dictes charges
qui sont sur nostre dict peuple au long considerées, avons
mis la chose en grande deliberation des princes et seigneurs
de nostre sang et gens de nostre conseil, pour le soullai-
gement de nostre peuple, selon le continuel desir que y
avions, et advisé tous les meilleurs moyens que possib[l]e
a esté de lui en faire quelque bon rabaiz [2] et *(f°.ij. r°)* moderacion. Mais attendu la grandeur de nos dictes affaires et
les sommes a nous urgentes et nec(c)essaire[s] pour y satisfaire bien au long calculées, a esté trouvé que a peine nous
pourrions passer en l'année prouchaine de moindre somme
que de ceste dicte année, qui est de deux millions sept cens
mille livres tournois, comprins la treve de trois cens mil
livres tournois qui a esté mise sus es mois de Jung et de
Juillet derreniers passez. Neantmoins, pour clerement de-
moustrer la grant affection que avons au dict descharge et
soulaigement de nostre peuple, nous avons-voulu rabatre et
moderer la somme de .iiij.ᶜ·m. livres tournois. Et eussions
voulentiers fait rabaiz de plus grant somme, se possible
eust esté de le porter, et si sommes tres desplaisans que ainsi
ne s'est peu faire, mais encores demourerons en arriere de
tres grans sommes, par ce mesmement que, pour faire les

---

1. *Treves.* (Voir au Glossaire.)

2. *Ms.* rebaiz.

dictes descharges et soulaigement de .iiij.ᶜ·m.l.t., avons restrainct et recullé le fait de nostre despence, argenterie, escuierie, pensions, etc., dessus dictes, et autres noz faiz et affaires, le quel arrieré avons mieulx aymé faire pourter et parfournir en partie sur noz finances des années ensuivans que de le mettre sus et faire porter a nostre dict peuple, en sperance tousjours de le soulaiger a nostre povoir et lui parfaire rabaiz et moderacion d'une telle et si bonne somme qu'il cognoistra plus amplement la dicte affection que nous avons de le doulcement traicter, ainsi que sur toutes choses l'avons desiré et desirons. Et ainsi, par l'advis et deliberation que dessus, avons ordonné cueillir et lever en nostre royaume la dicte année prouchaine pour nos dicts affaires la somme seulement de deux millions .iij^c· mil[le] livres tournois. A ceste cause, et que ja sur icelle nous ont esté faictes plusieurs avances, a les rendre des plus clers et des premiers deniers et du premier quartier de la dicte année prouchaine, et qu'il est necessaire en finer et recouvrer promptement de grans sommes pour entretenir nos dicts gens de guerre sur la dicte frontiere de Bretaigne, est besoing mettre sus en nostre dict royaume la dicte somme de deux millions trois cens mille livres t., pour partie de laquelle, en regard au solaigement qu'il convient a plusieurs villes et parroisses des pays d'Anjou, Poictou, le Maine et Basse Normandie, qui ont esté pillez et destruiz par la guerre *(v°)*, les pays de Rouergue Hault et Bas, comprins la comté de Rodez et quatre chastellenies de Rouergue, ont esté tauxez a la somme de quarante cinq mille quatre cens quatre vings livres tournois.

Si vous mandons et commettons que icelle somme de xlv.ᵐ·iiij.ᶜ·iiij.ˣˣ·l. t. vous mettez sus, asseez et imposez es dicts pais pour la dicte année prouchaine, ensemble la somme de huit cens soixante livres tournois pour tous fraiz, le plus justement et esgalement et a la moindre charge du peuple que faire se pourra, le fort portant le faible, ainsi que faict a esté ceste dicte année, sur toutes manieres de gens laiz, exemps et non exemps, privilegiez et non privilegiez, et sans prejudice de leurs privileges pour le temps a venir, excepté toutes voies gens d'eglie (*sic*), nobles nez et extraiz de noble lignée vivans noblement, suivant les armes ou qui par vieillesse ou impotence ne les peuent plus suivir, les officiers ordinaires et commençaulx de nous et de nostre tres chere et tres amée compaigne la royne, de feuz noz tres chers seigneurs ayeul et pere, de noz tres cheres dames ayeule et mere, que Dieu absoille(nt), non merchandans vraiz escoliers, estudians et residans es universitez, sans fraud(r)e, pour degré et science acquerir, et povres mendians. Et les quelz deniers nous voulons estre levez et receuz par le receveur sur ce par nous ordonné en quatre termes l'an. Dont, au moien des grans sommes de deniers qu'il est besoing recouvrer promptement pour nos dicts affaires, ainsi que dessus est declairé, est requis par contraincte en faisant la dicte assiette que, ou premier quartier soit recouvert plus grant somme que es quarterons ensuivans. Et a ces causes, par la deliberacion que dessus, avons ordonné la dicte somme estre paiée aux termes et a la maniere qui s'ensuit, c'est assavoir : le premier terme et paiement au premier jour de decembre prouchain venant, la somme de quinze mille cent soixante livres tournois ; le second terme et paiement au premier jour de mars, pour la somme de .x.^m·c.vj. livres, .xiij. sous, .iiij. deniers ; le tiers terme et paiement au premier jour de jung, la somme de .x.^m·c.vj. livres, .xiij. sous, iiij. deniers tournois, et le quart et derrenier terme et paiement au premier jour de septembre prouchain apres ensuivant, la somme de .x^m·c.vj. livres, .xiij. sous, .iiij. deniers tournois ; et par le dict receveur estre baillez et delivrez par les descharges du receveur general de noz finances *(f°.iij. r°)* au regard du principal, et les dicts fraiz selon les estatz qui luy en sont faiz par les generaulx de nos dictes finances. Et a ce fere et souffrir et a paier lesdicts deniers contraignez ou faites contraindre tous ceulx qui y auront esté imposez par toutes voyes acoustumées de faire pour nos propres besongnes et afferes. Et se[1] de partie a partie naist sur ce debat ou opposition, les dicts deniers premierement paiez nonobstans appellations quelzconques faites aux parties, oyes raison et justice. De ce faire vous donnons plein povoir ; mandons et commandons a tous noz justiciers, officiers et subgets, que avons et avez commis, en ce faisant soit par eulx obey, prestent et donnent conseil, confort, aide et prisons, se mestier est et requis en sont.

Donné aux Moutilz lez Tours, le troisieme jour d'octobre, l'an de grace mil .iiij.ᶜ· quatre vings et dix, et de nostre regne le huitieme.

Par le Roy, monseigneur le duc de Bourbon, vous, le marquis de Hochberg, marechal de Bourgogne, l'evesque de Lectore[2], les seigneurs de la Tremoille, de Gye, des Gueudes, de Graville, de Curton, de Baudricourt, de Myolans, de Grimault, de l'Isle, de La Celle-Guenant, de Saint André, maistre Pierre de Sacierges, maistre des requestes, les gens des finances et autres pris primaudaye (?).

Donné[3] *par moy*

P. Agregii, not. rᵗ.

1. *Ms.* ce.
2. *Ms.* lestore.
3. Ce mot est douteux.

Taxas [1].

A mossegnur senescal.......................... c. l. t.
It. al dict monseignur sen^{al}, per la interinatio de
    las letras reals, des rebays, des pertas [2] et gens
    a pare [3] .... iij.ᶜ· l. t.
A maistre Johan de la Loere .... c. l. t.
It. a Jaques de Palhas, loctenen de moss^r [lo] sen^{al}. l. l. t.
Item a moss. [lo] juge............................ xij. l. t.
Item a moss. lo advocat........................ x. l. t.
Item al procurayre.............................. vj. l. t.
Item al scindic.................................. vj. l. t.
Item als graffiers (*sic*)........................ xij. l. t.
Item als frayres menos.......................... iij. l. t.
Item als banniers............................... xx. s. t.
Item als elegitz per anar a la revua en Norman-
    dia... ij.ᶜ· l. t.[4]

[En guise d'étiquette, on lit au revers en haut] :
Solvit pro parentibus (*lis.* præsentibus) copiis novem
solidos

        F. Agregy, *Notaire Royal.*

1. Ceci figure comme appendice en haut du v° du feuillet .iij.

2. *Ms.* peatos.

3. *Pare = pas re,* aujourd'hui *pas res* (pron. *pa res*), c'est-à-dire *gens qui ne paient rien.*

4. Ce qui fait exactement 800 l. t., montant des frais, et non 860 livres, comme il est dit plus haut ; il doit y avoir une erreur de chiffres ou une lacune.

GLOSSAIRE.

Accoffermar 1662, etc., confirmer.

Adonc III, 2281; V, 34, alors (Cf. *aladonc*).

Aladonc 1539, 1830, 2021, etc., alors (Cf. *adonc*).

Alongar V, 63, 88, 181, chasser (du Conseil), exclure (comme punition).

Ametadoira V, 254, admissible.

Am so que 1718, 1902, etc., pourvu que; 1823, quo (comme quoi).

Andeires IV, 543, landiers, chenêts.

Anfraveria 740, orfévrerie.

Anisses 1026, laine d'agneaux de lait.

Anssaber 749 (pour *assaber, a saber*), à savoir.

Apparet (avec l'infinitif) 623, il semble bon.

Applicadoyras (sieixanta lieuras tornesas) 1747 , applicables , imputables (qui doivent revenir à).

Aradairatges 1930, arrérages.

Araistz IV, 282, propres au labourage.

Archieus (masc.) III, 2650 ; IV, 28 (ms. *archios*), archives.

Archifz, mot français (Vidimus, 1re partie), subs. masc., archives (Cf. *archieus, archios*).

Arduda (partic. fém. sing.) V, 372, brûlée.

Arrestum I, 21, arrestation; I, 31, 38, 41, état d'arrestation.

Arrendar 960, prendre à ferme.

Arrendatores regii II, 13, receveurs royaux.

Arsier, 999, acier.

Asompció 43, prise de possession (*as. del cossolat*).

Assetiadas (part. passé fém. plur.) 1657, fixées.

Assumit 147, partic. de *assu-
mir,* prendre sur soi, s'arro-
ger (des droits de péage).

Asunir, 190 ; *azunir,* 1650, etc.,
unir, arranger (Cf. v. fr. *adu-
ner* , *aüner*). Rayn. n'a que
adunacio, adunatiu et *aunar.*

Aucatz (pour *aucas*) 2426, oies.

Aucunamen 714 , en quelque
sorte.

Aucun (pour *un*) 709, 720 ; presque explétif *(un aucun)* 714.

Audim[en]tz? V, 238, audiences?

Ausi 755, ici.

Authentica (substantif) pour authenticum, original d'un acte,
décision authentique ; — publicus authentica regia notarius III, 432, etc., notaire par
décret du roi ; — authentica
apostolica 621, décision du
Saint-Siége *ou* bulle papale.
— Authentica I, 59, semble
désigner le registre officiel
des jours juridiques (admis
au palais).

Authenticum sigillum I, 9, sceau
authentique, sceau pendant
ou grand-sceau, qu'on appo-
sait sur les lettres patentes,
auxquelles il était suspendu
par un fil (*in pendenti*), en
opposition au *sigillum secre-
tum* ou sceau secret, dont on
se servait pour les lettres clo-
ses et les affaires importantes,
et qui servait aussi de contre-
seing au grand sceau.

Authoritas I, 16, marque dis-
tinctive servant à *authentiquer*
un acte.

Autruis (los) 2317, les autres,
les étrangers.

Aviar los comptes V, 143, apu-
rer, vérifier les comptes.

Avuex (= *avuec* + *s* adverbiale)
1372, (mot français), ensemble.

Baco (porc en baco) 1027 ; *baco,*
2587, porc salé.

Banasta 2168, panier plat d'un
côté, accroché au bât d'une
bête de somme.

Barrat III, 1574; IV, 369, triche-
rie, tromperie, faux.

Bassina IV, 438, 439, etc., petit
vase à mesurer les grains,
subdivision du setier. On appelle aujourd'hui *bassina* un
petit bassin en cuivre ou en
fer battu, à long manche, servant à puiser de l'eau dans le
seau à la cuisine.

Bellugue (f° 135 r° et passim)
centième partie du *feu,* lequel
sert de base fictive à la répar-
tition de l'impôt (V. Préface).

Bestiariis VI, 136, bestiaux.

Bigami IV, 421, celui qui est marié deux fois, bigame (légitime).

Bilhetta 450, *billeta* 439 (synonyme de *quittansa*), quittance,
reçu.

Blancs, 1011, 1954, 2474, étoffes
de laine blanche, flanelles,
couvertures?

Boc 2215, outre , peau de bouc
pour porter le vin ou l'huile.

Bolhieira 1644, 1648, etc.; *bolhieyra* 1649; *bollieyra* 1660, borne.

Borsia V, 292, mégissier *ou* tanneur.

Brachet 2357, chien braque.

Braus, bravas IV, 281, taureaux, génisses.

Brenga 746, pour *brega*, chicane, querelle.

Bridolz 2436, brides?

Broal 1647, bourrelet·de terrain, tertre. Cf. *brial* et *broual* en bas-limousin.

Brus 1025, laine en suint.

Buech 2274; *bueja* (f.) 2411, vide.

Buou (far) IV, 189, 195, vendre un bœuf (en parlant d'un boucher). Pour comprendre ces deux passages, il faut savoir que, jusqu'à ces dernières années, la viande de boucherie était, dans la plus grande partie du Rouergue, surtout l'agneau, le mouton et le veau, et que les principaux bouchers seulement, et encore dans les villes, tuaient un ou deux bœufs par an.

Caldairo 1003; *caldairou* 1004, chaudron.

Canpairous 752, pour *capairous* (Cf. 740, *capairos*), chaperons.

Capel de ferre 1003, etc., casque.

Cardas 1036, laines peignées.

Carre IV, 230; *carres* IV, 506; *carri* IV, 505, charrette.

Cartatum 884, charte (*ou peut-être* registre?).

Cas de mostra 2350, chiens de montre, de luxe.

Castela (de Milhau) 86, châtelain, titre particulier dont il est difficile d'apprécier la valeur exacte. Cf. *Coutume d'Auvilard*, 4 : *caslas*, seigneurs, et la *Chanson de la Croisade contre les Albigeois*, p. p. P. Meyer : *castela* (suj. plur.), châtelains.

Causa (a) quant 177, etc., à cause que, parce que; *a causa que* (avec le subjonctif) 186, 187, etc., afin que.

Cavali 2121, 2126, etc. (adj. pris subst¹), cheval; — mais l. 2136, *totz chavalz* sive *cavalis, ou corsiers*, il semble signifier « cheval de charge, » par opposition à « cheval de voiture ou rapide. » Cf. *cavalz* sive *cavalis* 2529.

Cavanlaria 807, pour *cavalaria*, la chevalerie.

Cenlebre 750, pour *celebre*.

Censual 263, 446, etc., payé à titre de redevance; [*cent trenta et tres lieuras*] *annualz, censualz et rendualz*, formule (*rendualz* signifie « payé à titre de rente »).

Certus 877 et 878, certain (au sens indéterminé) = lat. *quidam*.

Ces IV, 527, cens.

Cestairal IV, 16, 32, 37, etc., (ou *Peira Publica*), lieu public où l'on mesure les grains (de *sestier*, setier).

Cevial IV, 416; V, 284, civil.

Cinna 2350; *chinna* 2356, 2357; *china* 2429, chienne.

Clamor I, 24, 33, 35, etc., plainte en justice (Cf. prov. *clam*, v. fr. *claim* et *clam*).

Clario 2400, clairon.

Cloqua V, 116 (nom verbal), appel de la clochette ; mais V, 118, cloche.

Cochat (ben) V, 32 (participe pris adverb[t]), de telle sorte que ce fût bien pressé, subitement.

Comensa V, 178. Ce mot est expliqué par ceux qui suivent immédiatement : sive *gatges.* A-t-il quelque rapport avec *mensa?* Il signifierait alors « pourboire. »

Comi 995, 996, 1038, etc., cumin.

Communial (lo) (subst. mas.) V, 116, la commune, l'hôtel de ville.

Competen 1493, convenable.

Complencha 167, plainte. Raynouard n'a que *complancha,* forme plus régulière.

Concentimen (pour *consentimen*) 1662, 1666, etc., consentement, arrangement.

CONFESSIO I, 26, déposition, déclaration.

Conil 1016, 1959, etc., peau de lapin.

Connom 1582, surnom.

Consignatz (fulhetz) 1548, parafés.

Consta IV, 523, etc. = latin *constat* (impersonnel), il est fait foi, il est certain. (Cf. *costes*).

CONSTITUS 293, partic. de *constare,* ayant comparu.

Consuls modernes (Vidimus, 1e et 2e partie), consuls actuels.

Continuasamen VI, 106, continuellement.

Contribuir (au sens actif) III 1906, 2293 ; IV, 465, fournir pour sa part. Cf. Cicéron : *contribuere pecuniam,* etc.

Cornailha 2423, objet en corne.

Corona IV, 420, tonsure. On pouvait porter la tonsure étant marié, à moins qu'on ne le fût pour la seconde fois.

Corregir V, 73 (Cf. *correctio* V, 78), régler (?), rendre compte d'une mission.

Costumi (masc.) 184, forme moderne pour *costum,* coutume.

Costes V, 204, 3me pers. sing. imp. subj. de *costar (constar) ; que a nos costes ferm de las causas denunciadas,* que la dénonciation eut quelque fondement à nos yeux.

Cothelieira 2238, coutelas (ou hachoir de cuisine ?)

Coyran 1014, peau préparée ou destinée à l'être (terme générique).

Creissedura VI, 16, croissance *(creissedura d'aigas,* inondation).

Croysentelha IV, 181, 184 (aujourd'hui *crusenteno* en rouergat, *croucentéla, crussentélo,* etc., en languedocien, au sens de « cartilage ») ; *cr. del prucipiegs.* (Voy. *Prucipiegs.)*

Cru 1014, 1958, etc., (général[t] opposé à *cruech); coyran* ou *cuer cru,* peau non préparée.

Cupischan 684, désirant.

Danval 814, pour *daval,* ci-dessous.

Danvans que 749, pour *davans que,* avant que.

Datial 2401 (Voy. l'Errata), datte.

Dᴇʙɪᴛᴇ 1419, comme il est dû, comme il convient.

Dᴇᴄᴇɴᴅɪᴜᴍ 1155, espace de dix jours.

Decesir 1779, 1793, etc., décider,

Decz IV, 125; *de[c]tz* IV, 530; *dectz* IV, 570, limites, circonscription.

De ensus, den ensus, desensus, densus, densobres, de insobres, III, 6° (passim), ci-dessus, plus haut. (Voy. *insus* et *ensus*.)

Delaissada (molher) IV, 205, veuve.

Demas ? IV, 531.

Den 683, 687, etc., forme à peu près exclusive (pour *de*) dans le contrat de mariage de Catherine la Bâtarde; se rencontre isolément ailleurs, comme *quen*.

Deruir III, 2460, ruiner, détruire; IV, 356, rogner, diminuer.

Descharge (masc.) (Lettre de Charles VIII, p. 227), décharge.

Desescuza V, 374, excuse.

Desfar lo dam VI, 64, réparer le dommage.

Dessalar V, 55, dévoiler, déceler. Cf. Rayn. *descelar* et *decelar*.

Desturbi 187, embarras, trouble, ennui.

Dᴇᴠɪᴀʀᴇ ab itinere 1109; iter 1111, 1292, etc., se détourner du droit chemin.

Dᴇᴠɪᴀᴛᴏʀ vectigalis seu pedatgii 1299, 1314, celui qui évite les droits de péage en se détournant de son chemin.

Dig 1619 (participe pris subst[t]), le dire, l'opinion (de qq[n]).

Doladoira IV, 546, doloire.

Dom IV, 204, 219, seigneur *(major dom)*; VI, 19, 30, propriétaire.

Dounat de hospital IV, 407 (sens actif); *dounat* V, 90, celui qui a donné ses biens à un hospice.

Eglie (Lettre de Charles VIII) (forme influencée par le provençal), église.

Embacounat (porc) 2079, le lard d'un porc salé (litt[t]. porc sous forme de *bacons*, c.-à-d. les deux flèches de lard salées; cf. cependant l. 2587, *de bacos* sive *porcs salhatz*.

Eᴍᴏʟᴏɢᴀʀᴇ I, 71, 81, homologuer, ratifier (v. fr. *emologuer*).

Empenhuradura VI, 88, gage, caution.

Empugnarar VI, 54 comme *enpignorar*.

Enbalssada (carn) VI, 48, viande soufflée.

Endevendor (temps) 771, 1469, etc.; *endevendour* 221 (pour *endevenedor*, forme plus fréquente dans le ms. et ailleurs), à venir.

Endit, inditz, endict, endig, endita, etc. 693, 710, 753, etc., même sens que *dit, dita,* etc. Il faut sans doute admettre une confusion de *indicere* et de *indicare*.

Enganna (fém.) 746 (comme *engan*), chicane, fraude.

Enmendar, 787, pour *emendar*.

Ennap 1033, 1034, hanap.

Enpignorar VI, 50, donner en gage, engager.

Enretardatio 779, action de retarder, retard.

Enseridas (lettras) 527 ; *enscrit* 979, insérées, inséré.

Enses 998, (sans doute avec l'accent sur la pénultième, comme aujourd'hui), encens.

Ensuir (s') (L. Charles VIII), s'ensuivre.

Ensus 702, etc. (Voy. *de ensus.*)

Entre 1696, en *(entre tot autre temps).*

Entre lo popular d'aquelha quant los foratas d'aquelha IV, 20, tant en ce qui concerne les habitans de cette ville qu'en ce qui concerne les étrangers. La construction complète serait *entre tant.... quant.*

Entro a 1727, 2277, etc., jusqu'à ; *entro que* V, 167, dès que.

Entrogas a IV, 215, jusqu'à.

Escange 247; *eschange* 268, etc., échange.

Esprensada 745, pour *espressada,* spécifiée.

Esquilla III, 2604 ; V, 12, 30, etc.; *esquilha* V, 93, etc., clochette ; — *Cosselh de l'esquilla,* conseil que l'on convoquait avec une clochette ; il était plus nombreux et moins important que le *conseil secret,* que l'on convoquait à domicile par messager spécial.

Essida IV, 15, 31, 36, 40, etc. ; *yssida* IV, 22, 146, etc. ; *hissida* IV, 121, etc. ; *issida* IV, 142, etc., littt. « sortie », droit sur les marchandises à l'entrée et à la sortie. Cf. *leuda.*

Estar (Appendice A, III, 111, 114, etc.), cour, terrain, emplacement à côté d'une maison (Cf. STARIA).

EXCEPTIO I, 49, 51, etc., déclinatoire, moyen d'opposition.

EXEMPLARE III, 331, transcrire, faire une copie.

Faissounarias 2588, objets façonnés (en général).

Falcon, faucon ; *falcon vialhà* 2372, faucon vilain (mentionné dans le *Dict. de Trévoux)*; *janti,* faucon gentil ou élégant (autre espèce de f.).

Feda VI, 38, amende.

Fensessa 777, pour *fesessa; fesessatz* 784, pour *fesessetz,* imp. subj. de *far* = lat. facere.

Fermansa VI, 92, etc., caution.

Fermetat 722, confirmation, preuve; cf. *ferma*[*nsa*], l. 714.

FERMIARS 449, forme développée de *fermiers,* qui se trouve à la ligne 440, aujourd'hui *fermios* (*fermio* au sing.). Voy. notre *Essai sur l'histoire du sous-dialecte du Rouergue,* pp. 54 et 214.

Fialhadalhas 2150, filés (de laine).

Filhollus (roca plantada en)?

Foratas 2318, 2337, etc. ; *foratunas* IV, 445, 559, étrangers, étrangères.

Fortmainar (sy) 2669, s'égarer.

Gach, gag, guette ; *(fassens gachs* 1906 ; *fazens gags* 2294 ; *fasso gayz* IV, 465).

Galan sive *gojat* IV, 263, goujat, garçon, valet.

Galas 2404, noix de galle.

Gatjadura VI, 89, 93, etc., saisie.

Gatjar VI, 71, 79, etc., saisir (synonyme de *penhurar*).

Gatjador VI, 86, celui qui saisit.

Gingibre 997, gingembre.

Gitat 2588, excepté,

Grossare 520, 837, etc., grossoyer.

Habetz ou *habers* IV, 133 (Voy. la note).

Hapanrenra 762, pour *aparera*, semblera, paraîtra.

Hespres (per) 2626 (Voy. *Spres*).

Hesportis 2017, 2018, corbeille fixée au bât (vulg{t} *banasta*).

Hispisaria 2588, épicerie. Cf. *espissaria* 563, 1909, etc.

Hissida (Voy. *Essida*).

Hondi ? 2404.

Horasso 1007, chapelet.

Husses (mettre en) 1828, employer, utiliser (mettre en usage).

Hoste 122, receveur municipal ?. (Voy. Ducange s. v. *hospes*). Il s'agit d'un Guillaume Molinier, membre d'un des conseils de commune de Millau, et qui ne pouvait guère être un aubergiste.

Ignoscensas V, 224, preuves d'innocence, justification.

Imposenbelhitat 743, comme *impossibilitat*, impossibilité.

Inaussi 759, ainsi.

Infra pour *intra; infra carcerem,*], 21, 31 ; *infra pedatgium et bailiviam* 1213 ; *infra decendium* III, 1155, etc.

Inponere 1090, charger quelqu'un, lui reprocher une chose.

Innudere 543, ennuyer.

Insenguen 757, pour *inseguen*, suivant.

Insus 721, etc. (Voy. *de ensus*).

Iterate 1311, pour *iterato*, de nouveau.

Janti (Voy. *Falcon*).

Jors ? 1009.

Jutjaria (hufficii de) 1754, 1768, etc., office de juge (litt. de jugement), siége de juge ; *jutjaria* (seul) 1778, même sens.

Lampezia (pour *lampezier*) VII, 52, lampadaire.

Lengentima 701, 765, pour *legetima*, légitime.

Lenis 988, lins.

Leu 980 (masc. correspondant au fém. *leuda*), tarif (de péage).

Leuda IV, 37, 59, 65 etc.; *leida* IV, 15, 22, 31, etc.; *leyda* IV, 54, 526, etc.; *lieuda* IV, 92, leude, tarif des impôts établis sur les animaux et les marchandises (Cf. *leuda dels mazels*), et plus souvent ces impôts eux-mêmes.

Libel VI, 108, mémoire judiciaire.

Liomsalz ? IV, 563.

Luegalz (ms. *legas* III, 2593 ; *legalz* IV, 476), localités, pays. Raynouard donne *logal*, lieu, séjour, et *luega* (au figuré), place. L'exemple cité de la *Vie de St Honorat* ne prouve pas que ce mot soit nécessairement féminin ; il peut être masculin, comme notre *legas*. Rochegude *(Glossaire occitanien)* donne *logal*, au sens de « lieu », et *logar*, au sens de « lieu, bourg, village. »

Malegniossa (carn) VI, 45, malsaine (viande).

Mangounaria 2193, menue épicerie, quincaillerie.

Mantenen (de) in 2631, dorénavant.

MANUS REGIA 887, 929, etc., mainmise au nom du roi, saisie-arrêt.

Maymo, maymona 2433. Cf. Littré : « *maimon* ou *maimonet*, espèce de singe du genre macaque. » — Le nom propre *Maymou*, qui se rencontre dans le Midi, a-t-il quelque rapport avec *maymo?*

Melhors (las plus) 2243, les meilleurs (pléonasme d'ailleurs connu).

Mescle IV, 437, mélange, grains mélangés (froment et orge, orge et avoine, etc.).

Messions 358 (mot français), remises sur les sommes levées pour le compte d'autrui,

Metat 2594, 2595, etc., moitié.

Mercadaria VI, 138, marché.

Milhoni 2372, milan.

Miollat 2126, mulet (Cf. *mualat* et *muol*).

Mobletz 791, pour *mobles* (adj.) meubles.

Modernes (mot français). Voy. *Consuls.*

MODICUM (Appendice, A, 1, 13), un peu de temps.

Molses (plur. de *molt*, pour *moltses*) V, 185, beaucoup de.

Moriosa (carn) VI, 46, viande d'un animal mort de maladie.

Mortalhas (fém. plur.) IV, 345, mortalité, épidémies.

Mualat 2121 ; *muolhat* IV, 509, mulet (Cf. *miollat* et *muol* 1023, 2273, etc.).

Muol 1023, 2273, etc., mulet.

Muolata IV, 304, *muolhata* IV, 509, mule.

Nadios V, 294, 305 ; *nadio(l)z* V, 310 (pour *nadieus*), natifs (d'une ville).

Nau naval (masc.) 1640, 1646, 1654, etc., port sur une rivière.

Nontablamen 741, pour *notablamen.*

OBSTENCIS 896, pour *ostensis.*

OPERATORIUM 512, étude de notaire.

Pangadors 707, 772, pour *pagadors*, payables.

Pangar 746, 763, etc., pour *pagar.*

Pangas 779, 780, pour *pagas*, paies.

Pangatz 749 (partic, pris subst.), paiements.

Payssie[i]ra V, 334, chaussée, voie (Cf. *cosselies de paissieira*, conseillers chargés de la voirie?); mais III, 652, et 690, ce mot semble désigner plutôt (comme aujourd'hui encore) un barrage de moulin.

Pazolas IV, 543, casseroles?

Pedatgiar[i]um 1227, territoire soumis au péage.

Pedatgium 1209, 1213, etc., comme *pedatgiarium*.

Pegot? 1044. Aujourd'hui ce mot désigne injurieusement un cordonnier, un savetier. Ici il faut sans doute y voir un poids déterminé (une masse) de poix *(pega)*.

Pelada 1957, laine telle qu'elle tombe de la peau de mouton mégissée, laine courte (litt[t] *pelée*).

Pelharia 188 (Cf. *pilharia* 133), pillerie, pillage.

Peladas 1025, f. pl. (cf. *pelada*).

Penhurar VI, 61, 83, etc., saisir.

Pensatge 727, 728, pour *pesatge*.

Pesses VI, 6, plur. de *pes*, poids.

Pessonies (sarnegolz) 2057 (Voy. l'Errata), chiens courants (?), bassets (?). — *Pessonier* ou *pezonier* signifie ordinairement « piéton, fantassin » (Cf. Raynouard).

Pichapes 2407, piques?

Pléonasme *hardi du pronom personnel :* IV, 366, *lo cal el deu consignar totz los fulhetz d'aquel,* pour *de lo cal 'el deu consignar totz los fulhetz.* (Cf. Diez, *Gramm. des l. rom.,* trad. fr. III, 56 sqq.).

Ponderum (accusatif pour pondus), poids.

Popular IV, 20, peuple, habitants.

Portadura V, 192, 194, costume (robe et chaperon) des consuls (*litt[t]* ce que l'on porte).

Portas (far) 1906, 2294, etc., monter la garde aux portes d'une ville (Voy. Duc. s. v. porta [1]).

Possessifs accompagnés d'un pronom relatif ou indéfini : *a* plusieurs noz *parens, offlciers et serviteurs* (Lettre de Charles VIII, p. 227); les quelz noz *affaires dessus dictes*(ibid.); *et* autres noz *faiz et affaires* (ibid., p. 228), etc.

Preceptor 463 ; commandeur (d'une commanderie de l'ordre de l'Hôpital).

Preffiech V, 24, 1342, etc., parfait (forme qui subsiste encore aujourd'hui).

Prim (porc), prima (trueja) 2197, du premier âge, de la première année.

Procura 64, procuration.

Pronunciatz 1046, (subst. masc. plur.), points énoncés (à moins qu'on n'aime mieux lire : *articles pronunciatz et dedins aquela contengutz et specificatz.*

Prosequtor (2e Appendice, A, 7), comme *procurator,* procureur, fondé de pouvoirs.

Proumeden 695, promettant.

Prucipiegs (croysentelha del) IV, 182, l'épine dorsale? Le morceau de viande indiqué à ce passage semble être la longe.

Puenhorar VI, 71, saisir, prendre pour gage (Cf. *penhurar.*)

Punherador VI, 86, celui qui saisit.

Quanh, quanhe, quanhes (passim), quel, quels.

Quares (masc. de *carga*) 1907, charges. Cf. la forme moderne *cargue*, comme *crime* pour *crim.*

QUASI (SEU) 1251, ou c'est tout comme, ou à peu près.

QUATENUS II, 12 ; QUATHENUS III, 1311, etc.; QUATHINUS 1406, 1422, pour *ut* (Cf. *quod*); joint une proposition substantive aux verbes *præcipere, injungere,* etc.

Quen 688, 689, etc., pour *que.*

Quin, quins; quinh, quinhe, quinhes (passim), quel, quels.

Quinhetz 797, pour *quinhes* (Cf. *mobletz* et *termetz*), plur. de *quinh,* quel.

Quinquilharia 2193, 2237, etc., quincaillerie.

QUOD III, 313, 1338, etc. (remplaçant *ut* et joignant une proposition substantive à une autre proposition), que, afin que (Cf. *quatenus*); *taliter quod* I, 98; II, 17 = *ita ut.*

Ransso 804, pour *raso.*

Rasonar 1486, etc. ; *razounar* 1497, etc., compter.

Rasos (*dregs et*) 566, droits (fiscaux ? de *ratio*). Cf. *razonar* (passim), compter.

Rassa 1590, extorsion (Voy. *trassa*).

Raubs 358, sommes indûment prélevées.

RECOMPENSATIO VIII, 19, compensation.

RECREDENTIA 1092, restitution juridique de ce qui a été confisqué, mise en liberté des animaux saisis.

Remannens 766, pour *remanens.*

Rena III, 2332 ; V, 379, 387, rente, cf. *rena* VI, 7 (3e pers. sing. subj. prés.), qu'il rende.

Renceben 705, 857, pour *receben.*

Rendier 960, celui qui prend à ferme (Voy. *arrendar*).

Rendual (Voy. *censual*).

Resercir 787, réparer (un dommage).

Resta (fém.) 1933, 2484, etc., reste (subst. masc.).

Restentuir 787, pour *restetuir.*

Retragu 1562, subj. de *retraire; que lo levado y* (c.-à-d. *a bos et hounestes parens*) *retragu,* que le receveur tienne d'eux, leur ressemble.

Rodia (moli) IV, 300, à roués (moulin).

Roja 2418, garance.

Sacre 2372, sacre *(falco sacer).*

SACRUM (subst. neutre) I, 26, serment, déposition sous serment.

Saissita 935, saisie.

Salis (masc.) IV, 537, magasin à sel.

Sarnegol 2357 (Cf. l'Errata), nom d'une espèce de chien de chasse (Voy. *pessonies*). En rouergat moderne, *sornegoou* signifie un écervelé, une tête folle (Vayssier).

Saumilha 2142, ânesse.

Says 1018, plaques de saindoux.

Saysina 1121 ; *saizina* 1251, etc., possession légale.

Saysitus 1124, 1250, etc., qui est en possession légale.

Saysses 2154, *sayses* 2537 (trisyllabe) plur. irrégulier de *say, sai* (aujourd'hui *soi*), saindoux. Cf. Rayn : *sagin, sagi, sai.*

Scandalhada (bassina) IV, 442, bassine mesurée (vérifiée). Voy. *bassina.*

Scandols 132, 136, etc., désordres (Rayn. *escandol, escandre*).

Scrieit 815 ; *scrieut* 814 ; *scrit* 1675 (partic.), écrit.

Scuzar IV, 173 ; V, 273, etc.; *scussar* IV, 173 ; *hescussar* IV, 497 ; *excussar* V, 83 (litt. « excuser »), justifier des animaux, des marchandises, prouver qu'ils *ou* qu'elles doivent être exemptes d'impôts.

Se donc IV, 235; V, 29, 221, 290, etc., si ce n'est, excepté.

Semal 2168, cuve à deux anses ou crochets, que l'on porte à deux avec des bâtons.

Senra 762, pour *sera.*

Servaireta 2422, serviette ?

Serviatas 2430, biches. Cf. Raynouard : *cervia,* biche, et *cerviat,* petit cerf.

Soauneria (faute d'impression), lis. souneria avec le manuscrit et voy. l'Errata.

Solempna (adj. fém.) 1473, 1522, etc. (très-fréquent) ; *sollempna* 2071, etc.; *solemna,* 2014; *solempnia,* 206, 1503, etc. (moins fréquent que *solempna*), solennel.

Sospechosas (lettras) 153 ; *sospechos (instrumen)* 1684, etc., suspect. Rayn. n'a que le sens de « soupçonneux. »

Souneria 1446, convention. Voy. Ducange, s. v. *sona* [2] ?

Soutz VI, 112 (partic. attribut sing.), délivré.

Spedir V, 360 (lat. *expedire*), expédier (les affaires).

Spelir V, 226 (lat. *expellire* pour *expellere*) exclure.

Splanar VI, 133, 153 (Cf. *esplane* 141).

Sportissis (tres) 2021 (pl. masc.) Voy. *hesportis.*

Spoux 702 (pour *espous*) époux. Cf. *scandol,* etc.

Sprensa (pour *spresa, espressa*) 792; *special(e)ment et sprensa,* spécialement et expressément.

Spres (per) 2307, 2327, etc., expressément (Voy. *sprensa*).

Squila 2231; *squilla* 2590, clochette (Cf. *esquilla*).

Staria (2e Appendice, A, 220), emplacements, terrains, cours (Cf. *estar*).

Stat, pour *estat* (partic. passé de *esser*) 2090, 2091, etc.

Stiers (pour *estiers, esters*); *se no stiers mas soletamen* VI, 10, excepté seulement; *stiers no enayssi coma* VI, 155, mais seulement comme.

Stigan 160 (pour *instigan, istigan*), excitant, poussant. Cf. *scandôl*, etc.

Stima (infin.) VI, 154, estimer.

Suffercessa (lis. *suffercessetz*) 783, vous souffrissiez.

Summaria 2447, fixation des sommes dues, d'un tarif.

Supposantia (ms. *supposanto*) I, 28, pour *suppositio*, sujétion.

Suppositi I, 14, 18 *(supposati)*, 19 *(supposati)*, 20, 38, soumis à, obligés, tenus de payer une dette.

Surgia V, 292, chirurgien.

Suspauzar 791, obliger (ses biens).

Talhieu III, 2297; IV, 244, etc.; *talieu* IV, 454, circonscription fiscale autour d'une ville considérée comme le chef-lieu du *talhieu*.

Taliter quod I, 98; II, 17, pour *ita ut*, tellement que, de sorte que.

Taulia 1495, 1496, etc., comme *taulie; taulia* 2236, étalagiste, celui qui étale sa marchandise sur une table ou des tréteaux.

Taulie 1498, table de pierre établie sur des piliers ou des assises de maçonnerie.

Telhatia V, 291, tisserand en toiles.

Tener (se) de V, 59, être d'avis de; *ses (= se se) teno del secret*, s'ils décident le secret.

Termetz 748, pour *termes* (Cf. *moblets* et *quinhetz*).

Terratge IV, 54, emplacement sur la voie publique pour l'étalage des marchandises *par terre*.

Tesso 2427, porc de lait; cf. le gascon *tessoun* (*Dict. gascon* de Cénac-Moncaut). *Tessou* se dit encore dans le même sens près de St-Girons, dans les villages de la vallée du Salat.

Thenus 1423 (ms. *contrachemus*, lis. *prout ac thenus?*), en tant que, tout autant que.

Tolhoira III, 1006; IV, 544; *toulhoira* III, 1010, tailloir, hachette.

Tournures remarquables: *demostrar... et demostrat que l(e)ur ho ajo una ves* V, 324 (Cf. VI, 123 et 139, et voy. notre *Essai sur l'histoire du sous-dialecte du Rouergue*, p. 203); — *et se sabias que fos pres, del redre* VII, 40 (ellipse) et si vous saviez qu'on en eût pris (du profit), il s'agit de le rendre.

Tragenie 1311; *traginie* 1706, etc.; *tragenia* 135, etc. (Cf. *traginan* et *traginar*), marchand ambulant, colporteur.

Traginar (traginaran 2317, *traginans* 1728), colporter, traîner d'un côté et d'autre.

Traginan 1722 (part. prés. pris subst[t]), comme *tragenia, tragenie*, celui qui *traine*, qui colporte des marchandises, Rayn. n'a que *tragir* et le nom verbal *tragina*, d'où le verbe *traginar* (Voy. ce mot).

Trahirtz 222 (lis. *trahitz*, on pourrait à la rigueur lire dans le ms. *trahich,* pron. moderne de *trahitz,* partic. plur. masc. de *trahir*), revenus, impôts (ce que l'on tire). Cf. Ducange, s. v. *trahaticum* et *gita.*

Trasquedetot 141, 173, 203, etc., en *trasquedetot autre temps* 212, etc.); *tresquedetot,* 1609, etc., augmentatif de *tot.* Cf. *tres* 144, 175, etc., et *tresque* (= lat. *trans quod,* au sens du fr. *trés*), dans la *Bulle de Clément VI* publiée par nous dans *l'Essai sur l'histoire du sous-dialecte du Rouergue,* Paris, Maisonneuve, 1880. *Trastot,* 169, correspond au v. fr. *trestout.*

Trassa 1590, demande injuste en fait d'impôt. Ce mot est associé ici, comme ordinaire-ment ailleurs, à *rassa,* extor-sion. Voy. Ducange, s. v. et Raynouard, s. v. *traissa.*

TRAVERSIA 1352, chemin de tra-verse.

Tremis IV, 437, trémois (espèce de froment et de seigle de printemps), de *tres menses?*

Tres 144, 175, etc., très.

Trotant (= inter tantum) 764, jusqu'à ce que. Cf. *entre tan* (Daudes de Pradas, *Li auzel cassador,* ap. Bartsch, *Chrest.* 177, 4).

Utials (dias) V, 147; VI, 95, jours ouvrables, non fériés (utiles).

Vennen 755 et 757, pour *venen.*

Vensens 817, pour *vesens,* voyant.

Viudans 1511, 1947, etc., voya-geurs.

Vialha (Voy. *falcon*).

Viceconte 335 (mot français), vi-comte. — Un peu plus loin, même pièce, on lit plusieurs fois *visconte,* forme commune.

Vigiers VI, 35, pêcheries, enclos de pieux dans une rivière pour pêcher, en bas-latin *vieria, vierium* (Ducange), et sans doute aussi *vigeria, vige-rium;* cf. *vigerius,* viguier, rapproché de *viarius,* même sens.

Volgar 2647, déclarer, énoncer hautement, faire connaître.

TABLE DES NOMS PROPRES.

Abas [de] Arboribus (Parochia de) (bailliage de Peyrusse), Abbas-les-Arbres , par. 455 h., c. de Druelle (qui n'est pas paroisse), cant. de Rodez.

Abolh (b. de La Roque-Valzergues), Aboul, par. 225 h., c. et cant. de Bozouls.

ACENACUM (b. de Villeneuve), Cénac, 370 h., cant. de Villeneuve.

* *Adde, Johan* —.

* ADE, Raimundus —; Stephanus—.

* ADHEMARIUS *Ruffi* 947; *Azemar Ruffi* 112, conseiller de Millau, témoin en 1334 et 1339.

AGEN (P. d') (ms. *P. degen*, b. de La Roque-Valzergues), Agen, 654 h., cant. de Pont-de-Salars.

Ageres (b. de Peryusse), Agrès, par. 604 h., c. de S\-Parthem , cant. de Decazeville.

* *Agregii* et *Agregy* (Lettre de Charles VIII), notaire royal à Millau, en 1490.

AGUASSACUM (b. de Compeyre), Aguessac, 744 h., cant. de Millau, sur le Tarn.

Aigu'esparsa (Gui de —); Ayga sparsa (Joan de —), peut-être Aiguesparses, 42 h., c. de Leucamp, cant. de Montsalvy (Cantal), plutôt que *Aigueperse*, ch.-l. de cant. du Puy-de-Dôme.

AIGUILONCA (b. de Najac) , Aiguilonque. — Ce devait être une église isolée, peut-être aujourd'hui disparue. Ce nom manque au Dictionnaire des Postes, ce qui prouve que la localité, si elle existe encore, a moins de 10 habitants ; il manque également à Dardé et à Cassini.

Airolla (l') III, 414 ; *Airola* (l') IV, 478, l'Ayrole, autrefois place devant la porte de ce nom, aujourd'hui boulevard de la ville de Millau ; IV, 15, 31, 37, etc., *Essida* (ou *Issida*) sive *de l'Airolla; leuda* sive *de l'Airolla* (ou *de l'Airola*), péage établi à Millau (et perçu sur la place de ce nom), sur les animaux et marchandises, à l'entrée et à la sortie.

* *Alagrat, Bringuia de* —.

ALAIRACUM (b. de La Guiole), Alayrac, 290h., c. et cant. d'Espalion.

ALAUSACUM (b. de La Guiole), Laussac, par. 128 h., c. de Thérondels, cant. de Mur-de-Barrez.

ALBANHACUM (ms. *Albinhacum*, b. de Najac), Albanhac, par. 460 h., c. et cant. de Sauveterre.

Albena, Johan d' —.

ALBIACUM (ms. *Calbiacum*, b. de La Roque-Valzergues), Notre-Dame-d'Albiac, par. de 195 h., c. de Lassouts, cant. d'Espalion.

Albinac, Daude d' — ; cf. Albinhacum.

ALBINHACUM (*lis.* Albanhacum).

ALBINHACUM (b. de La Guiole), Albinhac, par. 668 h., c. de Brommat, cant. de Mur-de-Barrez.

ALBINUM (*Castellum de Albino*, b. de Peyrusse), Aubin, 4000 h., ch.-l. de cant. de l'arr^t de Villefranche.

Albrac (*Voy.* Altum Bracum).

Alcapias (*Voy.* S. Joannes d'Alcapias).

ALDOARDI, Asculphus —.

Alessis Peyres 72, trésorier des documens de l'ordre de l'Hôpital, témoin dans la transaction de 1339.

Almeras, Bernardus —.

ALMERICI, Bernardus —.

Almont (Voy. *Az Armon*).

Alnhac (b. de La Guiole), Aunac, par. 147 h., c. de Condom, cant. de St-Chély-d'Aubrac.

Alransa (b. de Cassagnes-Bégonhès), Alrance, 657 h., cant. de Salles-Curan.

Alsona (b. de Najac), Alzonne, près et au sud-est de Verfeil-sur-Seye (Voy. ce mot), cant. de St-Antonin (Tarn-et-Garonne). — Manque au Dict. des Postes.

Alters (Tar. 125), Altès, 86 h., c. de Lapanouse, cant. de Sévérac-le-Château.

ALTUM BRACUM (*P. de Altobraco*, b. de Saint-Geniez); *Albrac* (f° 121),

Aubrac, par. 97 h., c. et cant. de St-Chély-d'Aubrac.

ALTUM COMU (*lis.* Cornu).

ALTUM CORNU (ms. *Comu*, b. de La Guiole), Alcorn, 180 h., c. et cant. de La Guiole.

ALTUM PODIUM (b. de La Guiole), Alpuech, 475 h., cant. de Ste-Geneviève.

Alvernha 1991, Auvergne.

Alzo 2206, 2587, Alzon, 882 h.. chef-lieu de cant. de l'arr^t du Vigan (Gard).

AMALO (b. de Cassagnes-Bégonhès), Amalou (*Cassini;* n'est pas dans la carte de l'État-Major), église (disparue ?) vers le confluent du ruisseau de ce nom et du Tarn, au sud du Viala-de-Tarn.

Amaulry Salles (Lettre de Charles VIII), officier royal en Rouergue en 1490, un de ceux auxquels est adressée la lettre du roi.

AMBANACUM (*lis.* Ambairacum).

AMBAIRACUM (ms. *Ambanacum*, b. de Villeneuve), par. 312 h., c. de Montsalès, cant. de Villeneuve.

Amelhau (*Voy.* Amiliavum).

AMILIAVUM, Amilliavum, Amilhavum, Amillavum (passim); — *Amelhau* 572, 842, etc.; *Melhau* 34, 39, etc.; *Milhau* 91, 183, etc. (*Bernat de* —; *Peire de Melhau ou Milhau; Ramond, Raimun,* etc. *de Melhau ou Milhau*); — *Milhau* (Tar. 125, 126 et 131).

Amman, Guilhen d' —.

AMPIACUM (b. de Peyrusse), Ampiac, par. 620 h., c. de Druelle, cant. de Rodez.

An[i]acum (b. de Peyrusse), Anhac,

par. 280 h., c. de Flagnac, cant.
de Decazeville.

Andorra (l'). (Voy. Landorra).

ANGLARIA (b. de Roquecézière), An-
glas, par. 206 h., c. et cant. de
St-Sernin.

Anglars (b. de Peyrusse, cf. f° 131),
Anglars, 917 h., cant. de Rignac.

Anglars (b. de La Guiole), Anglars,
par. 246 h., c. du Cayrol, cant.
d'Espalion.

Anglois et *Angloys* (Lettre de Charles VIII), Anglais.

Anjou (Lettre de Charles VIII).

ANNATUM (ms. *P. de Sancto Aunaco,*
b. de La Guiole), Annat, par.
269 hab., c. et cant. d'Estaing.

Antr'aygas 1641 (Voy. *Entr'aygas*).

Autre aygas 1664 (Voy. *Entr'aygas*).

Aragon 525. — *Lou comte de Milhau,*
princep d' —, Raimond Bérenger II (1144-1166), comte de
Barcelone, roi d'Aragon et comte
de Millau, c'est-à-dire possédant
les vicomtés de Millau et de Gévaudan, qui formaient le comté
de Millau, quoique ces pays
n'eussent jamais été érigés en
comté.

'Araudet, Peire —.

ARBUSSELLUM (b. de Roquecézière),
Larbussel, 16 h., c. du Clapier,
cant. de Cornus.

ARCANHACUM (ms. *Artanhacum,* b.
de Najac), Arcagnac, par. 802 h.,
c. de La Fouillade, cant. de Najac.

Arches (b. de Cassagnes-Bégonhès),
Arques, 380 h., cant. de Pont-
de-Salars.

Arcmandus de Santo Affricano
(2ᵉ App. A, 188), consul de Millau en 1286.

Ardit, Jamme, —.

Aridet ou *Cherebert* (f° 142), roi de
Paris.

ARMELI (b. de Roquecézière), Ar-
mayrols, par. 117 h., c. de St-
Izaire, cant. de St-Affrique.

ARNACUM (b. de Najac), Arnac, 254
h., c. de Varen, cant. de St-Antonin (Tarn-et-Garonne).

* ARNAUDI, Joannes —.

Arondel (l') (*Voy.* S. Baudilius de
l'Arondel).

Arpajo. — *Johan d'* — 94 (en 1339);
Lo[i]s de — 821 (en 1282); ba-
ronia de Durenca et d' — 96,
1679 (Voy. *Durenca*). — On
n'est pas fixé sur l'origine du
titre de la baronnie d'Arpajon :
les uns le tirent d'Arpajon, canton d'Aurillac, dans la vicomté
de Carlat, qui appartint longtemps aux comtes de Rodez,
d'autres (mais sans aucune vrai-
semblance) du château aujour-
d'hui détruit d'Arpajon, en Gévaudan, près de St-Julien. Ce
qui est certain, c'est qu'il n'y
avait ni château ni terre de ce
nom en Rouergue, que les fiefs
qui dépendaient de cette baronnie, voisine de celle de Durenque, étaient situés sur la rive
droite du Tarn, et que le centre
en était Brousse. Le titre d'Arpajon fut donné en 1650 à la
terre de *Sévérac,* lors de son érec-
tion en duché-pairie en faveur de
Louis d'Arpajon, fils de Jean III,
qui s'était illustré dans les armées sous Louis XIII et pendant
la minorité de Louis XIV, puis
transporté en 1655 à la terre de

Calmont - de - Plancage, qui appartenait à la même famille. Un quartier de Millau, derrière la gare, porte encore le nom de l'*Arpajonie*, à cause d'un couvent de religieuses de l'ordre de Saint-Benoît, qu'y avait fondé Hugues Ier, sire d'Arpajon, de Calmont-de-Plancage, de Durenque, de la Capelle-Farcel et de Castelnau - du - Levezou (cf. de Gaujal, *Etudes historiques sur le Rouergue*, IV, 37 sqq.).

Armanhac III, 45, 145, etc., Armagnac, ancien comté compris dans la province de Gascogne, entre le Languedoc, la Lomagne, le Condomois, le Marsan, le Béarn, le Bigorre et le Comminges ; villes principales : Lectoure et Auch. La puissante maison d'Armagnac posséda le Comté de Rodez et la vicomté de Creissels, pendant tout le cours des XIVe et XVe siècles, et la vicomté de Carlat (au nord de la Truyère), au XVe siècle.

* ARCMANDUS de Sancto Affricano (2e App. A, 188), consul de Millau en 1286.

* ARMANDUS de Sancto Affricano 867, tém. 1301. Est-ce le même ?

Arsac (l') 23, 61, 563, etc.; *l'Arzac* 58, 537, 560, etc., le Larzac (mot formé par agglutination de l'article), vaste plateau calcaire, élevé de 8 à 900 mètres, entre le Tarn et la Dourbie, et le Cernon, ses affluents.

ARTANHACUM (*lis.* Arcanhacum).

Artoys 2356 (quas ou chinnas d'—), Artois.

Arvieu (b. de Cassagnes-Bégonhès), Arvieu, 880 h., canton de Cassagnes-B.

Asscencio (*la festa de la*) 851, l'Ascension.

Asensio (l') VII, 14, l'Ascension, fondation charitable qui existait à Millau dès avant 1349.

* ASCULPHUS Aldoardi 1178, damoiseau d'Auriac, tém. 1322.

As Ols (Voy. *Ols*).

ASPRERIÆ (b. de Peyrusse), Asprières, 782 h., ch.-l. de cant. de l'arr[t] de Villefranche.

* *Astruc Johan* 117, conseiller de Millau, tém. 1339.

* *Astruc Rojo* 88, bailli de Millau, tém. 1339.

Auch 49, Auch, capitale de l'Armagnac.

Auras (b. de Cassagnes-Bégonhès), Aures (*ou* Notre-Dame-d'Aures), par. 144 h., c. d'Arvieu, cant. de Cassagnes-B.

AURELIANI (villa) (b. de Najac), Valhourles, 638 h., cant. de Villefranche.

* AURELIER, Peire —.

AURIACUM (*lis.* Mauriacum).

AURIACUM (*Castrum de Auriaco*, b. de S[t]- Rome - de - Tarn); *Auriac* (*Sainct Roume de Tarn et A. joinctz*, Tar. 138), Auriac, 70 h. c. et cant. de St-Rome-de-Tarn.

AURIACUM (*P. de Auriaco*, b. de Cassagnes-Bégonhès), Auriac, 570 h., canton de Cassagnes-B.

Auriac (f° 132) fournit 2 sergents pour les guerres de Picardie et de Gascogne. Lequel des deux *Auriac* est-ce ? Sans doute le premier. De même pour *Ascul-*

phus Aldoardi, domicellus de Au-riaco.

Aurlhaguet (b. de La Guiole), Orlha-guet, 728 h., c. et cant. de Ste-Geneviève.

Ausis (Voy. le suivant).

AUSITIUM (ms. *Castrum de Ausito*, avec un sigle sur l'*o*) (b. de Pey-russe) ; *Ausis* (f° 121), Auzits, 1065 h., cant. de Rignac.

Austrazie (f^o^142), Austrasie, royau-me des Francs orientaux, qui subsista du VI° au VIII° siècle.

Autbas (b. de Peyrusse), voy. la note.

Auxerre (f° 142) ; Raoul, roi de France, y meurt l'an 936.

AVALO (Castr. de Avalone, b. de La Guiole), Valon, par. 283 h., c. de La Croix, cant. du Mur-de-Barrez.

* *Aym*, Johannes —.

Ayneriæ (ms. *P. de Azemis*, b. de Cassagnes-Bégonhès), Inières, par. 370 h., c. de Ste-Radegon-de, cant. de Rodez.

AYRINHAC (Tar. 136), Ayrinhac, 176 h., c. de Bertholène, cant. de Laissac.

Ayssena (Castrum d') (b. de Cassa-gnes-Bégonhès), Ayssènes, 417 h., canton de St-Rome-de-Tarn.

* *Azam, Esteve* —; *Huc* —.

Az Armon (f° 130), Almont, 840 h., cant. de Decazeville.

* *Azemar Ruffi* (Voy. Adhemarius R.).

AZEMIS (P. de), *lis.* P. de Ayneriis, *et voy.* Ayneriæ. — On serait tenté de lire *Azineriis,* mais il n'y a dans l'Aveyron qu'un *Azi-nières,* par. 178 h., cant. de

St-Beauzély, au S.-E. de cette localité, laquelle appartenait au bailliage de Millau.

B. (= BERNARDUS *ou* BERTRANDUS) de Capite Lucio (2e App. A, 202), juriste, tém. à Millau en 1286.

* *Babtista (Voy. Sanct Jean Babtis-ta).*

* BAISSACUM (Brengarius de Bais-saco). Voy. Brengarius.

* *Baissac Joannes* —.

* *Baissac (Phelip den —; Peire de—),* sans doute *Vayssac,* 60 h., c. de Flavin, cant. de Pont-de-Sa-lars.

Baissa (la) (b. de Cassagnes-Bé-gonhès), La Vaysse, 4 h. (par. 445 h.), c. et cant. de Vezins.

BALADINUM (b. de Peyrusse), Vala-dy, 980 h., cant. de Marcillac.

BALAGERIUM (Castrum de Balagerio, b. de Roquecézière); *Valaguie* (Tar. 140), Balaguier-St-Sernin, 510 h., cant. de St-Sernin.

BALAGU[ER]IO (Capel[l]a de). *Voy.* Capel[l]a de B.

Balaguier (f° 121). *Voy.* Valagu[er]-ium.

Balmas (las) (*Voy.* S. Joannes *de las Balmas*).

BALSACUM (b. de Peyrusse), Balzac, 600 h., cant. de Marcillac.

* *Balton,* P. de —.

Banhars (b. de La Guiole), Bagnars, par. 715 h., c. de Campouriez, cant. de St-Amans-des-Cots.

* *Baptista* (Voy. S. *Johan Baptista*).

* BARBATUS, Deodatus —.

BARCHINONENSIS (comes) 531, (com-te) de Barcelone.

Bariac (b. de La Roque-Valzergues),

Barriac, par. 602 h., c. et cant. de Bozouls.

* *Barieyra*, Poncius — .

Bar[s] (b. de La Guiole), par. 340 h., c. de La Croix, cant. du Mur-dé-Barrez.

* Bartholomeus de Clusello 1386 ; Bertholomeus de Cluzello 1191, juge-mage de la sénéchaussée du Rouergue en 1314 et aussi en 1332. Voy. *Cluzel (lo)*.

* Bartolomeus *Gerla* (2e App. A, 172 et 241); Bertholomeus *G.* (*Ibid.*, 43), tém. à Millau en 1278.

Bassacum (mansus de Bassaco), *corr.* Bussacum.

Bastida Bartholomei de Te(a)ulat (b. de Roquecézière) ; *La Bastida de Teulat* (fo 132) ; *La Bastide Teulat* (Tar. 140), La Bastide-Teulat, 526 h., c. de Plaisance, cant. de St-Sernin.

Bastida Fontium (b. de Roquecézière) ; * *La Bastide de Fondz* (Tar. 139), La Bastide-des-Fonts, 278 h., c. et cant. de Cornus.

Bastida Guilhermi de Cardalhaco (b. de Villefranche) ; *La Bastida de Mr de Cardalhac* (fo 140), La Bastide-Capdenac (?) 462 h., c. de la Roquette, cant. de Villefranche. — Il y a un *Cardaillac* dans la commune de Montsalés, cant. de Villeneuve; mais il est bien éloigné de Villefranche, pour qu'on puisse l'identifier avec le nom de lieu qui nous occupe. Un autre *Cardaillac*, chef-lieu de commune du canton de la Capelle-Marival (Lot), est encore plus éloigné. Rien n'empêche d'admettre que le fondateur de cette *Bastide* était originaire d'un de ces *Cardaillac*.

Bastida de Pradinas (la) (b. de Millau) ; *La Bastide de Pradines* (Tar. 138), La Bastide-Pradines, 480 h., cant. de St-Affrique. Cf. III, 258, 339.

Bastida in Ruthen[ensi] (b. de Villefranche), La Bastide-l'Évêque, 460 h., cant. de Rieupeyroux.

Batalier (fo 132), lis. *Batalia(?)*. C'est sans doute *Béteille*, par. 323 h., c. de St-André, cant. de Najac.

* *Baudricourt* (le seigneur de), contresigne la lettre de Charles VIII en 1490.

Baugenciacum (ms. *Raugenicatum*) supra Lig[er]um VIII, 27, Beaugency-sur-Loire (Loiret).

Baumas (las). Voy. *St Jean de las B.*

Beado (et à la suite, *Par. d'Abolh anexa cum Boadone*, b. de La Roque-Valzergues), Bozouls , 1038 h., ch-l. de cant. de l'arrt de Rodez. — Pour *l = n*, cf. *Begoulh*, devenu *Bégon* en fr., fausse transcription de la forme vulgaire *Begou = Begoul*, *Begoulh*, et un peu différemment : *Le Caladon*, anciennement *Lo Caladur* (voy. ce mot), à cause de la prononciation vulgaire *Lou Caladou*. Ce sont là trois exemples de confusion de suffixes.

Beata Maria de Betiraco (b. de Roquecézière), Notre-Dame-de-Bétirac, 259 h., c. de Combret, cant. de St-Sernin.

Beata Maria de Bono Villario (b. de Roquecézière), Bouviala, 8 h.,

c. du Clapier, cant. de Cornus.

Beata Maria de Caslus (b. de Millau, par. de Nant), Notre-Dame-de-Caylus (aujourd'hui disparue).

Beata Maria *del Bedos* (b. de Roquecézière). Voy. *Bedos (lo)*.

Beata Maria de Lumensone (b. de Compeyre), Notre-Dame-de-Lumenson, église située au confluent de la Lumensonnesque et du Tarn et servant autrefois de paroisse à Compeyre et à Aguessac, cant. de Millau (aujourd'hui disparue).

Beata Maria de Ruthena (b. de Peyrusse), Notre-Dame, paroisse principale de Rodez. 7000 h., (Voy. Ruthena).

Beata Maria Monti[s] Franchi (b. de Roquecézière), Notre-Dame-de-Montfranc, *aujourd'hui* Montfranc, 206 h., cant. de St-Sernin.

Beata Maria Sancti Germani (b. de Millau). Notre-Dame-de-St-Germain, *aujourd'hui* Saint-Germain, par. 300 h., c. et cant. de Millau.

* *Bec*, Ramundus —.

Bedos (lo) (Beata Maria *del Bedos*, b. de Roquecézière); *Bedos* (B. et *Peyralbe*, Tar. 139), Bedos, 26 h., c. de Vabre, cant. de St-Affrique.

Begoulh (b. de Cassagnes-Bégonhès), Bégon, par. 369 h., c. de La Selve, canton de Réquista.

Belcaire 79, Beaucaire-sur-Rhône (Gard).

Bel[l]**um** Castrum (b. de Peyrusse, f° 112, r°), Belcastel, 377 h., cant. de Rignac.

Bel[l]**um** Podium (b. de Najac); *Bel Puech* (f° 130), Belpech (Haut

et Bas), ensemble 98 h., c. de St-André, cant. de Najac.

Bellus Locus (ms. *Terra Belli Loci* [et] *Abatis* (lis. *Abatia*) *ejusdem*, b. de Najac); *Belloc (la Terra de)* (f° 130), Beaulieu, ancienne abbaye de l'ordre de Citeaux, fondée en 1141 ou 1144.

Bellus Mons (b. de Roquecézière); *Belmon* (Tar. 140), Belmont, 1435 h., ch.-l. de cant. de l'arrᵗ de St Affrique.

Bel[l]**us** Vizus 2731 (Raymundus de Bel[l]o Vizu). Il y a dans l'Aveyron deux *Belvésé*, l'un de 74 h., c. et cant. de Saint-Chély-d'Aubrac, l'autre de 16 h., c. de Lapanouse, cant. de Sévérac-le-Château.

* **Beluche**, Ramond de —.

* *Benastrug, Raimon* —, Ugo —.

* **Benastrugii**, Bernardus —.

* **Benastrugii**, Ugo —.

* **Benedicti**, Bertrandus —.

* **Benedicti**, Brengarius —; Petrus —.

* *Benesech, Bernat* —; *Bertran* —.

* *Benezeg, Bertran* —.

* **Beraudeto**, Poncius de —.

* **Berengarius** de *Nonez* (2ᵉ App. A, 40), damoiseau, tém. à Millau en 1278.

Berengarius *de Vorz* (2ᵉ App. A, 238), tém. à Millau en 1278.

* *Berenguier Duran* (Voy. **Brengarius** Duranti).

Berlenæ, *lis.* Berleriæ *et voy.* S. Romanus de Berleriis.

* **Bermundi**, German(i)us —.

* *Bernad Johan* 114, conseiller de Millau, tém. 1339. (Voy. *Bernat Johan*).

* *Bernard del Cros* 842, marchand de Millau, rachète de Guilhem Héra le péage du pont vieux de Millau (1301).
* Bernardi, Petrus —.
* Bernardus Aldeguerii 392, témoin à Millau en 1332.
* Bernardus *Almeras* 1066, 1076, (*Voyez* Bernardus Almerici).
* Bernardus Almerici 1220 ; B. *Almeras* 1066, 1076, Bernard Almeras, de St-Rome-de-Tarn ; proteste contre les droits de péage du pont vieux de Millau (1332).
* Bernardus Benastrugii 2733, tém. 1339.
* Bernardus Cabanerii 2736, tém. 1339.
* Bernardus Crucias 1199, bailli de Millau en 1332, dépose à cette date.
* Bernardus *de Jaol* (2e App. A, 28, 216 et 230), de l'ordre des Frères Prêcheurs, fonde avec P. de Capelle un couvent à Millau en 1278 ; sa querelle avec les Frères Mineurs.
* Bernardus de Maurlheriis (2e App. A. 51), gardien des Frères Mineurs de Millau en 1286.
* Bernardus de Spineto (2e App. A, 43, 172 et 241), tém. à Millau en 1278.
* Bernardus Feltrerii (2e App. A, 37 et 212) ; *Bernat Feltrier* (ibid., 102 et 165), consul de Millau, tém. 1278 ; vend des terrains et maisons pour la construction du premier hôtel de ville (1278).
* Bernardus Johannis 946 et 947, B. J. père et B. J. fils, témoins en 1334.

* Bernardus Martini (2e App. A, 40), tém. à Millau en 1278.
* Bernardus Maurelli 516 et 2738, clerc, notaire royal, rédacteur de la charte de 1337 et l'un des rédacteurs de la transaction de 1339.
* Bernardus Mercerii 2735, tém. 1339 (Cf. *Bernat Mercia*).
* Bernardus Molenerii 2735, tém. 1339.
* Bernardus Sabaterii 1200, sergent du roi à Millau ; dépose en 1332 (Cf. *Bernat Sabatia*).
* Bernardus Thomas 476, marchand de Millau, receveur du péage du pont vieux en 1337 pour le vicomte de Creissels (Cf. *Bernat Thomas*).
* *Bernart den Cenjars* 827, prieur de Saint-Léons, tém. 1282.
* *Bernat, Ramun* —.
* *Bernat Benesech* 115, conseiller de Millau, tém. 1339.
* *Bernat Cairet* 120, conseiller de Millau, tém. 1339.
* *Bernat de Levezou* 100, chevalier, tém. 1339.
* *Bernat de Mandagorra* 50 (Cf. *Bernum de M.* 1663), prieur du Rozier *ou* d'Entraygues, tém. 1339.
* *Bernat de Melhau* 108, conseiller de Millau, tém. 1339.
* *Bernat de Prevenquieras* 102, chevalier, tém. 1339.
* *Bernat Feltrier* (*Voy.* Bernardus Feltrerii).
* *Bernat Guiral* (2e App. A, 115), propriétaire à Millau en 1278.
* *Bernat Johan* 111 (et 116, sans doute par erreur), conseiller de Millau, tém. 1339.

* *Bernat Mercia* 121, conseiller de Millau, tém. 1339 (Cf. Bernardus Mercerii).

* *Bernat Peyre* 71, chevalier de St-Jean-de-Jérusalem, tém. 1339.

* *Bernat Sabatia* 113, conseiller de Millau, tém. 1339 (Cf. Bernardus Sabaterii).

* *Bernat Thomas* 116, conseiller de Millau, tém. 1339. (Cf. Bernardus Thomas).

* *Bernat Viquembe* 117, conseiller de Millau, tém. 1339.

* *Bernum de Mandagorra* III, 1663, *lis.* Bermun *ou peut-être* Bernat (Cf. III, 50).

* BERTHOLOMEUS de Cluzello (*Voy.* Bartholomeus de Cl.)

* BERTHOLOMEUS *Gerla* (Voy. BARTOLOMEUS *Gerla*).

* *Bertran Benezeg* (2e App. A, 108 et 172), consul de Millau en 1278.

* BERTRAN *de Montmeja* 107, damoiseau, tém. 1339.

* *Bertrand Benesech* 109, conseiller de Millau, tém. 1339. C'est sans doute le fils de *Bertran Benezeg.*

* *Bertrand Thomas* 123, conseiller de Millau, tém. 1339.

* BERTRANDUS BENEDICTI 1198, dépose en 1332 (à cette date il est qualifié d'ancien bailli de Millau).

* BERTRANDUS Galterius (2e App. A, 85); * BERTRANDUS Galterii (ibid., 178), juge de Millau, tém. à Villefranche en 1286.

* BERTRANDUS GASTONIS 515, tém. 1337.

* *Bertran Gasc* (2e App. A, 118), propriétaire à Millau en 1278.

* *Bertran, Peire* —; *Peire* — *de Taurin.*

Bes (b. de Peyrusse), Bez, par. 483 h., c. de Naussac, cant. d'Asprières.

Bes (b. de La Guiole, f° 111 r°), Bez-Bédène (*ou* N.-D. de Bès), 35 h. (par. 330 h.), c. de Campouriez, cant. de St-Amans-des-Cots.

Bes (b. de La Guiole, f° 111 v°), Bez, 15 h., c. de St-Symphorien, cant. de St-Amans-des-Cots.

Bessa (la) Noitz (b. de Peyrusse), La Bessenoits, par. 390 h., c. de Firmi, cant. d'Aubin.

Bessa (la) (b. de Cassagnes-Bégonhès), la Besse-Vors, 239 h., c. de Villefranche-de-Panat, cant. de Salles-Curan. Population de la paroisse, qui comprend Villefranche-de-Panat : 864 h.; population de la commune : 926 h.

Bessodes lou Sourd (Tar. 135), 21 h., c. de Recoules-Prévinquières, cant. de Sévérac-le-Château.

Bessodes lou Vielh (Tar. 136), 18 h., c. de Lapanouse, cant. de Sévérac-le-Château.

Bessuejolz (Tar. 136), Bessuéjols, 51 h., cant. d'Espalion. *Voy.* S. Petrus de *Loisserol.*

* BESSUS, Ramundus —.

Betelha (b. de Najac); *Batalier* (f° 132), lis. *Batalia* (?), Béteille, par. 323 h., c. de St-André, cant. de Najac.

BETIRACUM (*Voy.* S. Petrus de Betiraco *et* Beata Maria de B.)

* *Beuleva*, Guilhelmus —.

Biaur IV, 47, le Viaur, le plus important (162 kil.) des affluents de l'Aveyron, qu'il rencontre à

Laguépie, rive gauche. *Voy.* Capella de *Biaur.*

Bimenetum (*Voy.* Vimenetum).

* Binercini, Petrus —.

* Biras, Petrus —.

Blanc (Castrum de) (b. de Roque-cézière, cf. Tar. 141), Blanc, par. 255 h., c. de Peux-et-Couffouleux, cant. de Camarès.

* *Blancastor,* Sicardus de —.

Blenhs (*Voy.* Capella de *Blenhs*).

Bleysol (b. de Najac), Bleyssol (*ou* le Bleyssol), 59 h., c. de Vabre-de-Rieupeyroux, cant. de Rieupeyroux.

Bliois (*Voy.* Capella de *Blenhs*).

Boado (*Voy.* Beado).

Bocinio (P. de) (la dernière lettre est douteuse), *lis.* P. de Rocinio *et voy.* Rocinium.

Boissa (b. de Peyrusse), Boisse-Penchot, 1065 h., cant. de Decazeville.

* *Boissac (Peire de)* —. Voy. *Baissac* et Baissacum.

Boix (f⁰ 130), Bois-du-Bruel, 11 h., c. de Vabre-de-Rieupeyroux, cant. de Rieupeyroux (Voy. *Vabre*).

Bolhac (*Voy.* Roqua-*Bolhac*.)

* *Bonafos,* Petrus. —

Bonald (Honoré de) (Vidimus), premier consul de Millau, président de l'élection en 1668 ; a parafé la copie du *Livre de l'Épervier.*

Bonald (Peire de)(Vidimus), écuyer, docteur-ès-droits, conseiller du roi, bailli et juge de Millau, Roquefort, etc. (1668); a vidimé le *Livre de l'Épervier.*

Bonansa, Capella de —.

Bona Terra (b. de La Roque-Valzer-

gues) ; *Bonne-Terre* (Tar. 136), Bonneterre , 226 h., cant. de Campagnac.

Bonaval (f⁰ 131), Bonneval, abbaye de l'ordre de Cîteaux, fondée en 1161 et dont les bâtiments subsistent encore, 13 h., c. du Cayrol, cant. d'Espalion.

Bonc (b. de Peyrusse), Notre-Dame-de-Vanc, 5 h. (par. 354 h.), c. de Salles-la-Source, cant. de Marcillac.

Bonecumbe (hospitium domus) 1176, l'hospice de l'abbaye de Bonnecombe à Millau. L'abbaye de Bonnecombe, dans la vallée du Viaur, c. de Comps-la-Grandville, cant. de Rodez, de l'ordre de Cîteaux, fut fondée en 1166, par Raimond V, comte de Toulouse et de Rouergue, de concert avec le comte de Rodez Hugues II et son frère Hugues, évêque de Rodez.

Bonum Villarium (*Voy.* Beata Maria de Bono Villario).

Bornacum (Castrum de Bornaco, b. de Roquecézière) ; *Bournac* (Tar. 139), Bournac, par. 538 h., c. et cant. de Saint-Affrique.

Bornazellum (b. de Peyrusse) ; *Bornazel* (f⁰ 131), *Bournazel,* 830 h., cant. de Rignac, avec un magnifique château de la Renaissance (monument historique).

Bors (*Voy.* Vors).

Bosquetum (b. de La Guiole), Le Bousquet, par. 183 h., c. de Montpeyroux, cant. de La Guiole.

Bossac (ms. *P. debssacs,* b. de Sauveterre) 659 h., cant. de Sauveterre.

Bossiac (b. de Millau, annexe de la paroisse de Millau), église ou chapelle. Cassini donne St-Amans-de-Boussiac, chapelle située sur la Dourbie, près et à l'est du Monna, laquelle est aujourd'hui complétement disparue ; c'est sans doute notre *Bossiac*.

* *Bouche* (P.). (2ᵉ App. A, 53), chevalier, sénéchal du Rouergue en 1286.

* *Bounafous, Huc* —.

*Bourbon (le duc de). (Lettre de Charles VIII), Pierre II de Bourbon, sire de Beaujeu, qui épousa Anne de France, fille de Louis XI, connue sous le nom de *Dame de Beaujeu;* contresigne la lettre de Charles VIII en 1490.

* *Bourzes, Guilhen* —.

Boussac (*Voy.* Bussacum).

* Boy, Guido de.

Bozinhacum (b. de Laguiole). — Il n'y a en Rouergue qu'un *Bouzinhac*, village de 29 h., c. de Stᵗᵉ-Radegonde, cant. de Rodez, qui ne peut convenir ici. Ne serait-ce pas *Mayrinhac*, par. 206 h., c. de Brommat, cant. de Mur-de-Barrez ?

* *Braas,* Petrus —.

Brascum (b. de Roquecézière), Brasc, 782 h., cant. de Saint-Sernin.

*Brengarius Benedicti (2ᵉ App. A, 6), bourgeois de Millau, député par la ville à Philippe, fils aîné du roi Philippe III (vers 1276).

* Brengarius Calvelli 294, 323 (Cavelli), 394, 404, 419; * *Bremguel Calvel* (*lis.* Brenguier C.)

375, sergent du roi à Millau en 1332.

* Brengarius de Baissaco 2734, tém. 1339.

*Brengarius de Spineto 1198, dépose en 1332.

* Brengarius Duranti (2ᵉ App. A, 233); *Berenguier Duran* (ibid. A, 112), propriétaire, avant Bernat Feltrier, des terrains et des maisons achetées pour la construction du premier hôtel de ville de Millau.

* Brengarius *Garnier* 950, tém. 1334.

*Brengarius *Gorrit* 319, sergent du roi à Millau en 1332.

*Brengarius Migaironis 2732, notaire, tém. 1339.

* *Brenguia de Alagrat* 52, prieur de Notre-Dame-de-l'Espinasse de Millau, tém. 1339.

**Brenguia del Rieu* III, 111; *Brenguie del Rieu* IV, 203, conseiller de Millau, tém. 1339 ; il avait droit à une maille sur les quatre deniers perçus pour chaque bœuf tué à Millau.

* *Brenguier Calvel* (*Voy.* Brengarius Calvelli).

* *Brenguier del Vonc* 817, chevalier, tém. 1282.

* Bretaigne (Lettre de Charles VIII), Bretagne (Marches de B.).

* Bria (2ᵉ App. A, 2), la Brie, anc. province française, ch.-l. Meaux.

Briolz (Voy. *Bruolz*).

Bro (la) = le bord. Nom de lieu très commun dans l'Aveyron.

Broa (la) = le bord. — *L'hospital de la Broa* VII, 17, 49, hôpital qui existait à Millau dès avant 1349.

Broas, Petrus —.

Brocuejoli (P. de Brocuejolis, b. de Millau), Brocuéjouls, 16 h., c. et cant. de Millau.

Brodairolis (P. de Brodairolis, b. de Najac), Lardayrolles (?), par. 579 h., c. de Castanet, cant. de Sauveterre.

Broquerium (b. de Cassagnes-Bégonhès); *Broquies* 824, 825, 1646, 1681, 1689 (*Guilhen den* —; *Paul de*), Broquiès, sur le Tarn, 1807 h., canton de St-Rome-de-Tarn.

Brossa (Castrum de) (b. de Cassagnes-Bégonhès); *Brousse* (Tar. 140), Brousse, 281 h., cant. de Saint-Rome-de-Tarn.

Brulhesium III, *titre; Brolhes* 18, 250, Le Bruel, 224 h., c. et par. de St-Jean-du-Bruel. Le titre de vicomte du Bruel appartint d'abord aux barons de Roquefeuil, puis aux vicomtes de Creissels.

* Bruni, Joannes —.

Bruolz (b. de Roquecézière); *Briolz* (Tar. 138), Briols, par. 280 h., c. de Montlaur, cant. de Belmont.

Brusca (Castrum de) (b. de Roquecézière); *Brusca* (f° 132); *Brusque* (Tar. 138), Drusquo, 1089 h., cant. de Camarès.

Bruscum (*lis.* Brascum).

Bssacs (*lis.* Bussaco? *et voy.* Bussacum).

Buffieira (ms. *Ruffiura,* b. de La Guiole), Buffières, 77 h., c. de Lacalm, cant. de Sainte-Geneviève.

* *Busens (Guibert de* —*).* Voy. *Buzens.*

Bussacum (*Mansus de Bussaco,* b. de St-Affrique), Boussac (St-Martin-de-Boussac, *Cassini*), par. 154 h., c. et cant. de Saint-Affrique.

Bussacum (*Mansus de Bussaco,* b. de Millau); *Bussac* (Tar. 139), Bussac, 25 h., c. de St-Rome-de-Cernon, cant. de St-Affrique. — C'est par erreur qu'on y a réuni la paroisse de St-Rome-de-Cernon; il faut sans doute lire *in parochia* (au lieu de *cum parochia*) *S. Romani de Sernone.*

Bussacum (*ms.* P. debssacs, b. de Sauveterre), Boussac, 659 h., cant. de Sauveterre.

Buzens (b. de La Roque-Valzergues, cf. Tar. 136); *Busens* III, 98, Buzeins, 556 h., cant. de Sévérac-le-Château.

* *Cabanas, Guilhem* —.

Cabanæ (P. de Cabanis, b. de Villefranche), Cabanes, par. 800 h., c. de La Bastide-l'Evêque, cant. de Rieupeyroux.

* Cabanerii, Bernardus —.

Cabanes (b. de Sauveterre), Cabanès, 643 h., cant. de Sauveterre.

Cabra (Pont de la) IV, 478, le Pont-de-la-Cabre, à Millau, sur lequel la route de Paris à Perpignan traverse le ruisseau de Besoubies (Voy. *Vezobias*), qui se jette non loin de là dans le Tarn.

Cabrespina (b. de La Guiole), Cabrespines, 129 h., par. du Monastère-Cabrespines, c. de Coubissou, cant. d'Estaing.

Cadairacum (ms. *Cadanacum,* b. de Peyrusse), Cadayrac, par. 371

h., c. de Salles-la-Source, cant.
de Marcillac.

CADANACUM (*lis.* Cadairacum).

CADOLA (Castrum de) (*ms.* de Candola, b. de Najac); *Cadola* (f° 130) (Cf. *Cadoule*, carte de 1711 et Cassini). A 2 kil. environ du village actuel de Cadoulette (103 h., c. et cant. de la Salvetat), se trouve une église isolée appelée St-Amans-de-Cadoule, qui est sans doute désignée par notre mot *Cadola*.

Cahors de Carsi 1952, Cahórs-en-Quercy.

CAIACUM (*lis.* Taiacum).

Cailla (lou), cy devant appelé Sainct-Michel de Caistort (Tar. 140). Le Cayla, hameau de 113 h., com. de Martrin, cant. de Saint-Sernin. Il faisait autrefois partie (et fait sans doute encore partie) de la paroisse de Saint-Michel-de-Castor, mais ne se confondait pas avec lui, quoiqu'en dise le *Tarif* (*Voy.* S. Michael de Caistort).

Cailus (Peyre et Guillen de —) 107, château aujourd'hui ruiné, sur un rocher élevé qui domine la ville de St-Affrique ; appartenait à la célèbre famille de ce nom. — Cf. *Cailus* (Tar. 137).

CAISSACUM (b. de la Roque-Valzergues), Cayssac, par. 306 h., c. de La Loubière, cant. de Bozouls.

* *Cairet, Bernat —.*

Calador (lo) 105, Le Caladon, c. d'Aumessas, cant. d'Alzon (Gard), anciennement : *mansus de* (ou *del*) *Calador, de Calatorio* (*Voy.* Germer Durand, *Dict. top. du Gard*).

CALAMONTE (castrum de), *lis.* Calomonte *et voy.* **CALUS MONS.**

CALBIACUM (*lis.* Albiacum).

CALCOMERIUM (ms. *Caltomerium*, b. de Najac), Calcomier, par. 350 h., c. de La Rouquette, cant. de Villefranche.

Calmeilz (b. de Roquecézière), 26 h., c. du Truel, cant. de St-Rome-de-Tarn.

Calmelz (b. de Roquecézière), Calmelz, 4 h. (par. 250 h.), c. de Calmels-et-le-Viala, cant. de St-Affrique.

Calmon de Plantage (lis. *de Plancage* et voy. **CALUS MONS**).

CALOMONTA (cum) citra aquam Olti (*lis.* Calomonte) *et voy.* **CALUS MONS.**

CALTOMERIUM (*lis.* Calcomerium.)

Caluelh (*lis.* Toluch ?).

CALUS MONS (ms. *castrum de Calamonte*, b. de Cassagnes-Bégonhès) ; *Calmon de Plancage* (ms. *Plantage*) III, 95, 1678; *Calmont de Plancage* (Tar. 135), Calmont-du-Plancage, 504 h., cant. de Cassagnes-Bégonhès.

CALUS MONS (ms. *cum Calomonta citra aquam Olti*, b. de La Roque-Valzergues), Calmont-d'Olt, 294 h., c. et cant. d'Espalion, qui en dépendait autrefois féodalement.

* **CALVELLI**, Brengarius — ; Johannes —.

* **CALVETI**, Durantus —.

CAMARAZIUM (S. Mauricius de Camarazio). Voy. ce mot.

CAMAREZIUM (Pontus de Camarezio). Voy. ce mot.

CAMBO (b. de St-Geniez), le Cambon,

par. 282 h., c. de Castelnau-de-Mandailles, cant. d'Espalion.

Cambo (b. de La Guiole), Le Cambon, 9 h., c. de Coubizou, cant. d'Estaing.

CAMBOLANS (ms. *Castrum de Cambolanto*, b. de Cassagnes-Bégonhès), Camboulas (ancienne vicomté), 92 h., c. et cant. de Pont-de-Salars.

CAMBOLANTO , *lis.* Cambolante *et voy.* CAMBOLANS.

CAMBOLASSETUM (b. de Cassagnes-Bégonhès), Camboulazet, 919 h., cant. de Naucelles.

CAMBOLANUM (b. de Villeneuve), Camboulan, par. 270 h., c. de Montsalès, cant. de Villeneuve.

Camlonga (b. dé Cassagnes-Bégonhès), Caplongue, par. 600 h., c. d'Arvieu, cant. de Cassagnes-Bégonhès.

Campanha 2274, Champagne ; ses foires étaient connues en Rouergue.

CAMPANHACUM (b. de La Roque-Valzergues), Campagnac, 950 h., ch.-l. de canton de l'arr[t] de Millau.

Campo[r]iet (b. de La Guiole), Campouriès , 652 h., cant. de Saint-Amans-des-Cots.

CAMPUACUM (b. de Peyrusse), Campuac, 832 h., cant. d'Estaing.

CAMPUS LIVATUS (b. de Peyrusse), Campolibat , 1018 h., cant. de Montbazens.

CANABERIÆ (Locus de Canaberiis, b. de Cassagnes-Bégonhès); *Canabieiras* (f[o] 132), Les Canabières, par. 381 h., c. et cant. de Salles-Curan.

CANACUM (ms. *Cantatum*, b. de La Roque-Valzergues), Canac, par. 315 h., c. et cant. de Campagnac.

CANALES (ms. *P. de Canalibus*, b. de Roquecézière); *Canalz* (Tar. 139), Canals, 450 h., c. et cant. de Cornus.

Cancores (b. de La Roque-Valzergues), Concourès, 248 h., cant. de Bozouls.

CANDOLA (*Voy.* Cadola.)

Canet (b. de St Geniez), Canet-d'Olt, par. 642 h., c. de Bonneterre, cant. de Campagnac.

CANETUM (b. de Cassagnes-Bégonhès), Canet-de-Salars, 855 h., cant. de Pont-de-Salars.

Canhac VI, 19, lieu-dit, point des rives du Tarn, aux environs de Millau, difficile à déterminer aujourd'hui.

Cannac (*Voy.* Cannacum).

CANNACUM (ms. *Colnacum*, b. de Cassagnes-Bégonhès); Cannac (Tar. 141), Cannac, par. 315 h., c. de Durenque, cant. de Réquista.

Cantam (*lis.* Cantoin).

CANTATUM (*lis.* Canacum.)

Cantoin (ms. *Cantam*, b. de La Guiole), Cantoin, 425 h., cant. de Ste-Geneviève.

Cuornhac (lis. *Taornhac*).

CAPDENACUM (Castrum de Capdenaco, b. de Peyrusse), Capdenac, 1300 h., sur un rocher, dans une boucle du Lot, cant. et arr[t] de Figeac (Lot).

CAPELA *Farcel* (b. de Cassagnes-Bégonhès) ; *Cappelle (la) Farcel* (Tar. 135), La Capelle-Farcel, 351 h., c. d'Alrance, cant. de Salles-Curan.

Capel[l]a de Balagu[er]io (b. de Villeneuve), la Capelle-Balaguier, 740 h., cant. de Villeneuve.

Capella de *Biaur* (b. de Cassagnes-Bégonhès), La Capelle-Viaur, 191 h., c. de Flavin, cant. de Pont-de-Salars.

Capella de *Bonansa* (b. de La Roque-Valzergues), La Capelle-Bonance, 544 h., cant. de Campagnac.

Capella S^{ti} Martini (b. de Cassagnes-Bégonhès), la Capelle-St-Martin, 392 h., c. du Luc, cant. de Rodez.

Capluc, 108, 2729, château aujourd'hui en ruines, sur un rocher élevé, au-dessus du Rozier (Voy. ce mot) et en face de Peyreleau et de Peyrelade (Gui de —; Guido de —).

* *Cappelia, Steve* — .

Cappella de *Blenhs* (b. de Najac) ; *La Cappella de Bliois* (f° 130), La Capelle-Bleys, 1165 h., cant. de Rieupeyroux.

Cappella (la) IV, 231, 478, La Capelle, une des portes de Millau, dont l'emplacement est marqué aujourd'hui par le débouché de la rue de la Capelle, sur le boulevard du même nom, en face de l'Esplanade.

Cappella (la) (b. de La Guiole), La Capelle-Neuve-Eglise, pár. 350 h., c. de Saint-Florentin, cant. de St-Amans-des-Cots.

Cappelle (la) Farcel (Voy. Capela Farcel.

* Cappella (P. de) (2e App. A, 28); P. de Capela (ibid. 215 et 230), de l'Ordre des Frères Prêcheurs ;

fonde avec B. de Jaol un couvent à Millau en 1278.

Capracum (b. de Roquecézière), Capraux, 37 h., c. du Truel, cant. de St-Rome-de-Tarn.

Capsenacum (*lis.* Carcenacum.)

Caput Lucium (B. de Capite Lucio, 2e App. A, 202), Caylus, 8 h., c. de la Cresse, cant. de Peyreleau.

Caransac (ms. *Catensac*, b. de Peyrusse), Cransac, 4648 h., cant. d'Aubin.

Carbassatium (Locus de Carbassatio, b. de Millau), Carbassas, 70 h., c. de Paulhe, cant. de Millau.

Carcandarium (*lis.* Carrandarium).

Carcenacum (b. de Cassagnes-Bégonhès), Carcenac-Salmiech, par. 607 h., c. de Salmiech, cant. de Cassagnes-Bégonhès.

Carcenacum, (ms. *Capsenacum*, b. de Sauveterre), Carcenac-Peyralès, 620 h., cant. de Sauveterre.

Carcossergas (lis. *Cossergas?*).

* *Carloman* (f° 142), roi de France.

* *Caroulh*, Hugo —.

Carrandarium (ms. *Carcandarium*, b. de Najac); *Carrandier* (f° 130), Carrendier, 52 h., c. de Feneyrols, cant. de St-Antonin (Tarn-et-Garonne).

Carrandier (*Voy.* Carrandarium).

Carras (lis. *Çarras*, ou plutôt *Sarras*, et voy. ce mot).

Carsi 1952, le Quercy, subdivision de la province de Guyenne.

Casconia (f° 130), Gascogne.

Caslar (ms. *Caslat*). *Voy.* Caslare.

Caslare (b. de Villefranche) ; *Caslar* (f° 130), Le Cayla, 26 h., c.

de La Bastide-l'Evêque, cant. de Rieupeyroux.

CASLARE 1085, 1094, 1105, le Caylar, ch.-l. de cant. de l'arr^t de Lodève (Hérault), sur le Larzac, non loin de la frontière de l'Aveyron.

Caslat (lis. *Caslar*).

CASLUCUM (ms. *P. castri de Casluco, quod vocatur de Pineto*, b. de Millau), château de Caylus, sur le *Causse noir*, au-dessus de Pinet, aujourd'hui hameau de 8 h., c. de La Cresse, cant. de Peyreleau.

CASLUCUM (Castrum de Casluco, ms. *Castrum Casluton*, b. de St-Affrique), château de Caylus, aujourd'hui ruiné, sur un rocher élevé, qui domine la ville de St-Affrique, berceau de la puissante famille de ce nom.

CASLUTON (Castrum), *lis.* [de] Casluco.

CASSANEA (b. de Peyrusse), Cassagnes-Comtaux, 349 h., cant. de Rignac.

CASSANEA Regalia (Castrum de Cassaneis Regalibus), chef-lieu de bailliage; *Cassanhas* (f° 132), Cassagnes-Bégonhès, 843 h., ch.-l. de canton de l'arr^t de Rodez.

Cassanutz (b. de Peyrusse), Cassanus, 57 h., c. de Salvagnac-St-Loup, canton d'Asprières.

Cassas (lis. *Cassos*).

Cassos (ms. *Cassas*, b. de La Guiole), Cassou (Cassoc, dans *Cassini*), 115 h., c. et cant. de St-Amans-des-Cots.

Cassota (b. de Roquecézière); *Cazotte (la)* (Tar. 139), La Cazotte,

par. 394 h., c. de Broquiès, cant. de St-Rome-de-Tarn.

Cassuejol (ms. *Causejol*, b. de La Guiole), Cassuéjouls, 1156 h., cant. de La Guiole.

Castanet (Voy. Joannes Rocola).

CASTANETA (P. DE), *lis.* Castaneto *et voy.* Castanetum.

CASTANETUM (villa de Castaneto, b. de Najac, dépendance de Castelnau-Peyralès), Castanet, 809 h., cant. de Sauveterre.

CASTANETUM (ms. *P. de Castanéta*, b. de Najac), Castanet, 894 h.. cant. de Caylus, Tarn-et-Garonne).

Castelmus (b. de Millau, cf. Tar. 137), par. 205 h., c. de Castelnau-de-Pégayroles, cant. de St-Beauzély.

Castelnau (Voy. Castrum novum).

Castelnau de Deireles (lis. *de Peyreles* et voy. Castrum novum de Peirelesio).

Castelnau (Terres de) (Tar. 136), Castelnau-de-Mandailles, 1042 h., cant. d'Espalion (Voy. *Roquelaure*).

Castelnou de Levezou (Voy. Castrum novum de Levezone).

CASTRUM Novum de Levezone (b. de Cassagnes-Bégonhès); *Castelnou de Levezou* III, 95, 1678; *Castelnau et Estalane* (ms. *en Estalane*) (Tar. 136), Castelnau-du-Lévézou (*ou de Pégayroles*), 455 h., cant. de St-Beauzély.

CASTRUM novum de Peirelesio (b. de Najac); *Castelnau de Peireles* (ms. *Deireles*) (f° 130), Castelnau-Peyralès, 89 h., c. et cant. de Sauveterre.

Castrum Percium (*Voy.* S. Joan-[n]es de Castro Percio.

Castrum Precium (*lis.* C. Percium).

Catensac (lis. *Caransac*).

* *Catherina* 656, 685, etc., Catherine, fille naturelle de Henri II, comte de Rodez (*Voy.* ce mot) ; épouse Ramond de Millau (1282).

* *Caudels, Raimum dels* —.

Causium Vetus (Villa de Causio Veteri, b. de Najac); *Causse Vieilh* (f° 130), Causse-Viel, 86 h., c. de Parizot, cant. de St-Antonin (Tarn-et-Garonne).

Caussatum (*lis.* Taussacum).

Causse Vieilh (*Voy.* Causium Vetus).

Causejol (lis. *Cassuejol*).

Cavalaria (la) 24 ; *Cavaleria (la)* 128 et bailliage de Millau), La Cavalerie, 1538 h., canton de Nant ; dépendait de la commanderie de Ste-Eulalie-du-Larzac.

* Cavaroti, Hugo —.

* *Cavarot, Huc* —. (Le même que le précédent).

* *Caylus, Jean* —.

Cazotte (la) (*Voy.* Cassota).

* *Celaur, Ramond* —.

* *Celle-Guénant* (le seigneur de la); contresigne la lettre de Charles VIII en 1490.

Cenac (*Voy.* Acenacum).

* *Cenaret, Peire de* —.

* *Cenjars* 826, 827 *(Bernart den* —; *Mayrous den* —).

Cenomes (ms. *Cenomet*, b. de Roquecézière), Cénomes, par. 322 h., c. de Montagnol, cant. de Camarès.

Cenomet (lis. *Cenomes*).

Ceor (Castrum de) (b. de Cassa-gnes-Bégonhês), Céor, par. 326 h., c. et cant. de Cassagnes-B.

Ceyrac (Voy. Seiriacum).

Chairan (lo moli) VI, 18, le moulin Chayran. — Un point des bords de la rivière du Tarn (rive gauche), à 2 kil. en amont de Millau, s'appelle encore aujourd'hui *Le Chayran.*

* *Charles-le-Grand* ou *Charlemagne* (f° 142), roi de France.

* *Charles* III (*lis.* II); * *Charles le Simple* (f° 142), rois de France.

* *Charles* IV, *le Bel*; * *Charles* V ; * *Charles* VI ; * *Charles* VII ; * *Charles* VIII (Cf. 2e App. B, l. 1); * *Charles* IX; * *Charles* X (f° 143), rois de France.

Chartres 1012, 1955, 2475 *(blancs de Ch.),* Chartres (Eure-et-Loir).

* *Chasluz* (le sire de) (Lettre de Charles VIII), sénéchal de Rouergue en 1490.

* *Cherebert* (f° 142). Voy. * *Aridet.*

* *Childebert* [I] (f° 142), roi de Paris.

* *Childebert* [III], successeur de Clovis III (f° 142), roi de France.

* *Childeric* Ier ; * *Childeric* II ; * *Childeric* III (f° 142), rois de France.

* *Chilperic* 1er; * *Chilperic* II (f° 142), rois de France.

Chins, Peire des —. De Gaujal écrit *P. d'Eschins*, je ne sais sur quel fondement.

Cira (lis. *Oira).*

Clapia (lo) (b. de Roquecézière) ; *Clappie (lou)* (Tar. 138), Le Clapier, 348 h., cant. de Cornus.

Claræ valles (ms. *P. de Clausualibus*, lis. *Claris Val[l]ibus*, b. de

Peyrusse), Clairvaux, 684 h., cant. de Marcillac.

Claude de Peyragorc 101, chevalier, tém. 1339.

Claunhac (b. de Peyrusse), Claunhac, par. 600 h., c. de Salles-Courbatiès, cant. d'Asprières.

CLAUSA VINHA (f° 131), Clausevignes, 20 h., c. de Valady, cant. de Marcillac.

CLAUSENIS (P. DE), *in qua est villa de Planis* (b. de Roquecézière), *lis.* Lauzeriis *et voy.* Lauzeriæ *et* Plana.

CLAUSUALIBUS (P. de), *lis.* Claris Val[l]ibus *et voy.* Claræ Valles.

Clauza (la) (b. de Cassagnes-Bégonhès), La Clauze, 45 h., c. et cant. de Réquista.

Clauzellas (b. de Millau), église près du Bourg (*anc*t Le Bourg-Clauzelles), par. 425 h., c. de Rivière, canton de Peyreleau.

CLAVIS (P. de), b. de Cassagnes-Bégonhès); *Clau (La)* (Tar. 136), La Clau, par. 161 h., c. et cant. de Vezins.

*CLEMENS (Papa) (2e App. A, 33), Clément IV, pape; avait fixé la distance minimum où devaient se trouver les couvents des ordres rivaux, les Franciscains et les Dominicains.

Clermont en Beauvoisis (f° 143). Voy. *Louys de France*.

Clodion (f° 142), roi des Francs.

Clodomir (f° 142), roi d'Orléans.

Clotaire I*er* (f° 142), roi de Soissons, puis de Paris.

Clotaire II; *Clotaire* III; *Clotaire* IV (f° 142), rois de France.

Clotaire, successeur de Louis d'Outre-Mer (f° 142), corr. *Lothaire).

Clovis [II] ou *Louys;* *Clovis* III (f° 142), rois de France.

Cluns (b. de Najac). C'est peut-être Le Cun, 30 h., c. de Sanvensa, cant. de Najac.

CLUSELLUM (*Voy.* Bartholomeus de Clusello *et* Bertholomeus de Cluzello); *Cluzel (lo)* (b. de Najac), *sans doute* Le Cuzoul, 127 h., c. de Castanet, cant. de St-Antonin (Tarn-et-Garonne).

Cobertoirada (la) (b. de Millau); *Couvertouirade (la)* (Tar. 137), La Couvertoirade, 326 h., cant. de Nant.

Cobizo (b. de La Roque-Valzergues), Coubizou, 697 h., cant. d'Estaing.

Codols (b. de Cassagnes-Bégonhès), Coudols, par. 500 h., c. du Viala-de-Tarn, cant. de St-Beauzély.

COGULHETUM (b. de La Roque-Valzergues), Cohulet, 5 h. (par. 194 h.), c. de Bessuéjouls, cant. d'Espalion.

* COHONTONIS, Johannes —.

COLNACUM (*lis.* Cannacum).

COLOMPIACUM (*lis.* Tolompiacum).

COLUMBERIA (P. *de Columberiis,* b. de Sauveterro), Colombiès, 1176 h., cant. de Sauveterre.

* COLUMBII, *Guilhen* —; *Ramond* —.

COMBÂLERIÆ (Guilhelmus de —). Il y a un *Combalières* (Haut et Bas), 18 h., dans la commune de Combret, canton de St-Sernin, et une maison isolée dans la commune de Sylvanès, canton de Camarès.

COMBIS (Petrus de —). Il y a dans

l'Aveyron une multitude de localités appelées *Les Combes*, *La Combe* ou *Les Combettes*.

Combredet (b. de Cassagnes-Bégonhès), Combradet, par. 410 h., c. de Connac, cant. de Réquista.

COMBRETUM (b. de Peyrusse), Combret, par. 408 h., c. de Nauviale, cant. de Marcillac.

COMBRETUM (Castrum de Combreto, b. de Roquecézière) ; *Combret* (Tar. 140), Combret, 494 h., cant. de St-Sernin.

* *Combros* (*Guilhen den —*). Cf. le mot suivant.

Combrosa (b. de Sauveterre) ; *Combros* III, 818, Combrouze, par. 691 h., c. de Colombiès, cant. de Sauveterre.

Compeire (*Voy*. Competrum.)

Comprenhac (Voy. le suivant).

COMPRENHACUM (b. de Millau) ; *Comprenhac* (Tar. 137), Comprégnac, 218 h., cant. de Millau.

COMPETRUM, ch.-l. de bailliage ; *Compeire* (f° 131 et Tar. 136), Compeyre, 508 h., cant. de Millau.

Comps (b. de Cassagnes-Bégonhès ; *Coms* (f° 132), Comps-la-Grand-ville, 638 h., cant. de Cassagnes-Bégonhès.

CONCHÆ (b. de Peyrusse) ; *Conquas* (f° 131), Conques, ch.-l.-de-cant. de l'arr^t. de Rodez.

Condom (b. de la Guiole), Condom, 612 h., cant. de St-Chély.

CONNACUM (b. de Cassagnes-Bégonhès), Connac, 620 h., cant. de Réquista.

COPIAGUETUM (b. de Cassagnes-Bé-

gonhès), Coupiaguet, par. 316 h., c. d'Ayssène, cant. de St-Rome-de-Tarn.

CORBERIÆ (P. de Corberiis, b. de Najac), Corbières, 62 h., c. de Monteils, cant. de Najac.

* *Cordounier* 416 (*Voy*. Petrus *Bonafos*).

CORMURIUM (*lis*. Tornaria).

CORNUTUM (b. de Millau) ; *Cournus* (Tar. 138), Cornus, 1159 h., ch.-l. de cant. de l'arron^t de St-Affrique.

Cossergas ? (ms. *Carcossergas;* le scribe a sans doute oublié d'effacer la première syllabe fautive après l'avoir récrite) (b. de La Roque-Valzergues ; *Coussergues* (Tar. 136), Coussergues, 525 h., cant. de Laissac.

* COTE, Petrus —.

Coufoulens (lis. *Coufouleus*).

Coufouleus (ms. *Coufoulens*, Tar. 141), Couffouleux, 560 h., c. de Peux-et-Couffouleux (*Voy*. Peusium), cant. de Camarès.

Coussergues (Voy. *Cossergas*).

Cregoala (b. de Najac). Cassini donne *Cargoalle*, succursale, au N.-E. de St-Antonin ; mais les cartes modernes ne le mentionnent pas : ce doit être une église ruinée.

CREISSACUM (*lis*. Greissacum).

CREISSACUM (b. de Millau), Craissac, 46 h., c. de St-Georges-de-Luzançon, cant. de Millau.

CREISSELHUM (b. de Millau) ; Creisseillum III, 1281, 1331; Creissellum III, titre, 306, etc.; *Creisseilh* III, 18, 146, 243, etc., et Tar. 137 ; *Creyssel* 2606 ; *Creisel*

2638, Creissels, 746 h., cant. de Millau, sur le Tarn, au confluent du beau ruisseau de l'Homède, célèbre par ses cascades, avec un château ancien, récemment restauré, situé sur un rocher isolé. C'était le chef-lieu de l'importante vicomté de Creissels.

* *Cremat, Peire —.*

Crespin (b. de Sauveterre. cf. fº 132), Crespin, 532 h., cant. de La Salvetat.

Creysacum (b. de Najac), Craissac, 22 h., c. et cant. de Villeneuve.

Crois (la Sainte) de Septembre 388, la fête de l'Exaltation de la Sainte Croix, le 14 septembre.

* *Cros, Bernard del —.*

Crosset (b. de Sᵗ-Geniez), Les Crouzets, 15 h., c. de Prades-d'Aubrac, cant. de Sᵗ-Geniez.

Crouzets (lous) (Tar. 135). On peut hésiter entre 6 *Les Crouzets,* situés dans les communes de la Capelle-Bonance (8 h.), Carcenac-Peyralès (58 h.), Sᵗ-Léons (16 h.), Verrières (22 h.), Vezins (30 h.), Vimenet (10 h.).

* *Crozia, Daude —.*

* Crozilhati, Johannes —.

* *Crucias,* Bernardus —.

* *Cruejas,* Stephanus —.

Cruejolz (b. de La Roque-Valzergues), 1000 h., cant. de Laissac.

Crux P. de Cruce, b. de La Guiole), La Croix, ou La Croix-Barrez, 430 h., cant. du Mur-de-Barrez.

* *Cubriera,* Guiral —.

Cueyras (lis. Rueyras).

Cujiis (*ms.* Cuius), Peire de —. Cf. *Decugis,* aujourd'hui nom de famille à Millau.

Cunhacum (b. de La Roque-Valzergues), Cunhac, 13 h., c. et cant. de Bozouls.

Curanh (Voy. Salæ).

Curanh (b. de Cassagnes-Bégonhès), Curan, par. 777 h., c. et cant. de Salles-Curan. Cf. Salæ (Castrum de Salis de Curanh).

* *Curton* (le seigneur de), contresigne la lettre de Charles VIII, en 1490.

Cussac (b. de Peyrusse), Parochia de *Cussac* et de *Orna* (voy. ce mot), Cuzac, 52 h., cant. de Figeac (Lot), non loin du Lot, qui sert à cet endroit de limite aux départements du Lot et de l'Aveyron.

Cussacum (b. de La Guiole), par. 135 h., c. de Brommat, cant. du Mur-de-Barrez.

* *Dagobert* [III] (fº 142), roi de France.

* *Daude Crosia* 120, conseiller de Millau, tém. 1339.

* *Daude d'Albinac* 106, damoiseau, tém. 1339.

* *Daude de la Torre de Savairac* 103, chevalier, tém. 1339.

* *Daurona (na)* IV, 204, veuve de *Ramun Bernat;* avait droit à une maille sur les quatre deniers perçus pour chaque bœuf tué à Millau (1339).

Deireles (lis. *Peireles* et voy. Castelnau de Peireles).

* Deodatus Barbatus 466, notaire royal à Millau(?) en 1332.

* Deodatus Fabri 1077 ; D. Fabrii 1066, de St-Rome-de-Tarn ; proteste en 1332 contre les droits de péage du pont vieux de Millau.

* Deodatus *Gardat* 431, tém. 1332.

* Deodatus *Singlar* 2734, tém. 1339.

* Descuret, consul de Millau en 1668 ; signe le *Vidimus*.

Doas Aygas (b. de Cassagnes-Bégonhès), Dosaygues, 6 h., c. du Truel, cant. de St-Rome-de-Tarn.

Drulha (b. de Peyrusse, cf. f° 131), Drulhe, 943 h., cant. de Montbazens.

* Duran, *Berenguier*—; *Guilhem* —.

* Duranti, Brengarius.

* Durantius Calvati (2e App. A. 188, consul de Millau en 1286.

* Durantus de Manso 2732, notaire, tém. 1339.

* Durantus de Olmeriis 868, Durand des Aumières, tém. 1301.

* Durantus *de Solatgne* (2e App. A, 203), notaire à Millau en 1286.

* Durantus Laurencii (Titre du registre), notaire à Millau, principal rédacteur du *Livre de l'Épervier;* III, 951, rédacteur de l'acte de 1334 ; III, 2737, un des rédacteurs de la transaction de 1339.

* Durantus *Senglar* 2736, tém. 1339.

Duricium (b. de Roquecézière), Notre-Dame-de-Duris, église isolée, c. et cant. de St-Affrique.

Durenca (*baronia de D. et d'Arpajo* 96, 1679) ; *Durenca* (b. de Cassagnes-Bégonhès) ; *Durenque* (Tar. 135), Durenque, 625 h., cant. de Réquista.

Durenque (Voy. *Durenca*).

Eclesia Nova (b. de Cassagnes-Bégonhès), Gleysenove, par. 150 h., c. et cant. de Vezins.

* Egidius Camelinus (2e App. A, 269), chanoine de Meaux, accepte l'exemption du *commun de paix* pour Millau (en 1297 ?).

Egots (*los*) 253 (molis dels —), Les moulins des Egouts, en Gascogne, dans la sénéchaussée de Toulouse (manque au Dictionnaire des Postes).

Elga (b. de Millau), Algues, 47 h., c. et cant. de Nant.

* Elias de Monte Bruno 535, dignitaire de l'ordre du Temple ; reçoit de Raimond-Bérenger II Ste-Eulalie et la terre de l'Arzac (*auj.* le Larzac).

Elnos (ms. *castrum de Elues*, b. de Roquecézière); *Ennous* (Tar. 140), Ennous, par. 300 h., c. de St-Juéry, cant. de St-Sernin.

Elnous (St-Jean d'), mauvaise orthographe officielle. *Voy.* Sanctus Joannes *del Nos*.

Elues (lis. *Elnos*).

Elvas (ms. *Cluns*, b. de Najac); *Elvas* (f° 130), Elbes, par. 582 h., c. de Martiel, cant. de Villefranche.

Enanha 1668, Aniane, ch.-l. de cant. de l'arr^t de Montpellier (Hérault). Le prieuré du Rozier dépendait de l'abbaye d'Aniane.

Encombros (Guilhen d'). Lisez : *den Combros* (ms. *dencombros*) et voy. *Combros*.

Enffruchts (*los*). Voy. *Enfructs* (*los*).

Enffrus (los). Voy. *Enfructz (los)*.

Enfruchs (los). Voy. *Enfructs (los)*.

Enfructs (los) 24 ; *Enfructz (lous)* Tar. 138 ; *Enfruchs (los)* 128 ; *Enfruts (los)* 138 ; *Enfrutz (los)* 731, 793, 1239 ; *Enffruchts (los)* 1230 ; *Enffrus (los)* (b. de Millau), Les Infruts, 60 h., c. de la Couvertoirade, cant. de Nant, autrefois château dépendant du vicomte de Creissels.

Enfructz (lous). Voy. *Enfructs (los).*

Enfruts (los). Voy. *Enfructs (los).*

Enfrutz (los). Voy. *Enfructs (los).*

Ennous (Voy. *Elnos*).

Entr'Aygas 51 ; *Entre Aygas* 830 (= inter aquas), Entraygues ou le Rozier, prieuré aujourd'hui ruiné, au confluent de la Jonte et du Tarn, sur la frontière de la Lozère et de l'Aveyron, au pied du bourg de Peyreleau (Aveyron), et tout près du village du Rozier (Lozère).

Escandolieiras (ms. *Estan dolient*, b. de Peyrusse), Escandolières, 400 h., cant. de Rignac.

Escas (*Voy.* S. Petrus *d'Escas*).

Escuria (b. de Najac); *Lescuria* (fo 130), Lescure, 925 h., cant. de La Salvetat.

Espagnols et *Espaignolz* (Lettre de Charles VIII), Espagnols.

Espalion (*Voy.* Speleium).

* *Esparvier* (*Moss^or lo*) 2379, L'épervier avait à Millau des titres de noblesse ; il jouissait de l'exemption de tout droit de péage sur le pont vieux de Millau, et il en exemptait complétement les oiseaux de chasse qui l'accompagnaient, pourvu qu'il passât à leur tête, et pour moitié, dans le cas contraire.

Espinasola (b. de Sauveterre), Espinassole, par. 661 h., c. de Crespin, cant. de la Salvetat.

Espinassa (l'). Voy. *Nostra Dona de l'—*.

Estalana (b. de Cassagnes-Bégonhès), Estalane, par. 223 h., c. de Castelnau-de-Pégayroles, cant. de St-Beauzély.

Estan dolient (corr. *Escandolieiras*).

Estanc (*aze d'—*, 991) ; *Estancg* (*aze d' —*, 2026, 2253), Estaing (*Voy.* Stagnum).

* *Esteve Azam* (2e App. A, 109 et 163), consul de Millau en 1278.

* *Esteve Negre* 37, consul de Millau, tém. 1339.

* *Esteve Ratia* 113, conseiller de Millau, tém. 1339 ; cf. *maistre Steve Ratia*, 119.

* *Eude* (fo 142), roi de France.

* *Fabre*, greffier des consuls de Millau en 1668 ; a signé le *Vidimus*.

* Fabri ou Fabrii, Deodatus —.

Faietum (b. de Roquecézière), Fayet, 674 h., cant. de Camarès.

Falgueriæ (b. de Cassagnes-Bégonhès), Falguières, par. 418 h., c. de Lédergues, cant. de Réquista.

Farret (Tar. 140), par. 382 h., c. de St-Juéry, cant. de St-Sernin.

Farretum (ms. *P. ville de Feiieto*, b. de Roquecézière), Farret, par. 382 h., c. de St-Juéry, cant. de St-Sernin.

Fauayroli (*lis.* Fenayroli).

Faus (los) (*P. dels Faus*, b. de Cassagnes-Bégonhès), par. 407 h.; c. et cant. de Salles-Curan.

Favairolz (Castrum de) (b. de Roquecézière, f⁰ 103 r⁰); *Fevayrolles* (ms. *Fenayrolles*, Tar. 140
r⁰), Faveyrolles, par. 340 h., c.
de Sᵗ-Izaire, cant. de Sᵗ-Affrique.

FEIIETUM (lis. FARRETUM).

* *Felip.* (*Voy.* Philipus).

* FELTRERII, Bernardus —.

* *Feltrier* (*Bernat*). Voy. BERNAR-
DUS Feltrerii.

Fenairolz (Castrum de). Lis. *Ferrairolz.*

Fenairolz (b. de Najac), Féneyrols,
45 h., c. de Bor-et-Bar, cant. de
Najac.

FENAYROLI (ms. *P. de Fauayrolis*, b.
de Sauveterre), Fénayrols, par.
370 h., c. de Moyrazès, cant.
de Rodez.

Fenayrolles (lis. *Fevayrolles* et voy.
Favairolz).

Ferrairolles (Voy. *Ferrairolz*).

Ferrairolz (Castrum de) (ms. *Fenairolz*, b. de Roquecézière, f⁰ 103
v⁰); *Ferrairolles* (Tar. 140 v⁰),
Farrayrolles, 32 h., c. de Martrin, cant. de Sᵗ-Sernin.

FERRARIÆ (*Voy.* Petrus de Ferrariis).

* *Ferrieiras*, Guilhermus —.

Fesensaguel (*Voy.* Fezensacum).

Feudat Gleole (f⁰ 131), Feudat (c.-
à-d. Fief) de la Guiole. On ne
peut l'identifier avec La Guiole,
puisqu'on trouve celle-ci un peu
plus haut (*La Gleola*).

FEZENSACUM III (titre); *Fesensaguel*
17, 249, 336; Fezensaguet, terre
dépendante de la vicomté de
Creissels.

FIGIACUM 881, *Fijac* 1952, Figeac-
en-Quercy, 7333 h.. ch.-l. d'arrᵗ
du dép. du Lot.

FIJAGETUM (b. de Cassagnes-Bégonhès), Fijaguet-de-Salles-Curan,
par. 163 h., c. de Villefranche-
de-Panat, cant. de Salles-Curan.

FIJAGUETUM (ms. *Fraguetum*, b. de
La Roque-Valzergues), Fijaguet-
de-Rodelle, par. 311 h., c. de
Rodelle, cant. de Bozouls.

* *Fizel*, Philipus —.

Flanhac (b. de Peyrusse), Flagnac,
1030 h., cant. de Decazeville.

Flavinh (b. de Cassagnes-Bégonhès, cf. f⁰ 131), Flavin, 964 h.,
cant. de Pont-de-Salars.

FLEUJACUM (b. de La Guiole), Flau-
jac, 397 h., c. et cant. d'Espalion.

FOISSACUM (ms. *Foissatum*, b. de
Villeneuve), Foissac, 658 h.,
cant. d'Asprières.

FOISSATUM (*lis.* Foissacum).

FOLIATA (b. de Najac); *La Folhada*
(f⁰ 130), 1439 h., cant. de Najac.

* *Fon* (*la*), *Guilhamon de* —.

Fontanelhas (Mansus de), Fonta-
neilles (n'est mentionné dans aucune de nos cartes); faisait partie de la paroisse et du bailliage
de Verfeil.

Fontaynes (lis. *Fontaynos*).

Fontaynos (b. de Villeneuve), Fon-
taynous, 8 h. (par. 413 h.), c.
de Martiel, cant. de Vlllefranche.

FONTES (Septem). *V.* Septem Fontes.

* FORNERII, Ramundus —.

* *Fournia*, Jean —.

FRAGUETUM (*lis.* Fijaguetum).

FRANCISCUS (beatus) (2ᵉ App. A, 97),
St-François d'Assise, dont la fête
tombe le 4 octobre.

* *François* Iᵉʳ; *François* II (f⁰ 143),
rois de France.

Fransa III, 1983, 1997, 2116 (cf. IV 51), semble désigner les pays de langue française, en opposition à l'Auvergne (Voy. *Montferrand*); ailleurs (III, 2274), simplement l'Ile de France et le domaine du roi autour de cette province (on en distingue la Champagne).

FRONS (b. de Sauveterre). par. 670 h., c. de Camjac, cant. de Naucelle.

Frozentilh (b. de La Guiole), Florentin (?), 1007 h., cant. de St-Amans-des-Cots.

GABRIACUM (b. de La Roque-Valzergues ; *Gabriac* (Tar. 136), Gabriac, 620 h., cant. d'Espalion.

* GAILHARDI, Hugo —.

Galganh (b. de Peyrusse, cf. f° 130), Galgan, 855 h., cant. de Montbazens.

Galhac (*Voy.* Galhacum).

GALHACUM (b. de la Roque-Valzergues); *Galhac*(Tar. 135), Gaillac, 642 h., cant. de Laissac.

* GALTERII, Bertrandus —.

* GALTERIUS, Bertrandus — (le même que le précédent).

GANHACUM (*lis.* Manhacum).

GANIACUM (*ms.* Genuacum, b. de La Roque-Valzergues, f° 119 v°); *Ganhac* (Tar. 135), Gagnac, par. 315 h., c. de Gaillac, cant. de Laissac.

GAMNIAGAS (lis. *Mairiniagas*.

Garda (*la*) (b. de Cassagnes-Bégonhès), La Garde, par. 657 h., c. de la Selve, cant. de Réquista.

* *Gardat*, Deodatus —.

* *Gardia*, Guilhermus de —.

* GARNERII, Ramundus —.

* *Garnier*, Brengarius —.

* GARSIANUS Michaellis 1200, sergent du roi à Millau; dépose en 1332.

* *Gasc, Bertran* —.

Gasconha 254, Gascogne.

* *Gaston d'Armanhac* 249; *Gaston d'A.* 966, vicomte de Fezenzaguet et du Bruel, père de Géraud d'Armagnac; fait au nom de son fils, le 1er juillet 1320, un échange de terres avec l'ordre de St-Jean-de-Jérusalem.

* *Gaucelm de Peira Mala* 69, chevalier de St-Jean-de-Jérusalem, tém. 1339.

* *Gauffre, Guilhen; W.* — (même personne).

* *Gauffre*, Johannes —.

* GAUFFREDI, Guilhelmus —; Raimundus —.

GAURELHS (b. de Villeneuve), Gaurels, par. 288 h., c. de Montsalès, cant. de Villeneuve.

* *Gavalda, Peyre* —.

* *Gavina, Ramond* —.

GENUACUM (*lis.* Ganiacum).

* GERALDUS de Arman[i]aco 883: Gerardus III (titre); *Geraud* 17 ; *Geraut* 250, Géraud d'Armagnac, vicomte de Creissels, de Fezenzaguet et du Bruel, seigneur de la puissante baronnie de *Roquefeuil* (Voy. ce mot).

* GERALDUS de Montibus 881, habitant de Figeac en 1334, créancier du vicomte de Creissels, Géraut d'Armagnac.

* GERARDUS (*Voy.* Geraldus).

* GERIA, Petrus de —.

* *Gerla*, Bertholomeus —; Bartholomeus — (même personne).

* Germaŋ(ı)us Bermundi 949, tém. 1334.

Gerunda 547, Gérone, ch.-l. de la province de ce nom (Catalogne).

* Getaneu, Ramun —.

* Gevauda 1991, Gevaudan, subdivision du Languedoc, auj. dépt de la Lozère.

* Gile Haquin 1370, garde de la prévôté de Paris en 1320.

Ginalh (b. de Najac), Ginals, 982 h. (pour la commune), cant. de St-Antonin (Tarn-et-Garonne).

Ginolhacum (b. de Peyrusse), Ginouillac, 93 h., c. d'Almont, cant. de Decazeville.

* Giral de Monjusieu 85, docteur, juge-mage du Rouergue, tém. 1339.

Gissac (Castrum de) (b. de Roquecézière, cf. Tar. 139), Gissac, 305 h., cant. de Camarès.

Glassac (b. de Peyrusse), Glassac, par. 423 h., c. de Cassagnes-Comtaux, cant. de Rignac.

Gleola (ch.-l. de bailliage); Gleola (la) (fº 131), La Guiole, 1300 h., ch.-l. de cant. de l'arrt d'Espalion.

Goritz (fº 143), ville d'Istrie (Autriche); Charles X y meurt en 1836.

* Goso ou Gozo (Ramond de Goso ; Ramond den Gozo). Voy. Gozo.

Gotrenx (ms. Gotroux, b. de Peyrusse), Goutrens, par. 935 h., c. de Cassagnes-Comtaux, cant. de Rignac.

Gotroux (lis. Gotrenx).

Gozo (Castrum de) (b. de Roquecézière); Goso 36, 822 ; Gouzou (Tar. 139) (cf. aujourd'hui, à

Millau, la porte des Gozons, en patois dei Goujous), Gozon, 7 h., (par. 602 h.) c. des Costes-Gozon, cant. de St-Rome-de-Tarn.

Gouzou (Voy. Gozo).

Grandis Mons (ms. P. de Grantis Montis, b. de Sauveterre), Gramont, 806 h., cant. de Sauveterre.

Grantis Montis (P. de), lis. P. Grandis Montis et voy. Grandis Mons.

* Graville (le seigneur de), contresigne la lettre de Charles VIII. en 1490.

* Gregorii Ressa 118, notaire royal, conseiller de Millau, tém. 1339.

Greissacum (ms. Creissacum, b. de La guiole), Graissac, 480 h., cant. de Ste-Geneviève.

* Grimault (le seigneur de), contresigne la lettre de Charles VIII, en 1490.

* Gueudes (le seigneur des), contresigne la lettre de Charles VIII, en 1490.

* Guibert de Buzens 98, chevalier, tém. 1339,

* Guibert del Sales 110, noble, licencié, conseiller de Millau, tém. 1339.

Guiberti, Hospitale —.

Gui de Aigu'Esparsa 100, chevalier, tém. 1339.

* Gui de Capluc (Voy. Guido de Capluc).

* Gui del Vonc (Voy. Guido de Vonco).

* Gui de Saveyrac 820, chevalier, tém. 1282.

* Gui de Vialaret 100, chevalier, tém. 1339.

* Guido de Boy (2e App. A, 268),

chanoine de Reims ; accepte l'exemption du *commun de paix* pour Millau (en 1297 ?).

* GUIDO *de Capluc* 2729; *Gui de Capluc* 107, damoiseau, tém. 1339.

* GUIDO de Vonco 2730 ; *Gui del Vonc* 105, damoiseau, tém. 1339.

* *Guilhamon de la Fon* 86, trésorier de Villefranche du Rouergue, tém. 1339.

* *Guilhaumes Molenia* 122, receveur? *(hoste),* conseiller de Millau, tém. 1339.

* GUILHELMUS Beuleva (2e App. A, 201), damoiseau, bailli de Millau, tém. 1286.

* GUILHELMUS de Combaleriis (2e App. A, 173), notaire à Millau en 1278.

* GUILHELMUS Duranti (2e App. A, 38); *Guilhem Duran* (ibid. 108 et 162), consul de Millau, tém. 1278.

* GUILHELMUS Gauffredi (2e App. A, 37), damoiseau, tém. à Millau en 1278.

* GUILHELMUS Pelegrini (2e App. A, 39), damoiseau, tém. à Millau en 1278.

* *Guilhem Cabanas* 573, tém. 1184.

* *Guilhem de Montaliu* (2e App. A, 116), propriétaire à Millau en 1278.

* *Guilhem de Sanct Paul* 99, tém. 1339.

* *Guilhem Duran* (*Voy.* Guilbelmus Duranti).

* *Guilhem Jamme* IV, 524, notaire à Millau en 1275.

* *Guilhem Pelegri* III, 37 ; V, 378, 386, chevalier, tém. 1339 ; consul la même année, il prend à

ferme, moyennant 6 livres tournois, les produits des amendes à infliger aux conseillers de Millau pour absence non justifiée.

* *Guilhen Azan* 111, conseiller de Millau, tém. 1339.

* *Guilhen Borsia* 112, conseiller de Millau, tém, 1339.

* *Guilhen Bourzes* 121, conseiller de Millau, tém. 1339.

* *Guilhen Columbii* 83 , notaire, trésorier et receveur de la vicomté de Creissels, tém. 1339.

* *Guilhen d'Amman* 48, archevêque d'Auch, tém. 1339.

* *Guilhen de Cailus* 106, damoiseau, tém. 1339.

* *Guilhen de Labro* 101, chevalier, tém. 1339.

* *Guilhen de la Garriga* 559, 567, commandeur de Ste-Eulalie-du-Larzac, pour l'ordre du Temple, en 1184.

* *Guilhen de Mayrous* 55, chevalier de St-Jean, procureur général de Guillaume de Relhania (prieur de St-Gilles) et aussi de Ste-Eulalie et de l'ordre tout entier, dans la transaction de 1339.

* *Guilhen de Moustuejolx* 818, tém. 1282.

* *Guilhen den Broquies* 824, chevalier, seigneur de Broquiès.

* *Guilhen den Combros* 818, chevalier, sénéchal du comte de Rodez, tém. 1282 (*Voy. Combros*).

* *Guilhen den Massaunas* 829, prieur du Rozier, tém. 1282.

* *Guilhen den Segur* 823, chevalier, tém. 1282.

* *Guilhen de Relhania* 60, 1856, 1885, prieur de St-Gilles, de l'or-

dre de St-Jean-de-Jérusalem , témoin dans la transaction de 1339 , qui confirme à l'ordre l'attribution annuelle de 133 livres tournois sur le péage du pont vieux de Millau.

* *Guilhen de Sanct Stephe* 823, chevalier, tém. 1282.

Guilhen Gauffre (2ᵉ App. A, 108 et 162), consul de Millau en 1278.

* *Guilhen Hera* 843, 857, avait acheté de Ramond de Millau le péage du pont vieux ; il le revend à Bernard del Cros (1301).

* *Guilhen Leonel* 86, châtelain (*castela*) de Millau, tém. 1339.

* *Guilhen Negre* 112, conseiller de Millau, tém. 1339.

* *Guilhen Pila* 120, conseiller de Millau, tém. 1339.

* *Guilhen Raynal* 91, juge de St-Affrique, tém. 1339.

* *Guilhen Rolhan* 74, chevalier, sénéchal du Rouergue, tém. 1339.

* *Guilhen Senhoret de la Roca Sancta Margarida* 193, chevalier, tém. 1339.

* Guilhermus (a) Henrici 1434 ; G. (a) Henricii 1180, légiste, tém. 1339.

* Guilhermus de *Gardia* 1435, légiste, tém. 1332.

* Guilhermus *et* Guilhermus filius 515, témoins en 1337.

* Guilhermus *Ferrieiras* (2ᵉ App. A, 22), Guillaume Ferrières, gardien des Frères Mineurs de Millau (1278).

* Guilhermus Jacobi 869, notaire à Millau en 1301.

* Guilhermus Molinerii 2731, notaire, tém. 1339.

* Guilhermus Rigaldi 2730, damoiseau, tém. 1339.

Guilhorgas (b. de La Roque-Valzergues), Gillorgues, par. 302 h., c. et cant. de Bozouls.

Guilhorgues (lis. *Guilhorgas*).

* *Guilhot d'Estan* 831, procureur et défenseur du comte de Rodez, tém. 1282.

* *Guiral, Bernat* —.

* *Guiral Cubriera* (*maistre*) 87, procureur du roi à Villefranche-de-Rouergue, tém. 1339.

* *Gui Rollan* 89, docteur, juge de Villelongue, tém. 1339.

* *Gui Senhoret* 100, chevalier, tém. 1339.

* *Gye* (le seigneur de). contresigne la lettre de Charles VIII, en 1490.

* *Hanric* 145; *Henric* 657, 683, Henri II, comte de Rodez et d'Armagnac, vicomte de Creissels, fils de Hugues IV, mourut en 1304. Il avait conclu, le 2 septembre 1272, avec le roi de France, Philippe III *le Hardi*, une transaction touchant le péage du pont vieux de Millau, laquelle fut confirmée en 1339 par Philippe VI de Valois et Géraud d'Armagnac.

* *Henri II ;* * *Henri III ;* * *Henri IV le Grand ;* * *Henri V* (fᵒ 143), rois de France.

* Henrici, Henricii, Guilhermus —.

* *Henry* Ier (fᵒ 142), roi de France.

* *Hera, Guilhen* —.

* *Hochberg* (le marquis de), maréchal de Bourgogne, contresigne la lettre de Charles VIII, en 1490.

* *Horador* (*lo*). *Voy.* Ramundus *del Horador*.

Jerusalem, Jherusalem (Voy. Sanctus Johannes Jherosolimi).

* *Joan* ou *Johan (Sanct) Baptista* (Voy. *Sanct Johan B.*).

* *Joan* Solerii 833, clerc, notaire royal de Rodez, rédacteur du contrat de mariage de 1282.

* Joannes Arnaudi Sartrorum 514, tém. 1337.

* Joannes *Baissac* 950, tém. 1334.

* Joannes Bruni 950, tém. 1334.

* Joannes Magistri 1181. 1436, notaire royal à Millau en 1332.

* Joannes *Rocola* (surnommé *Castanet*) 949, tém. 1334.

* Joannes de Ulmeriis 430, 431, Jean des Aumières (aujourd'hui vulgairement *de los* ou *deis Oumieiros*), tém. 1332.

* *Johan Adde* 119, légiste, conseiller de Millau, tém. 1339.

* *Johan, Astruc* —.

* *Johan, Bernat* —.

* *Johan d'Albena* 116, conseiller de Millau, tém. 1339.

* *Johan d'Armagnac* 45, Jean Ier d'Armagnac, comte d'Armagnac et de Rodez, vicomte de Lomagne, etc., lieutenant-général du roi, tém. dans la transaction de 1339.

* *Johan d'Arpajo* 94, 1677 ; *Joan d'A.* 1685, 1687, Jean d'Arpajon, vicomte de Lautrec, seigneur de Calmont-de-Plancage, de Castelnau-de-Lévézou et de la baronnie de Durenque et d'Arpajon, témoin dans la transaction de 1339. Louis d'Arpajon, qui fut créé duc et pair en 1650, sous Louis XIV, en récompense de ses services, et nommé lieute-

nant-général du Bas-Languedoc en 1652, était un de ses descendants (Voy. *Arpajon*).

Johan (Sanct), ou *Joan, Jehan* ou *Jean de Jerusalem (Voy.* Sanctus Johannes Jherosolimi).

* *Johan de Ayga Sparsa* 820, chevalier, tém. 1282.

* *Johan Tiff* 115, conseiller de Millau, tém. 1339.

* Johannes Aym (2e App. A, 193), habitant des Mazels, cautionne Raymond Ada à Millau, en 1286.

* Johannes Calvelli (App. A, 244), notaire à Millau en 1278.

* Johannes Cohontonis 1200, sergent royal à Millau ; dépose en 1332.

* Johannes Crozilhati (2e App. A, 192), habitant des Mazels, cautionne Raymond Ada à Millau, en 1286.

* Johannes *Gauffre* 2737, tém. 1339.

* Johannes Magistri 392, 401, 417, 432, notaire royal à Millau en 1332.

* Johannes de Valle (2e App. A, 86), tém. à Villefranche en 1286.

* Johannis, Bernardus —.

* Johannis (Domus Sancti) *ou* Joannis Jherosolimi (*Voy.* Sanctus Johannes Jh.).

* *Johelz* (ms. *Roelz*, b. de Najac), Jouels, par. 742 h., c. et cant. de Sauveterre.

* *Joly,* consul de Millau en 1668; a signé le *Vidimus* du *Livre de l'Épervier.*

* *Jorda, Peire.* —

Jumel (Portal del) IV, 478, porte du Jumel, à Millau. Une rue en indique encore l'emplacement : elle a été démolie au commencement de ce siècle, lors de la construction du nouvel hôpital.

* *Jusieu* 1037, 2098; *Jusieus* 2553 , Juif , Juifs ; ils payaient cinq sous tournois au pont vieux de Millau, comme les Sarrasins, et les Juives enceintes le double.

* *Jusivas* 2554 (Voy. *Jusieu*).

* *Labro* (ou *La Bro*), Guilhen de—; Peyre den —. Il est difficile d'identifier ce lieu d'origine, car il n'y a pas moins de 25 localités de ce nom dans le départ¹ de l'Aveyron, voy. *Bro* (*la*).

Labroa (ou *La Broa* = fr. *le bord*). Voy. *Broa* (*la*).

Lac (*lo*) (ms. *P. del Luc*, b. de Cassagnes - Bégonhès), Le Lac, 65 h., c. de Vors, cant. de Rodez.

Lada Peyra (b. de Cassagnes-Bégonhès), Ladepeyre, par. 225 h., c. du Viala-de-Tarn , cant. de S¹-Beauzély.

LADINHACUM (b. de La Guiole), Ladignac (chapelle vicariale), 90 h., c. de Thérondels, cant. du Murde-Barrez, *ou peut-être* Ladignac, ch.-l. de commune du cant. de Monsalvy (Cantal).

* *Lagrefol*, Hugo de —.

LAINHACUM (*ms.* Leunhacum, b. de La Roque-Valzergues), Lagnac, par. 267 h., c. de Rodelle, cant. de Bozouls.

Laissac (*Voy.* Leyssacum).

Lalo (b. de Peyrusse), Lalo, par. 620 h., c. de Brandonnet, cant. de Montbazens.

Landesca (*Voy.* S. Michael de *Landesca*).

Landorra (ou *l'Andorra*), baronnie appartenant à la puissante famille de ce nom, et dont le centre était le château de Salmiech (Voy. ce mot).

Lassotz (*Voy.* Sudes).

Lassouts (*Voy.* Sudes).

Latour (Voy. *Marnhagues et Latour* .

LAURANTO (*lis.* Laurente *et voy.* S. Privatus de Laurante).

* LAURENCII, Durantus —; Stephanus —.

Lauriol(b. de Peyrusse), Lauriol, 31 h., c. d'Auzits, cant. de Rignac.

Lautrec 1677, ch.-l. de cant. à 16 kil. N.-O. et arr¹. de Castres, autrefois chef-lieu d'une vicomté de ce nom.

Lautruc (lis. *Lautrec*).

LAUZERIÆ (*ms.* P. de Clausenis, b. de Roquecezières), Notre-Damede-Lauzières, 7 h., c. de Rebourguil, cant. de Belmont.

Laval (*Voy.* Vallis juxta *Montanhol*).

Laval de Roqueceziere (Tar. 140), Laval-Roquecézière, 164 h., cant. de S¹-Sernin.

LAYA (*Voy.* S. Germanus in Laya).

* *Layrac*, Pons de —.

Lectora 50, Lectoure, capitale de la Lomagne, aujourd'hui ch.-l. d'arr¹. du Gers.

Lectore (Lettre de Charles VIII, *fin*), *l'evesque de* —.

Ledergues (Voy. *Lodergas*).

Lemotjas 1952 ; *Limotjas* 2074, Limoges, capitale du Haut-Limousin.

Lencarie (P. de) (*lis.* Lentinio *et voy.* Lentinium).

Lenco (ms. *P. de Lens*, b. de Cassagnes-Bégonhès); *Lencou* (Tar. 135), Lincou, par. 500 h., c. de St-Jean-d'Elnous, cant. de Réquista.

Lens (lis. *Lenco*).

Lentinium (ms. *P. de Lencarie*, b. de Cassagnes-Bégonhès), Lentin, par 711 h., c. de Lédergues, cant. de Réquista.

* Leonardus Tibertis 595, grand-maître de l'ordre de l'Hôpital, procureur général de l'ordre pour recevoir les biens des Templiers (1312).

* *Leonel, Guilhen —.*

Lescura (*Voy.* Escuria).

Letzas (lis. *Lotzas*).

Leunhacum (*lis.* Lainhacum).

Levezou, chaîne de montagnes au nord-ouest de Millau, dominant de 400 mètres environ les plateaux voisins; a donné son nom à une baronnie dont le chef-lieu était Castelmus. *(Bernat de —; Castelnou de —).*

Levinhac (b. de Peyrusse, f° 110 v°); *Levinhac* (f° 131), Livinhac-le-Haut, 1070 h., cant. de Decazeville.

Levinhacum (b. de Peyrusse, f° 110 r°), Livinhac-le-Bas, par. 448 h., c. de S^t.-Julien-d'Empare, cant. d'Asprières.

Levis Campus (b. de Peyrusse), Lieucamp, par. 267 h., c. de Sonnac, cant. d'Asprières.

Levisacum cum Sancta-Eulalia (b. de La Roque-Valzergues). Je ne vois ni dans le canton de Bozouls, ni dans celui de St-Geniez, aucun nom de lieu qui puisse convenir ici. Il s'agit sans doute d'un ancien quartier de Ste-Eulalie-du-Causse (*Voy.* Sancta Eulalia).

Leyssacum (b. de La Roque-Valzergues) ; *Laissac* (Tar. 136) ; *Laissac* (f° 131), Laissac, 1367 h., ch.-l. de cant. de l'arr^t de Millau.

Lhaucos (b. de Millau); *Liaucous* Tar. 137), Liaucous, par. 302 h., c. de Mostuéjoulx, cant. de Peyreleau.

Lhimairacum (b. de Sauveterre), Limayrac, par. 525 h., c. de Colombiès, cant. de Sauveterre.

Lhimossa (*Voy.* S. Martinus *et* S. Africanus de *Lhimossa*), Limouse ou Limouse-St-Jean, église isolée, c. d'Onet-le-Château, cant. de Rodez.

Lhusnacum (b. de Najac); *Lusnac* (f° 130), Lunac, 625 h., cant. de Najac.

Liborna 2110 ; *Libourne* (lis. *Libourna*) 1978, Libourne (Gironde), dans l'ancienne province de Guyenne (Bordelais).

Lican (*P. de Minimia et P. de*) (b. de La Guiole), Lacalm, 138 h., cant. de Ste-Geneviève, *ou peut-être* Leucamp, 541 h., cant. de de Montsalvy (Cantal), non loin de la frontière de l'Aveyron.

Liger VIII, 27, La Loire.

Limotjas (Voy. *Lemotjas*).

Lobes (lis. *Lobos*).

Lobos (ms. *Lobes*, b. de Cassagnes-Bégonhès), Lebous (Loubous, *Cassini*), par. 630 h., c. de St-Julien-d'Elnous, cant. de Réquista.

Lodergas (P. de) (Cf. Carte de la généralité de Montauban et Carte
de 1711, *Le Dergues*) (b. de Cassagnes - Bégonhès), Lédergues,
1054 h., cant. de Réquista.

* *Loere, Jehan de la* —.

* *Lo[i]s de Arpajo* 821, chevalier,
tém. 1282 (Voy. *Arpajo*).

Loisserol (*V. S.* Petrus de Loisserol).

Lomanha 46, la Lomagne, sur la
rive gauche de la Garonne, villes
principales : Lectoure, Beaumont
et Lavit ; elle fut réunie à l'Armagnac par Jean Ier, dont il est
question à ce passage.

Lothaire (ms. *Clotaire*), f°142, Lothaire, roi de France, successeur
de Louis d'Outre-Mer.

Lotzas (b. de Najac), Lozes, 502 h.,
cant. de Caylus, arr^t. de Montauban (Tarn-et-Garonne).

Loubiere (la) (Voy. Luperia).

* *Louis Philippe d'Orléans* (f°143 v°),
roi des Français.

* *Louys de France* (f° 143 r°), fils de
Saint Louis, comte de Clermont-
en-Beauvoisis. Henri IV en des-
cendait.

* *Louys Ier, le Débonnaire ;* * *Louys II,
le Bègue ;* * *Louys [III] ;* * *Louys
[IV], d'Outre-Mer ;* * *Louys V ;
Louys VI, le Gros ;* * *Louys VII ;
Louys IX,* (Sainct Louis) (f° 142
v^o), rois de France.

* *Louys X ;* * *Louis II* (lis. XI) ;
* *Louys XII :* * *Louys XIII, le
Juste ; Louys XIV, Dieudonné ;
Louys XV ; Louys Auguste XVI*
(f° 143 r°), *rois de France.*

* *Louys XVII ;* * *Louys XVIII, le Désiré* (f° 143 v°), *rois de France.*

Luc (lo) (lis. *Le Lac*). — Luc, 80 h.,
c. et cant. de La Salvetat, ne
saurait appartenir au bailliage
de Cassagnes-Bégonhès.

Lucia (sancta) (2° App. A, 82),
Sainte-Luce, dont la fête tombe
le 13 décembre.

Lucum (b. de Cassagnes-Bégonhès),
Luc, 863 h., cant. de Rodez.

Ludovicus (I, 1), Louis, fils de Philippe-le-Bel et de Jeanne de Navarre, roi de Navarre, du chef de
sa mère, depuis 1301, devint roi
de France le 29 novembre 1314,
sous le nom de Louis X, dit le
Hutin. Il confirma (25 février
1314) les priviléges du sceau authentique de la ville de Millau.

Luganh (b. de Peyrusse, cf. f° 131),
Luganh, 805 h., cant. de Montbazens.

Lunellum (b. de Peyrusse), Lunel,
par. 451 h., c. de St-Félix-de-
Lunel, cant. de Conques.

Lunetum (b. de St-Geniez), Lunet,
par. 451 h., c. de Prades-d'Aubrac, cant. de St-Geniez.

Luperia (b. de La Roque-Valzer-
gues ; *Loubière (la)* (Tar. 136) ;
La Loubière, 252 h., cant. de
Bozouls.

Lusnac (*Voy.* Lhusnacum).

Luzenso (b. de Millau), Luzançon,
61 h., c. de St-Georges-de-Lu-
zançon, cant. de Millau.

Maine (Lettre de Charles VIII), le
Maine.

Maiomonte (P. de) (*lis.* Malo Monte
et voy. Malus Mons).

Mairan (Voy. *Mairanh*).

Mairanh (b. de Peyrusse, f° 111 r°);
cf. *Mairan*, (ms. *Martrin*), par

double emploi, *ibid.* f° 112 r°),
Mayran, par. 802 h., c. de Belcastel, cant. de Rignac.

Mairiniagas (ms. *Gamniagas*, b. de
Villeneuve), Mayrinhagues, par.
300 h., c. et cant. de Villeneuve.

* *Malbosc*, Hugo —.

* Malebosco, Hugo de —.

Malus Mons (ms. *P. de Maiomonte*,
b. de Najac), Marmont, par.
430 h., c. de Morlhon, cant. de
Villefranche.

Malvieu (lo) (b. de Roquecézière),
Melvieu, par. 406 h., c. de St-
Victor, cant. de St-Rome-de-
Tarn.

* *Mandagorra, Bernat de* — ; *Bermun de* —.

Manhacum (b. de Cassagnes-Bégonhès, f° 126 r°), Manhac, 490
h., cant. de Cassagnes-B.

Manhacum ? (ms. *P. de Ganhaco*, b.
de La Roque-Valzergues, f° 119
v°), Manhac, 33 h., c. d'Onet-le-
Château, cant. de Rodez.

Manh[a]val (b. de La Guiole), Ma-
nhaval, 170 h., ch.-l. de paroisse, c. de Taussac, cant. du Mur-
de-Barrez.

* Manso (Durantus de), D. del Mas
auj. Delmas. Le nom et la localité sont fréquents dans le département.

Maorlho (b. de Najac), Morlhon,
1049 h., cant. de Villefranche.

Marcilium (*lis.* Martilium).

* Maria (Beata). *Voy.* Beata Maria

* *Maria Magdalena (la festa de la)*
V, 146, La Sainte-Madeleine,
c-à-d. le 22 juillet. — C'est ce
jour-là que les consuls de Millau
rendaient leurs comptes.

Marinum (b. de Sauveterre), Castelmary, 89 h., cant. de la Salvetat (n'est plus paroisse, voy.
La Vernhe).

Marnhagues et Latour (Tar. 139).
C'est le nom que porte encore
aujourd'hui la commune dont le
chef-lieu est à *Marnhagues*, 76
h., tandis que la paroisse est à
Latour, 163 h., cant. de Cornus.
La population de la commune
est de 398 h., celle de la paroisse de 429 h.

Marola (b. de Villeneuve), Marrou-
le, par. 261 h., c. de Martiel, cant.
de Villefranche.

Marsilhacum (b. de Peyrusse), Marcillac, 2200 h., ch.-l. de cant.
de l'arr[t] de Rodez.

* *Marti, Peire* —.

Martilium (b. de Villeneuve) ; Martilium (f° 134), Martiel, 833 h.,
cant. de Villefranche.

* Martini, Bernardus —.

Martini (ecclesia beati) (2° App. A,
35, 179 et 236); *Marti (la glicia
de S.)* (ibid., 168, l'église de saint
Martin, à Millau, paroisse nou-
vellement rétablie; servait de
lieu de réunion aux conseils
élus, avant la construction du
premier hôtel-de-ville.

Martininium (b. de Roquecézière) ;
Martrin (Tar. 140), Martrin,
627 h., cant. de St-Sernin.

* Martinus (B.), 2° App. A, 239,
tém. à Millau en 1278 (*le même
que* Bernardus Martini.

Martrin (Voy. Martininium).

Martrin (lis. *Mairan* et voy. la note
2 de la page 170).

Marzialz (Tar. 136), Marzials, par.

303 h., c. de Montjaux, cant. de St-Beauzély.

Mas (lou) del Soulie (Tar. 135), Le Mas-du-Soulié (*ou* le Soulié), 48 h., c. et cant. de Réquista.

* *Massaunas, Guilhen den —*.

* Maurelli, Bernardus. —

Mauriac(i)um (ms. *P. Mauriacii*, b. de Millau), Mauriac, par. 170 h., c. de St-Laurent-du-Lévézou, cant. de Vezins.

Maurin (ms. *Mautrin*, b. de Villeneuve), Marin (?), par. 364 h., c. de Cénac, cant. de Villeneuve.

Maurlheriis (Bernardus de). Il y a un Morlières (8 h.) dans la commune de Clairvaux, cant. de Rodez.

Mautrin (lis. *Maurin*).

Maynial (lou) (Tar. 137), Le Maynal, 62 h., c. de Veyreau, cant. de Peyreleau.

Mayrinhacum (correction hypothétique pour *Bozinhacum*).

* *Mayrous, Guilhen de —*.

* *Mayrous den Cenjars* 827, prieur de Notre-Dame-de-l'Espinasse de Millau, tém. 1282.

* *Mayrueisses (Steve et Ramun)*, (pluriel de *Mayrueis*) 122, conseillers de Millau, tém. 1339.

Mazairolæ (b. de Najac), Mazerolles, par. 374 h., c. de Villevayre, cant. de Najac.

Mazels (los) (2e App. A, 193), sans doute *Mazels*, 22 h., c. des Costes-Gozon, cant. de St-Rome-de-Tarn. Il y a quatre autres *Mazels* dans le départ., communes de Durenque, de Maleville, de St-Sernin et de Vezins. Ce dernier pourrait aussi être admis.

Mazeriæ (b. de Najac); *Mazieiras (las)* (fo 130), Les Mazières, par. 616 h., c. de Lunac, cant. de Najac.

Mazieiras (las). Voy. Mazeriæ.

Melhau (*Voy.* Amiliavum).

Meliacum (b. de Cassagnes-Bégonhès), Meljac, par. 543 h., c. de St-Just, cant. de Naucelle.

Memerium (ms. *Meourium*, b. de Najac), Memer, par. 412 h., c. de Vailhourles, cant. de Villefranche.

Mentaquis (lis. *Montaquis*).

Meourium (*lis.* Memerium).

* Mercerii, Bernardus —.

* *Mercia, Bernat —*.

* *Merovee* (fo 142), roi de France.

Metz (fo 142), *Theodoric, roi de —*.

Mielh (ms. *P. de Nuelh*, b. de La Guiole), Mels, 78 h., c. et cant. de Ste-Geneviève.

* Migaironis, Brengarius —.

Milhacum (ms. *P. de Molhaco*, b. de Cassagnes-Bégonhès), Milhac, par. 150 h., c. de Calmont-du-Plancage, cant. de Cassagnes-B.

Milhars (b. de Cassagnes-Bégonhès), St-Étienne-de-Milhas, par. 308 h., c. du Viala-de-Tarn, cant. de St-Beauzély. — *Millars*, 18 h. c. de Villevayre, cant. de Najac, de l'autre côté de l'Aveyron, ne pouvait, par sa position, dépendre que de Najac.

Milhau, Millau (*Voy.* Amiliavum).

Minerium (b. de Cassagnes-Bégonhès), Le Minier, par. 220 h., c. du Viala-de-Tarn, cant. de St-Beauzély (*Voy.* Villare).

Minetium (*lis.* Minerium).

Minimia? (ms. *P. de Minimia cum pa-*

rochia de Lican, b. de La Guiole).
Ce doit être tout simplement un
ancien couvent de Minimes voisin
de Lacalm (Lican).

MIRABELLUM (b. de Peyrusse), Mira-
bel, par. 217 h., c. et cant. de
Rignac.

MIRUS MONS (*Castrum de Miro
Monte*, b. de Cassagnes-Bégonhès), Miramont, château depuis
longtemps disparu ; Cassini n'indique que le *Rocher de Miramont*, un peu au sud de Centrès.

Moirazes (b. de Cassagnes-Bégonhès), Moyrazès, 1352 h., cant.
de Rodez.

* *Molenia, Guilhaumes —* .

MOLHACUM (*lis.* Milhacum).

* MOLINERII, Bernardus — ; Guilhermus —.

MONASTERIUM (b. de Peyrusse), Le
Monastère, 721 h., cant. de Rodez.

MONEZIUM (b. de Roquecézière) ;
Mounez (Tar. 141), Mounès, par.
452 h., c. de Prohencoux (qui en
dépend comme paroisse), cant.
de Belmont.

Monnar (lo) (b. de Millau) ; *Monna
(lou)* (Tar. 137), Le Monna (en
langue vulgaire *Lou Mounna*),
par. 328 h., c. et cant. de Millau, sur la Dourbie, patrie du
philosophe de Bonald.

Monnarguas (Mansus de) (b. de St-
Affrique), aujourd'hui disparu ;
dépendait de la paroisse de St-
Affrique.

MONS ACUTUS (*Castrum de Monte
Acuto*, b. de Roquecézière) ; *Mon-
tagut* (Tar. 139), Montégut, par.

165 h., c. de Gissac, cant. de Camarès.

Monsales (*Voy.* Mons Salitius).

Monsalm (lis. *Monsalvi*).

Monsalvi (*Voy.* Mons Salvius).

MONS ARNALDI (P. de Monte Arnaldo,
lis. Arnaldi, b. de Peyrusse),
Montarnal, 140 h., c. de Sénergues, cant. de Conques.

MONS BONUS (*Voy.* Sanctus Martinus
de Monte Bono).

MONS BRUNUS (Elias de Monte Bruno).
Il n'y a pas de *Montbrun* dans
l'Aveyron : on peut hésiter entre
Montbrun, 323 h., cant. de Figeac (Lot), et Montbrun, 378 h.,
cant. de St-Enimie, arr^t de Flo-
rac (Lozère).

MONS CLARATUS (b. de Millau) ;
Montclarat (Tar. 139), Montclarat, par. 246 h., c. de St-Rome-
de-Cernon.

MONS FRANCHUS (*Voy.* Beata Maria
Monti[s] Franchi).

MONS JOVIS (b. de Cassagnes-Bé-
gonhès) ; *Montjaux* (Tar. 141),
Montjaux, 800 h., cant. de S^t-
Beauzély.

MONS LAURUS (*Castrum de Monte
Lauro*, b. de Roquecézière) ;
Montlaur (Tar. 138), (Montlaur,
633 h., cant. de Belmont.

MONS MIRUS (*Voy.* Mirus Mons).

MONS PAHONIS (b. de Roquecézière) ;
Montpaon (Tar. 139), Montpaon,
84 h., cant. de Cornus. — Le
chef-lieu de la paroisse (367 h.)
est *Fondamente* (195 h.), le chef-
lieu de la commune (928 h.) est
Montpaon.

MONS SALITIUS (ms. *P. de Monte Saliton*, b. de Villeneuve) ; *Monsa-*

les (fº 131), Montsalès, 469 h., cant. de Villeneuve.

Mons Salvius (2ᵉ App. A, 41 et 239); *Monsalvi* (III, 115), Montsalvy, 1022 h., ch.-l. de cant. de l'arrᵗ d'Aurillac (Cantal).

* *Montaliu, Guilhem de —.*

Montanhac (fº 134), Montagnac, 4000 h., ch.-l. de cant. du dépᵗ de l'Hérault, arrᵗ de Béziers.

Montanhæ Ruthenenses 1434, les Montagnes du Rouergue, aujourd'hui *la Montagne*, c'est-à-dire la région du département située au nord du Lot.

Montanhol (b. de Roquecézière); *Montanhol* (fº 132); *Montagnolz* (Tar. 139), Montagnol, 435 h., cant. de Camarès.

Montaquis? (ms. *P. de Mentaquis*, b. de La Guiole), Montézic (?), 900 h., cant. de St-Amans-des-Cots.

Montauban (Tar. 141 vº). L'Election de Millau faisait partie de la généralité de Montauban.

Montbejenx (b. de Peyrusse); *Monbasenx* (fº 131), Montbazens, 1496 h., ch.-l. de cant. de l'arrᵗ de Villefranche.

Montclar (Tar. 140), Montclar, 712 h., cant. de Sᵗ-Sernin.

Montclarat (*Voy.* Mons Claratus).

Monte Saliton (P. de), *lis.* de Monte Salitio *et voy.* Mons Salitius.

Montelz (b. de Roquecézière), Monteils, par. 195 h., c. de La Serre, cant. de Sᵗ-Sernin.

Montelz (b. de Najac), Monteils-de-Najac, 710 h., cant. de Najac.

Montferran 1984, 1992, 2116, semble mis pour désigner l'Auvergne tout entière; 1997, il est même opposé à la France du Nord.

Montfranc (*Voy.* Beata Maria Monti[s] Franchi).

* Montibus, Geraldus de —; Petrus de —.

Moutilz lez Tours (Lettre de Charles VIII. il faut sans doute lire *les tours*), Moutils, 142 h., cant. de La Ferté-Gaucher, arrᵗ de Coulommiers (Seine-et-Marne).

Montis Dome (castellania et executoria sigilli regii) 877, 890, 917, Domme, 1800 h., ch.-l. de cant. de l'arrᵗ de Sarlat (Dordogne), ancienne place forte, fondée par Philippe-le-Hardi en 1282. Cf. *Historiens de France* XXIII : Montis Dome villa.

Montlagas (ms. *Montlagus*, b. de Roquecézière), Mélagues(?), 334 h., cant. de Camarès.

Montlagus (lis. *Montlagas*).

Montmeja 107; *Montmejan* (Tar. 137), Montméjan, 93 h.. c. de Sᵗ-André-de-Vézines, cant. de Peyreleau, sur le bord d'un haut plateau calcaire appelé *le Causse Noir*, non loin de La Roque-Sᵗᵉ-Marguerite, qui se trouve au pied de la montagne, à 300 mètres au-dessous, sur la Dourbie.

Montpelia VI, 6, Montpellier.

Montredon (Tar. 141), 39 h., c. de Sᵗ-Victor, cant. de Sᵗ-Rome-de-Tarn.

Mostuejols (b. de Millau); *Moustuejols (Peyre de)* 820; *Moustuejolx (Guilhen de)* 818; *Moustuejoulz* (Tar. 137), Mostuéjouls, 360 h., cant. de Peyreleau.

Mounar (*lo*), lis. *Monnar* (*lo*); *Mou-*

na (lou), lis. *Monna (lo)* et voy. *Monnar (lo)*.

Maunez (*Voy.* Monezium).

MURASSO (b. de Roquecézière); *Murasson* (f° 132); *Murason* (Tar. 140), Murasson, 910 h., cant. de Belmont.

MURATUM (*corr.* Muretum, *dans le texte*).

MURETUM (*ms.* P. de Murato, b. de La Roque Valzergues). Muret, 675 h., cant. de Marcillac.

Murols (b. de La Guiole). Murols, par. 574 h., c. de La Croix, cant. du Mur-de-Barrez.

MURUS (b. de La Guiole), Le Mur-de-Barrez, 1076 h., ch.-l. de c. de l'arr^t d'Espalion.

* *Myolans* (le seigneur de), contresigne la lettre de Charles VIII, en 1490.

NAJACUM (ch.-l. de bailliage); Najacum (2° App. A, 88); *Najac* (f° 130), Najac, 2108 h., ch.-l. de cant. de l'arr^t de Villefranche.

NANSACUM (*lis.* Nausacum).

NANTUM (b. de Millau); *Nant* (2206, 2587, cf. f° 131 et Tar. 137), Nant, 1742 h., ch.-l. de cant. de l'arr^t de Millau.

Nar 1012, 1955, 2475 (*blancs de —*). — Est-ce St-*Martin au Laërt* ou *le-Nard*, commune de 1145 h., cant. de St-Omer, à 2 kil. de cette ville ? On fabrique aujourd'hui des couvertures de laine à St-Omer; peut-être en fabriquait-on aussi aux environs, au XIVe siècle.

Narbouna 1011, 1954, 2475 (*blancs de —*). Narbonne (Aude).

Naucoulas, Naucoulles (*Voy.* Sanctus Stephanus *de Naucoulas*).

Nausa[c] (*Voy.* Nausacum).

NAUSACUM (b. de Peyrusse); *Nausa[c]* (f° 131), Naussac, 501 h., cant. d'Asprières.

Nava ou Navæ ? (ms. *P. de Riams*, b. de St-Geniez), Naves-d'Aubrac, par. 402 h., c. d'Aurelle, cant. de St-Geniez.

NAVACELLA (*lis* Nova Cella).

Navara I, 1; *Navarra* III, 1328 et 2° App. A. 2; *Navarre* (f° 141 v°), la Navarre, aujourd'hui province d'Espagne, sur le versant méridional des Pyrénées, chef-lieu Pampelune. Elle fut unie à la couronne de France en 1285, par le mariage de Jeanne Ire avec Philippe-le-Bel, mais s'en détacha de nouveau en 1328, lorsque sa petite-fille Jeanne fut exclue du trône de France par la loi salique. Louis X était déjà roi de Navarre, du chef de sa mère, depuis 1305, quand il succéda à son père (29 novembre 1314).

Navas (b. de Cassagnes-Bégonhès), Naves-de-Carcenac, par. 583 h., c. de Manhac, cant. de Cassagnes-B.

Navis (*lis.* Novis).

NEBIANUM 462, Nébian, cant. de Clermont (Hérault), ancienne commanderie de l'ordre de St-Jean-de-Jérusalem.

* *Negre, Esteve —.*

NEIRACUM (ms. *Veiracum*, b. de La Guiole). Le Nayrac, 1358 h., cant. d'Estaing.

Neirossera (ms. *Rairassera*, b. de La Guiole), Nigresserre, par.

214 h., c. de Thérondels, cant. du Mur-de-Barrez.

Noacelle (*Voy.* Nova Cella).

Noalhac (b. de Peyrusse), Noailhac, 638 h., cant. de Conques.

Nogairolæ (*Mansus de Nogairolis*, b. et par. de St-Affrique), Nougayroles, ferme, 9 h., près et au nord de St-Affrique, c. et cant. du dit.

Nonenca (f° 132) ; *Nonenque (lou Pariatge de)* (Tar. 138), Nonenque, 5 h., c. de Marnhagues-et-Latour, cant. de Cornus. — C'est un couvent, ancienne abbaye de femmes de l'ordre de Citeaux, fondée en 1146 par Giraud, abbé de Sylvanès. Cf. *Beata Maria de Elnonenque*, dans la *Gallia christiana*, carte de Nolin. La vallée de la rivière d'*Elnone* s'appelait vulgairement *El* (= *en lo*) *Nonenq*.

Nonenque (Voy. *Nonenca*).

* *Nonez*, Berengarius de —.

Normandia 2367 (*padenas de* —), Normandie.

Normandie (Basse) (Lettre de Charles VIII).

Nos (lo). *Voy.* Sanctus Joannes *del Nos*.

Nostra Dama de l'Espinassa (Voy. *Nostra Dona de l'Esp*.).

Nostra Dona de l'Espinassa 828 ; *Nostra Dama de l'Esp.* 53, Notre-Dame-de-l'Espinasse, ancien prieuré et église paroissiale de Millau, ainsi nommée d'une épine de la vraie croix qui se trouve parmi ses reliques. Voy. J. M. Rouquette, *Histoire du prieuré et de la paroisse de Notre-*

Dame de l'Espinasse de Millau (Aveyron). Villefranche, 1866.

Nova Cella (b. de Sauveterre); *Noacela* (f° 130), Naucelle, 1672 h., ch.-l. de cant. de l'arr^t de Rodez.

Nova Villa (b. de Peyrusse), Nauviale, 780 h., cant. de Marcillac.

Novis (b. de la Roque-Valzergues) ; *Novis* (Tar. 135), Novis, par. 310 h., c. et cant. de Sévérac-le-Château.

Nuelh (Voy. *Mielh*).

Oira (ms. *Cira*, b. de Roquecézière), Ouyre (Haute et Basse), par. 328 h., c. et cant. de Camarès.

Olcas (*Voy.* Sanctus Joannes *d'Olcas*).

Olh (lis. *Olt*).

Olmeriæ (Durandus de Olmeriis ; Joannes de O.) ; *Olmieiras (Steve d')*, auj. *Les Aumières*, vulgairement *Los Oumieiras* (cf. *Castelnau*, vulgairement *Costelnou*). Il y a des Aumières dans les communes de Millau, de Moyrazès et de Villefranche.

Olonsacum (b. de St-Rome-de-Tarn), Olonzac, par. 170 h., c. et cant. de St-Rome-de-Tarn.

Ols (b. de Villeneuve, cf. f° 131), Ols, 81 h. (par. 390 h.), c. d'Ols-et-Rinhodes, cant. de Villeneuve.

Olt (ms. *Olh*) IV. 47, (= *lat.* Oltis), l'Olt, nom actuel du Lot avant sa jonction avec la Truyère, à Entraygues. Le mot *Lot* est sans doute formé par agglutination de l'article. (Cf. *le Larzac* = *l'Arzac*).

Orleans (f°s 142 et 143). Clodomir,

roi d' — ; Louis Philippe d' —, duc d' —.

ORLHONACUM (b. de Najac), par. 385 h., c. de la Rouquette, cant. de Villefranche.

Orna (b. de Peyrusse), Ournes, 162 h., c. de Cuzac (*Voy.* Cussacum), cant. de Figeac, non loin du Lot, qui sert de frontière aux départements du Lot et de l'Aveyron.

ORTIZETUM (b. de Cassagnes-Bégonhès), Ortizet, 48 h., c. et cant. de Réquista.

* P (= PETRUS) de Balton (2ᵉ App. A, 204), tém. à Millau en 1286.

* P (= PETRUS) de Combis (2ᵉ App. A, 240). *Voy.* Petrus de C.

Pachin (ms. *Pichins*), b. de Peyrusse ; *Pachinh* (fº 131), Pachins, par. 505 h., c. de Vaureilles, cant. de Montbazens.

Paissiera (la) (= le barrage); *Ramond de Melhau de la P.* 652; *lo major de la P.* 690. — Il s'agit sans doute du barrage du moulin qui se trouve encore aujourd'hui sur la partie conservée du pont vieux.

Palhars (b. de Compeyre) ; *Palhas (Jaques de—)*, Pailhas, par. 68 h., c. de Compeyre, cant. de Millau.

PALMAS (*Voy.* Palmatium).

PALMATIUM (b. de La Roque-Valzergues) ; *Palmas* (Tar. 136), Palmas, 525 h., cant. de Laissac.

PANATUM (b. de Peyrusse); *Panat* (fº 131), Panat, par. 245 h., c. de Clairvaux, cant. de Marcillac.

Panouze (la) (Voy. Panusia *et* Panuzia).

PANUSIA (b. de Millau ; *La Panouze de Sernon* (Tar. 138), Lapanouse-de-Cernon, 406 h., cant. de Cornus.

PANUZIA (b. de La Roque-Valzergues) ; *La Panouze* (Tar. 135), Lapanouse, 755 h., cant. de Sévérac-le-Château.

PARIATGE de Vabre (fº 132) ; — *de Nonenque* (Tar. 138) ; — *de Salvanes* (Tar. 138). Voy. *Pariatge,* au Glossaire.

Paris (Castrum de) (b. de Najac) ; *Paris* (fº 130), Parizot, 1567 h., cant. de Sᵗ-Antonin (Tarn-et-Garonne).

PARISII I, 104, 647, 1320 , 1362 ; *Paris* 279 ; *Paris* (en français) 363, 1371, 1414, Paris.

PARLHACUM (*lis.* Paulhacum).

* *Paul de Broquies* 1681, 1689 ; donne procuration à Jean d'Arpajon pour la fixation des limites du péage du pont vieux de Millau, en aval, à Broquiès, sur le Tarn.

PAULHACUM (ms. *Parlhacum,* b. de Najac), Paulhac, 33 h., c. de Verfeil-sur-Seye, cant. de Sᵗ-Antonin (Tarn-et-Garonne).

Paulhe (b. de Compeyre); *Paulhe* (fº 131), Paulhe, 209 h., cant. de Millau.

Peira Bruna (Castrum de) (b. de Cassagnes-Bégonhès), 30 h., c. d'Alrance, cant. de Salles-Curan. (Il reste une tour du château.)

Peirac (lis. *Peirat*).

* *Peira Ficha* (Voy. Petra Fixa).

Peira Mala (Gaucelin de —), Peyremale (*Haute,* 15 h., et *Basse,* 13 h.,), c. de Sonnac, cant. d'Asprières.

Peirat (b. de La Guiole), Peyrat, par. 358 h., c. de Taussac, cant. du Mur-de-Barrez.

* *Peire Araudet (mestre)* 830, notaire , receveur et trésorier du comte de Rodez, tém. 1282.

* *Peire Aurelier* 50, évêque de Lectoure, tém. 1339.

* *Peire Bertran de Taurin* 104, damoiseau, tém. 1339.

* *Peire Bertrand* 573, tém. 1184.

* *Peire Cremat* 82, docteur, juge de la vicomté de Creissels, tém. 1339.

* *Peire de Boissac* 102, chevalier, tém. 1339.

* *Peire de Bonald* (Voy. *Bonald*).

* *Peire de Cailus* 106, damoiseau, tém. 1339.

* *Peire de Cassaton* 78, sénéchal de Beaucaire, tém. 1339.

* *Peire de Cenaret* 81 , docteur, procureur du vicomte de Creissels, tém. 1339.

* *Peire de Cujiis* 113, conseiller de Millau, tém. 1339. (Il y a bien encore à Millau une famille Decugis, laquelle ne se reconnaît pas noble ; mais il n'y a pas de lieu habité du nom de *Cuges* dans l'Aveyron.

* *Peire de la Roca* (*Voy.* Petrus de Ruppe).

* *Peire de Melhau* , P. *de Millau* (*Voy.* Petrus de Amiliavo).

* *Peire de Plaude* 76, chevalier, conseiller du roi, sénéchal de Toulouse et de l'Albigeois, tém. 1339.

* *Peire (maistre) del Ranc* 18, légiste, conseiller de Millau, tém. 1339.

* *Peire del Sales*, consul de Millau, tém. 1339.

* *Peire des Chins* 79, sénéchal de Rodez. tém. 1339 (De Gaujal écrit d'Eschins, je ne sais sur quel fondement).

* *Peire Jorda* IV, 519, chevalier ; avait vendu à Raimond de Millau ses droits d'entrée sur les marchandises (1275).

* *Peire Marti* (2ᵉ App. A, 109 et 163), consul de Millau en 1278.

* *Peire Prohensa* (2ᵉ App. A, 119), propriétaire à Millau en 1278.

* *Peire Ramon del Calador* 105, damoiseau, tém. 1339.

* *Peires, Alessis* —.

PEIRELESIUM (*Voy.* Castrum novum de Peirelesio *et* Salvetas Peirelesii).

PEIRONIIS (Petrus [de] P.) , est peut-être Sᵗ-Peyronès (*Cassini :* St-Peyronis), 10 h., c. de La Capelle-Livron, cant. de Caylus Tarn-et-Garonne).

Peirusa (Voy. Petrucia).

* *Pelegri , Guilhem* —.

* PELEGRINI, Guilhelmus —.

* *Pellot* (fᵒ 141 vᵒ), maître des requêtes, intendant, commissaire du roi en Guyenne en 1666 ; propose le Tarif de l'Élection du Haut-Rouergue.

PENELESIUM (*lis.* Peirelesium *et voy.* Salvetas Peirelesii).

* *Pepin* (fᵒ 142, (Pépin-le-Bref, roi de France.

PERPINGNIANUM (2ᵉ App. A, 18), Perpignan.

Perret (P. et La Vallete, Tar. 135), Péret, 72 h., c. et cant. de Réquista.

908, habitant de Figeac, créancier. en 1334, du vicomte de Creissels, Géraud d'Armagnac.

* Petrus [de] Peiroñiis 868, tém. 1301.

* Petrus *de Provenquieras* 2730, damoiseau, tém. 1339.

* Petrus de Ruppe 1064, 1080 ; *Peire de la Roca* 90, 1766, Pierre de La Roque, licencié, juge de Millau et Roquecézière en 1332 et 1339. témoin dans la transaction de 1339.

* Petrus Portalus 1202, Petro Portala (datif, *lis.* Portalo) 304, 405. 420, Pierre Portal, receveur du péage du pont vieux de Millau en 1332.

* Petrus Torneri[i] 368, notaire à Rodez en 1332.

*Petrus *Verdier* 399, 400, tém. 1332.

Petrutia (*lis.* Petrucia).

Peusium (b. de Roquecézière); *Peus* (f° 132) ; *Peaux* (sic) *et Coufouleus* (Tar. 141), Peux, 157 h., par. de Couffouleux (560 h.), c. de Peux-et-Couffouleux (629 h.), cant. de Camarès.

Peyragorc (*Claude de* — 101 ; *Peyre den* — 822) ; *Peyregorc* 1953, le Périgord, subdivision de la province de Guyenne.

Peyralbe (*Bedos et*) (Tar. 139), Peyralbe, 9 h., c. de Vabres, cant. de St-Affrique.

* *Peyre, Bernat* —.

* *Peyre Gavalda* (*maistre*) 72, tém. 1339.

* *Peyre de Moustuejols* 820, chevalier, tém. 1282.

* *Peyre den Labro* 820, chevalier, tém. 1282.

* *Peyre den Peyragorc* 822, chevalier. tém. 1282.

* *Peyre Ratia* IV, 220, légiste ; avait droit à une petite maille pour chaque pièce de bétail tuée à Millau (1339).

* *Peyre Relania* 67, neveu de Guilhem de Relhania, tém. 1339.

Peyrelode (*Voy.* Petra(m) Lata).

Peyreleau (*Voy.* Petra Levis).

Peyruza (b. de La Roque-Valzergues), près de Calmont-d'Olt : localité disparue.

Pezenas (f° 134), Pézénas, ch.-l. de cant. de l'ar^t de Béziers (Hérault).

* *Pharamond* (f° 132), roi de France.

* *Phelip,* nom de divers rois de France (*Voy.* Philippus *et* Philipus).

* *Phelip de Monsalvi* (ms. *Montsalm*) 115, conseiller de Millau, tém. 1339.

* *Phelip den Baissac* 824, chevalier, tém. 1282.

* *Philipes* Ier, * *Philipe* III, * *Philipes* IV, *dict* le Bel (f° 142 v°), rois de France.

* *Philipe* [V] le Long; *Philipes* [VI] de Valois (f° 143), rois de France.

* Philipeaux (f° 141 v°), contrôleur général des finances sous Louis XIV; contresigne en 1666 le Tarif de l'Election du Haut-Rouergue.

* Philippus 680 ; *Phelip* 144, Philippe III, *le Hardi,* roi de France de 1270 à 1285 ; conclut, le 2 septembre 1272, avec Henri II, comte de Rodez et d'Armagnac et vicomte de Creissels, une

transaction (confirmée en 1339), touchant le péage du pont vieux de Millau.

* PHILIPUS 576, Philippe IV, *le Bel*, roi de France de 1285 à 1314; donne les biens des Templiers à l'ordre de St-Jean-de-Jérusalem (1312).

* PHILIPUS VIII, 1, Philippe V. *le Long*, roi de France de 1316 à 1322; permet aux consuls de Millau d'établir un droit de pesage sur le blé et la farine (1321).

* PHILIPUS III, *titre*, 459, 1062 (cf. fo 130); *Felip* III, 14, V, 5; *Phelip* IV, 42; *Philip* IV, 239; *Philipe* III, 334, Philippe VI, de Valois, roi de France de 1328 à 1350, fils de Charles de Valois et petit-fils de Philippe III, succéda à Charles IV, par application de la loi Salique. Il conclut le 3 juillet 1339, avec Géraud d'Armagnac, vicomte de Creissels, une transaction touchant le péage du pont vieux de Millau.

* PHILIPUS *Fizel* 2736, tém. 1339.

Pichins (lis. *Pachins* et voy. ce mot).

Pierre de Sacierges (maistre), maître des requêtes; contresigne la lettre de Charles VIII, en 1490.

* *Pila, Guilhen* —.

PINETUM (b. de Millau), Pinet, 37 h., c. de la Cresse, cant. de Peyreleau, non loin du château de Caylus.

Pis (castel delz) 253; *Pins (chastel et chastellania de[s]* 344, le château des Pins, en Gascogne, dans la sénéchaussée de Toulouse : peut-être *Pins-et-Justaret*, c. et cant. de Muret (Haute-Garonne),

ou *le Pin*, cant. de Rieumes (Haute-Garonne),

PLANA (villa de Planis, b. de Roquecézière) ; *Plas (lous)* (Tar. 140), Esplas, 110 h., c. de Rebourguil, cant. de Belmont.

Plancada (la) (b. de Sauveterre) ; La Plancade, par. 275 h., c. de Tayrac, cant. de La Salvetat.

Plancage (Voy. *Calmont de Pl.*)

Plantage (lis. *Plancage*).

Plas (lous) (*Voy.* Plana).

PLAZENTIA (b. de Roquecézière) ; *Plasensa* (fo 132); *Plasence* (Tar. 140), Plaisance, 880 h., cant. de St-Sernin.

PODIUM (*Voy.* Bel[?]jum Podium).

PODIUM Miulhum(?) (ms. *P. de Podio Miulho*, b. de Najac), Puech-Mignon, 15 h., c. de La Fouillade, cant. de Najac.

PODIUM *Rodilh* (b. de Najac), (carte de la généralité de Montauban : *Peroudile* ; Cassini : *Perrodile*, Pech-Rodil (État major), très-petit hameau, sur la rive droite de l'Aveyron, c. de Varen, cant. de St-Antonin (Tarn-et-Garonne).

Poictou (lettre de Charles VIII), Poitou.

POJETUM (*P. de Pojeto et de Salis*, b. de Peyrusse, Le Poujet 35 h., c. de St-Igest, un peu au sud de Salles-Courbatiès, cant. de Villeneuve (*Voy.* Salæ).

* PONCIUS *Barieyra* 2734, tém. 1339.

* PONCIUS de Beraudeto (2e App. A, 204), notaire de Roquecézière et de toute la sénéchaussée du Rouergue, en 1286.

* *Pons* (b. de La Guiole), Pons, par.

968 h., c. de St-Hippolyte, cant. d'Entraygues.

* *Pons de Leyrac* 53, moine, sacristain du prieuré de Millau, tém. 1339.

Pontus de Camarezio (b. de Roquecézière); *Pon lo* (fº 132); *Pont (le) de Camares* (Tar. 138), Le Pont-de-Camarès (*ou simplement* Camarès), 1683 h., ch.-l. de cant. de l'arrᵗ de Sᵗ-Affrique.

* *Portanobas, Ramundus —* (cf. le suivant).

* *Portanovas, Jacme —* .

Portugal (fº 133), Portugal.

Postamio (*Voy.* Sanctus Amancius de Postamio).

Postomy (Voy. Sanctus Amancius de Postamio).

Pozol (lo) (b. de Cassagnes-Bégonhès), Le Poujol, 5 h. (par. 280 h.), c. et cant. de Pont-de-Salars.

Pradas (ms. *Prades*, b. de Sᵗ-Geniez), Prades-d'Aubrac, 1023 h., cant. de Sᵗ-Geniez.

Prades (lis. *Pradas*).

Pradinas, Pradines (Voy. *La Bastida de Pr.*).

Pradinas (Tar. 138). C'est sans doute *La Prade*, 13 h., c. de Sᵗ-Rome-de-Cernon, cant. de Sᵗ-Affrique, à 1500 mètres de la Bastide-Pradines, qui lui doit son nom déterminant.

Pradinassium (b. de Najac), Pradinas, 1055 h., cant. de Sauveterre.

Prata (b. de Cassagnes-Bégonhès), Prades-de-Ségur, 406 h., cant. de Pont-de-Salars.

Prata (la) (ms. *Prato (la)*, b. de Peyrusse), La Prade, c. de Sᵗ-

Cyprien (13 h.), ou c. de St-Félix-de-Lunel (11 h.), cant. de Conques.

Prato (la), lis. *Prada (la)*.

Prevenquieras, Prevenquieres (*Voy.* Pervenqueriæ).

Prevenqueriæ (b. de Peyrusse), Prévinquières-de-Rieupeyroux, 940 h., cant. de Rieupeyroux.

Prics (b. de Peyrusse), Prix, par. 281 h., c. de Loupiac, cant. d'Asprières.

Privasacum (b. de Peyrusse); *Privasac* (fº 131), Privezac, 694 h., cant. de Montbazens.

Prohenco (*P. de Prohencone*, b. de Roquecézière); *Prohencous* (Tar. 140), Prohencoux, 44 h., cant. de Belmont. Il y a dans la commune de Prohencous, qui n'est plus ch.-l. de paroisse, trois paroisses : Sᵗ-Martin-de-Turippi (*Voy.* S. Martinus de Turipio), Sᵗ-Vincent et Mounès (*Voy.* Monezium), qui empiète sur la commune voisine, Peux-et-Couffouleux.

Prohensa 552 ; *Provensa* 526, Provence.

* *Prohensa, Peire —* .

Prunet (b. de Roquecézière), Prunet, 6 h., c. du Truel, cant. de Sᵗ-Rome-de-Tarn. Cf. *Prunhac*, 29 h., même commune.

Prunhas (b. de Roquecézière), Prugnes, 17 h., c. et cant. de Camarès.

Prus (lis. *Prics*).

* *Pueg, R. del —* .

Purification (la festa de la) de *Nostra Dona* 850, La Purification de la Vierge, le 1ᵉʳ février, terme de paiement.

* *Raimon Benastruc* (2ᵉ App. A, 119), propriétaire à Millau en 1278.

* *Raimon del Pueg* (2ᵉ App. A, 117), propriétaire à Millau en 1278.

* Raımoɴᴅᴜs Gauffredi (2ᵉ App. A, 39, 191 et 237), chevalier, tém. à Millau en 1278.

* Raımᴜɴᴅᴀ Guiralda 390, Raymonde Guiralde. Elle avait fondé à Millau, antérieurement à 1332, un hôpital ou établissement de charité (*caritas*), qu'on appelait *La Guiraldessa* et que les consuls juraient de maintenir.

* *Raimun dels Caudelz* 825, docteur, tém. 1282.

* Raımᴜɴᴅᴜs Ade (2ᵉ App. A, 179, 180, 183 et 193), habitant de Sᵗᵉ-Eulalie-du-Larzac en 1286.

* Raımᴜɴᴅᴜs Bertrandi (2ᵉ App. A, 204), tém. à Millau en 1286.

* Raımᴜɴᴅᴜs Brengarii 530, Raimond-Bérenger II, roi d'Aragon (Voyez *Aragon*).

* Raımᴜɴᴅᴜs Gauffredi (2ᵉ App. A, 5), bourgeois de Millau, député par la ville vers Philippe, fils aîné du roi Philippe III, vers 1276. C'est sans doute le même que Raimondus Gauffredi, qui aurait été anobli à cette occasion.

* Raımᴜɴᴅᴜs Salinerii 876, 920, gouverneur de Domme ; donne main levée de la saisie du péage du pont vieux de Millau, en faveur de Pierre de Millau, qui avait droit d'y prélever 10 livres tournois (1334).

* *Raimun Stephe* 817, chevalier, tém. 1282.

Rairassera (lis. *Neirassera*).

Raissac (b. de Roquecézière, cf.

Tar. 139), Rayssac, par. 210 h., c. de Vabres, cant. de Sᵗ-Affrique.

* *Rambolis* (*major*) 722, maître Rambolis (?). Voy. la note.

Ram (lo) (*Castrum del Ram*, b. de Cassagnes-Bégonhès), Le Ram, 129 h., par. de Sᵗ-Amans-du-Ram, c. et cant. de Vezins.

* *Ramond Celaur* 119, conseiller de Millau, tém. 1339.

* *Ramond Columbii* 574, notaire ? (Cf. *Guilhen Columbii*), tém. 1339.

* *Ramond de Beluche* 106, damoiseau, tém. 1339.

* *Ramond de la Roca* 107, damoiseau, tém. 1339.

* *Ramond del Ranc (Voy.* Ramondus de Ranco).

* *Ramond del Rieu* 113, conseiller de Millau, tém. 1339.

* *Ramond den Gozo* 822, chevalier, tém. 1282 ; *Ramond de Goso*, III, 36 ; IV, 10, Raimond de Gozon, seigneur de Gozon, chevalier, tém. de la transaction et consul en 1339. (Est-ce le même ou son fils ?). — Dieudonné de Gozon, Grand-Maître de l'Hôpital de 1346 à 1353, était sans doute le frère de ce dernier, ou son oncle. Il est certain d'ailleurs qu'il appartenait à la noblesse du Rouergue.

* *Ramond de Rocafueilh* 97, chevalier de l'Andorre, seigneur de Salmiech, tém. 1339. (Cf. *Ramon de Roquafueil.*)

* *Ramon de Roquafueilh* VII, 33, chevalier, consul de Millau peu de temps avant l'époque (incertaine) où fut inséré dans le

Serment des Consuls l'article 5, qui le concerne. C'est sans doute le même qui assista comme témoin à la transaction de 1339.

* *Ramond Gavina* 109, légiste, conseiller de Millau, tém. 1339.

* *Ramond Rebieyra* 38, consul de Millau, tém. 1339.

* Ramondus de Ranco 514; *Ramond del Ranc* 111, clerc, conseiller de Millau, tém. en 1337 et 1339.

* *Ramon, Peire —.*

* *Ramun Bernat* VI, 205, époux de dame *Daurona;* avait droit à une maille sur les quatre deniers prélevés pour chaque bœuf tué à Millau (1339).

* *Ramun Getaneu* 121, conseiller de Millau, tém. 1339.

* Ramundus *Bec* 2734, tém. 1339.

* Ramundus Bessus 392, tém. à Millau en 1339.

* Ramundus de Amiliavo 400; Raymondus de Amiliavo 892; *Ramon de Melhau* 655, 687; *Ramond* 655, 967, *Ramun* III, 710, 747; IV, 516, 518; *Raimun* 689, 702, 711, etc., *Raymon* 754; *Raymun (de Melhau* ou *de Millau)* 764, 767, 805, 812), Raimond de Millau, bourgeois, major de la Paissière, époux de Catherine-la-Bâtarde (1282); prélevait à Millau des droits d'entrée sur les marchandises (*Leida de Ramun de Millau).*

* Ramundus *del Horadar* 2735, tém. 1339.

* Ramundus de Manso 2737, notaire, un des rédacteurs de la transaction de 1339.

* Ramundus de Suciolis 462, commandeur de Nébian.

* Ramundus Garnerii 1180, légiste, témoin à Millau en 1332.

* Ramundus Fornerii 400, tém. 1332.

* Ramundus *Portanobas* 512, notaire (*actum in operatorio R. P.*) à Millau en 1337.

* Ramundus Seguini 1220, de St-Rome-de-Tarn; proteste contre les droits de péage du pont vieux de Millau (1332).

* *Ramun Mayrueis* 122, conseiller de Millau, tém. 1339.

Ran (lis. *Rein ?*) 1012, 1955, 2475, Reims (?); — *blancs de* — (Voy. la note à III, 1012).

Ranc (lo). Voy. Rancum.

Rancum 514 (Ramundus de Ranco); *Ranc (lo) (Ramond del* — *; Peire del* —), Le Ranc, c. de Prades-d'Aubrac, cant. de St-Geniez.

* *Raoul* (f° 142), roi de France.

* *Ratia, maistre Steve* — *; Esteve* — (Cf. les suivants).

* *Ratia, Peire* —.

* Ratterii. Stephanus —.

Raugenicatum (*lis.* Baugenciacum).

* Raymundus de Bel[l]o Vizu 2730, damoiseau, tém. 1339.

* *Raynal, Guilhen* —.

Rebieira (b. de Peyrusse), Rivière, 7 h., c. et cant. d'Asprières, *ou peut-être* Rivière, 4 h., c. de St-Igest, cant. de Villefranche.

* *Rebieyra, Ramond* —.

Rebourguilhum (b. de Roquecézière); *Rebourguil* (Tar. 141), Rebourguil, 420 h., cant. de Belmont.

* Reginandus (*lis.* Regniaudus) Jarmola (Voy. le suivant).

* Regniaudus Jarmola 1194, 1322,

Regnaud de Germola, chevalier, sénéchal du Rouergue en 1332. De Gaujal (*loc. cit.*) dit qu'il l'était en 1331 et même plus tôt.

RIAMS (*lis.* Navis? *et voy.* Nava).

* *Relania, Peyre* — (cf. le suivant).

* *Relhania, Guilhen de* — .

Rey (lo) (b. de Villeneuve), Le Rey, par. 318 h., c. et cant. de Villeneuve.

Ribes (Tar. 141) (*R. et lou Truel*), Les Rives, 13 h., c. du Truel, cant. de St-Rome-de-Tarn.

RICOSTARUM (villa (de) R., b. de Cassagnes-Bégonhès), Réquista, 1150 h., ch.-l. de cant. de l'arr^t de Rodez.

* *Rieu, Brenguin del* — ; *Ramond del* — .

* *Rieussa* 715, notaire du comte de Rodez? en 1282.

* *Rigaldi, Guilhermus* — .

RIGNACUM (b. de Peyrusse), Rignac, 1832 h., ch.-l. de cant. de l'arr^t de Rodez.

Rinhada (lis. *Rinhoda*).

Rinhoda (ms *Rinhada*, b. de Villeneuve), Rinhodes, 28 h., c. d'Ols-et-Rinhodes, cant. de Villeneuve (Voy. *Ols*).

Rivieyra (?) (Voy. *Romieyra*).

RIVUS PETROSUS (b. de Villefranche); *Riou Peiros* (f° 130), Rieupeyroux 1640 h., ch.-l. de cant. de l'arr^t de Villefranche.

* *Robert* Ier (f° 142), roi de France.

ROCAFOLIUM III, *titre* et 1332; *Roquefueilh* (lis. *Roquafueilh*) III, 19; *Rocafueilh* III, 97, etc.; *Roquafueilh* VII, 33, etc., Roquefeuil, titre d'une puissante baronnie, qui avait pour centre le château de Roquefeuil, aujourd'hui ruiné, sur le mont St-Guiral, à la limite des communes actuelles d'Alzon, d'Arrigas et de Dourbies (Gard), et de Sauclières (Aveyron). Cf. *Guilhen de* — (en 1282) ; *Ramond de* — (en 1339).

Rocafort (f° 132); *Roquefort* (Tar. 138), Roquefort, 764 h., cant. de St-Affrique, célèbre par ses fromages dès le XIe siècle (1070). Cf. *Cartul. de Conques*, Introd. p. lxxxvij., et De Gaujal, *l. cit.* II, 45.

Rocafueilh (*Voy.* Rocafolium).

ROCALÆ (*lis.* Rocolæ).

Roca (la) (*Peire de* — 1766 ; *Ramond de* — 107), La Roque. Est-ce La Roque-Valzergues ou La Roque Bouillac (c. de Livinhac-le-Haut)? ou La Roque-de-Fayet? ou La Roque Ste-Marguerite? Impossible de trancher la question.

Roca (la) Sancta Margarida (*Voy.* Rupes S. Marguarite).

ROCAMACUM *(lis.* Rocennacum).

Roca Talhada (b. de Millau); *Roquetalhade* (Tar. 136), Roquetaillade, par. 141 h., c. de Montjaux, cant. de St-Beauzély.

Roca Valzerga (*Voy.* Ruppes Valsergie).

ROCENNACUM (ms. *Rocamacum*, b. de Peyrusse), Roussennac, 880 h., cant. de Montbazens.

ROCINIUM (ms. *P. de Bocinio*, la dernière lettre est douteuse) (b. de La Guiole), Roussy, par. 568 h., Roussy-Ginolhac, c. d'Enguialès (qui n'est pas paroisse), cant. d'Espalion; — ou peut-être, à cause de sa position dans la *Liste des paroisses*, Roussy, 546 h., c. et cant. de Montsalvy (Cantal), près des limites de l'Aveyron.

Rocolæ (ms. *Rocalæ*, b. de La Roque-Valzergues), Roucoules, 738 h., c. de Roucoules-Prévinquières, cant. de Sévérac-le-Château.

Rodes, Roudes (*Voy.* Ruthena).

Roelz (lis. *Joelz*).

Roergue 75, 85, etc. ; *Rouergue* 260, etc., le Rouergue (*Ruthenicus pagus*), subdivision de la province de Guyenne, qui a formé le département de l'Aveyron (le canton de St-Antonin en a été distrait en 1808 et compris dans le Tarn-et-Garonne, organisé à cette date). — *Election du Haut-Rouergue ou Millau* (Tar. 135 et 141). Le Rouergue était divisé en trois parties : 1° la Haute-Marche, villes principales Millau et St-Affrique ; 2° la Basse-Marche, v. princip. Villefranche, Najac, Sauveterre, St-Antonin ; 3° le comté de Rodez, v. princip. Rodez et St-Geniez. — *Rouergue Haut et Bas* (les pays de) (Lettre de Charles VIII).

Roilha (b. de Peyrusse), Rulhe (?), 18 h., c. de St-Remy, cant. de Villeneuve.

* *Rojo Astruc* —.

* *Rolhan, Guilhen* —.

Rometa (b. de Najac), Romette, par. 407 h., c. et cant. de La Salvetat-Peyralès.

Romieyra ? (b. de Cassagnes-Bégonhès), nom altéré. Est-ce *La*

Ramière, 10 h., c. de St-Cirq, cant. de Réquista? ou *La Rivière*, 10 h., c. de Castelnau-de-Pégayrolles, cant. de St-Beauzély? Ce dernier est plus probable, à cause des noms qui précèdent.

Roqua *Bolhac* (b. de Peyrusse), La Roque-Bouillac, par. 293 h., c. de Livinhac-le-Haut, cant. de Decazeville.

Roquefueilh (*Voy.* Rocafolium).

Roquelaure (Tar. 138, *R. et Terres de Castelnau*), Roquelaure, 94 h.. c. de Lassouts, cant. d'Espalion.

* *Roquessel, Jean* —.

Roqueta (mansus de) (b. et par. de St-Affrique), La Roquette, ferme aujourd'hui disparue.

Rosia (lo) 51 ; *Rozia (lo)* 1640, 1664, le Rozier, prieuré (Voy. la note), aujourd'hui commune du département de la Lozère, cant. de Meyrueis.

Roubiac (Voy. *St-Michel de Roubiac*).

Roumeguiere (la) (Tar. 138), Laromiguière, par. 243 h., c. d'Ayssènes, cant. de St-Rome-de-Tarn.

Rueyras (ms. *Cueyras*, b. de La Guiole), Rueyre, par. 280 h., c. de Brommat, cant. du Mur-de-Barrez.

* Ruffi, Adhemarius —; *Azemar* — (le même).

Ruffiura (lis. *Buffieirà*).

Rullacum (b. de Cassagnes-Bégonhès), Rulhac, par. 481 h., c. de St-Cirq, cant. de Réquista.

Ruolz (Tar. 135), Ruols, 100 h., c. de Luc, cant. de Rodez.

Rupes Sancte Marguarite (b. de

Millau); *Roca (la) Sancta Margarida* (III, 103); *Roque (la) Saincte Margueritte* (Tar. 137), La Roque Ste-Marguerite, 318 h., cant. de Peyreleau.

RUPPECÆSARIA 1065, 1082; Ruppecesari [baililia] (f° 112 v°); Ruppecesari (castrum) (ibid.); Ruppecessaris (f° 131); *Roquecczierc* (Tar. 139), Roquecézière, par. 164 h., c. de Laval-Roquecézière, cant. de Saint-Sernin.

RUPPE, Petrus de —. Il n'y a pas moins de 45 lieux habités du nom de *La Roque* dans le départ^t de l'Aveyron.

RUPPES Valisie (*lis.* Ruppes Valsergie).

RUPPES Valsergie (f° 118 v°; ibid., *titre,* Valisie), chef-lieu de bailliage; *Roqua Valzerga* (f° 131), La Roque-Valzergues, par. 282 h., c. de St-Saturnin, cant. de Campagnac.

RUTHEMOLA (Castrum de) (b. de Peyrusse), mot altéré(?), Rodelle (château de). Le château n'appartenait pas au même bailliage que le bourg. Il n'y a pas moyen de distinguer deux localités de ce nom, car la tradition est constante. Ainsi la carte de 1711, que nous avons sous les yeux, et qui figure par une tour les châteaux forts existant à cette date, en met une à *Rodelle*, qu'elle place exactement dans sa situation actuelle, sur la rive gauche du Dourdou, au nord-ouest de Bozouls (Cf. Ruthinela).

RUTHENA 371, 834; *Rodes* 46, 80, etc.; *Roudes* 815, Rodez, ch.-l. du département de l'Aveyron, environ 14,000 h., sur une colline de 120 mètres dominant l'Aveyron ; autrefois capitale du comté de Rodez. Rodez forme aujourd'hui trois paroisses : Notre-Dame (7000 h.), St-Amans (4504 h.), St-Cyrice (2037 h.). Les deux premières seulement existaient en 1349.

RUTHENENSIS I, 4; II, 1, etc. (adj.), du Rouergue. — Ruthenensis diocesis VIII, 3, le diocèse de Rodez, le Rouergue.

RUTHINELA (b. de La Roque-Valzergues), Rodelle, 351 h., sur le Dourdou, cant. de Bozouls. Les quatre paroisses de *St-Julien-de-Rodelle* (S.-Julianus), de *Verrières* (Veireriæ, voy. ce mot), de *Lagnac* (Leunhacum, *lis.* Lainhacum) et de *Fijaguet* (Fraguetum, *lis.* Fijaguetum), étaient considérées comme des annexes de cette paroisse en 1349 : ce sont aujourd'hui autant de paroisses séparées.

Ruylha (b. de Peyrusse), Rulhe, par. 804 h., c. d'Auzits, cant. de Rignac.

* SABATERII, Bernardus —. Cf. *Sabatia.*

* *Sabatia, Jean —* ; *Bernat —.*

SABAZACUM (*ms.* Salazacum, b. de La Roque-Valzergues), Sébazac, par. 356 h., c. de Concourès, cant. de Bozouls.

* SABBATA, Ugo —.

* *Sacierges, Pierre de —.*

SALÆ (Castrum de Salis de Curanh, b. de Cassagnes-Bégonhès); *Las*

Sales Curan (Tar. 135), Salles-Curan, 1010 h., ch.-l. de cant. de l'arr* de Rodez.

SALÆ (Castrum de Salis, b. de Peyrusse), Salles-la-Source, autrefois Salles-Comtaux), 760 h., cant. de Marcillac.

SALÆ (P. de Pojeto et de Salis, b. de Peyrusse), Salles-Courbatiès, 349 h. (par. 660 h.), cant. d'Asprières.

Salamiech III, 98, château dépendant de la baronnie de Landorre; *Salmiech* (ms. *Castrum de Salmielh*, b. de Cassagnes-Bégonhès), Salmiech, 760 h., cant. de Cassagnes-B., sur le Céor, affluent de gauche du Viaur.

Salanhac (b. de La Guiole), Signalac, par. 280 h., c. et cant. du Mur-de-Barrez.

SALAZACUM (*lis.* Sabazacum).

Saleilles (*Voy.* Salelæ).

SALELÆ (P. *de Salelis*, b. de Roquecézière); *Saleilles* (Tar. 140), Sallèles, par. 225 h., c. de S*-Izaire, cant. de S*-Affrique.

Sales (locus de) (b. de La Roque-Valzergues), Les Salles, 16 h., c. de Lapanouse, cant. de Sévérac-le-Château.

Sales (*lo*) (*Guibert del S.*) 110. Il y a dans l'Aveyron quatre localités appelées *Le Salès*, dont une maison isolée, c. d'Enguialès, cant. d'Entraygues, et trois hameaux : c. de Coupiac, cant. de S*-Sernin (27 h.), c. de Crespin, cant. de La Salvetat (23 h.), et c. de Sénergues, cant. de Conques (12 h.).

Salmanac (b. de Roquecézière),

Salmanac, 85 h., c. de Vabres, cant. de S*-Affrique.

Salmielh (Castrum de) (lis. *Salmiech*).

Salsac (b. de Peyrusse), Solsac, par. 278 h., c. de Salles-la-Source, cant. de Marcillac.

SALSO (mansus de Salsone) (*lis.* Solso).

SALUSACUM (lis. Sa(l)nsacum).

SANSACUM (ms. *Salusacum*, b. de Peyrusse), Sansac (État-major et Postes, manque à Dardé), 44 h. c. d'Agen, cant. de Pont-de-Salars.

Salvanes (*Voy.* Salvanossa).

Salvanhac (b. de Peyrusse), Salvagnac-S*-Loup, 200 h., cant. d'Asprières.

SALVANHACUM Ruperi Olti (*lis.* S. Riperi Olti.

SALVANHACUM Riperi Olti (*ms.* Ruperi Olti, b. de Villeneuve), Salvagnac-de-Rive-d'Olt (*ou* Salvagnac-Cajarc), 384 h., cant. de Villeneuve.

SALVANOSSA (?) — Monasterium de Salvanossis (b. de Roquecézière); *Salvanes* (f° 132); *Salvanes (lou Sariatge de)* (Tar. 138, cf. *Salvanesium*, carte de Nolin dans la *Gallia Christiana*), Sylvanès, 482 h., cant. de Camarès.

Salvaterra (f° 132 v°), chef-lieu de bailliage; *Salvaterra* (ch.-l. de bailliage), Sauveterre, 889 h., chef-lieu de cant. de l'arr* de Rodez.

SALVETAS *d'Escarpt* (b. de Najac), La Salvetat-des-Carts, par. 491 h., c. de Villevayre, cant. de Najac.

SALVETAS Penelesii (*lis.* Peirelesii).

SALVETAS Peirelesii (ms. *Penelesii*, b. de Najac); *La Salvetat de Peireles* (ms. *de Petrelas*, f° 130 v°), La Salvetat Peyrales (*ou simplement* La Salvetat), 1002 h., chef-lieu de cant. de l'arr^t de Rodez.

Salvetat (la) de Petrelas (lis. *de Peireles*, et voy. Salvetas *Peirelesii*).

SALVOTAS *d'Escarpt* (lis. Salvetas *d'Escarpt*).

SAMONTANUM (b. de Millau); *Samonta (lou)* (Tar. 137), Le Samonta, 94 h.. c. et cant. de Sévérac-le-Château.

* *Sanchos* 552 (avec l'*s* du cas sujet); *Sancho* 574, Sancho, comte de Provence; donne aux chevaliers du Temple Ste-Eulalie-du-Larzac (1184).

Sarras (ms. *Carras*, b. de Sauveterre), Serres, 30 h., c. de Cabanès, cant. de Sauveterre.

* *Sarrazii* 1037, 2098 ; *Sarazi* 2553, Sarrazin. Les Sarrazins, comme les Juifs, payaient un droit de péage de cinq sous au pont vieux de Millau.

* *Sarrazina* 2553, féminin du précédent.

* SARTRORUM (*Voy.* Joannes Arnaudi S.).

Saucleiras (b. de Millau); *Saucleyres* (Tar. 137), Sauclières, 709 h., cant. de Nant.

Sauguana (b. de Cassagnes-Bégonhès), Saugane, par. 435 h., c. de Thouels, cant. de St-Rome-de-Tarn.

* *Savairac* 104 ; *Saveyrac (Guiden —)*, 820, nom d'une des plus puissantes maisons du Rouergue.

Louis d'Arpajon fit ériger la terre de Sévérac en duché-pairie en 1650 (*Voy.* Severiacum).

SAVARZACUM (b. de la Roque-Valzergues), Sébrazac, 555 h., c. de Verrières (qui n'est pas paroisse, cf. *Tredor*), cant. d'Estaing.

SAVINHACUM (b. de Najac), Savignac, 848 h., cant. de Villefranche.

SECURUM (Castrum de Securo, b. de Cassagnes-Begonhès), Ségur, 472 h., cant. de Vezins.

SECINIUM (?) (ms *P. de Secinio* (?), b. de Peyrusse), à cause de la place qu'il occupe et de son importance (300 feux), ne peut représenter que *Senergues* (1004 h., cant. de Conques), désignée dans le *Cartulaire de Conques* par les mots : *Cerniangæ* (æcclesia de Cerniangis) et *Cerniacensis*. Le type bas-latin exact serait quelque chose comme *Ceninicæ* ou *Seninicæ*.

Sego[n]sac (b. de Roquecézière), Ségonzac, par. 429 h., c. de Vabres, cant. de St-Affrique.

SEGO[N]SACUM (b. de La Roque-Valzergues), Ségonzac, par. 305 h., c. de Villecomtal, cant. d'Estaing.

SEIRIACUM (b. de La Roque-Valzergues); *Ceyrac* (Tar. 136), Ceyrac, par. 625 h., c. de Gabriac, cant. d'Espalion.

Selgues (b. de Najac), Selgues, 50 h., c. de Verfeil, cant. de St-Antonin (Tarn-et-Garonne).

Selva (la). Voy. Silva.

Senac (f° 131), ne peut être que Sonnac, à cause des localités entre lesquelles il est encadré. Il n'y a pas de Sénac dans l'Aveyron (*Voy.* Sonnacum).

* *Senglar*, Durantus — (Cf. *Singlar*).

* *Senhoret, Gui* — ; *Guilhen* —.

SENIACUM (b. de Cassagnes-Bégonhès), Ceignac, par. 683 h., c. de Calmont-du-Plancage, cant. de Cassagnes-Bégonhès.

Sentres (Sentres cum castro de Miromonte, b. de Cassagnes-Bégonhès), Centrès, 664 h., c. de Naucelle.

SEPTEM FONTES (b. de Villeneuve), Sept-Fonts, par. 574 h., c. et cant. de Villeneuve.

SERNO (S. Romanus de Sernone, b. de Millau), le Sernon, affluent de gauche du Tarn (35 kil).

SERVEIRIA (b. de La Roque-Valzergues), Servières, 119 h., c. de Villecomtal, cant. d'Estaing.

SEUJACUM (b. de Villeneuve), Saujac, 493 h., cant. de Villeneuve.

Severac lou Castel (*Voy.* le suivant).

SEVERIACUM (b. de La Roque-Valzergues); *Severac lou Castel* (Tar. 135), Sévérac-le-Chàteau, 2000 h., ch.-l. de cant. de l'arr[t] de Millau.

SEVERIACUM Eclesie (b. de La Roque-Valzergues); *Severac* (Tar. 136), Sévérac-l'Église, 525 h., cant. de Laissac.

* SICARDUS de Blancastore, 460, 464, etc., damoiseau, procureur du commandeur Ramond de Sucieux en 1337 (*Voy.* Ramundus de Suciolis).

Silhaus (b. de Sauveterre). Nous n'avons pas réussi à identifier ce nom.

SILVA (villa de) (b. de Cassagnes-Bégonhès); *La Selva* (f° 132), La Selve, par. 988 h., cant. de Réquista.

* *Singlar, Deodatus* — (Cf. *Senglar*).

SOIRINUM (ms. *P. Sancti Soinini*, b. de Peyrusse), Souyri, par. 350 h., c. de Salles-la-Source, cant. de Marcillac.

Soissons (f° 142); *Clotaire roy de* —.

SOLAGIUM (b. de La Guiole), Soulages-Bonneval, 438 h., cant. de La Guiole.

Solatgue (Durantus de S.) (2e App. A, 203). Soulages. Il y en a 9 dans le département de l'Aveyron.

SOLSO (mansus de Solsone, b. et par. de St-Affrique), Soulsou, ferme (6 h.), c. et cant. de St-Affrique, à une lieue vers l'Est.

SOMONTANUM (*lis.* Samontanum).

SONNACUM (b. de Peyrusse), Sonnac, 127 h. (la par. 416 h., la commune 913), cant. d'Asprières.

Sorgue (Tar. 139, *Canalz et Sorgue*), Sorgues, 36 h., c. et cant. de Cornus.

Sosilh (b. de Najac), Souzils, hameau de 118 h., c. de La Roquette, cant. de Villefranche.

Soulie (lou). Voy. *Mas (lou) del Soulie*.

Soulie (lou) (Tar. 130, St Seve et lou S.), Le Soulié, 45 h., c. de St-Sever, cant. de Belmont.

* *Sparvier (lo)* 2365 (Voy. *Esparvier*).

SPELEUM (P. Spelei citra pontem et ultrum (*sic*), b. de La Guiole),

Espalion. 2690 h., ch.-l. d'arr^t du départ. de l'Aveyron, sur l'Olt (Lot). Cf. *Spaleum*, carte de Nolin, dans la *Gallia Christiana*).

* SPINETUM (*Voy.* Bernardus de —; Brengarius de —).

STAGNUM (b. de La Guiole); *Estanc*, *Estancy* III, 991, etc., Estaing, 1516 h., ch.-l. de canton de l'arr^t d'Espalion.

* STEPHANUS Ade (2e App. A, 37 et 212), consul de Millau, tém. 1278.

* STEPHANUS *Cruejas* 416, tém. 1332.

* STEPHANUS Laurencii 2732, notaire, tém. 1339.

* STEPHANUS Ratterii 1433, juge des Montagnes du Rouergue, tém. 1332; — *Steve Ratia (maistre)*, légiste, conseiller de Millau, témoin en 1339, est sans doute le même.

* STEPHANUS Thomas 476, marchand, receveur du péage du pont vieux du Millau, pour le vicomte de Creissels, en 1337.

* STEPHANUS Viviani 367, notaire à Rodez en 1332.

* *Stephe, Raimun* —.

* *Steve Capellia* 117, conseiller de Millau, tém. 1339.

* *Steve d'Olmieiras* 115, conseiller de Millau, tém. 1339.

* *Steve Mayrueis* (Voy. *Mayrueisses*).

* *Steve Ratia* (*Voy.* Stephanus Ratterii).

SUAJETUM (*lis.* Fijagetum).

SUCIOLI (Voy. Ramundus de Suciolis).

SUDES (P. de Sudibus, b. de La Roque-Valzergues) ; *Lassots* (f° 131), Lassouts (qu'on devait écrire *Las Souts*, c.-à-d. les étables à porcs, cf. *Soutz*, sans article, carte de 1711), 740 h., cant. d'Espalion.

SUEJA (Locus de) (b. de Millau) ; *Suege* (Tar. 137), Suège, 32 h., c. de Rivière, cant. de Peyreleau.

Suege (Voy. Sueja).

* SYMONIS ET JUDE (festum apostolorum) (2e App. A, 177), la fête de S. Simon et S. Jude, apôtres, le 28 octobre.

* *Sainct Igest (Voy.* S. Egesius).

* *Saint-André (le Seigneur de)*, contresigne la lettre de Charles VIII, en 1490.

Sanct Crapasi (Voy. S. Cabrarius).

— *Felix* (f° 132), S.-Félix, 12 h., c. de Calmels-et-le-Viala, cant. de S.-Affrique.

— *Gelii* 68 ; *S. Jelii* 60 ; *Sa(i)nct Gilhii* 1857, 1865, 1886, S.-Gilles-les-Boucheries, ancienne commanderie de S.-Jean-de-Jérusalem, aujourd'hui chef-lieu de cant. de l'arr^t de Nîmes (Gard), près de la Camargue.

— *Genieis, S. Genieys* (*Voy.* S. Genesius).

— *Jaume (la caritat de M^{or})* VII, 15, 49, S.-Jacques, fondation charitable qui existait à Millau dès avant 1349.

* — *Jean Babtista, S. Jehan Baptista*, etc. (Voy. *S. Johan Baptista*).

* — *Johan Baptista* III, 2277 ; *S. Joan B.* 1541 ; *S. Jehan B.* 1539 ; *S. Jean B.* IV, 272, 292 ; *S. Johan* III, 2278 ; IV, 297, la Saint-

Jean, échéance, comme la Toussaint, la Noël, etc.

Sanct Marc VII. 13, S.-Marc, fondation charitable qui existait à Millau dès avant 1349.

— *Marti* V, 175; VII, 52; 2ᵉ App. A, 168, S.-Martin, une des succursales actuelles de Millau, servit de lieu de délibération aux consuls et conseillers, jusqu'au moment de la construction du premier hôtel de ville (peu après 1278, voy. *Privil. du Consulat.*)

— *Nicolau* VII, 14, S.-Nicolas, fondation charitable qui existait à Millau, dès avant 1349.

— *Peire* (*lo castel*) III, 1893, le château S.-Pierre ? (Le passage a une lacune.)

* — *Sim(e)on et Juda apostolz* IV, 153, 203 ; *S. Simon et Juda apostolz* VI, 11. Le jour de la fête de ces deux Saints, le 28 octobre, il y avait foire à Millau dès le XIVᵉ siècle ; cette foire subsiste encore aujourd'hui.

* — *Stephe, Guilhen de* —.

Sancta Caterina VII, 14, Sᵗᵉ Catherine, fondation charitable qui existait à Millau dès avant 1349.

— Cʀux (*ms.* P. de Sancte Cruce, b. de Villeneuve); *Sancta Cros* (fᵒ 131), Sainte-Croix, 571 h., cant. de Villeneuve.

— Cʀux (festum Exaltat[i]onis Sancte Crucis. 2ᵒ App. A, 70), la fête de l'Exaltation de la Sainte Croix, le 14 septembre.

— Eᴜʟᴀʟɪᴀ III, 536 et 2ᵉ App. A, 179; *Sancta Eulalia* (b. de Millau); *Saincte Eulalie de l'Arzac* (Tar. 138); *Sancta Eulazia de l'Arzac*

560 et 562; *Sanct'Eulazia de l'Arzac* 58 ; *de l'Arsac* 61, Sᵗᵉ-Eulalie-du-Larzac, 950 h., cant. de Cornus, ancienne commanderie de l'ordre du Temple, puis de celui de S.-Jean-de-Jérusalem, laquelle comprenait presque tout le plateau du Larzac.

Sᴀɴᴄᴛᴀ Eᴜʟᴀʟɪᴀ (*P. de Levisaco cum S. Eulalia*, b. de Laroque-Valzergues), Sᵗᵉ-Eulalie-du-Causse, par. 181 h., c. et cant. de Bozouls.

— Eᴜʟᴀʟɪᴀ [de] Ruppe (*lis.* Rippe) Olti (b. de Laroque-Valzergues) ; *Sainct[e] Eulalie d'Olt* (Tar. 136), Sᵗᵉ-Eulalie-de-Rive-d'Olt *ou* Sᵗᵉ-Eulalie-d'Olt, 1112 h., cant. de S.-Geniez.

— Gᴇɴᴏꜰꜰᴇssᴀ (*lis.* Genoveffa).

— Gᴇɴᴏᴠᴇꜰꜰᴀ (*ms.* Genoffessa, b. de La Guiole), Sᵗᵉ-Geneviève, 1120 h., ch.-l. de cant. de l'arrᵗ d'Espalion.

— Gɪʀᴠᴇʟᴀ (b. de Villeneuve), Sᵗᵉ-Girbelle, 12 h., c. de Salvagnac-Cajarc, cant. de Villeneuve.

— Jᴜʟɪᴛᴀ (b. de Cassagnes-Bégonhès), Sᵗᵉ Juliette, 360 h., cant. de Cassagnes-B.

— Mᴀʀɢᴜᴀʀɪᴛᴀ; *Saincte Margueritte* (*Voy.* Rupes S. Marguarite).

— R[ᴀᴅ]ᴇɢᴏɴᴅᴇ (b. de Cassagnes-Bégonhès); *Sancte Redegonde* (Tar. 135); Sᵗᵉ Radegonde, 424 h., cant. de Rodez.

Sᴀɴᴄᴛᴇ Sᴜᴘʀɪᴇ (P.). *Lis.* P. Sancti Esuperi *et voy.* Sanctus Esuperius.

* Sᴀɴᴄᴛɪ Johannis Jherosolimi (domus) 307, etc.; S. Joannis Jh. (domus) 310, etc.; *Sanct Johan de Jerusalem* 25, 59, 63, etc.;

Sanct Joan 448 ; *S. Jehan* 443, 1873 ; *S. Jean de J.* 32, 56, 62, etc. ; *Saint Jean de Jh.* 252, etc. ; *los de Sanct Jehan* sive *del Temple* 1873, 1888. — L'ordre de l'Hôpital, ou de S.-Jean-de-Jérusalem. En 1339, il possédait en Rouergue les commanderies de *S*te *Eulalie-du-Larzac* (avec les bourgs fortifiés de *La Cavalerie* et de *La Couvertoirade*), de *La Selve* et d'*Espalion*, qui avaient appartenu à l'ordre du Temple, et celles de *S.-Félix-de-Sorgues* et de *Tauriac*, fondées par l'ordre même de S.-Jean, et sans doute aussi celles des *Canabières-S.-Jean*, de *Martrin* et de *La Salvetat-des-Carts*, dont la date d'acquisition est incertaine.

Sancti Soinini (P.) (*lis.* P. Soirini *et voy.* Soirinum).

Sanctus Affricanus (b. de Laroque-Valzergues), S.-Affrique-du-Causse, par. 258 h., c. de Gabriac, cant. d'Espalion.

— **Affricanus** 868, 1410 et 2e App. A, 189 ; Sancti Affricani villa (fo 124 ro), chef-lieu de bailliage et de paroisse ; *Sanct Afriqua* (avec l'accent sur la pénultième) III, 91 ; *Sainct(e) Affrique* (Tar. 138 et 139). Saint-Affrique, environ 6000 h. (la commune 7622 h.), ch.-l. d'arrt du département de l'Aveyron, sur les deux rives de la Sorgue, affluent du Dourdou, qui est lui-même affluent de gauche du Tarn.

— **Africanus** de Lhimossa (b. de Peyrusse), église voisine de S.-Martin-de-Limouse (Voyez ce mot) et qui portait le nom de son patron, aujourd'hui sans doute Limouse, c. d'Onet-le-Château, cant. de Rodez.

Sanctus Agesius (ms. *P. Sancti Age*, b. de Roquecézière), S. Igest, par. 569 h., c. de Montclar, cant. de S. Sernin.

— **Amancius** (b. de Laroque-Valzergues), S.-Amans-de-Varès, par. 190 h., c. de Recoules Prévinquières, cant. de Sévérac-le-Château.

— **Amancius** *des Ceps* (lis. *Cops*) (b. de La Guiole), S.-Amans-des-Cots (De Gaujal : *des Copts*, Etat-major : *des Cotz* ; c'est probablement *colaphus*, * *colpus*, en latin). 901 h., ch.-l. de cant. de l'arrt d'Espalion.

— **Amancius** de Lositero (b. de Roquecézière), S.-Amans-de-Lizertet (Dardé : *de Lézertel*), par. 360 h., c. de Combret, cant. de S.-Sernin.

— **Amancius** de Postamio (b. de Roquecézière), S.-Amans-de-Pousthomy, vocable de la paroisse de Pousthomy, 740 h., cant. de S.-Sernin ; cf. *Postomy* (Tar. 140).

— **Amancius** de Ruthena (b. de Peyrusse), S.-Amans, succursale à Rodez, 4504 h.

— **Andreas** (*P. S. Andræ*, b. de Najac), S.-André, 1065 h., cant. de Najac.

— **Andreas** de Vezinis (*P. Sancte Andree de V.*, b. de Millau), S.-André-de-Vézines, 518 h., cant. de Peyreleau.

— **Anhanus** (b. de Najac), Saint-Agnan. — Ce ne peut être S.-

Agnan. paroisse située dans la commune et au nord de Ségur ; c'est sans doute le vocable d'une église aujourd'hui disparue.

Sanctus Anthoninus (f° 124 r°), ch.-l. de bailliage ; *Sanct Antoni* (f° 130), S.-Antonin, 4875 h., ch.-l. de cant. de l'arr^t de Montauban (Tarn-et-Garonne). Ce canton faisait partie du Rouergue, et aussi du département de l'Aveyron avant 1808.

— Aunacus (P. de Sancto Aunaco). Erreur du copiste pour *Aunacum* simplement ; cette erreur vient de ce qu'il y avait immédiatement avant *P. [de] Sancti Elegii* (*Voy.* Aunacum).

— Baudilius *de l'Arondel* (b. de Roquecézière) ; *S.-Bauzelly de l'Irondel* (Tar. 139), S.-Beaulize, 570 h., cant. de Cornus.

— Baudilius de Levezone (b. de Millau) ; *Sainct Beauzelly de Levezon* (Tar. 136), S.-Beauzély, 813 h., ch.-l. de cant. de l'arr^t de Millau.

— Boninus (*ms.* P. S. Bonini, b. de La Guiole), S.-Bonin. — Nous n'avons pu identifier ce nom.

— Cabrarius (Castrum S. Cabrari, b. de Roquecézière) ; *Sanct Crapasi* (f° 132) ; *S. Crapasy* (Tar. 139), S.-Caprazy, 11 h., c. de S.-Félix - de - Sorgues , cant. de Camarès.

— Christophorus (b. de Millau) ; *S. Christophle de Peyre* (Tar. 137), S. Christophe, vocable de l'église du hameau appelé aujourd'hui *Peyre*, par. 223 h., c. de Comprégnac, cant. de Millau.

Sanctus Christophorus (b. de Roquecézière), S.-Christophe, par. 267 h., c. de La Serre, cant. de S.-Sernin.

— Christophorus (b. de Peyrusse), S.-Christophe, 942 h., cant. de Rignac.

— Ciricius (b. de La Roquecézière), S.-Cyrice-de-Broquiés, par. 248 h., c. de Brousse, cant. de S.-Rome-de-Tarn.

— Cosma (b. de La Guiole), S.-Côme, 1854 h., cant. d'Espalion.

— Crespinus (b. de Roquecézière), S.-Crépin, par. 826 h., c. de Laval-Roquecézière, cant. de S.-Sernin.

— Dalmazius (b. de La Roque-Valzergues), S.-Dalmazy, par. 404 h., c. et cant. de Sévérac-le-Château.

— Egesius (b. de Villeneuve), S. Igest, 465 h., cant. de Villeneuve.

— Eleus (*P. de S. Eleo* sive *de Peyruza cum Calomonta citra aquam Olti*, b. de La Roque-Valzergues), Saint Eloi, vocable de l'église de Peyruse (Voy. *Peyruza*).

— Eligius (b. de La Guiole), S.-Chély-d'Aubrac, 1600 h., ch.-l. de cant. de l'arr^t d'Espalion.

— Esuperius (ms. *P. Sancte suprie*, b. de Roquecézière), S.-Exupère, hameau de 10 h. (par. 353 h.), c. de Coupiac, cant. de S.-Sernin.

— Felix (*ms.* P. S. Feliciis), b. de Roquecézière) ; *Sanct Felix de Sorgua* (f° 132) ; *Sainct Felix* (Tar. 138), S.-Félix-de-Sorgues, 740 h., cant. de Camarès.

Sanctus Felix prope Ruthenam (b. de Peyrusse), S.-Félix-de-Rignac, par. 532 h., c. d'Anglars, cant. de Rignac.

— **Felix** de Ruthen[ensi] (b. de La Roque-Valzergues), S.-Félix-de-Lunel, 700 h., cant. de Conques.

— **Genesius** (f° 123 r°), ch.-l. de bailliage ; *Sanct Genieis* (f° 131), S.-Geniez, 3500 h., ch.-l. de cant. de l'arr^t d'Espalion.

— **Genesius** *de la Sinha* (b. de La Roque-Valzergues), S.-Geniez-des-Ers, 348 h., c. de Verrières, cant. d'Estaing.

— **Genesius** *de Vertenan* (b. de Millau) ; *Sanct Genieis de Vertenan III*, 99 ; *Sanct Genieys de Verteran* (Tar. 138), S.-Geniez-de-Bertrand (altération étrange, mais incontestable), *familièrement* S.-Genieis-dei-Perous, c.-à-d. *des petites poires*, par. 280 h., c. de S.-Georges-de-Luzençon, cant. de Millau.

— **Georgius** (b. de Millau) ; *S.-Georges de Luzenson* (Tar. 137), S.-Georges-de-Luzançon, 1430 h., cant. de Millau.

— **Germanus** (b. de Millau), S.-Germain, par. 300 h., c. et cant. de Millau.

— **Germanus** in Laya (2° App. A, 69), S.-Germain-en-Laye, ch.-l. de cant. du départ. de Seine-et-Oise.

— **Gervasius** (b. de La Roque-Valzergues), S.-Gervais, vocable de l'église paroissiale de Trebosc (Voy. *Trelas*).

— **Gervassius** (b. de La Guiole), S.-Gervais, par. 750 h., c. de

S.-Symphorien, cant. de S.-Amans-des-Cots.

Sanctus Gratus (b. de Najac), S. Grat, par. 447 h., c. de Vailhourles, cant. de Villefranche.

— **Gregorius** (b. de La Roque-Valzergues) ; *Sainct Gregoire* (Tar. 135), S. Grégoire, par. 237 h., c. de Lavernhe, cant. de Sévérac-le-Château.

— **Heredius** (*Castrum S. Heredi*, b. de Roquecézière) ; *S. Yzery*, S.-Izaire, 700 h., cant. de S.-Affrique.

— **Illarius** (b. de Cassagnes-Bégonhès), S.-Hilaire, par. 411 h., c. de Trémouilles, cant. de Pont-de-Salars.

— **Jelii** (*Voy.* S. Gelii).

— **Jenius** de Gertesio (*lis.* S. Jurius de G.).

— **Joannes** (b. de Millau) ; *S. Jean du Bruel* (Tar. 137), S.-Jean-du-Bruel, 2731 h., ch.-l. de cant. de l'arr^t de Millau.

— **Joannes** *d'Alcapias*, (b. de Roquecézière) ; *S. Jean d'Aucapies*, (Tar. 139), S.-Jean-d'Alcapiès, 408 h., cant. de S.-Affrique.

— **Joannes** de Bono Loco (b. de Cassagnes-Bégonhès), Bouloc = *Bou Loc* (*S.-Jean* est le vocable de l'église), par. 234 h., (*Bouloc* en a 45 seulement), c. et cant. de Salles-Curan.

— **Joannes** de Castro Percio (*ms.* Precio) (b. de Cassagnes-Bégonhès), S.-Jean-de-Castelpers, église isolée, 2 h. (*Castelpers* en a 55 et forme aujourd'hui une paroisse de 285 h.), c. de S.-Just, cant. de Naucelle.

SANCTUS JOANNES *de las Balmes* (b. de Millau); *S. Jean de las Baumes* (Tar. 137), St-Jean-de-Balmes, église isolée, c. de Veyreau, cant. de Peyreleau.

— JOANNES *del Nos* (b. de Cassagnes-Bégonhès), S.-Jean-d'Elnous (c'est-à-dire *del Nous*), 700 h., cant. de Réquista.

— JOANNES *de Portacessas* (b. de Roquecézière), *sans doute* S.-Jean-et-S.-Paul, 604 h. (pour la commune), cant. de Cornus.

— JOAN[N]ES *d'Olcas* (b. de Roquecézière), S.-Jean-d'Alcas, par. 424 h., c. de S.-Jean et S.-Paul, cant. de Cornus.

— JOANNES *lo Frech* (b. de Cassagnes-Bégonhès), S.-Jean-le-Froid, 9 h., c. et cant. de Salles-Curan.

— JORJIUS (ms. *P. de S. Jouio*, b. de Villeneuve), S.-George ou S.-Jordy (Cassini, qui le donne comme succursale), 18 h., c. de La Capelle-Balaguier, cant. de Villeneuve.

— JOVIO (P. de), *lis.* P. de S. Jorjio *et voy.* S. Jorjius.

— JULIANUS (b. de Peyrusse), S.-Julien-d'Empare, 890 h., cant. d'Asprières.

— JULIANUS (b. de Cassagnes-Bégonhès), S.-Julien-de-Réquista, 402 h., c. de S.-Jean-d'Elnous, cant. de Réquista.

— JULIANUS (b. de Laroque-Valzergues), S.-Julien-de-Rodelle, par. 315 h., c. de Rodelle, cant. de Bozouls.

— JULIANUS *de Picanol* (b. de Peyrusse), S.-Julien-de-Piganiol,

par. 641 h., c. de S.-Santin, cant. de Decazeville.

SANCTUS JURIUS (b. de La Guiole), S.-Juéry-d'Authun, par. 389 h., c. et cant. de S.-Amans-des-Cots.

— JURIUS (*ms.* Jenius) de Gertesio (b. de Roquecézière); *Sainct Jouery* (Tar. 140), S.-Juéry, 444 h., canton de S.-Sernin.

— JUSTUS (b. de Cassagnes-Bégonhès), S.-Just. — Nous n'avons pu identifier ce nom.

— JUSTUS (b. de Sauveterre), S.-Just, 672 h., cant. de Naucelle.

— LAURENTIUS (b. de Millau), S.-Laurent-de-Lévézou, 352 h., cant. de Vezins.

— LAURENTIUS (b. de Roquecézière), S.-Laurent, 22 h., c. de Plaisance, cant. de S.-Sernin.

— LAURENTIUS (b. de Laroque-Valzergues); *Sainct Laurens et Bonne Terre* (Tar. 136), S.-Laurent d'Olt, 917 h., cant. de Campagnac.

— LEONCIUS (b. de Roquecézière), S.-Léonce, anc. paroisse (*Cassini*), 6 h., c. de Combret, cant. de S.-Sernin.

— LEONCIUS (b. de Millau); *Sainct Leons* (Tar. 138), S.-Léons, 622 h., cant. do Vezins.

— LUPUS (b. de Peyrusse), S.-Loup, 8 h. (par. 324 h.), c. de Salvagnac-S.-Loup, cant. d'Asprières.

— MAMIA (b. de Laroque-Valzergues), St-Mayme, par. 385 h., c. d'Onet-le-Château, cant. de Rodez.

— MARTINUS (*P. de Nanto et S. Martini,* b. de Millau), S. Martin. Ce devait être une chapelle voisine de

Nant : les cartes n'indiquent rien. M. Dardé signale une maison de ce nom (4 h.) dans la commune (*Voy.* Nantum). Peut-être aussi était-ce simplement le vocable de l'église de Nant.

Sanctus Martinus (b. de Peyrusse), S.-Martin-de-Limouze (église isolée), par. 401 h., c. d'Onet-le-Château, cant. de Rodez. (Cf. S. Africanus de Lhimossa).

— Martinus (b. de Cassagnes-Bégonhès) , S.-Martin, autrefois annexé au château [et bourg] de Cassagnes-Royaux (c'est-à-dire de Cassagnes-Bégonhès), aujourd'hui petit hameau à l'ouest de Cassagnes-Bégonhès , qui est le chef-lieu du canton (*Voy.* Cassanea Regalia).

— Martinus de Monte Bono (b. de S.-Geniez) , S.-Martin-de-Mon-Bon (*sic*), par 180 h., c. d'Aurelle , cant. de S.-Geniez. (Dardé : *Mont-Bou;* en réalité, on prononce en patois : *Moun Bou,* d'où l'erreur orthographique du nom officiel).

— Martinus de Turipio (b. de Roquecézière), S.-Martin-de-Turippi, par. 296 h., c. de Prohencoux, cant. de Belmont.

— Mauricius de Camarazio (b. de Roquecézière), S.-Maurice-de-Camarès *ou* de Sorgue, par. 377 h., c. de S.-Baulize, cant. de Cornus.

— Mauritius (*Castrum de S. Mauritio*, b. de Roquecézière), S.-Maurice-d'Orient, par. 424 h., c. de Laval-Roquecézière, cant. de S.-Sernin.

— Michael (b. de Peyrusse), S.-

Michel-d'Aubin (*ou* de Decazeville) , 1416 h.. c. et cant. de Decazeville.

Sanctus Michael *de Caistort* (b. de Roquecézière). S.-Michel-de-Castor, 4 h. (par. 511 h.), c. de Coupiac , cant. de S.-Sernin (Voy. *Cailla lou*).

— Michael de *Landesca* (b. de Roquecézière); *S.-Michel de Landesques* (Tar. 139). S.-Michel-de-Landesque, 36 h., c. des Costes-Gozon , cant. de S.-Rome-de-Tarn.

— Narcassius (*lis.* S. Namassius ?).

— Namassius (ms. *Narcassius*). S.-Naamas, 11 h., c. de Prévinquières , cant. de Sévérac-le-Château.

— Partemius (b. de Peyrusse), S.-Parthem, 665 h., cant. du Decazeville.

— Paulus (b. de Roquecézière); *Sanct Paul* III, 99 (Guilhem de —), S.-Paul-des-Fonts, par. 367 h., c. de S.-Jean et S.-Paul, cant. de Cornus (*Voy.* S. Joan[n]es).

— Petrus de Betiraco (b. de Roquecézière), S.-Pierre-de-Bétirac, 33 h.. c. de Rebourguil, canton de Belmont.

— Petrus *des Cas* (lis. *Catz* ?, à moins qu'on admette que le nom moderne est erroné et qu'il faudrait dire aujourd'hui : *des Cos.* ou en français: *des Chiens*), (b. de Roquecézière), S. Pierre-des-·Cats (c'est-à-dire *des Chats*), par. 180 h., c. de Mélagues, cant. de Camarès.

— Petrus *d'Isses* (b. de Roquecézière) S.-Pierre-d'Issis, par. 191 h., c. et cant. de Camarès.

Sanctus Petrus *de Loisserol* (b. de Laroque-Valzergues), S.-Pierre-de-Lissirou, aujourd'hui simplement Lissirou (*S. Pierre* est le vocable), par. 130 h., c. de Gaillac, cant. de Laissac.

— **Petrus** de S^to Saucino (*lis.* Santino), vocable de l'église paroissiale de S.-Santin (*Voy.* S. Santinus).

— **Politus** (*P. Sancti Politi*, b. de La Guiole), S.-Hippolyte, 845 h., cant. d'Entraygues.

— **Privatus** de Laurento (*lis.* Laurante) (b. de Roquecézière), S.-Privat-de-Lauras (il y a encore une chapelle), 17 h., près de Lauras, par. de 235 h., c. de Roquefort, cant. de S.-Affrique.

— **Remigius** (b. de La Guiole), S.-Remy-de-La Guiole, 1025 h., c. de Montpeyroux (qui n'est pas paroisse), cant. de La Guiole.

— **Remigius** (b. de Villeneuve), S.-Remy, 461 h., cant. de Villeneuve.

— **Romanus** de Berleriis (b. de Roquecézière), S.-Rome-de-Berlières, 85 h., c. de S.-Baulize, cant. do Cornus.

— **Romanus** de Scernone III, 1097; S. R. de Sernone (b. de Millau); *Sainct Roume de Sernon* (Tar. 129), S.-Rome-de-Cernon, sur le Cernon, 946 h., cant. de S.-Affrique.

— **Romanus** de Tarno III, 1067, 1073, 1084, etc. et f° 123 v°; *Sant Roma* (f° 131); *Sainct Roume de Tarn* (Tar. 138), S.-Rome-de-Tarn, ancien chef-lieu de baillia-

ge, 1340 h., ch.-l. de cant. de l'arr^t de St-Affrique.

Sanctus Salvator (b. de Najac), S.-Salvadou, 1280 h., cant. de Rieupeyroux.

— **Salvator** (ms. *P. S. Salvatorum,* lis. *Salvatoris*) b. de Cassagnes-Bégonhès), S.-Sauveur-de-Grand-Fuel (église isolée), par. 291 h., c. de Comps-la-Grand-Ville, cant. de Cassagnes-B.

— **Salvator** (*P. de Cantobre et de S. Salvatore* (b. de Millau), S.-Sauveur-du-Larzac, 307 h., c. et cant. de Nant (Voy. *Cantobre*).

— **Samfforianus** (b. de La Guiole), S.-Symphorien, 503 h., cant. de S.-Amans-des-Cots (*cf.* S. Sinphorianus).

— **Santinus** (ms. *Saucinus,* b. de Peyrusse), S.-Santin, 614 h., cant. de Decazeville.

— **Saturninus** (b. de Laroque-Valzergues), S.-Saturnin (vulg^t *Sent Odourni*), 711 h., cant. de Campagnac.

— **Saturninus** (b. de Roquecézière); *Sant Serni* (f° 132) ; *Sainct Sernin* (Tar. 139), S.-Sernin, 1511 h., ch.-l. de cant. de l'arr^t de S.-Affrique.

— **Saucinus** (*lis.* S. Santinus).

— **Sevenius** (*lis.* Severius).

— **Severius** (ms. *Sevenius,* b. de Roquecézière) ; *Saint Seve et lou Soulie* (Tar. 140), St-Sever, 1093 h., cant. de Belmont.

— **Silvianus** (b. de Peyrusse), sans doute erreur du scribe pour S. *Sulpitius* (S. Sulpice, par. 100 h., c. de Sénergues, cant. de Conques), ou plutôt pour S. *Sipria-*

nus (S.-Cyprien, 1255 h., cant. de Conques).

Sanctus Sinphorianus (b. de Cassagnes-Bégonhès), S.-Symphorien, par. 140 h., c. du Viala-de-Tarn, cant. de S.-Rome-de-Tarn.

— Sircius (b. de Cassagnes-Bégonhès); *Sainct Cirque et la Rafinie* (Tar. 135) (Cf. *S. Cirgue,* Cassini et Carte de 1711), S.-Cirq, 3 h., cant. de Réquista. — La paroisse, qui est de 545 h., a pour chef-lieu S.-Cyrice-la-Raffinie, 50 h.; la commune de S.-Cirq a 1058 h.

— Stephanus (b. de Millau), S.-Estéve (l'église subsistait en partie. il y quelques années), ferme près de Millau, 8 h.

— Stephanus (b. de Cassagnes-Bégonhès), S.-Etienne-de-Viauresque, par. 376 h., c. de Ségur, cant. de Vezins.

— Vensanus (b. de Najac), Sanvensa (*c'est-à-dire* San Vensa, cf. carte de 1711), 1387 h., cant. de Najac.

— Veranus (b. de Millau); *Sainct Veran* (Tar. 137), S.-Véran, 123 h., c. de La Roque-Ste-Marguerite, cant. de Peyreleau.

— Victor (b. de Roquecézière); *Sainct Victor* (Tar. 138), S.-Victor, 383 h., cant. de S.-Rome-de-Tarn.

Sant Serni, Sainct Sernin (*Voy.* S. Saturninus).

S. *Estienne de Naucoulles* (Tar. 139), S.-Étienne-de-Naucoules, par. 170 h., c. et cant. de Saint-Affrique.

— *Michel de Roubiac* (Tar. 137), S.-Michel-de-Rouviac, 133 h., c. et cant. de Nant.

S. *Privat* (Tar. 136), S.-Privat, par. 163 h., c. de Lavernhe, cant. de Sévérac-le-Château.

— *Yzery* (*Voy.* S. Heredius).

Taiacum (*ms.* Caiacum, b. de Cassagnes-Bégonhès), Tayac (*ou* le Tayac), par. 386 h., c. de Centrès, cant. de Naucelle.

Talas Puas (b. de Sauveterre), Talespues, par. 490 h., c. de Colombiès, cant. de Sauveterre.

Taornhac (ms. *Caornhac,* b. de Peyrusse), Tournhac, par. 479 h., c. de Sonnac, cant. d'Asprières.

Tauriacum (b. de Roquecézière), Tauriac-de-Camarès, 395 h., cant. de Camarès.

Tauriacum (b. de Sauveterre), Tauriac-de-Naucelle, 597 h., cant. de Naucelle.

Taurin (*Peire Bertrand de* — 105), Taurin, 14 h., c. et cant. de St-Rome-de-Tarn.

Taurinas (ms. *Torurnas,* b. de Cassagnes-Bégonhès), par. 685 h., c. de Centrès, cant. de Naucelle.

Taussacum (ms. *Caussatum,* b. de La Guiole), 608 h., cant. du Mur-de-Barrez.

* Templarii 578, 582, etc.; *Templias* 525, les Templiers. Leurs biens en Rouergue, qui étaient considérables (ils y avaient les commanderies de Ste-*Eulalie,* d'*Espalion* et de *La Selve*), furent donnés en 1312 à l'ordre de St-Jean-de-Jérusalem.

* Templi Salomonis Sancta militia; *Temple* (lo) 557, l'ordre du Temple, fondé en 1118, aboli en 1312, à la demande de Philippe-

le-Bel, par le pape Clément V.

Terondelz (b. de La Guiole), Thérondels, 779 h., cant. du Mur-de-Barrez.

Terra Sancta 584, 587, 625, la Terre-Sainte.

Terrissa (la) (b. de La Guiole), La Terrisse, 365 h., cant. de Ste-Geneviève.

Tescum (ms. *P. de Testo*, b. de La Guiole). Tesq, par. 339 h., c. de Montpeyroux, cant. de La Guiole.

Testet (b. de Peyrusse), Testet, par. 391 h., c. de St-Christophe, cant. de Rignac.

Testum (*lis.* Tescum).

Teuleriæ (b. de Villefranche), Teulières, par. 648 h., c. de La Bastide-l'Évêque, cant. de Rieupeyroux.

* *Theodoric* [Ier], Thierry Ier, roi de Metz; *Theodoric* [III], Thierry III, roi de Neustrie; * *Theodoric* II (lis. IV) (f° 142), Thierry IV, roi de Neustrie.

Tholosa (Voy. *Tolosa*).

* *Thomas, Bernat* —.

* Thome fratres 476, les frères *Thomas* (*Voy.* Stephanus Th. *et* Bernardus Th.).

* *Tibertis, Leonardus* —.

Tiergues (b. de St-Affrique), par. 153 h., c. et cant. de St-Affrique.

* *Tiffi, Johan* —.

Toelbeis (lis. *Toelhis*).

Toelhis (Castrum de) (ms. *Toelbeis*, b. de Cassagnes-Bégonhès): c'est sans doute le château de Thouels (cf. *Toeilz*, titre de 1173; *Toelhs*, 1351, etc.). — Thouels est une commune du cant. de St-Rome-de-Tarn, sur l'Alrance; *Saugane*, que notre cartulaire dit former une paroisse avec *C. de Toelbeis*, fait partie de la commune de Thouels.

Tolompiacum (*ms.* Colompiacum), Toulonjac, 646 h., cant. de Villefranche.

Tolosa 345 ; *Toloza* 269 ; *Tholosa* 254, 977, 1628, Toulouse, capitale de l'ancienne province du Languedoc. — *Lo compte de Tholosa* 977 (en 1250). S'il n'y a pas d'erreur de date dans le Cartulaire, ce serait, non pas Raymond VII, mort à Millau en 1249, mais Alphonse, comte de Poitiers, frère de Saint-Louis , qui avait épousé la fille unique de Raymond VII, Jeanne, en 1237. .

Toloza (Voy. *Tolosa*).

Toluch (ms. *Caluelh*, b. de La Guiole), Touluch, par. 223 h., c. et cant. de St-Amans-des-Cots.

Tornamira (b. de Millau); *Tournamire* (Tar. 138), Tournemire, 390 h., cant. de St-Affrique.

Tornaria (ms. *P. de Cormurio*, b. de Cassagnes-Bégonhès), La Tournarie, 27 h., c. de Quins, cant. de Naucelle.

* Torneri[i], Petrus —; Hugo Tornerii.

Torre (la) de Savairac 104, le château de Sévérac, aujourd'hui en partie ruiné (*Voy.* Severiacum).

Torurnas (lis. *Taurinas*).

* *Totz Sanctz (la festa de)* III, 850 ; *Totz los Sanctz (la festivitat de)* IV, 321 ; *Totz Sanctz (la festivitat de)* IV, 328, 330; *Tot*[z] *Sancts*

IV, 272 , La Toussaint , échéance, comme la St-Jean et la Noël.

Trebos (ms. *P. de Trelas et de Sancto Gervasio que idem sunt*, b. de La Roque-Valzergues) ; cf. *Trelios,* par erreur (Carte de 1711), entre La Loubière et Palmas. — Ce ne peut être que *Trebosc,* par. 189 h., c. de Montrozier, cant. de Bozouls, dont le nom moderne offre une curieuse altération de Trebos (c'est ainsi qu'il faut lire dans la Carte de 1711 et dans notre cartulaire) ; le cartulaire de Conques donne *Tresbos, Trebons, Tribons* et *Tribonum.* — St Gervais était sans doute le patron de la paroisse. Il ne faut pas songer à St-Gervais, c. de St-Symphorien, cant. de S.-Amans-des-Cots, qui ne pouvait dépendre de Laroque-Valzergues et qui d'ailleurs est mentionné parmi les paroisses du bailliage de La Guiole.

Tredor (b. de La Roque-Valzergues), Trédou, église isolée, chef-lieu de paroisse (339 h.), c. de Verrières (qui n'est pas paroisse), cant. d'Estaing.

Trelas (lis. *Trebos*).

* *Tremoille* (le seigneur de la), contresigne la lettre de Charles VIII, en 1490.

Tremelhas (lis. *Tremolhas*).

Tremolhas (ms. *Tremelhas*, b. de Cassagnes-Bégonhès). Trémouilles, 720 h., cant. de Pont-de-Salars.

* *Trinitat* (*la Sancta*) V, 358, la Trinité. Le lendemain de la Trinité, les membres des deux conseils

de Millau (*secret* et *de la cloche*) prêtaient serment.

Truel (*lou*) (Tar. 141), Le Truel, 486 h., cant. de St-Rome-de-Tarn.

Turipium (*Voy.* S. Martinus de Turipio).

Turris (*Castrum de Turre*, b. de Roquecézière), Latour, 429 h., c. de Marnhagues-et-Latour, cant. de Cornus.

* Ugo Benastrugii (2e App. A, 41 et 189) ; Ugo *Benastruc* (ibid., 171), tém. à Millau en 1278.

* Ugo Sabbata (2e App. A, 188), consul de Millau en 1286.

Ulmeriæ (Joannis de Ulmeriis). *Voy.* Olmeriæ.

Vabre (ms. *P. de Valce*, b. de Najac) ; *Vabre et Boix* (f° 120), Vabre-de-Rieupeyroux, 1048 h., cant. de Rieupeyroux. — *Boix* est *Bois-du-Bruel,* 11 h., c. de Vabre.

Vabrensis (civitas) (b. de Roquecézière) ; *Vabre* (*Pariatge de —*) (f° 132) ; *Vabre* (Tar. 139), Vabres, 1124 h., cant. de St-Affrique.

Vacium (*lis.* Varium).

Valagu[er]ium (b. de Villeneuve) ; *Balaguier* (f° 131), Balaguier, 407 h., cant. d'Asprières.

Valaguie (Tar. 140). *Voy.* Balagerium.

Valaurelhas (Voy. *Vaurelhas* et Villa Aureliani).

Valce (P. de), lis. *Vabre.*

Valisie (*lis.* Valsergie).

* Valle, Johannes de —.

Vallete (*la*) (*Perret et La Vallete,*

Tar. 135), La Valette, 21 h., c. et cant. de Réquista.

Vallis juxta *Montanhol* (b. de Roquecézière); *Laval* (Tar. 139), Laval, 63 h., c. de Montagnol, cant. de Camarès.

Valsergie *(Voy.* Ruppes Valsergie).

Vanc (N.-D.-de-) Voy. *Bonc.*

Varenh (b. de Najac, cf. f° 130), Varen, 1799 h., cant. de St-Antonin (Tarn-et-Garonne).

Vareulf (lis. *Varenh*).

Varium (ms. *P. de Vacio,* b. de Najac), Bar, par. 590 h., c. de Bor-et-Bar, cant. de Najac.

Vaurelhas (b. de Peyrusse), Vaureilles, 633 h., cant. de Montbazens. Il faut peut-être y rattacher Valaurelhes (f° 130), en supposant que le scribe aura d'abord écrit *Val*, puis se sera repris et aura écrit à la suite *au*; cependant la place qu'occupe ce mot entre *La Roqueta* et *Paris,* (Voy. ces mots), et la forme *P. de Valelhiis auriculariis,* que donne un titre de 1520 pour *Vailhourles,* font que nous préférons y voir *Vailhourles* (*Voy.* Villa Aureliani).

Veiracum (b. de La Guiole), (*lis.* Neiracum).

Veiracum (b. de Compeyre), Veyrac, 18 h., c. d'Aguessac, cant. de Millau.

Veireriæ (b. de Laroque-Valzergues), Verrières, 107 h., cant. d'Estaing.

Veireriæ (*Castrum de Veireriis,* b. de Millau); *Veyrieres* (Tar. 137), Verrières, 625 h., cant. de St-Beauzély.

Veireriæ (b. de Roquecézière), Verrières, par. 170 h., c. et cant. de Belmont.

Vencacum (*mot corrompu, lis.* Vitracum); Vines (par. 470 h., c. de Cantoin), que donne de Gaujal dans sa liste, nous semble phonétiquement impossible.

Vendalobas (b. de Roquecézière); *Vendaloves* (Tar. 139), Vendeloves, par. 214 h., c. et cant. de St-Affrique.

Verdunum (*Castrum de Verduno,* b. de Sauveterre), château de Verdun, aujourd'hui disparu ; Verdun est un hameau de 14 h., c. de Quins, cant. de Naucelle.

Verlacum (b. de St-Geniez), Verlac, par. 360 h., c. d'Aurelle, cant. de St-Geniez.

Verletum (*lis.* Verlacum).

Vernetum (b. de Peyrusse), Vernet-le-Haut, par. 361 h., c. des Albres, cant. d'Asprières.

Vernha (*la*) (b. de Sauveterre), Lavernhe-de-la-Salvetat, par. 456 h., c. de Castelmary, cant. de La Salvetat.

Vernia (b. de Laroque-Valzergues); *La Vernhe* (Tar. 135), Lavernhe, 370 h., cant. de Sévérac-le-Château.

Vern[i]etum (*Voy.* Vernetum).

Vernuejol[s] (b. de Peyrusse), Bruéjouls (?), par. 627 h., c. de Clairvaux, cant. de Marcillac.

Versols (ms. *Castrum de Vezels,* b. de Roquecézière); *Verzols* (Tar. 138), Versols, par. 369 h., c. de Versols-et-Lapeyre, cant. de Camarès.

Veusacum (b. de Villeneuve), Veuzac, par. 485 h., c. et cant. de Villefranche.

Vezels (Castrum de) (lis. *Versols*).

Vezels (b. de Cassagnes-Bégonhès), Vèzes, 59 h., c. de Tauriac, cant. de Naucelle.

Vezinh (Castrum de) (b. de Cassagnes-Bégonhès); *Vezins* (Tar. 141), Vezins, 420 h., ch.-l. de cant. de l'arr^t de Millau.

Vezobias (*l'aiga de*) VII, 12, la source de Bésoubies (ou fontaine de la Mère de Dieu), qui, avant qu'on amenàt dans la ville les eaux du Tarn, fournissait à Millau la plus grande partie de son eau potable.

Vezolhac (b. de Millau), Vezouillac, par. 349 h., c. de Verrières, cant. de St-Beauzély.

Vezouna (b. de Laroque-Valzergues), Besonne, par. 435 h., c. de Rodelle, cant. de Bozouls.

Viala (Tar. 141), le Viala. On peut choisir entre *Le Viala-du-Pas-de-Jaux*, par. 285 h., cant. de Cornus, *Le Viala*, 25 h., c. et cant. de Belmont, *Le Viala*, 100 h., c. de St-Jean-du-Bruel, cant. de Nant, *Le Viala*, 29 h., c. de Thouels, cant. de St-Rome-de-Tarn, *Le Viala*, 24 h., c. de St-Léons, cant. de Vezins, et enfin *Le Viala-du-Tarn* (Voy. *Villare*), que nous préférerions, à cause de son importance, le tarif indiquant pour cette localité 5 feux, 2 bellugues.

Viala (lou) (Tar. 138), Le Viala, par. 335 h., c. de Calmels-et-le Viala, cant. de St-Affrique. (V. *Calmelz*).

Vialla Longa 89 (*Gui Rollan, doctor et juge de —*). Voy. *Villa Longa*.

Viala Nauca (lis. *Nauta*).

Viala Nauta (b. de Najac), littér^t *Ville-Haute*, ne peut guère être qu'un nom particulier de *Villevayre* (Voy. *Villa Vaira*). Mentionnons cependant *Autheviale*, 8 h., c. de La Selve, cant. de Réquista, qui ferait plutôt partie du bailliage de Cassagnes-Bégonhès.

Vialaret (*Gui de —*) III, 100. Il y a 11 hameaux et 3 maisons isolées de ce nom dans l'Aveyron.

Via Roja (b. de Cassagnes-Bégonhès), Viarouge, 73 h., c. de Ségur, cant. de Vézins.

Vic (b. de Peyrusse), Vic, 40 h., c. de Capdenac, cant. de Figeac (Lot), sur une presqu'île du Lot, qui sert de limite au département.

Villa Aureliani (b. de Najac); *Valaurelhes* (f° 130), Vailhourles, 638 h., cant. de Villefranche-du-Rouergue.

Villa Comitalis (b. de La Roque-Valzergues), Villecomtal, 904 h., cant. d'Estaing.

Villa Franca de Panato cum parochia de *La Bessa* (b. de Cassagnes-Bégonhès), Villefranche-de-Panat, 193 h. (aujourd'hui ch.-l. de commune et non paroisse), et La Besse-Vors, par. 864 h., c. de Villefranche-de-Panat, cant. de Salles-Curan.

Villa Francha II, 20 (*Villefranche =* à Villefranche), 2e App. A, 88; Villa Franca III, 87, 88, etc.,

fᵒ 129 vᵒ et 130 vᵒ, 2ᵉ App. A, 50;
Villa Franqua, ibid., 96, Villefranche - de - Rouergue , ancien
chef-lieu de bailliage, ch.-l.
d'arrᵗ du dépᵗ de l'Aveyron
(10124 h. dans la commune, 9000
environ dans la ville).

Villa Longa (*Castrum Ville Longe*,
b. de Sauveterre) ; *Vialla Longa*
III , 89, Villelongue, autrefois
château avec justice (seigneuria-
le ?), qui appartint longtemps a
une branche de la famille des
Monteil-Adhémar (XIIIᵉ et XIVᵉ
siècles), puis passa à une branche de la maison de Saunhac ;
aujourd'hui hameau de 30 h. ,
c. de Cabanès, cant. de Sauveterre.

Villa Nova (fᵒ 117 vᵒ), ch.-l. de
bailliage ; *Villa Nova* (fᵒ 130),
Villeneuve, 2012 h., ch.-l. de
cant. de l'arrᵗ de Villefranche.

Villare (*P. de Villari(s)*), b. de Cassagnes-Bégonhès), Le Viala-du-
Tarn, 425 h., cant. de Sᵗ-Beau-
zély.

Villarels (b. de Peyrusse), Viala-
rels, 68 h., c. et cant. de Decazeville.

Villa Vaira (fᵒ 130), Villevayre,
403 h., cant. de Najac (Voy.
Viala Nauta).

Villedieu (*Le commandeur de V.*
III, 338), commanderie de S.-
Jean-de-Jérusalem : Villedieu ,
267 h., cant. de S.-Amans(Lozère), arrᵗ de Mende.

Vimenet (Voy. le suivant).

Vimenetum (ms. *Bimenetum*, b. de
La Roque-Valzergues) ; *Vimenet*
(Tar. 136), Vimenet, 1059 h.,
cant. de Laissac.

Vincenes (fᵒ 141 vᵒ), Vincennes, près
Paris.

Vinnhac (b. de La Guiole), Vinnac,
par. 342 h., c. et cant. d'Estaing.

• *Viquembe, Bernat —*.

Viride Folium (*Villa de Viridi Folio*,
fᵒ 124 rᵒ), Verfeil-sur-Seye,
1072 h. (pour la commune),
cant. de Sᵗ-Antonin (Tarn-et-Garonne), ancien chef-lieu de bailliage en Rouergue.

Vitracum ? (ms. *P. de Vencaco*, b. de
La Guiole), Vitrac, par. 482 h.,
c. de Lacalm, cant. de Sᵗᵉ-Geneviève.

• Viviani, Stephanus —.

Viviers (b. de Peyrusse), Viviers,
1900 h., cant. d'Aubin.

Vonc (Voy. le suivant).

Voncum (b. de Laroque-Valzergues ;
Vonc (fᵒ 131), Banc-Anglars (c'est
à-dire *Banc,* près Anglars), par.
225 h., c. de Bertholène, cant.
de Laissac.

Voncum (Guido de Vonco 2730);
Vonc (*lo*) (Brenguie del — 817 ;
Gui del — 105). Il est difficile de
décider si c'est de *Banc* ou de
Vanc (auj. *N.-D. de Vanc*, voy.
Bonc), qu'étaient originaires ces
deux personnages.

Vors (b. de Cassagnes-Bégonhès) ;
Vorz (2ᵉ App. A, 238); *Bors*
(Tar. 135), Vors, 802 h., cant.
de Rodez.

Voucum (*lis.* Voncum).

• W (= Wilhelmus) de Monte Salvio (2ᵉ App. A, 41), tém. à Millau
en 1278.

• W (= Wilhelmus) Perrinus (2ᵉ
App. A, 202), juriste, tém. à Millau en 1286.

N. B. — Le mot *lisez* indique une faute d'impression et quelquefois une faute de lecture, le mot *corrigez* indique une correction nouvelle proposée au texte du manuscrit.

Page 15, ligne 18, *lis.* de lever.
I, 8, *corrigez* cohortationes *en* consuetudines (*Cf. l.* 70 *et* 80).
— 33, *corr.* per clamorem exposita.
— 70, *lisez* privilegia *et mettez après une virgule.*
III, titre, *corr.* Geraldum.
— 8, *corr.* predix[er]it.
— 19, *corr.* Roquafueilb.
— 24 *et* 363, *lis.* a (*sans accent*).
— 28, *lis.* en d'alcunas.
— 33, *lis.* dichs.
— 53, 828, etc., *il vaut mieux lire* de l'Espinassa *que* de Lespinassa.
— 62, 68, etc., *lis.* ausi be, aussi be (*en deux mots*).
— 86, *lis.* Leonel, castela de Milhau.
— 94, *corr.* Lautrec.
— 95 *et* 1678, *corr.* Plancage, *et supprimez la virgule après* Calmon *et après* Castelnou.
— 103, *corr.* Sen[h]oret.
— 105, *corr.* Vonc.
— 113, *lis.* Cujiis.
— 114, *lis.* Azam.
— 115, *lis.* Monsalvi.
— 161, *lis.* conte.
— 201, *corr.* de tot [so].
— 274, *corr.* pro ampla fe per (*ms.* per ampla fe per).
— 323, *lis.* Calvelli.
— 341, *corr.* li paire. — *Cette charte, dont le fond est en français, renferme plusieurs mots de langue vulgaire; cf. d'ailleurs, l.* 353 : son dit paire.
— 346, *lis.* (sa) comme.
— 364, *corr.* mil trois cens vingt et neuf?
— 371, *maintenez* Ruthene *du manuscrit* (= Ruthenæ).
— 384, *corr.* la dite main mize.
— 419, *corr.* prorogavit.
— 439, *lis.* avian.
— 473, *corr.* fraude scio.
— 488, *lis.* triginta trium.
— 506, *lis.* receptionis.
— 514, *lis.* de Ranco.
— 561, *lis.* avem.

III, 567, *corr.* tu Guilhen, *et rejetez en note* te Guilhen (*double faute d'impression*).

— 691, *corr.* lo cals es.... et ensecs matrimonii.

— 707, *corr.* malgoireses.

— 721, *lis.* [de] li cal a major Rambolis, etc.

— 752, *mettez une virgule après* gounellas.

— 753, *lis.* endita.

— 783, *corr.* suffercessetz.

— 784, *corr.* fensessetz ho soustenguessetz.

— 787, *il faut maintenir* lis calz *pour* las calz.

— 807, *corr.* in et an.

— 817, *corr.* del Vonc.

— 818, *lis.* den Combros.

— 827, *lis,* prior.

— 833, *le ms. porte* et aussi ben cap d'autres, *qu'il faut rejeter en note.*

— 834, *lis. : f°.xxiiij. r°.*

— 868, *lis.* Petrus [de] Peironiis.

— 901, *corr.* suos.

— 924, *mettez une virgule avant* longe.

— 988, *le ms. porte* premieremen (*à mettre en note*).

— 1061, *corr.* vicesimo *en* tricesimo (Voy. la *Table analytique*).

— 1194, *lis.* Regniaudum [de] Jarmola.

— 1226, *corr.* (et) nisi.

— 1279, *corr.* justiciariis nostris ad quos, etc. (*Cf. l.* 1329).

— 1283, *corr.* insinuata.

— 1322, *corr.* Reginandus *en* Regniaudus.

— 1419, *corr.* de mandatis.

— 1419-20, *lis.* deliberatione (*en un seul mot*).

— 1420 (nihilominus, etc.), *c'est là le premier des deux passages signalés en note comme obscurs.*

— 1423, *lis.* ac thenus *et voy. au Glossaire.*

— 1446, soauneria, *faute d'impression. J'avais écrit* sauneria, *qui, du reste, ne me satisfaisait guère : il faut sans doute maintenir* souneria, *convention.* (Voy. Ducange, *s. v.* sona.)

— 1509, *lis.* cambra.

— 1698, *lis.* nom.

— 1804, *corr.* et las calz.

— 1886, *lis.* retiffique[sse].

— 1891, *lis.* de ffar.

— 1912-3, *mettez une virgule après* numbran *et un point après* donatio.

— 1934, *corr.* dot el li remet *en* (l)eussa (*ou peut-être* leussa = illa ipsa?).

— 1978, *corr.* Libourna, *et rétablissez avant ce mot* de, *oublié par le compositeur.*

— 2214, *lis.* et vallabla.

— 2332, ren[d]as. *Rétablir* renas *et supprimer la note. Cf.* V, 379, 387 *et* rena VI, 7 (*3° pers. sing. subj. prés. de* rendre).

— 2357, *après* quas bastartz, *par suite d'un bourdon, une ligne a été omise, la voici :* sarnegolz pessonies, alhas (lis. *alias*) sarnegolz bastardz (*Voy. au Glossaire les mots* sarnegol *et* pessonie).

— 2417 *et* 2419, *maintenir* neteja *et* obra *à l'infinitif (nous n'avons pas rétabli l'*r *dans les cas analogues, qui sont assez nombreux).*

— 2442-3, *il vaut peut-être mieux lire* he divisem, *et de même dans les*

formules semblables, jusqu'à la fin de la Transaction *(Cf. l. 2709).
Le scribe confond l'*m *et l'*n *à la fin des mots.*

III, 2694, *lis.* numquam.

— 2730, *lis.* Vonco.

IV, 34-35, *lis.* et al lonc de tot [en tot] enserit et (en tot) specifficat.

— 153 *et* 203, *corr.* Sim(e)on.

— 171, homs. *Cette forme, quoique relativement rare, n'est pas sans exemples.*

— 205, *lis.* molher delaissada *(c'est-à-dire* veuve*).*

— 218, *lis.: f°.lxxvij. r°.*

— 301, note, *au lieu du numéro de renvoi* 7, *lis.* 1.

— 313, *corr.* pago, pagar et razounar dejo (*Cf. l.* 316).

— 430, *ajoutez* f°.lxxxiij. r°.

— 476, *corr.* l[u]egalz (*Cf.* III, 2593, l[u]egas = luegalz).

— 479, note 1. *Un plan des fortifications de Millau, du commencement du* XVII[e] *siècle, que nous avons découvert après l'impression de notre texte, porte deux voies du côté du Nord : la* 1[re]*, qui est la route nationale actuelle de Paris à Perpignan, remonte le Tarn ; l'autre, s'embranchant sur celle-ci un peu au-delà du* Pont-de-la-Cabre, *se dirige vers le Nord-Est, c'est la route actuelle de Tonneins (Lot-et-Garonne) à Millau par Rodez, dont la partie extrême, qui pénètre aujourd'hui directement dans la ville au même point que la route de Paris à Perpignan, est postérieure à la date de notre plan et à plus forte raison à celle du Livre de l'Épervier.*

V, 284, *lis.* canonicz.

— 286, *corr.* las *en* los.

VI, 15, *corr. (?)* convens.

— 84, *corr.* g(r)atjat.

— 141, *cette ligne doit être reportée après la ligne* 144 *(accident de tirage).*

VII, 31, *lis.* menares e.

— 39, *lis.* et se.

P. 170, note 2. *Cette note ne se rapporte qu'aux deux premières paroisses. Pour la troisième* (P. de Baladino), *il s'agit sans doute d'un simple oubli.*

P. 172, l. 10, *lis.* Camarezio, *et de même au Glossaire.*

— l. 4 du bas, *corr.* Elnos *et voy. au Glossaire.*

P. 176, l. 10, *corr.* Lotzas *et voy. au Glossaire.*

P. 179, l. 4 du bas, *corr.* Mureto.

— l. 5 du bas, *lis.* Sabazaco.

P. 180, l. 5, *le ms. porte* de Beadone, *forme moins exacte. Corrigez de même au Glossaire.*

— l. 21, *corr.* Rueyras *et voy. au Glossaire.*

P. 180, note 2, *lis.* est de 4554, et non de 1473.

P. 183, l. 10, *corr.* quæ cujuslibet sint.

— l. 21, *corr.* Nova Cella.

P. 185, l. 8, *corr.* per se.

P. 187, l. 5, *lis.* Manhaco.

P. 193, l. 4, *corr.* Castelnou.

P. 195, note 1. *Un accident d'imprimerie a supprimé l'indication des leçons corrigées. Les voici :* p. 192, l. 6, dictum dominum regem ; l. 7, ruthenensem tot servienten ; l. 21, Val aurelhes ; p. 193, l. 4, Castelnau de Deireles ; l. 7, Noacele ; l. 8, Caslat ; l. 9, La Salvetat de Petrelas ; l. 13, Marcilio.

P. 198, note, l. 1, *lis.* suivent.

P. 205, l. 18, *corr.* Saint(e).

P. 207, l. 20, *lis.* de Caistort.

P. 247, col. 1, *au lieu de* P. de Altobraco, *lis.* Hospital de Altobraco.

   —   2, l. 27, *lis.* Ambeyrac *avant* par.

P. 249, 1, les mots *Armanhac* et *Armandus de Sancto Affricano* doivent être reportés plus haut ; *Arcmandus de Sancto Affricano* fait ici double emploi.

P. 252, 2, ajoutez * *Benastruc, Ugo* — ; et au-dessous lis. * *Benastrug, Raimon* —.

P. 253, 2, *à* Bernardus Martini (2ᵉ App. A, 140), *ajoutez* et 239.

P. 256, 2, au lieu de * BRETAIGNE, lisez *Bretaigne*.

P. 259, 1, *ajoutez :* CAMPANIA (2ᵉ App. A, 2), la Champagne.

P. 263, 1, l. 13, *lis.* Lauseriis, Lauseriæ.

P. 265, 2, l. 22, *lis.* Cussac *avant* par.

P. 266, 1, *lis.* * DURANTUS Calveti, et plus bas : DURANTUS *de Solatgue.*

P. 267, 2, ajoutez : *Esplas* (*Voy.* Plana).

P. 268, 1, l. 6 du bas, *lisez :* Fezensaguet (le), ancienne vicomté de l'Armagnac, dont le chef-lieu était Mauvezin, 2704 h., ch.-l. de cant. de l'arrᵗ de Lectoure (Gers).

P. 271, 1, *à* GUILHELMUS Duranti (2ᵉ App. A, 38), *ajoutez* 212 ; *à* G. Gauffredi, 211, *et à* G. Pelegrini, 238.

P. 273, 1, Huc Azan, *lis.* Huc Azam.

P. 274, 2, *lis. Joelz,* au lieu de * *Johelz.*

P. 278, 2, l. 26, *au lieu de* la glicia, *lis.* la glieia.

P. 284, 1, *lis. Pachins* (ms. *Pichins*).

P. 295, 2, l. 29, *lis. lou Pariage.*

P. 302, 1, l. 12, *lis. de la Pinha.*

ADDITIONS ET CORRECTIONS A LA TABLE DES NOMS PROPRES.

Aiguilonca est peut-être pour *Aiguilonga* = La Longagne, 8 h., c. de Quins, cant. de Naucelle.

Amalou (église en ruines). Le prieuré de ce nom (*pr. de Amalone*) comprenait les églises du Minier, de la Roubière (c. de Montjaux) et d'Amalou.

Cregoala est *Craugala,* ferme, c. de Feneyrols (Tarn-et-Garonne).

Peyruza est peut-être *Le Peyrou,* 9 h., c. du Cayrol, cant. d'Espalion, ou *Le Peyrou,* 5 h., c. d'Espalion, tous deux non loin de Calmont-d'Olt.

Romieyra est *La Romiguière,* par. 160 h., c. du Truel, cant. de Sᵗ-Rome-de-Tarn. Cf. *La Roumeguiere.*

Amancius des Cops (non *des Cots,* forme altérée). Les titres donnent en effet cette forme en 1460, 1520, 1689, etc., et *des Copts* seulement en 1675. S. Amantius *de ictibus* se trouve fréquemment dans les archives du département, notamment en 1452.

S. Anhanus (b. de Najac) est sans doute *Sᵗ-Ignes,* c. de Ginals, cant. de Verfeil (Tarn-et-Garonne).

S. Martini (*P. de Nanto et*). On trouve dans le pouillé de 1510 : *S. Martinus de Vicano* (c.-à-d. *du Vigan*) *prope Nantum.*

FIN.

A la suite du *Livre de l'Épervier*, que nous avons récemment publié, nous avons donné une *Table des noms propres*, dans laquelle nous nous sommes efforcé d'identifier avec les noms modernes les localités du Tableau des paroisses du Rouergue et du Tarif de l'élection du Haut-Rouergue que contient le cartulaire. Grâce à des recherches complémentaires et à la communication que M. Ulysse Cabrol, notre confrère de la Société des lettres, sciences et arts de l'Aveyron, a bien voulu nous faire de notes recueillies dans les archives du département en vue de la publication prochaine du *Cartulaire de Villeneuve*, nous pouvons rectifier certaines hypothèses hasardées et donner la solution de quelques difficultés qui nous avaient arrêté. Nous suivons l'ordre alphabétique.

Abas [de] *Arboribus* (P. de) = Abbas-les-Arbres. C'est plutôt, vu sa position entre *Tournhac* et *Sonnac*, *Les Arbres*, 602 hab., chef-lieu de commune du canton d'Asprières. Il faudrait alors corriger ainsi le manuscrit : *P. de Altis Arboribus* (Cf. Cartul. de Conques, n° 24), et réserver *Abbas*, commune de Druelle, pour expliquer *Autbas*, placé dans le manuscrit (V. p. 170) entre *Bruéjouls* (Vernuéjols) et *Belcastel* (Cf. Parochia de *Atbassio*, Visites pastorales de 1460).

Anaco (P. de) est corrigé à tort en *An[i]aco* (= Anhac); il faut *Ariaco* = *Arjao*, paroisse de 274 hab., commune de Saint-Cyprien, canton de Conques. La carte de 1711 donne *Arsac* (par erreur), au sud de Saint-Cyprien et au sud-ouest de *La Noviole* (erreur pour *La Nauviale*, aujourd'hui *Nauviale*).

Cadola (Castrum de). Cf. Archives départementales (1272) : Parochia de *Cadola;* rôle d'impositions de la Basse-Marche du Rouergue (1441) : Castrum de *Cadola*, et dans une reconnaissance datée de La Salvetat-Peyralès (1485) : Castr. de *Cadolla*, ce qui confirme notre hypothèse.

Carcossergas (ou plutôt *Corcossergas*) semble bien être l'ancien nom du *Coussergues* actuel. Cf. Cart. de l'évêché de Rodez (1215) : villa de *Corcozergas;* Cart. d'Aubrac (1291) : tenementum de *Corcocergas;* Arch. départ. : Prioratus de *Corcosergiis;* mais dans le Rôle d'impositions de la Haute-Marche du Rouergue de 1519 : *Cossergues*.

Levisaco (P. de) du manuscrit doit probablement être corrigé en *Leviniaco* = Lévinhac, 84 hab., commune de Saint-Côme, canton d'Espalion. C'était un prieuré de la mense conventuelle d'Aubrac, dont l'église est en ruine (Cf. Cartul. d'Aubrac, 1208 : Prior. de *Liviniaco*); il dépendait peut-être, sous quelque rapport, de Sainte-Eulalie-du-Causse.

Sancta Regonda (P. de). La leçon du manuscrit est à conserver. Cette forme se rencontre quelquefois dans les pouillés et dans le cartulaire de l'évêché de Rodez; de même en patois : *Sento Regoundo* et *Rodegoundo*.

Sancti Felicis (Par.) *prope Ruthenam* pourrait bien être une église abandonnée que l'on voit à 500 mètres environ de l'ancienne gare de Rodez, et qui sert aujourd'hui de grange (commune d'Onet-le-Château).

Sancti Bonini (Par.) du manuscrit doit être corrigé en *Sancti Ibonini* ou mieux *Ivonii*. C'est *Saint-Ives*, hameau de 19 hab., commune et canton de Sainte-Geneviève, ancien prieuré à la collation de l'évêque de Rodez. Cf. le Pouillé du diocèse de 1520 : prior. *Sancti Ivoni sive Saint Yves.*

Sancto Gervasio (P. de Trebos et de). Saint Gervais était le vocable de l'église paroissiale de *Gages*, qui faisait partie de la mense épiscopale de Rodez, et était situé sur la rive droite de l'Aveyron (aujourd'hui paroisse de 615 hab., commune de Montrozier, canton de Bozouls), tandis que *Trébosc* est situé sur la rive gauche, mais à une petite distance (même commune).

Sancti Joannis de Portacessas (Par.), entre *Saint-Léonce* et *Blanc*, n'est pas *Saint-Jean-et-Saint-Paul* (cette commune est composée des paroisses de *Saint-Jean-d'Alcas*, mentionné d'ailleurs dans notre liste, et de *Saint-Paul-des-Fonts*), mais *Saint-Jean-de-Pourcayrès*, commune de Combret, église en ruine et ferme, située entre Esplas, commune de Rebourguil, et Combret (canton de Belmont). L'ancien surnom reste sans explication.

Silhaus du manuscrit doit être corrigé en *Silhans.* Cf. Par. de *Silhan*, 1326; prior. de *Silanho*, 1462; ecclesia de *Sillano*, quinzième siècle (Titres du prieuré). C'est aujourd'hui *Salans*, paroisse de 600 hab. (99 hab. au chef-lieu), commune de Quins, canton de Naucelle. La carte de 1711 a déjà *Salan*, non loin du château de Verdun. (Voy. le texte de l'*Epervier*.)

Villa Aureliani. Il faut corriger *Aureliaci.* Cf. *Villa Aureliaci* (Visites pastorales de 1460, Arch. de l'évêché de Rodez). Le monastère de Bénédictins de *Valhourles* avait été fondé par saint Géraud, évêque d'*Aurillac*.

Je profite de l'occasion pour augmenter encore l'*errata*, beaucoup trop long, qui termine le volume, cette fois plutôt au compte du scribe qu'à celui de l'imprimeur et du mien. J'y joins quelques détails complémentaires, résultat de recherches aux Archives de Toulouse.

I, 1, maintenir *Francie et Navare Rex*, et annuler la note. M. Affre, et moi à la suite, n'avions pas réfléchi que, dans l'ancien style, le 25 février 1314 est postérieur au 29 novembre 1314, l'année commençant alors à Pâques pour la chancellerie royale, et le 25 mars pour la plus grande partie des provinces du Midi. C'est donc à tort que j'ai critiqué la date donnée par de Gaujal, 25 février 1315 (nouveau style). — I, 6, corrigez *sigillo authentico :* le scribe a mal résolu l'abréviation *auth.*; au contraire, III, 432, 516, 621, 834, etc., il a écrit *authentica*, au lieu de *authoritate*, qu'il convient de rétablir, en supprimant *authentica* au Glossaire. D'autres abréviations encore ont été mal résolues par lui, par exemple *que* (I, 11), lis. *quod.* — I, 8 et 80 (cf. III, 884), *vires*, corr. *jures* (?) pour *jura*, et I, 11, *juribus;* de même II, 18, *jurium;* — 84, corr. *plenitudine;* 104, corr. *Parisius;* de même III, 647. C'est la forme ordinaire au moyen âge. — 104, *sub sigillo quo, vivente domino*, etc. (il s'agit du sceau de Louis X, roi de Navarre du vivant de son père, et qui n'avait pas encore de sceau comme roi de France à la date de notre charte).

II, 1, corr. *miles, senescalus;* — 8-9, *deputato, in dicti n. r. j. in m. b. h. m. habentis et in utilitatis.*

III, 67, *bot* du ms. peut être maintenu : il y en a des exemples dans certaines chartes; de même 161, *a ple*, et 169, *trastot lo pays;* — 232, corr. *ad elses* (faute d'impression).

III, 247 sqq. L'original de l'échange fait entre Gaston d'Armagnac pour son fils Géraut, vicomte de Creissels, et Rotbald, commandeur de Villedieu, de l'ordre de Saint-Jean-de-Jérusalem, existe dans les Archives départementales de la Haute-Garonne (fonds de Millau) : il est de 1320.

L'Ordre cède au comte d'Armagnac le château des *Pins* 1, situé près de
la ville de *Gotz*, au diocèse de Lectoure, sénéchaussée de Toulouse, et une
partie des moulins dits *Dorda* 2, sur le Gers (*Giercz*). Le comte donne en
échange, outre le château de *La Bastide*, le lieu de *Plana Selva*, au diocèse
de Vabre, entre le château de Montclarat 3 et celui de La Bastide-Pradines,
le terroir de *las Pessolas* et le mas de *las Casaledas* 4, confrontant d'un
côté à la rivière de *Cernon*, de l'autre au mas de *Gosjar* (?) jusqu'au ravin
de *Sengla Roch* (?), d'un autre enfin à la fontaine de *Lagressia* (?) ; de
plus, 133 livres tournois à prendre sur le péage du pont vieux de Millau,
et payables un tiers à la Toussaint, un tiers à la Purification et un tiers à
l'Ascension.

Dans le même fonds, se trouvent plusieurs pièces rappelant en détail et
à peu près dans les mêmes termes cet échange, entre autres la ratification
de Géraut d'Armagnac, en 1322, renouvelée en 1332, et celles du roi
Charles V, en 1328, et du roi Charles VIII, en 1493, et plusieurs ordres
du vicomte de Creissels, Géraut d'Armagnac, aux fermiers du pont d'avoir
à payer diverses sommes à l'Ordre, à compte sur la rente qui lui appartient de 133 livres tournois. Dans toutes ces pièces, évidemment rédigées
avec l'original de l'échange sous les yeux, la désignation des localités
cédées est identique, sauf certains détails omis dans quelques-unes,
comme, par exemple, ceux qui servent à préciser la situation des localités.

III, 307, corr. *in dictis literis;* — 337, *son père;* — 346, *si comme;* —
349, *dedens la Pentecoste;* — 351, *par toy;* — 358, *et rabas* (supprimer
raubs au Glossaire); — 361, *par entier;* — 373, note à annuler; *d.* signifie
sans doute *denarios* et indique le coût du *visa;* — 419, corr. *prorogavit
tempus de reddendo.*

III, 543, corr. *invadere.* C'est ce que donne l'original, qui se trouve aux
Archives départementales de la Haute-Garonne, fonds de Saint-Jean-de-
Jérusalem (Sainte-Eulalie). Dans la transcription de cette charte, les deux
auteurs successifs du premier cartulaire et de la copie du dix-septième
siècle ont commis un assez grand nombre de négligences, ce qui permet
de supposer qu'ils n'ont pas été plus soigneux dans la transcription des
autres. Ainsi l'original porte (je laisse de côté les différences d'orthographe) : l. 530, *in nomine Domini, ego Raimundus Brengarius;* l. 532,
meorum, au lieu de *nostrorum;* l. 537, *sita est in comitatu nostro Amilia-
vensi;* l. 538, *et* manque; l. 539, il y a bien *in;* l. 543, *vel* au lieu de *aut;*
546, *et meam* manquent; l. 548, *m°. c°. lviiij.*; donc il faut lire *nono* et non
octavo; l. 548, *decembris*, et à la suite ces mots, qui manquent au Cartulaire : *Signum Bernardi, Cesaraqustani episcopi. Signum Odonis, Oscensis
episcopi. Signum Arnaldi Mironis, comitis Palarensis* 5. *Signum Bernardi
de Comingo comitis. Signum Gaucerandi de Quommas (?)* 6. *Signum Petri
Bertrandi de Bello Loco. Signum Hugonis de Mataplana* 7. *Signum Pontii
Elie* 8, *Barchinonensis ecclesie scriptoris comitis, qui hoc scripsit.*

1. Aujourd'hui *Pis*, chef-lieu de commune du canton de Fleurance, arrondissement de
Lectoure. *Gotz*, aujourd'hui *Gouts*, est une autre commune du même canton, près et au
nord de la première.

2. Ou peut-être d'*Orda*, nom qui paraît bien appartenir à la région de l'Armagnac.
Cf. *Ordan-Larroque*, chef-lieu de commune du canton de Jégun (arrondissement d'Auch),
voisin de celui de Fleurance, mais qui ne peut convenir ici, car il est situé sur un affluent
de la Baïse.

3. *Montclarat*. Le texte porte *Montis clari*, au lieu de *clarati;* mais il s'agit bien de
Montclarat, 99 habitants (paroisse de 246 hab.), commune de Saint-Rome-de-Cernon, sur
la rive gauche du Cernon.

4. Les *Cazalèdes*, hameau de 65 habitants, commune de La Bastide-Pradines, canton
de Saint-Affrique. Les autres noms ne désignent que des lieux-dits.

5. On serait tenté d'écrire *palatensis*, mais le manuscrit porte bien *palarensis*. Il y a
un *Palayré* dans la Haute-Garonne, commune de Sainte-Foy, canton de Saint-Lys,
arrondissement de Muret.

6. Ms. *qomas*, avec un sigle sur l'*o*.

7. C'est probablement le père du troubadour.

8. Ms. *Elia*.

III, 554, lis. *don e amb;* — 565, corr. *pogesa;* — 578, *abhominabiles (et)
errores;* — 583, *per devotionem;* — 598 et 631, *possessionem;* — 643, *damus;* — 645-646, *in premissis et ea tangentibus pareant efficaciter;* — 670,
apostolus (faute d'impression); — 884, *incartato* = par l'acte, la convention (supprimer *cartatum* au Glossaire); — 1281, *cum* est inutile; corrigez
plutôt *sint* en *fuit*, deux lignes plus bas; — 1283, corr. *intimata;* —
1287, *tunc senescallus;* — 1406, *districte;* — 1425, *sic;* — 1742, maintenir
segua, du manuscrit; — 2406, *lansas;* — 2427, *tesso.* Aux environs d'Auch,
on appelle le blaireau *tachoun,* et son clapier *tachouèro;* le porc (que l'on
désigne aussi sous le nom de blaireau à pied fourchu) se nomme *tessoun*
(voy. au Glossaire).

IV, 301, *moli de sang* est à maintenir. On se sert encore de ce terme en
Provence pour désigner les moulins mus par un moteur animé, homme,
cheval, etc.

V, 143, corr. *aujon* (subj. de *auzir*), au lieu de *avion,* et supprimez *aviar*
au Glossaire.

Page 218, l. 124, lisez *perfiecha* (faute d'impression).

Page 227, l. 3, au lieu de *treves,* lisez *creues* = impôts supplémentaires. —
P. 230, l. 11, lisez *Montilz,* aujourd'hui Les Montils, canton de Contres,
arrondissement de Blois.

Toulouse, 15 mars 1883.

L. C.

Montpellier. Imprimerie Grollier et fils, boulevard du Peyrou, 9.